Über dieses Buch Maude Pratt wendet sich aus enttäuschter Liebe der Fotografie zu; ihr »drittes Auge«, die Kamera, macht sie berühmt. Und dieser Ruhm, so glaubt sie, wird ihr nicht nur die Bewunderung der Welt, sondern auch die Liebe Orlandos einbringen. Viele Berühmtheiten ihrer Zeit werden von Maude Pratt porträtiert. Ihr letztes Bild sollte eine Fotografie von Graham Greene sein, aber dazu kommt es nicht mehr. Sie gibt die Arbeit mit der Kamera auf, weil, wie sie selbst sagt, ihr Leben nicht in ihren Bildern ist.
Die Stimme, die aus diesem Roman spricht, ist die Stimme Maude Pratts – kriegerisch, leidenschaftlich, fanatisch unabhängig, oft zynisch und immer originell. Ihre ganze Liebe gilt Orlando, aber der liebt nicht sie, sondern ihre Schwester Phoebe. Eine klassische Dreiecksgeschichte und doch viel mehr als das.
Ein Roman über die Liebe zu Orlando, aber auch eine Auseinandersetzung mit dem Wesen der Fotografie, mit ihrer Entwicklung und der Frage, ob Fotografie zur Kunst werden kann.

Der Autor Paul Theroux, 1941 in Massachusetts geboren, hat lange Zeit in Afrika und Asien gelebt und auch später immer wieder ausgedehnte Reisen unternommen, zuletzt in die UDSSR und nach China. Seit mehreren Jahren lebt er, zusammen mit seiner Familie, in London. In England und Amerika wurde er zuerst durch seine ungewöhnlichen Reisebücher bekannt. Seine Romane – in mehr als zehn Sprachen übersetzt – erreichten eine Gesamtauflage von über fünf Millionen Exemplaren.
Als Fischer Taschenbuch lieferbar: ›Saint Jack‹ (Bd. 8345), ›Moskito-Küste‹ (Bd. 8344), ›London Embassy‹ (Bd. 5406), ›Dr. Slaughter‹ (Bd. 8372), ›Dschungelliebe‹ (Bd. 8361) und ›O-Zone‹ (Bd. 8346).

Paul Theroux

ORLANDO
ODER DIE LIEBE ZUR FOTOGRAFIE

Roman

Aus dem Englischen von
Malte Friedrich

Fischer Taschenbuch Verlag

11.–18. Tausend: November 1989

Ungekürzte Ausgabe
Veröffentlicht im Fischer Taschenbuch Verlag GmbH,
Frankfurt am Main, März 1982

Lizenzausgabe mit freundlicher Genehmigung der
Claassen Verlag GmbH, Düsseldorf
Die Originalausgabe erschien 1978 unter dem
Titel ›Picture Palace‹ im Verlag
Hamish Hamilton Ltd., London.

Umschlaggestaltung: Manfred Walch unter Verwendung
einer Illustration von Dirk Görtler, Glottertal
Druck und Bindung: Clausen & Bosse, Leck
Printed in Germany
ISBN 3-596-28371-X

Für Anne

Von Anfang an habe ich meine Linse mit zärtlicher Leidenschaft behandelt, und sie ist für mich etwas Lebendiges geworden, mit einer Stimme und einem Gedächtnis und einer eigenen schöpferischen Kraft.

Julia Margaret Cameron,
»Annals of My Glass-house«

1. Teil

1 *Camera Obscura*

Den ganzen Tag lang hatte ich daran denken müssen, daß ich durchaus berechtigt war, mich für ein Original zu halten. Ein schöner Tag. Nun ließ das Licht nach, und das alte Haus verfiel in den spätabendlichen Erschöpfungszustand, der einem heißen Tag zu folgen pflegt – eine Art Durst, begleitet vom Gesang der Grillen. Das Holz seufzte auf, die Schränke streckten ihre Glieder. Hinter der Windmühle zog auf weißen Zaunpfählen der Mond seine Spur bis ans Ufer der Bucht. Ansonsten war das Kap dunkel. Ich hätte nirgendwo anders sein mögen. Blinde Liebe? Es war ein altes Gefühl. Es hatte mich zur Fotografin gemacht.

Einige Leute waren der Ansicht, ich hätte zur Zeit der Plattenfotografie angefangen. Nein – und die Kamera habe ich auch nicht erfunden, obwohl mir schon so mancher Verehrer gesagt hat, daß ich die erste gewesen bin, die begriff, was man damit machen konnte. Wie zum Beispiel in *Boogie-Männer,* in meinen frühen Negativen in *Pigga, Auf ein Floß zuschwimmender Neger* und *Blindes Kind mit toter Fledermaus,* aber auch in dem simpleren *Muschelsucher, Wellfleet* und der ausgesprochen dampfigen Serie vom Lamar-Carney-Schweinedinner. *Feuerteufel, Fidel Castro in Harvard* und mein Porträt von Ché Guevara kannte jedes Kind. Was meinen großen Renner angeht, *Zweiundzwanzig weiße Pferde,* so hat das Bild mehr Anerkennung gefunden, als es eigentlich verdient – man wird eben selten mit seinen besten Arbeiten berühmt. Aber auf *Orthodox-Jüdische Knaben, Cummings in Provincetown, Flüchtlinge in DaNang* und *Marilyn* konnte ich immer noch stolz sein.

»So hab ich Marilyn noch nie gesehen«, hat einmal ein Kritiker zu mir gesagt.

»Das ist nicht Marilyn«, sagte ich, »das ist ein Foto.«

Es gab noch viel mehr. Wo stand ich nun? Eine menschliche

Klette namens Frank Fusco wollte mir weismachen, daß meine Arbeiten, in einer Retrospektive aneinandergereiht, meine ganze Geschichte erzählen würden.
Ich sagte: »Bloß weil ich zufällig Fotografin bin, heißt das noch lange nicht, daß ich mich auch zur Schau stellen muß.«
»Ich möchte deine Bilder aufhängen«, sagte Fusco.
»Häng sie auf!« Ich riß die Tür zur Windmühle auf, meinem Bildpalast. »Häng sie auf, bis sie tot sind!«
Das war geschauspielert, ich glaubte immer noch an meine Bilder. Und was für eine Schauspielerei. Die üblichen Walter-Mitty-Träume von Heldentum und großen Taten. Gar nicht weiter verwunderlich – die meisten Helden, die ich kannte, träumten insgeheim davon, Walter Mittys zu sein: verwirrte, betäubte Seelen mit schlechten Zähnen und einer Brille auf der Nase, die in Filzpantoffeln durchs Haus schlurfen. »Was soll die ganze Aufregung?« fragt der geniale amerikanische Künstler. »Ich bin nur ein einfacher Farmer.«
Seit über fünfzig Jahren bin ich nun eine weltberühmte Fotografin, aber da ich eine Frau bin, machte man aus mir ein Wundertier. »Macht ihrem Geschlecht alle Ehre«, meinte mehr als einmal irgendein herablassender Kritiker mit Blick auf meine Titten, und das tauchte dann prompt in den Sprüchen der Kunstkritik wieder auf.
Aber die Kunst sollte kein anderes Werkzeug benötigen als die Erinnerung: so wie man abends im dunklen Zimmer sitzt und die heiße Schönheit des Tages im Haus nachempfindet. Keine Fotografie könnte diesem Gefühl, dieser Atmosphäre gerecht werden.
Und Gin und die Einsamkeit – den Korken herausziehen, die klare Flüssigkeit das Glas füllen sehen, trinken und hören, wie die Geister in den Wänden erwachen. Eine Kamera war schließlich nichts anderes als ein Raum.
Als Fotografin konnte ich Auge und Kamera nicht trennen. Sie war mein drittes Auge, paßgerecht wie eine Juwelierslupe, fast ein eigener Körperteil. Mein Leben war in meinen Bildern. Die Fotografie gab mir Macht über die Gegenstände.
Frank hatte begonnen, Material für die Maude-Pratt-Retrospektive in meiner Windmühle zusammenzusuchen. Ich hatte keinen Anlaß, ihn davon abzuhalten. Erst als ich versuchte, Graham Greene in London zu fotografieren, kamen mir Zweifel an dem ganzen Unternehmen.

2 *Dürfen wir dich aufhängen?*

Es war gar nicht so einfach, vom Grand Island loszukommen (das eigentlich gar keine Insel ist, sondern eine Halbinsel, eine Sandbank des South Yarmouth in der Bucht von Nantucket). Sie wollten mich einfach nicht fortlassen – hatten Angst, daß ich abkratzen, mir die Schuhe vollkotzen, im Flugzeug ohnmächtig werden, mich verirren, mich danebenbenehmen würde oder was alte Leute sonst noch so für Dummheiten machen. Mein Gott! Zugeben wollte das natürlich niemand. Sie sagten: »Paß auf dich auf, Maude, die Männer heutzutage«, dick aufgetragen und diesen gezierten, unehrlichen Unterton in der Stimme, den das junge Volk für alte Damen parat hat. Man will uns in unseren vier Wänden halten, also wird geschäkert und mit dem Zeigefinger gedroht, und ich soll mich auch noch geschmeichelt fühlen, wenn ich wie eine Tuntenmutter behandelt werde, wie eine von diesen klettigen, frustrierten Weibern, die es genießen, wenn man sie abknutscht, ihnen zuzwinkert und ihnen weismacht, sie seien in Gefahr, bei der nächstbesten Gelegenheit erbarmungslos vernascht zu werden.
Ich sagte scharf: »Hört mal zu, ich glaube nicht, daß man mit siebzig noch viel zu befürchten hat, oder?«
»Du doch, Süße!«
Und immer so weiter, es war aussichtslos. In Wirklichkeit meinten sie: »Gib's auf, Alte, bleib zu Hause, mach dich an deinen staubigen Fotos zu schaffen, überlaß uns die Sache, deine Karriere ist jetzt unser Bier.« Was auf eine Art Abdankung hinauslief und mir dementsprechend auf die Nerven ging.
Das war ungefähr zu der Zeit, als Frank Fusco aus New York zum Kap herüberkam und anfragte, ob ich eine Maude-Pratt-Retrospektive in Erwägung ziehen würde und ob er mein »Archiv« benutzen dürfe, wie er die Kisten mit Photos in meiner Windmühle nannte.
Ich konnte das nicht ablehnen. Ich betrete die Windmühle nicht. Und Frank war ganz scharf darauf. Ein nervöses Hemd, dünn, Junggeselle, um die dreißig – er schien mir einer von diesen Kunstschmarotzern zu sein, aufdringlicher und hartnäckiger als sämtliche Zeugen Jehovas zusammen. Er nannte sich abwechselnd Konservator, Kurator und Archivar, aber mir war klar, daß er meine alten Arbeiten ausschlachten und sich

als Kenner und Wohltäter aufspielen wollte. Er würde mir schon zeigen, was meine Sachen wert waren, wenn man es richtig anfaßte. Er war unauffällig wie ein Dieb, voll unterdrückter Nervosität. Er irritierte mich, aber gerade das half mir, klarer zu denken.

»Wozu denn?« fragte er, als ich ihm erzählte, daß ich Greene fotografieren sollte. Aber ich dachte: Warum nicht? Das Foto von Greene konnte das letzte der Ausstellung sein, ein gefeierter Künstler, mein Jahrgang. Ein würdiges Ende meiner Karriere, und dann konnte ich ruhig sterben – den Bau verlassen, wie Papa immer sagte – in der Gewißheit, wirklich fertig zu sein.

Es war nämlich so, daß Greene eingewilligt hatte, ein Porträt von sich machen zu lassen, aber nur dann, wenn jemand wie ich die Aufgabe übernahm. Was ich gut verstehen konnte, da auch ich nur Porträts von Leuten wie ihm machte. Nur berühmte Fotografen oder Anfänger stellen für den berühmten Klienten kein Problem dar – nichts Gefährliches, nichts Unwürdiges im Spiel; dem Anfänger macht es nichts aus, wenn er unhöflich und herablassend behandelt wird. Ich weiß das: denn nur aus diesem Grund konnte ich in ziemlich jungen Jahren Alfred Stieglitz fotografieren. Doch irgendwo dazwischen stehen die, denen man besser aus dem Weg geht, die Schleimer und professionellen Nassauer des Ruhms, die einen vereinnahmen wollen. Fotografen sind am schlimmsten – sie wollen dich heiraten, bei dir einziehen, dich mit Haut und Haaren auffressen. Die junge Reporterin mit der unschuldigen Kamera will Blut sehen, und junge Männer sind keinen Deut besser. Es geht ihnen gar nicht um die Fotografie selbst. Der Persönlichkeitskult ist es, an den sie sich hängen. Dies ist ein freies Land: *Warum kann ich nicht du sein?* Alt wie ich bin, empfinde ich diese Leute eher als störend, nicht als bedrohlich, aber in aller Bescheidenheit hatte ich doch das Gefühl, daß Mr. Greene mich brauchte.

Frank war dagegen, daß ich hinfuhr. Er kniff die Augen zusammen, fixierte die Windmühle und sagte: »Ich könnte da drinnen deine Hilfe brauchen.«

»Kommt gar nicht auf die Platte«, sagte ich.

»Außerdem halte ich es nicht für gut, daß du auf Reisen gehst.« Er schüttelte den Kopf und brachte einen komischen leisen mitleidigen Laut heraus. Das sollte heißen: In deinem Alter.

»Nach Europa, mein ich.«
»Du meinst, das schaff ich nicht mehr?«
»Das hab ich nicht gesagt«, sagte er heiser, schon vorsichtiger. »Es scheint nur etwas ... äh ... überstürzt.«
»Aus der Hüfte schießen«, sagte ich.
Er blinzelte verwirrt.
»So werden alle guten Bilder gemacht, Frank. Losschießen, wenn keiner hinschaut. Ich bin ein Pionier auf dem Gebiet des schnellen Schusses, das solltest du eigentlich wissen. Jemanden ohne Maske erwischen und einfach losfeuern. Geschwindigkeit. Die ›high-speed‹-Methode. Vergiß die Stieglitze, die Strands und was sonst noch an verkrachten Malern herumläuft. Nimm deine Speed Graphic und schieß aus der Hüfte.«
Ich lief im Zimmer herum, vornübergebeugt wie ein Cowboy, der eine Klapperschlange hört. Ich riß die Hände hoch: »Bumm, bumm, bumm! Genauso. Ich hab als erste Fotografin zehn Filme für ein einziges Gesicht verbraucht – wer das war, ist ja egal. Aber denk dran, es kommt auf die Nuance an. Sobald das Opfer merkt, daß es ein Gesicht hat, ist es aus mit deinem Bild.«
»Schön, schön«, sagte Frank in einem Versuch, mich abzukühlen, indem er mich behandelte, als sei ich »seh-nil«. »Aber was ist mit der Retrospektive?«
»Das ist doch für die Retrospektive, du Glucke. Mein letztes Bild. Kannst du es dir nicht vorstellen, wie es da kurz vor dem Ausgang hängt, sechs mal acht, ein Greene im Großformat? Das wird die Sache abrunden, den Leuten beim Hinausgehen ein Lächeln auf die Lippen zaubern.«
»Ist was dran«, sagte er.
Eben nicht, dachte ich. Frank machte wieder seine Leichenbittermiene. Der Kurator, der Archivar, was sind sie denn anderes als Leichenbestatter! Dieser morbide Zug an ihm war mir schon aufgefallen, als er ankam, um mir diese Retrospektive vorzuschlagen. Er wollte mich ausstopfen, die Künstlerin und ihr Werk in einer verstaubten Ausstellung, wie eine Museumsgans.
Ich sagte: »Ich habe nicht vor, mein Leben bloß wegen dieser kostbaren Retrospektive zu beenden.«
Er sagte nichts mehr.
»Jedenfalls wollte ich Greene schon immer mal kennenlernen«, sagte ich. »Auf der Kubareise, als ich Fotos von Ernest gemacht

habe, hätte es fast geklappt. Unser Mann in Havanna – das wäre ein Bild gewesen!«
»Es ist möglich, daß du gar kein Ticket mehr bekommst«, sagte Frank. »Am Wochenende sind die Flugzeuge immer voll.«
Ich zeigte ihm meine Platzkarte und grinste ihn an.
»Du kriegst bestimmt kein Essen«, sagte er in einem letzten Anlauf, mich durch die Warnung vor dem Hungertode umzustimmen, wie das auch meine alte Hauslehrerin Mrs. Dromgoole immer getan hatte. »Das sind Billigflieger, die servieren während des Flugs nichts zu essen.«
»Dann esse ich eben vorher 'n Pfannkuchen. Vielleicht mach ich dabei sogar eine Aufnahme von den Waffeln.«
Frank schüttelte den Kopf, und ich wußte, daß er um meine Würde besorgt war. Pfannkuchen – wie kann sie bloß! Er war mehr für das Feine und aß gewöhnlich in einem angeblich englischen Lokal in Hyannis, das von einem Griechen geführt wurde und eine französische Speisekarte hatte, die vor Fehlern strotzte. Das ist die typisch amerikanische Ehrfurcht vor heruntergekommenen Ausländern und teurer Cuisine. Er sagte – und das war sein letzter Appell –: »Was willst du denn mit dem Auto machen?«
»Irgendwo parken«, antwortete ich knapp.
»Du wirst auf der zweiundachtzigsten Straße in den Berufsverkehr geraten.«
»Dann werde ich eben dasitzen und Radio hören«, sagte ich. »Eine der großen unerkannten Freuden im Leben, Frank. Bei dichtem Verkehr im Auto sitzen und Radio hören ist fast so gut wie im Bett fernsehen.«
Er wand sich immer noch, aber ich dachte: Er macht sich überhaupt keine Sorgen um mich – er sorgt sich um sich selber. Er ist halb so alt wie ich und doppelt so groß, aber er kann nicht Auto fahren, nicht kochen, verträgt keinen Alkohol, und er würde nicht mal Scheiße sagen, wenn er reinträte. Bin ich da, fühlt er sich wohl; gehe ich weg, muß er für sich selber sorgen, und das kann er nicht. Daher also der Schmus um mein Wohlergehen – danke herzlichst.
Während ich meinen Koffer und meinen Fotokram packte, tat er so, als sei er sehr beschäftigt. Um fünf sagte ich: »Wie wär's mit einem Pfannkuchen?«
»Und wie komme ich dann zurück?« greinte er.
Ich gab ihm einen Kuß und dachte: Dann verhungre eben, du

Würstchen. Er lächelte, machte dann ein tiefsinniges Gesicht, konzentrierte sich und ließ einen fahren.
»Was wirst du Greene denn sagen?«
»Mir fällt schon was ein.«
Auf dem Weg zum Flugplatz hielt ich an der Pfannkuchenbude und aß einen riesigen Teller Eierkuchen mit Blaubeeren, Butter und Ahornsirup. Als ich die Hälfte aufgegessen hatte, nahm ich die Speisekarte, rollte sie zu einer Röhre zusammen und schaute hindurch: Das schmelzende Butterstück war ein Eisberg und strahlte weiß und monumental – das Auge ist so leicht zu täuschen. Dann ließ ich die Papierrolle fallen, aß weiter, und während ich mich durch die Pfannkuchen mampfte, dachte ich: Der Schönheit sei dein letzter Blick geweiht.

3 *Ein Rotarier*

Um von diesem Teil des Cape Cod nach Europa zu kommen, muß man vom Flughafen Hyannis aus mit einer von einem Bruchpiloten gesteuerten alten Kiste durch den Ozeannebel hindurch bis zum Logan Airport in Boston fliegen. Es war ein Freitag im Juni, und das Flugzeug war gerammelt voll. Ich saß eingeklemmt neben einem Kerl, der ständig mit seinen Beinen herumfuhrwerkte, um mich gebührend darauf hinzuweisen, daß ihn mein Handgepäck störte. Will zu ihren Enkelkindern, dachte er wahrscheinlich. Er hatte keine Ahnung, daß die alte Schachtel auf dem Weg nach London war, um Graham Greene zu fotografieren. Er trampelte und kickte, um Platz für seine Beine zu schaffen. Ich beugte mich hinunter, holte meine Speed Graphic unter seinen Füßen hervor und legte auf dem Schoß einen neuen Film ein.
»Gute Kamera«, sagte er. »Passen Sie gut drauf auf.«
»Sie nehmen mir die Worte aus dem Mund.«
Was für eine Verschwendung, dachte er. So'ne gute Kamera, damit sie Schnappschüsse von ihren Enkeln machen kann. Man sollte ihr eine Instamatic geben, sie würde den Unterschied gar nicht bemerken. Der Ärger stand ihm im Gesicht geschrieben, ein richtiger Rotarier.
»Ganz schön holprig«, sagte ich. Wozu sich zanken? Das

Flugzeug hüpfte hoch und runter, und ich nahm mir vor, ihn zu beruhigen. »Ist immer so holprig. Wir sind gleich unten.«
»Ich bin die Strecke schon mal geflogen«, sagte er, um mich zurechtzustutzen.
Die Stimme des Piloten kam durch den Lautsprecher: »Ich bitte Sie, die beengten Platzverhältnisse zu entschuldigen, meine Damen und Herren. Wie Sie vielleicht gemerkt haben, ist dieses Flugzeug etwas kleiner als unsere normalen Linienmaschinen ...«
»Dacht' ich's mir doch, daß mit dem Platz was nicht stimmt«, sagte der Rotarier und rutschte unruhig auf seinem Sitz herum. Ich wollte ihn ablenken und versuchte es mit einem Scherz.
»Kennen Sie General Patton?« Ich dachte, er hätte vielleicht den Film gesehen.
»Ich war bei ihm in Paris kurz nach Kriegsende«, sagte ich. Das schien ihn wenig zu beeindrucken.
»Patton haßte alle Politiker in Washington. Einmal kam ein Journalist direkt aus Washington sehr aufgeregt zu Patton und sagte: ›Wissen Sie, wer gestorben ist?‹ Der alte Haudegen sah ihn an und sagte: ›Mir ist jeder recht.‹«
Der Rotarier sah ängstlich aus dem Fenster.
Ich lehnte mich zurück, zündete mir eine Zigarette an, und als er mir wieder sein Gesicht zuwandte, hielt ich ihm die Schachtel hin. »Mögen Sie?«
»Das hab ich aufgegeben«, sagte er mit einer Art verzweifeltem Stolz.
»Sollte ich wahrscheinlich auch tun«, sagte ich und hustete, wie immer, wenn vom Rauchen die Rede ist.
Er sagte: »Das würde Ihnen sicher gut tun.«
»Ich hab ja nichts mehr zu befürchten«, sagte ich. – »In meinem Alter.«
»Vielleicht nicht.«
Es war mir klar, daß er sich mit mir nicht unterhalten wollte, und das kränkte mich. Ich wollte ihm erzählen, wer ich war, wohin ich unterwegs war, warum ich die Speed Graphic auf meinem Schoß hielt. Irgendwie hatte ich das Gefühl, daß er mich nicht leiden konnte, und das war schwer zu ertragen. Ich wollte ihn aufheitern, er sollte zumindest hinterher denken: So doof, wie sie aussieht, ist die Alte gar nicht!
»Die Wahrheit ist«, sagte ich, als das Signal BITTE AN-

SCHNALLEN aufleuchtete, »die Wahrheit ist, daß man uns alte Leute wie Pilze behandelt.«
»Wirklich?« Er schaute mich wieder von der Seite an – die spinnt ja.
»Genauso. Wir werden im Dunkeln gehalten, und ab und zu kommt jemand und kippt seinen Mist über uns aus.«
Er fing an zu lachen, als wir in Logan landeten, und ich dachte: Endlich geschafft! Ich hob meine Kamera hoch und knipste sein vergnügtes Gesicht.
»Schönen Tag noch«, sagte er.
»Ihnen ebenfalls.«

4 *Europa*

Das Flugzeug nach London ging erst um elf. Also gab ich meinen Koffer auf und schlenderte mit fröhlich baumelnder Kamera nach oben. Die Halle war der Traum eines jeden Fotoamateurs: atemberaubend hohe Decke, fast durchgängig gute Beleuchtung, Lazlo-Moholy-Nagy-Pfeiler, einige Walker-Evans-Reklametafeln, Paul-Strand-Bauern, die auf ihren Alitalia-Flug warteten, Arthur-Penn-Stewardessen, weiße Flächen à la Harry Callahan und winzige Reisende, die auf ihren Taschen schliefen. Schieß das Ganze vom oberen Stockwerk aus, nenn es *Departure Lounge* und bilde dir was ein auf deine ach so ironische Sicht der Beschissenheit des modernen Lebens. Aber mir kam es wundervoll vor, und ich hätte eine ganze Woche damit verbringen können, Nahaufnahmen von einem Strauß Zigarettenkippen zu machen, der aus dem Sand eines herrlichen Aschenbechers emporsproß, aber dann entdeckte ich einen Imbißstand und ließ mich auf einen der Hocker fallen. Rutsch rüber, Dicker, 'n bißchen lebhaft.
Die Serviererin mit ihrem Häubchen und ihrer Kattunschürze schaute mich über ihr Fünfliterfaß Senf hinweg an, und zack, hatte ich sie geschossen, bevor sie noch blinzeln konnte. Ich konnte mich nicht entscheiden, ob ich ein Fischbrötchen oder eine Pizza wollte, also nahm ich einen Hamburger und dachte an London. Es war spannend, einen Auftrag vor sich zu haben, ein Problem lösen zu müssen, ohne daß einem jemand im Nacken saß. Das war das Leben, die Kamera mein drittes Auge,

das mir beim Sehen half. Wir hatten Juni, ich würde im Ritz wohnen – was konnte herrlicher sein? Europa!
Ich dachte daran, was Frank über meine Abreise gesagt hatte, wie er versucht hatte, mir mit Gründen zu kommen, die mich daheim halten sollten. Gib's zu, wollte er eigentlich sagen, du bist tot; und ich sah in der Retrospektive – langsam begann ich das Wort zu verabscheuen – schon meinen Nachruf in Bildern. Mir wurde klar, daß ich Frank für sein Interesse an meiner Arbeit haßte und mir davor graute, was sich aus der Ausstellung meiner Bilder ergeben würde. Dieser Gedanke wirkte sich auf meine Verdauung aus: Nörgeln ruiniert die Geschmacksnerven. Ich konzentrierte mich wieder auf London. Eine ganze Woche würde ich dort verbringen – eine lange Zeit zwischen zwei Hamburgern. Ich lachte laut auf und bestellte noch einen.
»Was für'n Film zeigt ihr denn?« fragte ich zwei Stunden später den Steward, als ich ihm meine Bordkarte gab.
»Nachts zeigen wir keine Filme«, sagte er.
Er blinzelte mir zu: »Aber ich werde Sie, so gut ich kann, unterhalten.«
Ich sagte: »Wenn Sie sich nicht benehmen, mein Junge, ruf ich die Polizei.«
Das Flugzeug war nicht mal halb voll. Ich hatte drei Sitze für mich allein, und nachdem wir gestartet waren, holte ich mir Kissen und Decken und rollte mich zusammen. Ich hatte zwar ziemliches Sodbrennen – von dem vielen Essen –, aber ich war todmüde. Bevor ich einschlief, hörte ich noch den Piloten sagen, wie hoch wir waren und daß wir in ungefähr einer Stunde Gander, Neufundland, überfliegen würden. Und daß wir guten Rückenwind hätten. Ich erwachte in einer roten Dämmerung, die ihr Licht über ein schneeiges Meer von Wolken goß. Es war die Art von arktischem Schaumgebäck, die bei Fotowettbewerben wegen ihrer totalen Harmlosigkeit stets Preise gewinnt und mit ihrer undurchdringlichen Weichzeichnung über jede Stilkritik erhaben ist. Ich machte statt dessen eine unbeholfene Aufnahme den Gang hinunter, fünfundvierzig Ellbogen und ein Kleinkind, das am Vorhang zur Ersten Klasse hing. Es sah aus, als beugte es sich über einen tiefen Brunnen.
Und dann war ich auch schon in einem englischen Taxi und ratterte durch den Londoner Verkehr, enge Straßen und

Holzschilder. Ein feuchter, sommerlicher Geruch von Blumen, geschnittenem Gras und Benzin lag in der Luft, und die Leute sahen zwar blaß, aber in ihrer abgetragenen Kleidung doch ganz gut aus. Der Morgen war hell, die Reifen zischten durch Pfützen, die der nächtliche Regen hinterlassen hatte, und der blaue Himmel spiegelte sich in Fensterscheiben zwischen Mauern aus schwarzem Backstein.

Die Leute auf den Bürgersteigen trugen die geheimnisvoll zweckbestimmte Haltung zur Schau, die Fußgänger in fremden Städten immer an sich haben – eine Andeutung von Zielbewußtsein in ihrem Gang. Ich fragte mich einen Moment, wieso sie nicht auch Ferien hatten wie ich; es kam mir vor, als spielten sie ihren Arbeitsalltag nur. Was ich fühlte, war der Neid des Reisenden: Trauer, daß man nicht dazugehört, und gleichzeitig ein Gefühl der Unwirklichkeit angesichts solch manischer Geschäftigkeit.

Aber der Rest begeisterte mich und gab mir ein neues Paar Augen, die rötliche Symmetrien entdeckten, als ein roter Bus zwischen der roten Litfaßsäule und der roten Telefonzelle hindurchfuhr, eine wundervolle Bill-Brandt-Nonne, die sich an Hyde Park Corner bei einem plötzlichen Windstoß entfaltete. Ich war voller intensiver Erwartung, als wir – Sonnenlicht im Taxi und in der Luft eine Spur von Frühstücksaroma – den Piccadilly hinunterrasten. Ich kam mir vor wie ein Würdenträger, glaubte sekundenlang an meine Berühmtheit. Aber das ist der Selbstbetrug des Reisenden, das Gefühl der Wichtigkeit, das mit dem Fliegen verbunden ist. »Darf ich Ihre Koffer nehmen, Madam?« Das war der Türsteher vom Ritz in seiner Lakaientracht. Ich hätte beinahe losgelacht. Ich kann niemals einen ausländischen Akzent hören, ohne dabei zu denken: Laß doch den Quatsch, und mir einzubilden, sie machten es mit Absicht – als könnten sie genauso reden wie ich, wenn sie sich Mühe gäben. Drinnen trug ich mich ein, und der Portier übergab mir einen Briefumschlag. Spinnenhafte Schrift, dünnes Notizpapier, fast orientalisch anmutende, winzige Buchstaben wie Pinselstriche, die besagten: *Ich bin um sechs Uhr in der Bar. Bitte trinken Sie ein Glas mit mir, wenn Sie Zeit haben. Graham Greene.*

5 *Greene*

Die Bar im Ritz war leer, ruhig, aber voller wild gewordenem Stuck. Ich versuchte, eine Perspektive zu finden. Ein bischofweißes Schimmern; goldumrandete Spiegel reflektierten edwardianische Schnörkel aus Filigran und Zigarrenbinden, frostigen Putten, Samt und Illusionen von Kristall in geschliffenem Glas. Die Pralinéschachtel im Boudoir einer Hure. Ich wollte mich schon auf den Bauch legen, um den richtigen Schuß zu kriegen, als ich in all dem müden Talmi einen Mann entdeckte, der hinter der Bar einen Pokal polierte. Er trug ein weißes Dinnerjackett und war kahl, sein Kopf glänzte. Ich sah sofort, daß sein Schädel den ganzen Raum einfing und auf Miniaturmaße zusammenschrumpfen ließ. Er trug ihn wie eine auf seine Birne geklebte Landkarte mit sich herum. Man mußte ihn nur erwischen, wenn er gerade nickte, und hatte einen erstklassigen Weegee.

»Einen wunderschönen guten Abend, Madam.«

Ich dachte: Der verkohlt dich doch!, und sagte: »Einen großen Gin Tonic.«

»Danke«, sagte er und gab mir mein Glas.

»Aber bitte«, sagte ich und war darauf gefaßt, daß er mir im nächsten Moment eine knallen würde. Was für ein Kopf! Im Vergleich dazu war das Weitwinkel die reine Spielerei. Aber ich hatte dann doch nicht den Mut, ihn zu schießen. Es war nämlich so, daß ich mich schon seit meiner Ankunft in London elend und schwindelig fühlte, keine Luft kriegte und ein komisches Kribbeln in Händen und Füßen hatte. Ich schob das aber auf mein Sodbrennen und den Zeitunterschied.

Greene betrat die Bar um Punkt sechs. Ein hochgewachsener Mann in einem dunkelblauen, leicht zerknitterten Anzug, mit eindrucksvollem Kopf und einem mächtigen Kinn, das seinem Gesicht einen nachdenklichen Zug gab. Ich fiel fast in Ohnmacht – es war mein Bruder Orlando, eine enorme Ähnlichkeit. Genauso hatte ich mir Ollie im Alter vorgestellt. Greenes Gesicht, durch Müdigkeit verschönt, trug letzte Spuren von sommerlicher Farbe. Man hätte ihn für einen Geistlichen halten können – er hatte die gleiche selbstsichere Haltung, die gelangweilt mitleidigen Lippen, den sanften Ausdruck eines Menschen, der gerade zu beten aufgehört hat. Und doch lag in seinem frommen Aussehen eine Spur von Nachlässigkeit,

hatte er in seiner distinguierten Haltung einen Hauch von Anonymität, und, ob es nun Vorsicht oder Erziehung war, in den Bewegungen seiner Hände war etwas Verlegenes, Unfreies. Wie jemand in Zivil, dachte ich, ein General ohne Ehrenzeichen, ein Bischof, der seine Robe im Ankleidezimmer gelassen hat, ein glücklicher Mann, dem die Verhüllung seines Glücks nicht ganz gelingt. Sein Haar war weiß, so daß man von weitem hätte meinen können, er sei kahlköpfig. Obwohl seine Gesichtszüge im einzelnen gesehen alle nicht sonderlich bemerkenswert waren, beeindruckten sie doch in ihrer Gesamtheit durch eine unerschütterliche Würde, eine grimmige Vornehmheit, wie man sie bei sehr alten Löwen findet.
Und noch etwas, das metaphysische Etwas, das der Ruhm leise auf sein Gesicht gedrückt hatte – die Beherrschung der Form. Schon der erste Anblick sagte mir, daß dieser Mann keinen Boß, keine Rivalen, keine Feinde, keine Termine hatte, keinen Haß kannte; das war kein Nörgler, kein Befehlsempfänger. Er war frei: verteufelt schwer zu fotografieren.
Er sagte: »Miß Pratt?«
Ein neutraler Akzent, kaum englisch zu nennen, ein kleiner Gurgler darin, der aus meinem Namen *Pgatt* machte.
»Mister Greene«, sagte ich.
»Wie schön, daß Sie gekommen sind.«
Wir gingen zu einem Ecktisch und sprachen Belangloses. Dort, während ich losplapperte, entdeckte ich seine Augen. Sie waren blaßblau und ohne Tiefe mit einem merkwürdig eisigen Schimmer, der mich an Geschöpfe erinnerte, die im Dunkeln sehen können. Und das um so mehr, als er die einschüchternden Augen eines Blinden hatte, die einen mit ihrer hypnotisch starren Bläue gefangenhielten. Sein Zauber lag in seinen Augen, doch ihr kaltes Feuer gab nichts preis außer dem Eindruck einer unzerstörbaren Gewißheit. Als er mich ansah, hatte ich das Gefühl, daß Geständnisse keinen Sinn hatten – er kannte meine Geheimnisse. Das versetzte mich in einen Zustand tiefster Hoffnungslosigkeit. Nichts, was ich ihm sagen könnte, würde ihn auch nur im geringsten interessieren – er kannte es schon, war schon dagewesen, hatte es selbst schon gemacht, hatte es vorausgeahnt. Ich empfand eine tiefe Angst, niemals hätte ich erwartet, Orlando wiederzusehen oder mich so nackt zu fühlen. Ich sagte: »Wie sind Sie denn an meinen Namen gekommen?«

»Den kannte ich schon.« Natürlich. »Ich habe Ihre Arbeit mit dem größten Interesse verfolgt.«
»Das beruht auf Gegenseitigkeit.«
»Ihr Porträt von Evelyn Waugh gefällt mir besonders.«
»Das hat eine Geschichte«, sagte ich. »Ich war damals in London. Joe Ackerly sagte, Waugh sei im Dorchester, also habe ich ihm kurz geschrieben, wie sehr ich seine Bücher mochte und daß ich ihn gerne fotografieren würde. Es kam auch eine Antwort, aber die war nicht an mich adressiert, sondern an einen *Mister* Pratt. Darin hieß es in etwa: ›Es gibt Gesetze in diesem Land, die es Frauen verbieten, aufdringliche Briefe an fremde Männer zu schreiben. Sie sollten einmal mit Ihrer Frau sprechen ...‹, oder so ähnlich. Trotz allem: sehr witzig.«
Greene nickte: »Ich könnte mir vorstellen, daß Ihr Mann recht verstimmt war.«
»Es gab keinen Mister Pratt«, sagte ich. »Den gibt's immer noch nicht.«
Greene sah mich scharf an. Vielleicht fragte er sich, ob ich ihm mein Seelenleben enthüllen wollte.
Ich sagte: »Aber ich bin am Ball geblieben, und eines Tages hat Waugh eingewilligt. Er mochte das Bild auch, hat mich sogar um Abzüge gebeten. Er sah darauf aus wie ein Baron, ein Schloßherr – es ist voller Sonnenschein und Zigarrenrauch. Und mein Gott, der Anzug! Ich glaube, der war aus einer Pferdedecke geschneidert.«
»Einer der besten Schriftsteller unserer Zeit«, sagte Greene. »Ich bin ihm ab und zu begegnet, hauptsächlich in den fünfziger Jahren.« Er überlegte einen Moment und brachte sein Glas Sherry an die Lippen, ohne zu trinken. »Damals war ich oft in Vietnam. Da waren Sie natürlich auch. Ihre Bilder von den Flüchtlingen haben mich sehr berührt.«
»Die Flüchtlinge – das war ich«, sagte ich. »Die waren nur zerlumpter, das ist alles. Ich konnte die Bilder nicht finden, die ich wollte, also fuhr ich nach Hué, aber sie machten mir viel Ärger und erlaubten mir nicht, die Stadt zu verlassen. Das Militär fing an, sich einzumischen. Denen war es egal, ob sie gewannen oder verloren, Hauptsache, der Krieg ging weiter. Ich fühlte mich selbst wie ein Flüchtling, mit nacktem Arsch, herumgestoßen. Deshalb waren die Bilder gut, weil ich mich mit den Leuten identifizieren konnte. Oh, ich weiß, viele sagen: ›Wie konnte sie nur diese armen Leute fotografieren‹,

aber Sie können mir glauben, das waren alles Versionen von mir selbst. Leider.«
»Haben Sie dort mal eine Pfeife probiert?«
»Bitte?«
»Opium«, sagte Greene.
»Himmel, nein.«
»Es sollte legalisiert werden für Leute in unserem Alter«, sagte er. »Ich war einmal in Hanoi in einer Opiumhöhle. Niemand kannte mich. Sie gaben mir einen Platz in der Ecke, machten mir ein paar Pfeifen zurecht, und als ich kurz davor war, einzuschlafen, sah ich auf und bemerkte ein Regal mit mehreren meiner Bücher darauf. Französische Übersetzungen. Als ich aufwachte, war ich allein. Ich nahm sie herunter und signierte sie.«
»Und was haben Sie dann gemacht?«
»Ich stellte sie ins Regal zurück und ging hinaus. Niemand sah mich, und ich war nie wieder dort. Das ist eine sehr angenehme Erinnerung.«
»Solche Erfolgserlebnisse haben Fotografen nicht.«
»Was ist mit Ihrem Bild von Ché Guevara?«
»Ach, das«, sagte ich. »Das habe ich so oft gesehen, ich weiß schon gar nicht mehr, daß es von mir ist. Es ist in die Folklore eingegangen, mein Name wird damit nicht mehr in Verbindung gebracht.«
»Aber einige von uns wissen es noch.«
Es war das Foto von Ché, das immer auf den Plakaten erscheint, mit dem Barett und Prinz-Eisenherz-Haar, das Gesicht emporgewandt wie ein Ikonenheiliger. Sobald es unter dem Vergrößerer in mein Blickfeld schwamm, bereute ich schon, es gemacht zu haben. Es schmeichelte ihm und verflachte sein Gesicht zu einem Ausdruck von leidendem Idealismus: Ich hatte ihn besser erscheinen lassen, als er war. Es war der Anfang seines Mythos – eine Täuschung, an die die Leute glaubten, weil es ein Foto war. Aber ich wußte, wie die Fotografie log und Beleuchtung als Tatsachen ausgab. Ich hatte Ché an einem guten Tag erwischt. Glück, nichts weiter.
»Heidnische Heilige«, sagte ich. »Darauf war ich mal spezialisiert. Sie paßten in diese Zeit, die beste Art von Helden, der kämpfende Verlierer. Der menschliche Engel, der Unschuldige, der Mann der guten Tat, der Außenseiter, der Fremde. Ich war

sehr für den ›underdog‹. Der sieht Dinge, die sonst keiner sieht – oder jedenfalls glaubte ich das.«
Greene sagte: »Nur der Außenseiter sieht. Man muß ein Fremder sein, um überhaupt Situationen beschreiben zu können.«
»Debs«, sagte ich.
»Debs?« Er runzelte die Stirn. »Ich hätte nicht gedacht, daß der auf Ihrer Linie liegt.«
»Eugene V. Debs, der Reformer«, sagte ich. »Den habe ich auch fotografiert.«
»Ach so«, sagte Greene und begann zu lächeln.
»Ché war kein Nörgler«, sagte ich. »Das mochte ich besonders an ihm. Raúl war ganz anders.«
»Wann waren Sie denn in Kuba?«
»Neunundfünfzig? Ich weiß nicht mehr genau. Es war jedenfalls im August. Ich hatte schon immer hinfahren wollen, seit Walker Evans diese geleckten Bilder von den verfallenen Häusern dort gemacht hat. Ich erwähnte das beiläufig in einem Interview, und eh ich's mich versah, bekam ich Geld von der José-Marti-Stiftung, um an der Uni von Havanna Gott weiß was zu erforschen. Ich hab natürlich abgelehnt.«
»Sie sind aber trotzdem hingefahren.«
»Ja. Und es war schön. Ich habe Ché fotografiert und eine enorme Anzahl von Traktoren und den Joe Palooka der amerikanischen Literatur, Mister Hemingway.«
»Castro hab ich mal gesprochen«, sagte Greene. In seiner Stimme lag ein klein wenig Angabe.
Ich sagte: »Ich bin ihm noch einen Brief schuldig.«
»Interessanter Typ.«
»Ich hab ihn auch fotografiert, aber das Foto hat ihm nicht besonders gefallen. Er wollte, daß ich ihn mit ausgestreckten Armen aufnehmen sollte wie einen Christus der Anden, der eine Zweidollarzigarre pafft. Gott bewahre. Das Bild, das ich von ihm in Harvard gemacht habe, war das beste von allen – der haarige Messias, wie er all die jungen Gesichter anblafft. Ohne Blitz und mit viel alttestamentarischer Dramatik.«
Greene begann zu lachen. Er hatte eine herrliche Art zu lachen, mit zuckenden Schultern, sehr ansteckend. Dabei rötete sich sein Gesicht, dann hielt er sich den Handrücken an die Lippen wie ein kleiner Junge, der sich das Kichern nicht verbeißen kann. Er winkte dem Ober und sagte: »Das gleiche noch mal.«

»Ist der kubanische Dschungel nicht phantastisch?« fragte ich.
»Ja, ich bin gerne in Kuba herumgereist«, sagte er. »Es konnte schon anstrengend sein, aber nicht so hart wie Afrika.« Er hielt sich wieder die Hand vor den Mund und lachte.
»Einmal habe ich eine ganze Serie von hübschen Gesichtern gemacht«, sagte ich. »Meine Idee dabei war, in wirklich abgelegene Gegenden zu fahren und Bilder von schönen Frauen zu machen, die keine Ahnung davon hatten, daß sie schön waren. Ich machte hunderte – Bauernmädchen, Kassiererinnen, Hausfrauen, Mädchen, die Holz schleppten, Spülfrauen, Schülerinnen. Ein Mädchen an einer Tankstelle war dabei und eine junge Frau in der Kosmetikabteilung von Filene.«
»Man findet sie an den unwahrscheinlichsten Orten.«
»Diese waren einfach zum Weinen schön. Hinterher wurde behauptet, sie hätten mir Modell gestanden, aber das war's ja gerade, keines der Mädchen hatte auch nur die geringste Ahnung, warum ich sie überhaupt fotografiert habe. Die meisten waren so arm, daß sie zu Hause gar keinen Spiegel hatten. Eine war absolut umwerfend – eine Spanierin. Sie hockte im Sand mit einem schmollenden Gesichtsausdruck, den Rock bis zur Taille hochgezogen, so daß ihr nackter Hintern fast ihre Knöchel berührte. Eine wunderbare Linie, die den Oberschenkel entlang bis hinauf zum Knie verlief. Sie hat mich gar nicht bemerkt. Eine andere war ein chinesisches Mädchen in Hongkong mit einer Haut wie Porzellan, langem schwarzem Haar und diesem geschmeidigen orientalischen Körper. Sie saß in einer elenden Gasse in Kaulun und rupfte ein Huhn, eine tragische Schönheit mit dem hohlwangigen, halbverhungerten Gesichtsausdruck einer Heiligen, den die Mannequins vergeblich nachzuäffen versuchen. Ich könnte weinen, wenn ich daran denke, vor allem weil sie ...« Ich beugte mich vor und flüsterte: »Ich habe das noch nie jemandem erzählt, aber sie war blind.«
»Sie haben noch mehr blinde Menschen fotografiert«, sagte Greene. »Ich habe sie in einer Ausstellung gesehen.«
»Als ich noch sehr jung war«, sagte ich langsam, um mich zu entschuldigen. »Heute schäme ich mich deswegen. Obwohl – die Gesichter der Blinden sind nie falsch, sie sind total nackt. Nur so konnte ich Nahaufnahmen üben. Sie wußten gar nicht,

was ich da machte, das war das Schlimmste daran. Aber auf ihren Gesichtern lag ein erstaunliches Licht, die Züge wie erleuchtet von einer schönen Ruhe. Die Bilder sind so seltsam. Ich kann sie heute nicht mehr ansehen. Ich war selbst einmal blind. Aber darüber wollen wir nicht reden.«

Doch noch während ich Greene die Bilder beschrieb, sah ich, daß er den gleichen Ausdruck im Gesicht hatte, das klare Starren eines Blinden, das beängstigend Forschende auf seinen Zügen, während er mit leicht zur Seite geneigtem Kopf zuhörte wie ein blinder Zeuge, dem kein Fehler entgeht.

»Ich verstehe«, sagte er.

»Ich zeige Ihnen gern mal die anderen«, sagte ich. »Die mit den hübschen Mädchen. Sie sind rührend.«

»Ich habe in Haiti ein paar wundervolle Mädchen gesehen«, sagte er. »Viele davon waren Prostituierte. Ich erinnere mich genau an den Abend mit dem Paar, das ich in meinem Buch die ›Smiths‹ nannte. Ich habe sie zu Vegetariern gemacht, was sie gar nicht waren, aber sie waren jedenfalls Amerikaner. Er war ein recht begabter Künstler, er konnte aus dem Stegreif zeichnen. Wir waren in der Bar, die auch im Buch vorkommt – das Bordell. Er suchte sich eine aus und zeichnete sie, phantastisch ähnlich. Alle Mädchen kamen rüber, um das Bild zu bewundern.«

Greene machte eine Pause und nippte an seinem Sherry. Dann sagte er: »Sie war sehr attraktiv. Wenn die ›Smiths‹ nicht gewesen wären, wäre ich selbst mit ihr ausgegangen.«

Das schien mir eine ziemlich altmodische Ausdrucksweise zu sein – mit einer Nutte »ausgehen« zu wollen. Aber in seiner Art, über sie zu sprechen, lag respektvolle Bewunderung, keine Spur von Verachtung.

»Mit ihr ausgegangen«, sagte ich. »Meinen Sie damit: mit ihr schlafen?«

»Ja«, sagte er. »Das meine ich.«

Ich lachte. »Ich muß jetzt wirklich gehen.«

»Trinken Sie noch einen mit mir«, sagte Greene.

»Nächstes Mal«, sagte ich. Ich konnte nicht mehr genau sagen, wieviel Gins ich intus hatte, aber mir war klar, daß ich betrunken sein würde, sobald es mir wieder einfiel.

»Würden Sie dann mit mir zu Abend essen? Ich hatte vor, zu Bentley gegenüber zu gehen. Wenn Sie Fisch mögen, heißt das.«

Ich war müde, mir taten alle Knochen weh, mir war schwindelig, und ich wußte, daß ich ziemlich beschwipst war. Das führte ich alles auf meinen abrupten Ortswechsel von Grand Island nach London zurück, gleichzeitig aber kroch ein Gefühl der Lähmung in mir hoch, die leise Vorahnung einer Krankheit, die mich bald matt setzen würde. Ich wußte, daß ich eigentlich ins Bett gehörte, aber ich wollte wegen des Fotos unbedingt mit Greene essen gehen. Seine Einladung war ehrlich gemeint, das wußte ich. Sie entsprach dem englischen Zeremoniell: Zuerst wird man zu einem Drink geladen. Langweilt man sie zu Tode, haben sie hinterher eine wichtige Verabredung, wenn nicht, wird man zum Essen eingeladen. Ich war erfreut, daß ich den Test bestanden hatte. Ich sagte: »Gehen Sie nur voran!«

Greene bezahlte und rief das Restaurant an, während ich auf die Toilette verschwand. Draußen vor der Bar trafen wir wieder zusammen. Ich sagte: »Bentley, ist das nicht das Restaurant, in dem Ihre Erzählung spielt?«

»Welche denn?«

»›Die unsichtbaren japanischen Gentlemen.‹«

Er schaute mich ein wenig verständnislos an, als hätte er die Geschichte vergessen, dann schien er sich zu erinnern und sagte: »Oh, ja.«

»Eine meiner Lieblingsgeschichten«, sagte ich. Wir verließen das Ritz und überquerten den Piccadilly in einem staubigen, weichen Licht, das wie eine Spitzengardine am Abendhimmel hing. Greene überragte mich turmhoch und vermittelte mir das Sicherheitsgefühl, das kleine Leute in der Gegenwart von größeren immer haben. Er nahm meinen Arm und führte mich zur Swallow Street. Ich kannte die Erzählung gut. Das Paar diniert bei Bentley und macht allerlei Pläne – ihre Hochzeit, das Buch der Frau. Sie ist ein gescheites, junges Mädchen, das den Schmeicheleien ihres Verlegers glaubt, der von ihrer bemerkenswerten Beobachtungsgabe gesprochen hat. Ihr Verlobter liebt sie hoffnungslos, aber als sie mit dem Essen fertig sind und er eine Bemerkung über die acht Japaner macht, die gerade das Restaurant verlassen haben, fragt sie: »Welche Japaner?«, und behauptet, daß er sie nicht liebt.

Als man uns zu unserem Tisch führte, hörte ich die Kellnerinnen untereinander »Mister Greene« murmeln. Greene sagte: »Ich weiß, was ich nehme«, und reichte mir die Speisekarte.

Er begann, von seinen Reiseplänen zu erzählen – Portugal,

Ungarn, Panama –, und ich fragte mich, ob er auch Leute hatte, die ihm auf den Füßen standen und ihn überreden wollten, zu Hause zu bleiben. Mußte er sich den gleichen Quatsch anhören wie ich? Ich glaubte schon, auch wenn er keinen Frank Fusco hatte. Ich hatte das Gefühl, einem Gleichgesinnten gegenüberzusitzen, einem Leidensgenossen, der völlig allein war, nur seine Arbeit hatte und der mit seinen siebzig Jahren jeden Morgen neu begann, dem alles, was er getan hatte, mehr oder weniger als Fehlschlag erschien, eine unzulängliche Verwirklichung seiner Vision, ein Verrat. Zugleich aber sah ich, wie verschieden wir waren: Er war in seiner Arbeit, ich nicht in meiner. Und vielleicht dachte er: Diese langweilige kleine alte Dame glaubt nur an Richtig und Falsch, ich aber glaube an Gut und Böse. Wir kamen aus verschiedenen Ländern und deshalb auch aus verschiedenen Zeiten. In den zwei Stunden, die vergangen waren, seit ich zum erstenmal Orlando in ihm gesehen hatte, war Greene mehr und mehr er selbst geworden, mehr und mehr der komplizierte Fremde in der vierten Dimension, die den Fotografen verwirrt.
»London ist nicht mehr das, was es einmal war«, sagte er gerade.
»Gleich hier um die Ecke habe ich oft Nutten gesehen, wie sie auf und ab gingen. Damals war es noch besser – sie waren überall in Bayswater.«
»Ich habe einige von ihnen aufgenommen.«
»Ich auch«, sagte Greene und fuhr mit der Hand übers Gesicht, als wollte er verhindern, daß er rot wurde. »Als ich noch studierte, fuhr ich öfter nach Soho, aß in einem netten französischen Lokal bei einer halben Flasche Wein und ging dann mit einer Nutte. Das war sehr schön.«
Ich hatte nicht den Eindruck, hierzu etwas Wesentliches beisteuern zu können.
Er sagte: »Jetzt besteht Soho nur noch aus Pornoläden. Das ist keine erotische Kunst. Ich finde es brutal, keine Zärtlichkeit darin.«
»Es ist Mist«, sagte ich. »Aber es gibt etwas, das dafür spricht.«
»Und das wäre?«
»Es funktioniert«, sagte ich.
»Da bin ich nicht sicher«, sagte Greene. »Ich habe keine Pornographie mehr gesehen, seitdem sie legal geworden ist.«

Ich lachte – das war typisch für ihn. Und es ärgerte mich, daß ich die Widersprüchlichkeit in seinem Gesicht nicht einfangen konnte. Er war voller Überraschungen, witzig, wach, lebendig, ein wirklicher Komödiant, weise und drollig. Seit ich wußte, daß ich ihn porträtieren sollte, stand ich dem alten Problem gegenüber, das mir schon immer zu schaffen gemacht hat. Gegen meinen Willen machte ich mir schon vorher in Gedanken ein Bild und versuchte, mir das Foto, das ich wollte, vorzustellen. Wohl hatte ich Greene in einer Bar gesehen, aber in einer einfacheren, verkommeneren als der im Ritz; dann eine leicht verkantete Einstellung, nur das Gesicht scharf, der Rest – sein langer Körper, seine nachdenkliche Haltung – zwielichtig und leicht verschwommen: der Schriftsteller, wirklicher als seine Umgebung, davon abgehoben und doch ein Teil dieser Welt.
Dann stand er mir in Fleisch und Blut gegenüber mit seinem traurigen, schweren Gesicht, seinem strengen Mund, seinen Blindenaugen, und ich dachte: Nein, besser eine Nahaufnahme mit der Hand am Kinn – er hatte die feinen Hände eines Uhrmachers. Doch als er lachte, änderte ich meine Meinung erneut, und plötzlich wurde mir bewußt, daß es unmöglich war. Ich konnte ihn nicht fotografieren, jedes Porträt würde ihn festlegen, einfrieren, würde ihm einen ewigen Stempel aufdrücken wie Ché mit seinem Blick in den Himmel oder dem Bild von dem geschwätzigen, langweiligen Partyfäßchen, dem jedermann verzeiht, weil es einst Truman Capote hieß.
Früher hätte ich vielleicht, ohne mit der Wimper zu zucken, mein Foto gemacht und wäre auf und davon gegangen, hätte dann beim Entwickeln in diesem Gesicht seine Geschichte gesehen, Vergangenheit und Zukunft. Heute abend war ich verzweifelt. Fotografie war keine Kunst, sondern Handwerk wie Körbeflechten. Der Irrtum, der Fehler, in der Kunst ein wesentliches Element, war im Handwerk unverzeihlich. Ich hatte in Greene zuviel gesehen, um noch mit einem Bild zufrieden sein zu können.
Ich sagte: »Ich glaube, ich sollte Ihnen sagen, daß dies mein letztes Bild ist. Ich werde es aufgeben, Schluß machen.«
»Warum um Himmels willen?«
»Zum Beispiel bin ich zu alt zum Reisen.«
»Welcher Franzose war es, der gesagt hat: ›Das Reisen ist die traurigste aller Freuden‹?«

»Mir hat es die Augen geöffnet.«
»Das versteh ich sehr gut«, sagte Greene. »Vor kurzem sah ich eine Notiz über Kim Philby in der Zeitung.«
»Den wollte ich auch schon immer mal fotografieren«, sagte ich.
»Während des Krieges habe ich beim britischen Geheimdienst für ihn gearbeitet. Nun ja, in diesem Artikel sagte Kim, daß ihm eines mehr am Herzen läge als alles andere, und das sei, mit Graham Greene eine Flasche Wein zu trinken und über alte Zeiten zu plaudern. Ich schickte sofort ein Telegramm los, daß ich mich mit ihm treffen würde, wo er wollte, wenn er den Wein besorgt. Ich hatte Lust zu reisen – es ist, wie Sie sagen, man wacht auf dabei. Kim telegrafierte zurück, sehr nett, er habe zu tun. Vielleicht später einmal. Das tat mir leid. Ich hatte mich ziemlich auf die Reise gefreut.«
»Sobald ich von zu Hause weg bin, funktionieren meine Augen wieder. Ich kann sehen! Es ist wie mit der Musik – ich höre gar nicht richtig zu, aber ich kann dabei klar denken. Die Musik bringt meinen Kopf in Bewegung.«
Greene hörte aufmerksam zu, seine Hände schwebten über der Tischkante wie die eines Pianisten.
»Da ist aber noch etwas«, sagte ich. »Es ist eine Retrospektive geplant – eine Auswahl aus meinen Bildern über fünfzig Jahre hinweg! Ein Typ ist bei mir und gräbt sie aus, es war seine Idee. Ich habe nicht den Mut, sie anzuschauen – ich weiß schon, was dabei herauskommt.«
»Ach ja?« sagte er und begann zu lächeln, als ob er wüßte, was ich als nächstes sagen würde.
»Nichts«, flüsterte ich, »nichts. Versagen auf der ganzen Linie.«
»Eine lange Geschichte von Fehlschlägen«, sagte er, und es klang wie ein Zitat. Aber er lächelte immer noch. »Überrascht Sie das?«
»Verdammt noch mal, ja!« sagte ich. »Ich will nicht aufgrund meiner Fehlschläge berühmt sein.«
»Man versagt doch immer«, sagte er, ein wenig zu leichthin für meinen Geschmack, als hätte er es schon so oft gesagt, daß es ihn langweilte. Vielleicht bemerkte er meine Skepsis. Er fügte hinzu: »Warum hätten Sie sonst so oft wieder von vorne angefangen?«
Ich sagte, daß mir das einleuchtete, daß ich aber von all den

Jahren harter Arbeit mehr erwartet hätte. Es sei schon ein wenig spät am Abend, um so leichthin vom Versagen zu reden, sagte ich, und die Vorstellung, daß ich mich die ganze Zeit selbst betrogen hätte, sei auch nicht gerade angenehm. Ich sagte, ich fühlte mich wie eine alte Närrin, und das Schlimmste daran sei, daß es außer mir niemand wüßte, und das sei traurig.

Während ich sprach, kam das Essen. Schriftsteller, das wußte ich, beschreiben häufig ihre Lieblingsgerichte; Greene hatte sich marinierte Seezunge und eine Flasche gekühlten Muscadet bestellt. Bevor er anfing, beugte er sich zu mir herüber und nahm sanft meine Hand. Er hatte lange, zerbrechliche Hände wie teure Handschuhe und trug einen blaßgrünen Ring. Er hielt meine Hand und sagte: »Darf ich fragen, warum Sie mich fotografieren möchten?«

»Ich wollte es gerne, und Sie waren einverstanden«, sagte ich nervös. »Es wird die Ausstellung abrunden.«

»Wieso glauben Sie das?«

Ich wollte tausend Dinge antworten. Weil wir beide steinalt sind. Weil du ein zauberhaftes Leben hinter dir hast wie ich. Weil niemand wollte, daß ich nach London fahre. Weil du weißt, was es heißt, reich, berühmt und unverstanden zu sein. Weil nur ich dich nicht vergewaltigen würde. Weil du allein bist, blind, verraten, eitel. Weil du glücklich bist. Weil wir einander ebenbürtig sind. Weil du aussiehst wie mein armer toter Bruder.

»Weil«, sagte ich – *weil die Leute mein Gesicht auf deinem sehen werden* –, »weil es fast so ist, als wenn ich ein Selbstporträt machen würde.« Ich war ihm dankbar, daß er mich nicht auslachte.

Er sagte: »Sie haben unrecht, fürchte ich. Sie betrügen sich selbst, Miß Pratt. Sie sind ein Original.«

Ich sagte, das sei ja schön und gut, aber ich könne dennoch kein Porträt von mir selbst machen.

»Natürlich können Sie das – Sie haben es schon getan«, sagte er. »Diese Retrospektive wird Ihr Selbstporträt sein, nicht ein einziges Bild, sondern tausende, all diese Fotos zusammen.«

»Das sagen die mir auch. Ich weiß, daß alle alten Leute denken, sie seien hinterher schlauer, aber ich weiß auch, wie mein Leben war, und das ist nicht auf diesen Bildern.«

»Nein?«

»Nein, Sir. Es liegt in all den Bildern, die ich nicht gemacht habe, im Drumherum, den Umständen.«
Er legte sorgfältig seine Fingerspitzen zusammen wie ein Mann, der beten will.
»Als ich Cocteau fotografiert habe, wissen Sie, was er da zu mir gesagt hat? Er sagte: ›Je sui sang dut le poät le plü inconü e le plü selebre.‹ Und ich weiß verdammt gut, was er gemeint hat, entschuldigen Sie mein Französisch.« Ich aß ein paar Bissen Fisch. »Wenn ich von Ihnen ein Bild mache, beim besten Willen, Sie werden das nicht sein. Ich kann nur Ihr Gesicht zeigen. Wenn ich ein Foto von mir machen würde, dann wäre es eins von einer alten Frau, die ein Haus sucht, in dem sie Gespenst spielen kann, sonst nichts.«
»Mit einer Kamera«, sagte er.
»Wie bitte?«
»Ich meinte, wenn Sie Ihr Selbstporträt mit einer Kamera machen würden.«
»Womit denn sonst? Mit einem Schraubenschlüssel?«
»Sie könnten ein Buch schreiben«, sagte er und machte mit seinen betenden Händen eine Geste, als wollte er mich segnen.
Ich sagte: »Davon verstehe ich nichts.«
»Je weniger Sie davon verstehen, desto besser«, sagte er. »Sie haben Ihre vergessenen Erinnerungen. Was man vergißt, wird zum Kompost der Phantasie.«
»Mein Misthaufen von Erinnerungen.«
Er lächelte.
»Ich soll also der Fotografie abschwören, sagt dieser Gentleman.«
»Genau.« Er sagte das mit priesterlicher Sicherheit.
In seiner Gegenwart schien es so einfach. Es war, als ob er mich durch die dunklen Räume eines Hauses der verpaßten Gelegenheiten geführt hätte, über Treppen und Korridore, bis wir einen düsteren Gang erreichten, vor dem ich mich am meisten gefürchtet hatte; da stieß er eine Tür auf, die ich noch nie gesehen hatte, und ich sah Licht und Freiheit: Hoffnung.
»Sie müssen nur«, sagte er und wandte sich um, »die Augen öffnen.« Er starrte in die Richtung der Eingangstür.
Ich sah acht Japaner schweigend hereingleiten. Sie waren klein, trugen dunkle Anzüge und bewegten sich geschmeidig, präzise wie kleine Maschinen. Sie setzten sich an den großen runden Tisch in der Mitte des Restaurants.

Greene sagte: »Da sind meine Japaner!«
»Ich sehe sie! Ich sehe sie!« sagte ich. Es waren Engel, Symbole, sie sagten mir, daß ich mich erinnern sollte, daß ich schreiben sollte. Greene hatte sie hergezaubert, beschworen, acht geschniegelte Japaner an einem Tisch, wo sie in ihrer Kaugummisprache schnatterten. Der Abend hatte mit unserer Begrüßung begonnen, und wir waren leise, feierlich und komisch zugleich in unsere Erinnerungen hineingeglitten – in diesem Augenblick des Abschieds aber stand die Zeit still: Meine Kamera erschien mir plötzlich als ein sinnleeres Kaleidoskop, das diese zwei Stunden nur verfälschen konnte. Jedes Bild von Greene konnte nur flach wie ein Pfannkuchen werden. Das wußte ich nun, aber ich wußte auch, daß dies ein Neubeginn war.
Greene errötete und lachte sein volles Lachen, als sei er selbst erstaunt über seinen Erfolg, darüber, wie perfekt sein Trick geglückt war.
Ich sagte: »Das glaubt uns niemand.«
Und dann – es war der Reflex der professionellen Fotografin – sah ich das Bild: Greene bei Bentley, sein Rücken im Wandspiegel; vor ihm der heilige Fisch, der ihn anstarrte, die halbgeleerte Flasche Wein; sein lachendes Gesicht, voller Leben, voller Licht, und im Hintergrund, gerade noch zu erkennen, sein Triumph, die Runde der Japaner, ihre winzigen Köpfe und sorgsam gezogenen Scheitel. Das vollendete Foto, wie in einem Lichtstrahl erstarrt, der Künstler vor seinem Werk: *Greene,* von Pratt. Ich hatte Tränen in den Augen, als ich die Belichtung einstellte und meine Speed Graphic hob. Ich wollte nicht mehr als in aller Demut die Augenzeugin sein, die einen Glücksfall verewigt.
Greene streckte seine Arme aus – sie waren sehr lang – und berührte den Apparat. Er wurde zu Eis in meinen Händen, ich senkte ihn.
»Nein«, sagte er, »verderben Sie es nicht.«
»Bitte.«
»Lassen Sie dies Ihre erste Erinnerung sein«, sagte er.
»Ich möchte Sie aber fotografieren«, sagte ich. Mir liefen die Tränen übers Gesicht, aber das war mir egal.
»Verstehen Sie nicht? Sie haben doch schon ein Bild von mir.«
Ich hatte die Kamera immer noch in der Hand, ich wog sie und

wußte nicht, was ich nun damit anfangen sollte. Ich konnte kaum atmen.
»Bitte, tun Sie sie weg«, sagte Greene.
Ich ließ sie fallen. Der Trageriemen schnitt mir in den Nacken.
Ich sagte: »Ich möchte Ihnen von meinem Bruder erzählen.«
»Später«, sagte er, »morgen.«
In der Eingangshalle des Ritz gab er mir einen Gutenachtkuß. Ich ging hinauf, und als ich die Zimmertür öffnete, gab der Boden unter mir nach, die Decke zog sich zusammen, und ich rollte über den Boden, einen langen, holprigen Abhang hinunter, mein Herz hinter mir her. Ich riß den Telefonhörer an der Schnur herab und keuchte hinein.
Einige Tage später sagte mir der englische Arzt: »Sie haben noch mal Glück gehabt«, aber ich dachte nur an das, was Greene im Restaurant gesagt hatte: *Lassen Sie dies Ihre erste Erinnerung sein.*

6 *Mein letztes Bild*

Traurigsein ist chaotisch, aber Trauer ist formal, ein derart zugeknöpftes Ritual aus Scharren und Flüstern, daß ich bei meiner Ankunft viel darum gegeben hätte, wenn ich Frank nicht telegrafisch von meinem kleinen Mißgeschick im Ritz benachrichtigt hätte. Als ich im Rollstuhl quer über die Landebahn von Hyannis gekarrt wurde, von wo aus das alberne *Willkommen*-Schild am Terminal zu erkennen war, erblickte ich die zehn düstersten Gestalten, die mir in meinem Leben untergekommen sind. Ich kam mir vor wie ein verspäteter Gast bei meiner eigenen Beerdigung, und mir fiel ein, daß in meinem Alter jeder Bekannte ein potentieller Trauergast ist. Sie bleiben bei mir, um mich zu begraben. Das ist ihr Geheimnis, von dem man natürlich nichts ahnen soll.
Was mich an Trauergästen so furchtbar irritiert, ist der zufriedene Gesichtsausdruck. Schadenfroh sind sie nicht gerade, nein, sie sind ja schließlich keine Unmenschen, aber sie platzen doch vor Erleichterung, sie gratulieren sich selbst, daß sie noch mal davongekommen sind. Zwar hatten sie mich gewarnt, daß ich hopsgehen könnte, aber eine Warnung ist die

billigste Form der Beleidigung: Meine Ohren waren immer noch voll davon. Ihre Mienen sagten alles. *Ich hab's dir ja gleich gesagt,* ist einer der fröhlichsten Sätze in unserer Sprache, aber er wird selten direkt ausgesprochen. Er drückt sich aus im mißbilligenden Kopfwackeln, im unterdrückten Grinsen, in vorwurfsvoll heruntergezogenen Mundwinkeln und einem eisigen Schweigen.

Nun, ich war nicht tot, und das war in ihren Augen sogar noch besser, weil ich nämlich angeblich einen schweren Herzanfall gehabt hatte (ich hörte sie förmlich sagen: »Kein Wunder bei den vielen Pfannkuchen«). Das würde mir eine Lehre sein; von nun an würde ich auf sie hören, nicht mehr so streitsüchtig sein.

Aber ich hatte doch auch einen Vorteil auf meiner Seite. Es gefiel mir zwar nicht, wie eine Leiche behandelt zu werden, aber weil jeder wußte, daß ich in London fast abgekratzt war, konnte man mir nichts mehr abschlagen.

Frank gab mir einen Kuß und stellte mir die anderen Leichenbitter vor – ich kannte kaum einen. Sie versuchten alle, mich aufzumuntern, und faßten mich ständig an, schielten mir ins Gesicht, als wollten sie rauskriegen, ob ich nun endgültig meine Lektion gelernt hätte. In meiner Wut taufte ich sie im Geiste: Grapscher, Sabberlatz, Schlurfer, die Schnorrschwestern, Schimpanse, Wanze, Armleuchter usw. Ihnen diese Namen zu geben war fast so gut wie sie zu porträtieren und heiterte mich etwas auf. Ich sagte: »Ich hab Lust auf'ne Pizza.«

Der Armleuchter stöhnte auf, aber Frank sagte: »Sie ist der Chef«, und half mir aus dem Rollstuhl, den die Fluggesellschaft zur Verfügung gestellt hatte. »Seht mal«, sagte der Schlurfer, »ein Garry Winogrand«, und deutete auf den leeren Rollstuhl mit der Aufschrift *New England Airways.*

Im Restaurant holte ich den Umschlag heraus, den ich seit London mit mir herumtrug, und legte ihn auf meinen Schoß.

»Was hast du denn da Schönes?« fragte der Behaarte, der »Schimpanse«. Er trug Armeeklamotten – Tarnjacke, Khakihemd, Kampfstiefel, nur die Orden fehlten. Diese miese Imitation galt in der Szene als schick, dabei hätte er sich nicht mal aus einem Münzklo freikämpfen können.

Aber er hatte immerhin den Mut, die Frage auf mich abzu-

schießen, die die anderen auch hatten stellen wollen. Ich tat so, als hätte ich ihn nicht verstanden.
»Das da unten mein ich«, sagte er und zeigte mit dem Finger darauf.
»Nimm das Ding weg«, sagte ich, »da ist ein Nagel dran.«
Die Wanze lachte kurz auf, und der Grapscher, der mir bei der Begrüßung fast die Hand gebrochen hatte, um mir zu zeigen, wie sehr er sich freute (ich mag nun mal keine Handquetscher), der Grapscher sagte: »In der Mappe.«
»In welcher Mappe?«
»Sieht aus wie ein Foto, Miß Pratt«, sagte ein ganz braun gebrannter Typ. Seine Haut sah aus wie geröstet: die Eitelkeit eines Sonnenanbeters. Ich konnte ihn förmlich sagen hören: »Ich muß jetzt raus und an meinem Teint arbeiten.«
»Sieht wirklich so aus«, sagte der Sabberlatz und leckte sich die Lippen.
Ich nahm den Umschlag heraus. »Das? Das interessiert euch doch sicher nicht.«
Der Schimpanse sagte: »Was ist denn drin?«
»Ein Souvenir aus London«, sagte ich, »bloß ein Bild.«
»Das würde mich schon sehr interessieren«, sagte Frank und setzte seine ernsthaft-interessierte Miene auf.
»Ist ein bißchen pelzig geworden«, sagte ich.
Der Schimpanse nickte: »Grobkörnig. Manchmal sind das die besten.«
»Das war aber keine Absicht«, sagte ich.
»Darauf kommt's doch nicht an.«
»O doch«, sagte ich. »Ich hab noch nie etwas von den allseits beliebten Weichzeichnern gehalten. Da haben manche Kerle Objektive, die mindestens drei Riesen gekostet haben, und dann machen sie diesen unscharfen Krempel und nennen das – na – Stimmungsbilder, Impressionen, Fragmente, Traumsequenzen oder sonst irgendwas Blödsinniges. Sie haben keine Ahnung. Das ist tödlich, vernebelte Guggenheimkunst.«
»Maude hat recht«, sagte Frank, und auf einmal waren sie alle meiner Meinung. Sie ritten so vehement darauf herum, daß ich kein Bein mehr an den Boden bekam. Sie verallgemeinerten wild in der Gegend herum, übertrieben es bis zur Unkenntlichkeit. Das ist das Gefährliche am Ruhm: Jeder gibt dir recht, selbst wenn du unrecht hast. Vielleicht tun sie's aber auch, weil

ich in London umgekippt bin, dachte ich, und dann kam ich mir noch idiotischer vor.
»Es ist einfach, die schwachen zu erkennen«, konnte ich schließlich dazwischenwerfen. »›Ohne Titel‹ – das ist ein Hilfeschrei. Meine Bilder haben alle Titel.«
»Wie heißt denn das da?« fragte der Armleuchter und zeigte auf meinen Schoß.
»Das?« Ich räusperte mich und wartete, bis mir alle zuhörten, dann sagte ich: »Das hier ist ein Porträt von mir. Ich glaube, ich werde es *Maude Pratt* nennen, aber ich bin für Vorschläge offen.«
»Ich dachte immer, du wolltest nicht fotografiert werden?« sagte eine der Schwestern Schnorr und wandte mir ihr Dackelgesicht zu. »Damit du deine Anonymität wahrst oder so was.«
»Die habe ich lange genug gewahrt.«
»Bist du wirklich selbst drauf?« sagte der Schlurfer.
Und der Grapscher meinte: »Mann, das ist ja ein historischer Augenblick.«
Frank sagte: »Aber warum?«
»Ich brauch die Anonymität nicht mehr.«
»Du brauchst sie nicht mehr?« Franks Augen wurden ganz klein vor Skepsis. »Aber du hast doch immer gesagt, alle Fotografen müßten anonym bleiben.«
»Ich bin aber kein Fotograf mehr«, sagte ich und biß von meiner Pizza ab.
Niemand aß. Sie starrten mich an.
Frank schob mit dem Handrücken seinen Teller beiseite. Er liebte dramatische Gesten.
Er sagte: »Aber Maude!«
»Deine Pizza wird kalt«, sagte ich.
»Ich würde das Bild wirklich sehr gerne sehen«, sagte er mit leiser Stimme.
»Es würde dich kaum interessieren.«
»Doch wirklich, es wäre etwas für das Museum. Ich hab da einen Draht zu dem Ankäufer.«
»Strapazier den Draht nicht meinetwegen. Wie gesagt, das Bild ist ziemlich haarig.«
»Wir würden trotzdem zahlen.«
»Für dies Bild?«
»Natürlich. Gib uns die Weltrechte, und du bist deine Sorgen los.«

»Hab ich Sorgen, Frank?«
Er zuckte zusammen. »Für die Bilder von Diane Arbus haben wir sehr ordentlich gezahlt.«
»Ach, diese wirren Dinger«, sagte ich. »Das gute Mädchen sollte mal zum Psychiater gehen.«
Die kleinere der Schwestern Schnorr sagte: »Die Bilder der Arbus waren wirklich seltsam – irgendwie tragisch, mein ich.«
»Ganz im Gegenteil«, sagte ich. »Die Arbus ist reine Komödie oder zumindest Farce. Sie ist ein bißchen wie Weegee. Also komm zur Sache!«
»Ich wollte ja auch nicht über Diane Arbus diskutieren«, sagte Frank. »Ich versuch nur, dir unsere Preisvorstellungen klarzumachen.«
»Nenn Zahlen«, sagte ich.
Frank sagte: »Ein Riese ist drin.«
»Ich steh nicht gern auf einem Bein.«
»Dann müßten wir aber erst das Bild sehen.«
»Ich mach dir einen Vorschlag«, sagte ich. »Ich hab dir schon gesagt, daß ich mit dem Fotografieren aufgehört habe. Wenn du versprichst, nicht nach den Gründen zu fragen, kriegst du das Bild umsonst.«
Frank sagte: »Laß erst sehen.«
»Das ist gegen die Spielregeln. Aber ich werd's dir beschreiben.«
»Schieß los.«
»Es hat 'ne ganze Menge zu bieten«, sagte ich. »Tiefenschärfe, Symmetrie, eine Art kosmischer Atmosphäre. In struktureller Hinsicht ist es ein grobkörniges Understatement mit rätselhaften Schatten wie manche der Bilder ohne Titel von R. E. Meatyard oder eine dieser Farnstudien von Wynn Bullock. Mein Herz ist darin wie in einem Käfig, eigenartig ist die völlige Abwesenheit von natürlichem Licht. Es ähnelt einem architektonischen Modell ...«
Und so weiter. Ich leimte ihn mit dem ganzen klebrigen Mist, den sich unsereiner ein Leben lang von Kritikern seines Schlages anhören muß, dieses Geplapper von den Konzepten der fotografischen Semiotik, der Definition von Vor- und Hintergrund, vom Überfall auf das Auge des Betrachters.
Ich hatte meinen Spaß dran, und ihm ging's runter wie Honig.

Er sagte: »Okay, das reicht – einverstanden.«
»Du Glückspilz«, sagte ich und gab ihm den Umschlag.
Mit zitternden Händen riß er ihn auf, und es sah einen Moment lang so aus, als wolle er im nächsten Moment hineinbeißen. Dann zog er es heraus: mein Röntgenbild.
Es wurde ganz still. Die anderen beugten sich herüber, um zu sehen, was es war. Ein paar von ihnen waren nah am Losprusten. Ich hörte ein unterdrücktes Auflachen.
Frank sagte: »Ich finde das überhaupt nicht witzig.«
»So? Warum lache ich dann?«
Der Schimpanse sagte: »Das ist ja irre, das ist tatsächlich ein Röntgenbild!«
»Klar«, sagte ich. »Rahmt es ein, nennt es ›Fragmente‹, und keiner wird was dabei finden.« Der Schimpanse lachte; die anderen sahen mich an, als ob ich nicht alle Tassen im Schrank hätte.
Ich sagte: »Das gewinnt bestimmt 'n Preis.«
»Du nimmst mich doch auf'n Arm«, sagte Frank. »Du hast gar nicht mit dem Fotografieren Schluß gemacht. Du fühlst dich nicht so gut, stimmt's?«
»Hör zu, Doktor«, sagte ich. »Kennst du die Geschichte von dem Biologen und dem Frosch? Nein? Also, dieser Biologe wollte unbedingt herausfinden, was passiert, wenn man einem Frosch die Beine abschneidet. Er schneidet ihm die Hinterbeine ab und sagt: ›Hüpf!‹ Der Frosch robbt ein Stückchen vorwärts. Dann schneidet er ihm ein Vorderbein ab, sagt ›hüpf‹, und der Frosch quält sich ein paar Millimeter nach vorn. Dann schneidet ihm dieser Wissenschaftler auch noch das letzte Bein ab und sagt ›hüpf‹. Nichts passiert. Er ruft wieder ›hüpf‹, aber der Frosch rührt sich nicht vom Fleck und blinzelt bloß.«
»Natürlich ...«
»Moment noch«, sagte ich. »Also, was macht jetzt der Wissenschaftler? Schließlich arbeitet er an einem Projekt und muß ein Ergebnis bringen, sonst wird sein Guggenheim-Stipendium nicht erneuert. Er ist ja immerhin Forscher, nicht wahr, die Nationalstiftung hat ihm erst neulich einen Cadillac gekauft, damit er nicht zu den Russen überläuft. Also holt er sein Heft raus und schreibt: ›Wenn man einem Frosch die Beine abschneidet, verliert er das Gehör.‹ Kapiert? Okay, das war's, der Spaß ist zu Ende. Bringt mich jetzt nach Hause, ich habe einen harten Tag hinter mir.«

2. Teil

7 *Mein erstes Bild*

Nun, da ich das Fotografieren endgültig aufgegeben hatte, wollte ich als erstes meine Kamera loswerden. Es ist wohl jedem bekannt, daß Fotografen auf ihren eigenen Bildern nicht erscheinen, es sei denn mitunter als kaum wahrnehmbare Reflexion – selbst der Größte ist nicht mehr als ein winziges Schimmern im Auge seines Modells. Für Maler gehört es fast schon zum guten Ton, Selbstporträts zu machen, und auch unter Schriftstellern herrscht kein Mangel an denen, die sich selbst beschreiben. Das berüchtigste Beispiel ist der moderne Schreiberling, der überhaupt zu nichts anderem fähig ist, als sich selbst zu spiegeln – für Biographen ein gefundenes Fressen, aber für den Rest der Menschheit eine Qual.
Fotografen hingegen scheinen es schwierig zu finden, Aufnahmen von sich zu machen. Es wird auch kaum praktiziert, obwohl die technische Seite überhaupt kein Problem mehr ist in einer Zeit, wo selbst der blutige Amateur schon fast alle Tricks des Gewerbes beherrscht. Aber man muß, wenn man nicht gerade Affenarme hat, zunächst die Kamera einstellen und dann in Positur hechten, eine hektische Geschichte. Meist ist das Resultat dann auch dementsprechend: panisches Grinsen und ein irres Starren in den Augen. Ich hatte also, bis ich Greene begegnete, auf Selbstporträts verzichtet. Aber ich hatte den Apparat nun mal nicht mehr am Hals, und da schien es höchste Zeit, daß ich mir über irgendeine Form von Selbstdarstellung Gedanken machte. Zwar hatte ich den Verdacht, daß etwas Derartiges in meinem Alter auf die apologetische Selbstbetrachtung eines Nachrufs hinauslaufen würde, aber war andererseits nicht Schreiben das beste Mittel, frischen Wind in mein Selbstporträt zu bringen? Das letzte Bild dieser Retrospektive mußte mein eigenes sein.
Picasso (der sich mit Vorliebe splitternackt fotografieren ließ) hat mir einmal gesagt, daß man die Armut eines Künstlers am

sichersten an seinem Selbstporträt erkennt, und ich glaube, er meinte damit die geistige Armut: in einen Spiegel starren, ohne zu wissen, auf welcher Seite man sich befindet. Aber wenn ich auf die vergangenen siebzig Jahre zurücksah, dann war da Reichtum, Glück und Ruhm. Und ich glaube, ich kann mit einigem Recht sagen, daß meine Karriere – auch wenn ich nicht immer mit dem Herzen dabei gewesen war – ein absoluter Triumph gewesen ist.

Mein Herz – das war etwas anderes. In Wahrheit war mir von all den Leuten, die ich in meinem Leben fotografiert hatte (und das schließt die Größten mit ein, die Picassos, Hemingways, Phil Rizuttos, die T. S. Eliots und E. V. Debs), mein Bruder Orlando immer der liebste. Zum Beispiel D. H. Lawrence. Er liebte es überhaupt nicht, fotografiert zu werden, und das war kein Wunder. Er hatte einen winzigen Kopf, eine Fistelstimme, und sein rötlicher Backenbart war so mickrig, daß Spötter ihn »Ziegenbart« nannten. Ich fand ihn als Mann ausgesprochen unattraktiv, und das lehrte mich, gerade weil er sich auf sexuellem Gebiet für Dynamit hielt, eine Menge über die Vorstellungskraft von Künstlern. Gesund sind wir anderen; Kunst ist etwas für die Verwundeten: Niemand gewinnt mehr Langstreckenläufe als ein Krüppel im Schlaf.

Ich bin viel herumgekommen, aber von all den Orten, die ich gesehen habe, ist mir diese Halbinsel am liebsten – hier, wo die Pizza- und Hamburgerbuden, die Seemannskneipen aus Plastik und Kunstleder und die Drive-in-Restaurants zwischen salziger Marsch und Kiefernwäldern direkt an der Küste lagen. Orlando war tot, Friede seiner Asche, aber ich dachte oft an ihn, wenn ich so bei voll aufgedrehtem Radio mit meinem neuen Chevy auf der Route 28 entlangbrauste und immer wieder staunte, wie absolut irre das alles hier aussah, diese Mischung aus Tingeltangel und der brütenden, gewaltigen See – es war reinstes Pratt, zur Kunst erhobene, erlöste Vulgarität. Ich beobachtete den Sonnenuntergang hinter der Bucht durch das Loch einer Brezel (»Kaffee und Kuchen wie bei Muttern«) und wollte hinausschreien: »Na und? Wenn schon!«, und Orlando in Walhalla zurufen: »Ich hab's doch geschafft, oder?« Darüber gab's keinen Zweifel. Im Wagen – ich fuhr hinter einem alten Gentleman in gepunktetem Hemd und Strohhut, der hier wohl seine letzte Sommerfrische erleben wollte – träumte ich bodenlos vor mich hin: davon, daß ich ein besseres Leben gelebt hatte als irgend jemand sonst, und davon, daß nichts von diesem Leben in meinen Fotos zu sehen war. Fotos, die ich, wenn man Frank glauben konnte, zu machen begann, als ich elf Jahre alt war.

Es war an einem Sommernachmittag im Jahre 1917.

Mein Vater hing verkehrt herum ins Bild; der Stuhl meiner Mutter steckte in einem Baldachin aus Blumen, der mit den Zehen meines Bruders Orlando bepflanzt war; er hatte seinen Arm um die mollige Taille meiner kleinen Schwester Phoebe gelegt, als ob er in die Tiefe stürzen würde, wenn er losließ. Ich hatte sie auf den Kopf gestellt, aber nichts fiel aus ihren Taschen, und ich sah sofort, daß sie auf diese Weise noch preziöser aussahen, wie Engel oder Ägypter, die sich in einem stillen Teich spiegeln, bekränzt vom Sonnenlicht. Beide zeigten ihr prominentes Yankeekinn, unser weißes Haus balancierte verkehrt herum auf seiner Wetterfahne, die Windmühle auf ihren Flügeln, und unsere Bäume hingen breitflächig herab und stellten ihre Äpfel zur Schau; unser verkrüppelter Pflaumenbaum mit seinen nach unten ausgreifenden Ästen wurde zur vogelfressenden Riesenspinne. Meine neue Perspektive ließ Details hervortreten: Orlandos verwegene Umarmung, den zerbissenen Gummiball des Hundes, der an den Grashimmel geklebt schien; die Kellertür, mein Pullover, der alle Gesetze der Schwerkraft mißachtete, und mein langer Schatten, der auf Orlando zu immer schmaler wurde, so daß am obersten Ende über meinem verzerrten Körper mein kleiner Kopf zwischen seinen Füßen lag – Umriß einer Liebenden, die um Gnade fleht, ein Monstrum.

Die Möwen flogen auf dem Rücken, der Horizont schwebte auf einem Kissen aus Luft, und das Flimmern in der Ferne war die Bucht von Nantucket. So etwas hatte ich noch nie gesehen. Ich war verzaubert. Bis dahin hatte ich mich immer geschämt, etwas anzustarren – in meiner Familie tat man so etwas nicht. Nun konnte ich mir Zeit lassen und durch das Objektiv genau beobachten, wie der Hund ins Bild glitt, als wäre er eine kleine Fliege, die über die Zimmerdecke kriecht. Ich konnte das magische Licht sehen, das meine Familie an den Füßen festhielt und sie in wunderbare Jogapposituren bannte.

Damals bemerkte ich auch die Dunkelheit um den Kopf meines Vaters, und je schärfer ich hinsah, desto weiter breitete sich der Schatten aus, zog aus der linken Ecke herauf wie die Nacht. Die

Dämmerung verhüllte sie wie eine Kapuze, als sollten sie gehenkt werden – vier Opfer in Erwartung der Schlinge des Vergessens, die sich zuziehen und das Urteil vollstrecken würde: Märtyrergalgen der Erinnerung mit dem vielsagenden Vordergrund aus unerheblichen Dingen, dem Ball, der Jacke, all den Füßen und schließlich nur noch der Windmühle. Kommt zurück!

»Ich sehe nichts mehr!« rief ich.

»Nimm den Daumen vom Sucher, Maude«, sagte Papa ruhig.

Ohne aufzublicken, verschob ich meinen Daumen und starrte in das gläserne Viereck meiner Brownie. Die Familie tauchte wieder auf, lachend. Aber verkehrt herum konnte mir ihr Spott nichts anhaben. Sie schwankten, als würden sie im nächsten Moment losgerissen, das Lachen schüttelte sie aus ihren verkrampften Posen und machte sie lebendig.

Ich drückte auf den Auslöser und hatte damit einen entscheidenden Augenblick der Vergangenheit in meiner Mausefalle eingefangen. Ich hielt ihn in Händen, in dieser billigen Kamera (alles, was mehr als drei Meter weg war, war automatisch scharf), und ich frohlockte.

Die besten Bilder sind selten gute Bilder. Dieses zeigte sich immer als erstes, wenn Typen wie der Schimpanse und der Grapscher mich besuchen kamen. Sie trugen Kameras um den Hals, und ihre Schultertaschen waren mit Ausrüstung vollgestopft. Sie wollten meine Arbeiten sehen. Ich bot ihnen diesen ersten Blick an, den ich jemals auf meine Familie geworfen hatte, und wartete ab, bis sie sahen, was ich an jenem heißen Nachmittag gesehen hatte. Diese Typen aber schauten mir über die Schulter und sahen nichts. In ihren Augen war ich eine Antiquität, vergleichbar mit den verrotteten Geräten und Preiselbeereimern, die man in alten Farmhäusern finden konnte und mit sich nach Hause trug, um sie dort auf Hochglanz zu bringen und in Ehren zu halten. Sie hatten mich entdeckt – welche Ehre –, mußte ich mich nicht glücklich schätzen? Jeder einzelne tat so, als hätte er mich höchstpersönlich erfunden, zeigte mir stundenlang seine Schnappschüsse, verweilte viel zu lange bei denen, die ich bewundern sollte, und sagte Sachen wie: »Das hier ist ziemlich ausgeflippt – das sind schon irre Bilder.« Meist war das dann ein kitschiger Sonnenuntergang wie tausend andere auch oder die unvermeidliche Parkbank, das tote Eichhörnchen, der Säufer. Ein anderer, dessen Liebe zu Beton und Stahlkonstruktionen die von Berenice Abbott noch in den Schatten stellte, halste mir seine New-York-Bilder auf. Dann gab's den, der sich mit tropischen Slums beschäftigte, wobei seine Bilder nicht mehr und nicht weniger aussagten, als daß er sich ein Ticket nach Caracas gekauft hatte. Die mit der teuersten Ausrüstung schienen sich immer auf hungernde Eingeborene zu stürzen – den Wert einer Kamera konnte ich jeweils danach einschätzen, wie viele Lumpen auf den Bildern zu sehen waren.

Sie taten alles, um meine Aufmerksamkeit zu erregen, aber ihre Fischaugenobjektive machten mich nur schwindelig, und ihre Stimmungsbilder sahen so aus, als hätten sie sie in ihrem eigenen Badewasser entwickelt. Die Mädchen hatten es gewöhnlich auf »Freaks« abgesehen, »weil das irgendwie was mit meiner Rolle als Frau zu tun hat.« Sie kamen mich besuchen und ließen mich dann kaum noch zu Wort kommen, sie taten so, als seien sie an mir interessiert, nur damit ich auch sie bewunderte, diese Art von koketter, erpresserischer Schmeichelei, die in Wahrheit Hunger nach Anerkennung ist. Ich schaute mir ihre Arbeiten an. Es war keine Tragödie, aber Mord auf jeden Fall. Sie waren Amateurattentäter, denen die Eltern zu Weihnachten ein Gewehr geschenkt hatten: Sie brachten mir ihre Opfer. Ich sagte ihnen: »Eine Kamera ist doch kein Spielzeug, vergeßt das nicht.« Sie ist es doch, aber viel gefährlicher als andere Spielzeuge.

»Eure Bilder«, sagte ich, »sind richtiggehend subversiv. Seid ihr stolz darauf?«

»Sicher«, sagten sie. Sie hatten mir ihre gezeigt, nun wollten sie unbedingt meine sehen: Meine Schweinedinnerserie, meine weinenden Menschen, meine Schriftstellerporträts, meine leeren Zimmer, meine Hollywoodaufnahmen, den *Feuerteufel*, *Stieglitz*, *Gemetzel*, den *Klavierstimmer*, *Huxley*, meine *Schwarzen*, die vorher niemand zu Gesicht gekriegt hatte, die ich selbst ausgestellt hatte.

Das Album lag auf meinem Schoß. In der Windmühle gab's noch viel mehr davon, bis unter die Decke gestapelt, und Koffer voller Kontaktabzüge. Aber ich weigerte mich, da hineinzugehen. Meine Hände hielten dieses alte Familienfoto von jenem Sommertag, den ich verkehrt herum durch meine Kodak Brownie gesehen hatte. Sie wollten es nicht ansehen. Sie

machten den Fehler aller jungen Leute, wenn sie die sehr Alten besuchen kommen: Sie meinen, daß man mit uns leichtes Spiel hätte, daß wir ihren Sarkasmus nicht mitkriegen und es nicht sehen, wenn sie sich zublinzeln. Sie zogen hinter meinem Rücken Gesichter – mit der Alten kann man's ja machen! Sie sprachen zu laut, stießen einander an und bildeten sich ein, ich wüßte nicht, was da gespielt wurde. Als ob ich die Sorte nicht zur Genüge kannte! Und trotzdem wollte ich, daß sie sich dieses Bild anschauten, meine unbeholfene Poesie, die auf der ersten Seite meines ersten Albums klebte. Ich schwieg, bis sie vor Ungeduld unruhig auf dem Sofa herumrutschten – wie lange braucht das alte Mädchen denn noch? Hat mir keiner gesagt, daß sie schon so senil ist.
Diese verzückten Anbeter fotografischer Unsterblichkeit wollten mit meinem Leben in einem einzigen Nachmittag fertig werden. Dabei wußten sie nicht mal, wie man Niepce ausspricht. Sie waren hektisch, ihr Tempo grundsätzlich Lichtgeschwindigkeit.
Sie hatten alles, an der Ausrüstung lag es nicht, was war dann das Problem? Diese Anhänger des groben Korns und der harten Tonwerte waren imstande, Fliegenspuren abzulichten, Zwiebelgeruch, Sonnenflecken, tanzende Viren, Mündungsfeuer und Verdauungsstörungen. Mit ihren Motorkameras (Objektive für alle Gelegenheiten) konnten sie's unter Wasser machen oder mit Spiegeln oder siebentausend Meter über Rangun. Was so aussah wie ein Schießeisen, war gar keins, es war eine Hasselblad mit Tele auf Schulterstütze, »für Kriegsbilder«, wie der Typ meinte, und sie sah in der Tat bedrohlich aus. Und dann erst diese japanische Kapsel, nicht größer als eine Schlaftablette mit der stecknadelkopfkleinen Linse – das war tatsächlich auch eine Kamera, so klein, daß man sie mittags hinunterschlucken und sein Frühstück vom Morgen damit fotografieren konnte.
Ich habe von diesen Spielereien nie viel gehalten. Ich sagte ihnen nicht, daß ich bis 1932 meine Box benutzt hatte, bis 1938 eine Balgenkamera und mich erst dann für Florida zu meiner Speed Graphic durchgerungen hatte. Statt dessen hielt ich ihnen einen kleinen Vortrag, ich sprach über den in Bildern denkenden Menschen, über unseren Ahnen, der aufrecht stehend seine Ängste an die Höhlenwand skizzierte, als sein werkzeugmachender Vetter immer noch auf allen vieren her-

umkroch und mit einem Stein Nüsse knackte. Gedanken bestehen aus Bildern, sagte ich, und nicht aus Worten; unser Denken ist bildhaft, das Auge ist ganz Kunst. Wißt ihr, was ich meine? Ja, ja, sicher, sagten sie – hätten sie nein gesagt, hätten sie ja auch nachdenken müssen. Sie hatten es furchtbar eilig, *Zweiundzwanzig weiße Pferde* zu sehen und meine Kontaktabzüge von Ché Guevara und meine Schwarzen. Meine Kindheit mit Orlando und Phoebe interessierte sie nicht. Dafür hatten sie keine Zeit.

»Macht es Ihnen was aus, wenn wir weiterblättern, Miß Pratt?« Und ob es mir was ausmachte. Meine Hand hielt die Seite fest. Da war die Windmühle mit ihrem schmalen Fenster. Sie würden mich nicht verstehen, wenn sie nicht hineinschauten und sahen, was ich sah.

Unverschämt, wie sie waren, versuchten sie, doch umzublättern.

Ich sagte nicht »Geduld, Kindchen« oder »Kommt nicht in Frage.« Ich ohrfeigte sie auch nicht – wahrscheinlich hätten sie zurückgeschlagen. Ich hatte nicht genug Wut in mir aufgespeichert, um wirklich eine Szene zu machen. Ich sagte nur: »Scheiße.« Das mußte sein.

8 Orlando

Aber selbst wenn ihnen bei jedem einzelnen Bild im Hause das Wasser im Mund zusammengelaufen wäre, hätten sie nichts verstanden. Frank war das beste Beispiel. Er wühlte in der Windmühle herum, und es verging kein Tag, an dem er nicht mit irgendeinem vergessenen Bild in dem Zimmer aufkreuzte, das inzwischen zu meiner Camera obscura geworden war, und mit gerunzelter Stirn fragte: »Was ist das denn hier?« Das half mir, mich an die Bilder zu erinnern, die ich nicht gemacht hatte oder wenn doch, die ich noch niemandem gezeigt hatte.

Ich befürchtete, daß die Maude-Pratt-Retrospektive – die Eröffnung in New York war für November geplant – wenig von dem zeigen würde, was ich erlebt hatte, was mich zu der Frau gemacht hat, die ich bin. Ich hatte mich ja hinter der Kamera durchgemogelt, nicht davor. Als ich Frank andeutete, daß ich schreiben wollte, versuchte er, Verständnis aufzubringen:

»Wär' vielleicht nicht schlecht – etwas Knappes, Persönliches für den Katalog, ein oder zwei Absätze über dein Leben und so.«

Scheiß auf den Katalog, dachte ich. Ein Menschenleben ist viel zu chaotisch und zufällig, als daß man es so zusammenfassen könnte. Es macht sich selbständig, es spukt herum, es ist nicht in ein einzelnes Bild zu fassen, es wirft viele Schatten. Ich brauchte ein wenig Ellenbogenfreiheit, wenn ich meinem Leben gerecht werden wollte, einem Leben, das ich im großen und ganzen als glücklich und interessant, wenn nicht sogar als bemerkenswert empfand. Der Bildpalast in der Mühle war nur die halbe Geschichte, das Gedächtnis hat seinen eigenen Bildpalast, viel großartiger, nicht wie Fossilien im Museum, sondern wie die Ausschweifungen einer wahnsinnigen Königin, ein Palast, in dem jeder Raum von den lebendigen Gespenstern der Erinnerung bewohnt ist, neue Erkenntnisse und überraschende Offenbarungen hinter jeder knarrenden Tür.

Man mußte durch all die eisigen Schlafzimmer und Korridore hindurch, um den Turm der Phantasie zu erreichen, von dem aus die wirbelnden Strukturen dieses Lebens überschaubar waren. Mein Leben war mir wichtiger als meine Arbeit, aber davon war in meiner Arbeit nichts zu spüren.

Das Dumme an Kameras ist, daß die Leute sie schon von weitem sehen können; sie verlieren ihre Unbefangenheit, setzen eine geistesabwesende, schuldvolle Miene auf und tun so, als wolle man sie erschießen. Oder, was noch schlimmer ist, sie posieren wie Schaufensterpuppen und zeigen die Zähne – selbst der nackte Neger im Busch weiß inzwischen, wie man »cheese« sagt. Mir war es als Fotografin immer peinlich, mit dem komischen Ding in den Flossen erwischt zu werden; ich kam mir vor wie eine ältliche Lustgreisin, eine vornehme alte Dame, die plötzlich die Röcke hebt, um spielende Kinder zu erschrecken. Später war ich dann stolz darauf, wie gut ich meine Absichten verheimlichen und (lange bevor die Japaner mit ihren winzigen Instrumenten herauskamen) meine Kamera tarnen konnte – als Hutschachtel oder Handtasche oder als verrückten Hut, den die Leute bestaunten, ohne zu merken, daß ich ihre neugierigen Blicke aufnahm. Es gibt da ein Bild, das manche Kritiker für eine bizarre Darstellung entfremdeter amerikanischer Juden hielten – dunkeläugige Jungen im Käppi,

die im Dreck von Brooklyn die Augen zu Jehova erhoben –, aber in Wirklichkeit war *Orthodox-Jüdische Knaben* einfach eine Gruppe neugieriger Kinder, die meinen Hut beäugten.
Ich war anonym, leise, ich war meinen Bildern nie im Wege. Ich wollte, daß sich der Beschauer in meinen Bildern verlor, ohne daß er dabei an mich dachte. Ich verwandte meine ganze Kunstfertigkeit darauf, es dem blinzelnden Publikum leicht zu machen; ich selbst zog mich zurück und verwischte meine Spuren, damit der Betrachter sich einbilden konnte, er hätte die Entdeckungen allein gemacht. Erst, wenn er sehr lange und genau hinsah, sollte ihm auffallen, daß der Mann auf meinem frühen Bild *Auf ein Floß zuschwimmender Neger* Handschellen trägt und daß das Floß zu klein und leicht für ihn ist; dann bemerkte der Betrachter vielleicht die Regenwolken im Hintergrund, die Vergeblichkeit der verzweifelten Anstrengungen des Schwimmers in der starken Strömung des Flusses – ein Ortsname steht auf einem Schild am anderen Ufer (ich habe das Bild 1929 in West Medfort gemacht; der entflohene Häftling, ein gewisser Cecil Gerome, wurde bald wieder eingefangen). Die Leute haben sich dieses Bild angesehen und geglaubt, sie höchstpersönlich hätten seine Bedeutung herausgefunden; es war ein Sieg für sie, die Details gehörten ihnen, und ich nahm ihnen das überhaupt nicht übel. Alles, was sie danach anschauten, war neu: ich hatte ihnen meine Augen gegeben.
Es funktionierte – keiner kannte mich. Meine Ausstellungen gaben den Leuten eine Gelegenheit, über sich selbst nachzudenken, ähnlich wie sie sich bei einem klassischen Konzert vielleicht an ein Kompliment erinnerten, über ihre Ehe nachdachten oder sonst etwas überlegten, was mit der Musik im Hintergrund gar nichts zu tun hatte. Und ich glaube, die Menschen mochten sich selber ein bißchen lieber, wenn sie meine Bilder gesehen hatten. Ihr Leben wurde ihnen bewußt, für einige Minuten ertranken sie in meinen Bildern.
Ich kannte diese merkwürdige Erfahrung selbst. Es hat mich immer fasziniert, wenn ich beim Anschauen eines Fotos oder Kontaktstreifens das Dargestellte aus den Augen verlor und mir mein eigenes Spiegelbild entgegenstarrte wie eine Doppelbelichtung. Das Licht druckte mein komisches Gesicht auf das Hochglanzpapier, egal, wie sehr ich auch versuchte, das darunterliegende Urbild zu erhalten. Das nachgiebige Papier war ein Jahrmarktszerrspiegel aus stotterndem Licht, in dem ich

strahlte und trauerte, mal zu Splittern zersprang, dann wieder zu einem Strauß von Zügen gebündelt wurde. Ich verlor meine Nase, sah zu, wie meine Wangen explodierten, eine zufällige Lichtklinge schnitt mir die Stirn weg. Das war nicht die übliche Sucht nach Selbstversicherung, die die Leute sonst vor die Spiegel treibt – ich wollte mein Gesicht gar nicht sehen. Aber da war es, nicht wegzuwischen wie nachts, wenn man aus dem Zugfenster schaut, um zu sehen, wo man ist, aber nichts sieht als die eigene Visage, die fragend von draußen hereinstarrt. Dieses unheimliche Gesicht blickte mich aus vielen Bildern, die ich entwickelte, an; ich konnte es nicht abschütteln, und es war, das machte mich verrückt, eben kein hübsches Gesicht. An meinem Gesicht lag es, an dem hauptsächlich, daß ich karrieresüchtig wurde. Zu meiner Zeit warteten attraktive Mädchen auf den Märchenprinzen, und die Häßlichen, wenn sie auch nur einen Funken Grips hatten, suchten sich Arbeit. Ich war alles andere als vollkommen. Mein Gesicht war unsymmetrisch, und wenn ich müde war, sah es noch schiefer aus. Am liebsten hätte ich es wie eine Maske abgelöst; morgens untersuchte ich es auf Veränderungen und probierte Mienen aus, die die Häßlichkeit mildern sollten. Aber ich wußte mit einer Trauer, die in jeder Miene durchschien, daß dies das Gesicht war, das ich durch die Welt schieben mußte.
Ich war eine geschmäcklerische Schlampe, besessen von einer tiefen Furcht vor dem Versagen. Meine Bemühungen, ordentlich zu sein, hatten nur Chaos und heimlichen Schmerz zur Folge. Ich war nicht abstoßend genug, um abschreckend zu wirken, aber ich war auch nicht so unscheinbar, daß ich überhaupt nicht aufgefallen wäre, ich war hausbacken und nicht zu übersehen – ein Kind, von dem Besucher sagten, es sei bestimmt praktisch begabt, weil ihnen nichts Besseres einfiel. Einer dieser gönnerhaften Typen hat mir dann auch meine erste Kamera geschenkt: »Das wird dir bestimmt Spaß machen!« Wenn man schon nicht hübsch war, mußte man irgendein Spezialgebiet haben, und aus unerfindlichen Gründen sagte man mir (wie so vielen anderen unattraktiven Menschen) nach, daß ich ein gutes Herz habe. Das waren so konventionelle Floskeln; niemand hatte den Verdacht, daß ich eitel sein könnte, und die Freunde meiner Eltern behandelten mich alle nicht wie ein Kind. Die Häßlichkeit war so etwas wie Reife: mit elf sah ich schon erwachsen aus, eins von diesen

hochgeschossenen, ernsten Geschöpfen, deren Unscheinbarkeit mit Intelligenz verwechselt wird – häßliche Kinder sehen oft wie Vierzigjährige aus. Ich war gezeichnet.
Was dabei herauskam, war ein sehr seltsames kleines Mädchen – heimlichtuerisch und fromm, eine Art heiliger Kuh und – auch dies nicht ungewöhnlich – ein Wesen mit einem Hang zur Perfektion. Ich liebte Symmetrien und Schönheit und wußte, daß ich kein Teil davon war. Künstler sind Packesel und sehen häufig auch so aus, aber ihr Auge ist sensibel und präzise. Ich wußte nicht, was ich war, aber, und das war viel wichtiger, ich wußte, was ich nicht war. Ziemlich früh schon verstand ich die Depressionen unserer Köchin Frenise. Sie trauerte nicht, weil sie schwarz war, sondern, weil sie nicht weiß war.
Frenise erwiderte mein Verständnis. »Sieht uns ähnlich«, pflegte sie zu sagen, und anfangs fragte ich mich, wen sie wohl mit dem »uns« meinen könnte – Neger? Köchinnen? Frauen? Frenise hatte die Hühner zu versorgen. In der Nähe des Hühnerstalles stand ein Schuppen, in dem das Futter in einer Tonne aufbewahrt wurde. Die Tonne hatte einen Deckel, wurde aber gewöhnlich nicht geschlossen, damit der Mais nicht schimmelte. Deswegen konnten Ratten hineinschlüpfen, was wir aber nicht wußten, bis sich eines Tages eine so vollgefressen hatte, daß sie nicht wieder herauskam. An jenem Tag schrie Frenise auf, als sie sich über die Tonne beugte, um die Körner herauszuschöpfen. Ich hörte sie und rannte zum Schuppen.
»Scheiße«, sagte sie, »da is 'ne fette alte Ratte drin. Das Aas kann nich raus – zu fett.« Sie schnalzte, und ich hörte das Schnurren von Phoebes Angorakatze, die wegen der Rotkehlchen ein Glöckchen am Halsband trug.
»Sieht uns ähnlich«, sagte Frenise.
Sie nahm die Katze auf den Arm, streichelte sie beruhigend und drehte sich dann um, schüttete das ganze lange weiße Fell in die Tonne. Sie klappte den Deckel zu und wackelte mit dem Kopf. Ein dumpfes Poltern, Glöckchenklingeln, ein Rutschen, wie wenn Mais in einen Eimer rinnt, dann nur noch die Glocke.
Frenise (die jede Woche in der Lotterie spielte und öfter »Scheiße« sagte als irgend jemand sonst in meinem Leben) hob den Deckel hoch und nahm die keuchende Katze heraus. Das weiße Fell war blutüberströmt, ein Ohr war ein bißchen eingerissen. Frenise ließ sie fallen, stampfte mit dem Pantoffel auf und griff noch mal hinein; und als ich sah, was an dem

unversehrten Schwanz hing – all die Bißspuren auf Fell und Knochen, so daß man unwillkürlich an ein zerkautes Radieschen denken mußte –, da hörte ich Frenise sagen: »sieht uns ähnlich«, und wußte plötzlich, daß sie mich da einschloß. In mir sah sie das genaue Abbild ihres schwarzen Selbst. Ein frühes Bild: ich und Frenise und die Ratte. Wir trugen sie zu einem Blumenbeet und begruben sie gemeinsam.
In der Nacht wurde ich im Traum verfolgt. Ich entkam, verlor meinen Schwanz, und eine größere, schwärzere Frenise hockte über mir und knurrte: »So siehst du besser aus, Maude.«
Man hat mich oft gefragt, warum meine erste Ausstellung fast nur aus Negerfotos bestand, Negern (jetzt sagt man Farbige) in allen möglichen menschlichen Situationen. Ich sagte immer: »Weil sie so schön sind.« In gewissem Sinne war das die Wahrheit.
Meine Familie war gut zu mir, Frenise mit ihren lästerlichen Flüchen (»Scheiße«, »Aas«, »gottverdammt«) härtete mich ab, die Familie umwarb mich mit ihrem Kummer. Sie wetteiferten also gewissermaßen mit ihr und machten mich zu ihrer Heiligen. Die Rolle paßte nicht zu mir, aber wer schwach ist, hat keine Wahl. Vater und Mutter waren großzügig, unkritisch, beschützend, taten alles, um mir zu Gefallen zu sein. Ihre liebevollen Blicke nahm ich als Zeichen, daß ich ein ungewöhnliches Wesen war, ausersehen, ihre Ermutigungen und Schmeicheleien in Ehren zu empfangen, und es wäre mir nicht im Traum eingefallen, selbst nach Jahren noch nicht, daß sie das alles taten, weil ich häßlich wie ein Äffchen war.
Sie sahen mich häßlicher, als ich war, und übertrieben dementsprechend ihr Mitleid. Kinder lassen sich furchtbar gern bemitleiden; ich verwechselte es mit Geliebtwerden, kuschelte mich an, schnurrte und dachte, ich würde geküßt, während man doch nur versuchte, meine Wunden zu lecken. »Ihre wahre Liebe«, sagte meine Mutter, »ist ihre Kamera.« Dieses Übermaß an liebevollem Schutz isolierte mich, und da war es nur natürlich, daß ich meine Geschwister als meine einzigen Freunde ansah. Ich wurde von ihnen so abhängig wie sonst nur jemand, der leidenschaftlich verliebt ist. Sie erweckten in mir alle Instinkte einer Liebenden: Eifersucht, Besitzanspruch, Gehässigkeit, Gier. Mitleid ist diffus; es hat nicht die schrecklichen Ansprüche der Liebe, es verlangt nichts, es gibt nichts, es wirft ein nur schwaches Licht auf unsere Fehler. Wahrschein-

lich habe ich diese Unbestimmtheit gespürt; sie hat mich ausgesaugt, statt zu nähren, sie machte mich hinterhältig – eine intrigierende Erwachsene von elf Jahren. Ich begann, die Trennung von meiner Familie zu fürchten, die kommen würde, wenn ich erwachsen war. Wir würden auseinandergerissen werden, ich wäre allein. Mein Vater war am liebevollsten. Ich sah ihm ähnlich – er fühlte sich verantwortlich.

Papa liebte Musik. Er behauptete, sie ölte seine grauen Zellen, und hatte deswegen auch ein Abonnement für die jährliche Konzertreihe. Einmal im April – einem Bostoner Apriltag: Sonnenflecken auf nassen Straßen – nahm er Orlando und mich zu einem Symphoniekonzert für Kinder mit und ließ uns im Opernhaus auf der Empore, während er wegging, um ein paar Besorgungen zu machen. Aus keinem besonderen Grund, sondern einfach nur, weil wir übermütig waren, liefen wir zum Ausgang, als er weg war, und nach ein paar schweren Eisentüren, die ich für Klein-Orlando aufhielt, fanden wir uns auf der Feuertreppe wieder, wo wir uns am Geländer festhielten und hinunterschauten – es war nicht hoch, zwei, drei Stockwerke vielleicht. Ich trug mein langes Kleid und Orlando seinen Matrosenanzug. Wir kicherten und hörten dem Verkehr zu, der durch die Straße wummerte. Ich weiß nicht mehr, warum wir das taten oder was wir eigentlich zu sehen erwarteten. Große Regentropfen fielen durch den Sonnenschein und glitzerten auf Orlandos Haar.

Ein Mann ging unter uns die Straße hinunter. Er hörte uns lachen und blickte auf, starrte uns an und lächelte dann. Ich hätte es damals noch nicht in Worte fassen können, aber mir war klar, daß der Mann weitergegangen wäre, wenn einer von uns beiden allein da oben gewesen wäre. So aber blieb er stehen. Sein Instinkt mußte ihm sagen, daß wir Bruder und Schwester waren, ein Paar, ein flüchtiger und zugleich tiefer Eindruck: ein Traum von Liebe, bezaubernd, unteilbar. Ich konnte seine Gedanken lesen und sah das Wohlwollen und den Neid, mit dem er uns ansah. Wir waren für ihn ein Erlebnis, er änderte unser Leben. Ich nahm Orlandos Hand, zog ihn an mich und küßte ihn auf die Wange. Der Fremde war entzückt – er hörte nicht auf, uns zu beobachten, bis die Musik an die Eisentür klopfte und uns wieder hineinrief. Danach, wußte ich, würde er uns in seinen Träumen feiern, und solange er von uns träumte, würde ich Orlando lieben. Wenn ich imstande wäre,

den Beginn meiner Liebe zu Orlando zu datieren, dann wäre es dieser Nachmittag im April, als ich das Einverständnis in den Augen des Fremden sah.
Ich wollte nie ein Pony haben. Orlando wünschte sich eins. Also wünschte ich mir das Pony, damit er mich wollte, und als ich es bekam, da wollte er mich. Ich hätte alles haben können, aber ich wollte nur Orlando. Und auf diese Weise begriff ich den Unterschied zwischen Liebe und Mitleid. Mitleid war einfach, die Liebe hingegen schien eine Art Verwirrung zu sein, die den Liebenden zum Kannibalen und Missionar zugleich machte, alle Gefühle berührten ihn, nur der Zweifel nicht. Ich liebte ihn, ich wußte, ohne ihn würde ich blind sein. Er war begnadet; er war unschuldig, weil er schön war; er war meine fehlende Hälfte, der ich nicht im mindesten ähnelte. Es ist nichts Merkwürdiges dabei, daß ich die Liebe mit meiner Kindheit in Verbindung bringe: Liebende sind immer Kinder, denn die Liebe ignoriert jedes Risiko – sie ist da am leidenschaftlichsten, wo sie am unmöglichsten ist, und doch gibt es sie nirgendwo anders. Ich konnte mich daran, wie er war, nicht einmal erinnern; ich wußte nur, wie ich ihn haben wollte, denn in uns beiden zusammen, in Orlando und mir, sah ich die Vollkommenheit: Körper und Seele.
Ein anderer Sommer – nicht schwierig, ihn nach so langer Zeit mit duftigen Details zu schmücken, aber das Gedächtnis radiert die Pracht willkürlich aus und sortiert, was dann noch übrigbleibt: der Ledergeruch der Sitze, die Flicken auf den Polstern, die Staubwolke, die wir hinter uns herzogen. Orlando saß zwischen Phoebe und mir; wir wollten nach Hyannis, zu Papas Segelboot, und schaukelten die Great Gammon Road hinab. Orlandos Gesicht strahlte vor Vergnügen. Er war glücklich, ich wollte glücklich sein. Er sah gut aus, ich sehnte mich danach, gut auszusehen. Wenn ich ihn erst hatte, konnte ich alles haben, und es schien so, als sei das Geschäft schon besiegelt. Ich war mir so sicher, weil er einen Arm zart um mich legte – den anderen hatte er um Phoebe geschlungen – und sein Vertrauen leicht auf meinen Schultern lag. Das war etwas Sicheres. Er konnte mich nicht abweisen, und ich würde ihn niemals mit jemand teilen.
Ich weiß nichts mehr von der Segelpartie selbst, und mein Foto von diesem Nachmittag zeigt Orlando und Phoebe in naßklebenden Badeanzügen. Vielleicht waren sie schwimmen gegan-

gen, vielleicht hatte ich derweil unter meinem Sonnenhut gehockt – manche Fotografien sagen wenig.
In dieser Nacht konnte ich nicht einschlafen. Ich war vierzehn und hatte ein Zimmer für mich allein. Überall Bilder, abgegriffen, eselsohrig, an die Wände gepinnt, ein Album schon voll. Das Kinderzimmer ist ein Gefängnis der Sehnsüchte, und in meinem lagen sie, für jeden sichtbar, schon überall herum – eine Andeutung meines Künstlertums lag in diesem Durcheinander, in der Weigerung, irgend etwas von dem wegzuwerfen, was mein Hobby hervorbrachte. Ich lag im Bett, dachte an Orlando und ließ mich von meinen Bildern inspirieren: Ich wußte, was ich zu tun hatte.
Ich kroch aus dem Bett, schlich durch den verdunkelten Flur, es roch nach Firnis. Das Haus schien wie immer, wenn ich in dunklen Nächten wach lag, kurz vor dem Zusammensturz. Ich hörte den wilden Gesang der Grillen, die abrupten Seufzer der Fußböden, das warnende Knarren der Dachsparren. Bei Nacht schien das Haus leer, hinfällig, und der Boden zitterte unter meinen Füßen. Es war, als hätte er sich wie eine Rampe geneigt, um mich auf meinem Weg voranzutreiben. Ich war darauf gefaßt, das Holz splittern zu hören und das Haus wie in einem Erdbeben um mich zusammenbrechen zu sehen. Aber die Balken hielten – ein Wunder.
Orlandos Tür war einen Spalt offen, das Zimmer dunkel. Ich klopfte zweimal, ohne etwas zu sagen.
Er sagte mit klarer Stimme: »Ich dachte, du hättest dir's anders überlegt.«
Ich ging hinein. Er war nicht zu sehen. Ich hörte seinen Atem vom Bett her, spürte seine Wärme über den Abstand hinweg. Die Dunkelheit, die ihn versteckt hielt, machte mich klein und laut. Ich schlappte durchs Zimmer, mein Nachthemd schlurfte hinter mir über den Boden, und kroch ins Bett. Ich tastete nach ihm, suchte ihn zwischen den kühlen Laken. Er war nicht da.
»Hier drüben, Dummkopf.«
Und dann sah ich seinen schattenhaften Umriß auf einem Stuhl gleich hinter dem Bett. Also war er noch auf! Kein Wunder, daß er sich so wach anhörte! Er hatte auf mich gewartet.
Er sprang auf meinen Schoß. Ich fing ihn mit den Knien auf, und er umarmte mich zärtlich, hielt meine molligen Arme fest und sagte: »Wie gefällt dir das?«
Ich küßte ihn. Er schnüffelte, seufzte.

»Maude?«

Erschreckt zuckte ich zusammen und sagte unsicher: »Ich hatte Angst allein im Dunklen.«

Er schaltete abrupt das Licht an, und wir kniffen in der Helligkeit die auf unsere Gesichter klatschte, die Augen zu, als sei Seife hineingeraten.

Er sagte: »Laß uns Karten spielen.«

Ich dachte, das sei die Umschreibung für ein besseres Spiel, und geriet in Erregung. Aber er meinte, was er sagte: Er war unschuldig in seinem zerknitterten Pyjama, gerade erst acht Jahre alt.

Die Motten hingen an den Fliegengittern und sahen zu. Und als sie beim Morgengrauen zusammenschnurrten, die Flügel dichtmachten und sich für den Tag abtöteten, als die Vögel unter dem Fenster zu lärmen begannen, ging ich in mein Zimmer zurück. Ich dachte: Ich werde jeden umbringen, der mir Orlando wegnimmt.

Das war ein Schwur, der mir leichtfiel. Wenn eine Familie groß ist und zusammenhält, kann sie zur Religion werden. Sie bezaubert den Gläubigen durch Freude, sie verspricht Erlösung, sie tröstet, sie gibt eine Art reiner Sicherheit. Sie bedeutet Abgeschiedenheit ohne Enge, unverletzliches Zusammengehörigkeitsgefühl, so viel Religion, wie jeder braucht.

Was viele Sekten vergeblich versuchen, nämlich eine große Familie zu sein, funktionierte bei uns: Auf dem Grand Island waren wir von marodierenden Ungläubigen abgezäunt. Wir hatten Geld, Raum, die Aussicht auf das Meer, und, wie andere Anwohner des Cape Cod, Ahnen, die wir in hohen Ehren hielten. Wir hatten Dinge, die wir liebten, und wir hatten unsere Geheimnisse; wir waren in Sicherheit: das Haus, die Windmühle, die Pferdekoppel, der Obstgarten, der Strand, die Landebrücke, das Pumpenhaus, der Brunnen, die Sommerküche, der Wintergarten, das Gewächshaus und eine Privatstraße, an der »Zutritt verboten« stand.

Wir hatten unser Territorium abgesteckt und waren dort so gut aufgehoben, daß wir uns kaum jemals die Mühe machten, seine Grenzen zu überschreiten. Das klingt vielleicht so, als wären wir einem Stamm Eingeborener ähnlich gewesen, der von einem bedrohlichen Dschungel umgeben ist, aber das war es nicht – wir waren nicht bedroht oder verfolgt, wir hatten uns etwas Großartiges aufgebaut, eine fast grenzenlose Welt von

Möglichkeiten, die Papa mit liebevoller Intensität regierte. Wir glaubten an das, was wir taten; wir versuchten, einander Freude zu machen; wir trauten sonst niemandem. Es war einfach herrlich. Und daher fiel es mir leicht, dieses Zusammengehörigkeitsgefühl in Sehnsucht umzuwandeln und zu wünschen, daß alles für immer so blieb. Für jemanden, der eine solch leidenschaftliche Jungfrau war wie ich, war nichts Schlimmes darin, zu meiner Schwester Phoebe zu sagen: »Wenn ich groß bin, heirate ich Orlando.«

Als ich mir meiner Liebe zu Orlando bewußt wurde, war es schon zu spät, etwas dagegen zu tun. Ich wußte zweierlei: Ich würde es nicht zulassen, daß sich jemand zwischen uns stellte; und ich würde, wenn ich ihn erst hatte, kein anderes Ziel mehr haben. Also erklärte ich mein Verlangen zur Sünde, um Zeit zu gewinnen, um mir meine Sehnsucht zu erhalten. Bislang hatte ich immer bekommen, was ich gewollt hatte. Es schien mir wichtig, Orlando nicht zu früh zu bekommen: Das Tabu war notwendig, der Hunger nach ihm machte mich lebendig.

Ungefähr zu diesem Zeitpunkt lernte ich eigentlich mehr durch Zufall meine Kamera schätzen, die Anziehungskraft, den Einfluß und die Anregung, die von ihr ausgeht. »Ihre wahre Liebe«, hatte Mama gesagt. Ich probierte es an Orlando aus. Ich nahm ihn in jeder nur erdenklichen Weise auf. Orlando stand mir begeistert Modell, und vielleicht wußte er, daß ich die Kamera als Instrument meiner Sehnsucht nach Erfüllung gebrauchte. Die Linse ist objektiv; sie macht nicht die Bilder, die die Sehnsucht uns vorspiegelt, und so war das Fotografieren ein Vorwand, ihn ganz für mich allein zu haben und doch Abstand zu halten.

Auf einem Bild ist er im Garten mit seinem weißen Anzug und der »Kreissäge« – unter der Strohkrempe die Linie seines Profils; auf einem anderen grient er mit Marmelade am Mund aus dem Fenster der Sommerküche; hier spannt er seinen kläglichen Bizeps, da steht er auf dem Kopf, die Flanellhosenbeine in den Kniekehlen, hier kommt er schaumbedeckt aus der Brandung in einer langen, gestreiften Badehose, in der sich sein Penis wie eine Anhalterfaust abzeichnet; hier sucht er mit aufgerollten Hosenbeinen Muscheln; hier albert er bei der Windmühle herum, die Beine gekreuzt, pfeifend; hier schlägt er Rad in der Abenddämmerung; hier blickt er mit gesenktem Kopf unschuldig in meine Box.

Frank brachte einige dieser Bilder an – nicht alle. Wo waren die anderen? Das zu fragen hatte Orlando irgendwann aufgegeben. Nicht verloren – ich konnte mich ganz deutlich an sie erinnern, sie im Dunkeln sortieren, sie mischen wie ein Kartenspiel und dann ausspielen, um die Vergangenheit als Patience wiederzuerwecken. Aber die meisten existierten gar nicht. Denn obwohl ich Hunderte von Bildern machte und jedes mit viel Trara in Szene setzte – »ein bißchen weiter nach links«, »komm hierüber«, »lächle«, »bleib so« –, hatte ich oft, wenn ich meine Kamera auf Orlando richtete, gar keinen Film drin. Ich wollte mehr als ein Foto von ihm. Die Kamera war lediglich ein Mittel, ihn herbeizuzaubern, ich benutzte eine Strategie, die mich unwillkürlich zur Beobachterin machte, zu einer von vielen Zuschauerinnen des Lebens. Instinktiv war mir klar, daß Fotos – und ich hatte schon sehr viele davon – das Sujet nur abwerteten und herabsetzten. Sie waren etwas »Weggeschnapptes« (der Ausdruck »Schnappschuß« trifft es ganz gut), etwas, was hinterher viel kleiner schien, fast wertlos, ein schwaches Duplikat von dem, was ich eigentlich wollte. Die Fotografie steckte noch in den Kinderschuhen und Orlando auch.

Kein Film in der Kamera: So legte ich ihn herein. Durch die Linse blickte er mich liebevoller an. Warum sollte ich das durch ein Foto verderben? Ich wollte ihn nicht in meinem Album. Ich liebte ihn und wollte mit ihm schlafen.

Es gab für mich sonst nichts Wichtiges auf der Welt, die Fotografie eingeschlossen. Ich benutzte die Kamera, um ihm nahe zu kommen, aber sobald ich sie dazu nicht mehr brauchte, weil wir uns liebten, würde ich den leeren Apparat nehmen und an der tiefsten Stelle der Bucht von Nantucket versenken.

Zu Frank ins Erdgeschoß hinunterzugehen, nachdem ich so in meiner Vergangenheit herumgewühlt hatte, war mir fast peinlich, so als hätte ich hinter verschlossener Tür etwas Schamloses getrieben. Die Fotografiererei war ein anregender, wenn auch fruchtloser Selbstbetrug gewesen, diese Erinnerungen aber schienen mir so beschämend, als wäre ich auf allen vieren im Dunkeln herumgekrochen auf der Suche nach einem Geheimnis. Ich wußte schon jetzt, daß Franks Retrospektive nicht meine Retrospektive würde. Er hatte die Bilder, ich hatte nur meine Ängste. Ich hatte das Bedürfnis, in die Gegenwart zurückzukehren, mir zu beweisen, daß ich noch da war. Ich war

halbwegs darauf gefaßt, daß Frank mich mit einem anklagenden »Was hast du denn da oben gemacht?« begrüßen würde.
Er sagte kein Wort. Ich kam mir völlig idiotisch vor – nahm er mich überhaupt wahr?
»Hallo Süßer!« Die Herzlichkeit war falsch, ob er das wohl merkte? Frank schaute auf, überrascht, die Hände voller Fotos. Er hatte sein Jackett ausgezogen, die Ärmel aufgerollt, voll im Geschäft. Er schlurfte herum, dachte mit den Füßen, auf dem Teppich lag die letzte Ladung aus der Windmühle verstreut. Für ihn existierten nur die Bilder, von mir und meinem Leben wußte er nichts.
»Willst du dir was angucken, Maude?«
»Im Moment nicht. Bin bloß zum Pinkeln runtergekommen.«
Er zuckte zusammen. Meine vulgäre Ausdrucksweise schätzte er überhaupt nicht. Er deutete auf ein altes Foto und sagte: »Werden wir schon auf Vordermann bringen.«
Keine Ahnung.
»Aber sicher.«
»Sag mal, Maude, was hat es eigentlich mit dem da auf sich?«
Mir blieb fast das Herz stehen. Orlando? Hatte Frank erraten, was ich mir gerade selbst eingestanden hatte, den Satz, den ich in meinem Bildpalast der Erinnerung entdeckt hatte: *Ich liebte ihn und wollte mit ihm schlafen*? Nein. Es war eine Rückansicht, ein altes Bild, ein Hinterkopf. Er sah aus wie ein Kopf eines Wiesels.

9 *Rückzug*

Mein Vater war Stock-broker. Das Wort war mir unheimlich, es klang nach Kaputtmachen, irgendwie brutal – es klang nach Abbruchsarbeit, nach Hämmern und Hacken, auf jeden Fall destruktiv. Er mußte dazu gelegentlich nach New York fahren, in die Unterwelt, wie er sagte. Seine Freunde in New York waren die Seltzers (»gute Leute« – für Papa das höchste Lob), die einen Verlag hatten und daher Gott und die Welt kannten. Auf ihren Parties konnte man – laut Papa – Berühmtheiten wie Scott Fitzgerald und Edmund Wilson oder Franklin P. Adam, den heute kaum noch jemand kennt, in die Arme laufen. Als ich meinem Vater erzählte, daß ich nach New York ziehen wollte, sagte er: »Dann mußt du unbedingt bei den Seltzers wohnen!« und in meiner Naivität kam ich nicht darauf, daß er mich einfach in ihrer Obhut wissen wollte. Ich war siebzehn, immer noch mit Leidenschaft Jungfrau, war noch nie in einer größeren Stadt gewesen und konnte keinen Alkohol vertragen. Nach Bier wurde mir schlecht, und den Whiskygeruch, den meine Eltern beim Gutenachtkuß auf den Lippen hatten, konnte ich nicht ausstehen. Ich trank, wenn überhaupt, teuren, mit Ginger-Ale verdünnten Burgunder, aber selbst davon wurde mir schwindelig, und ich mußte mich häufig hinlegen. Orlando sagte dazu: »Für die Jungs bist du 'ne billige Investition, Maude.«

Aber mit mir wollte überhaupt niemand ausgehen, am wenigsten Orlando, und er war auch der Grund, warum ich nach New York ging. Wir hatten den Sommer des Jahres 1923 zusammen am Kap verbracht, was mich total aus der Bahn geworfen hatte. Den Winter und das ganze Frühjahr über war ich dort mit Mutter und Phoebe allein gewesen, unterrichtet von Miß Dromgoole, unserer englischen Hauslehrerin, die Papa angestellt hatte, um Phoebe und mich auf das Mädchenpensionat in der Schweiz vorzubereiten. Orlando war in Andover auf dem Internat, und ich hatte ihn monatelang nicht zu Gesicht bekommen. Wenn er nicht da war – ungefähr die Hälfte des Jahres war das der Fall –, gelang es mir zumindest, den quälenden Hunger nach ihm zu ignorieren. Im Juni aber war er wieder da. Wir drei gingen oft zusammen schwimmen. Orlando gewann immer beim Crocket, wir fuhren mit dem Rad hinüber nach Hyannis und halfen dort Papa mit dem Boot; und die ganze Zeit wollte ich Orlando von dem gierigen Etwas in mir erzählen. Statt dessen lief ich mit einem finsteren Gesicht herum, nur damit er Mitleid mit mir bekam, den Arm um mich legte und fragte, was denn mit mir los sei. Dabei wußte ich, daß ich ihm den wirklichen Grund nicht sagen konnte, weil ihn das in Zugzwang gebracht hätte. Ich wollte, daß er den nächsten Schritt von sich aus tat.

Es war ein quälender Sommer. In der stechenden Kaphitze erwachte der Hunger in meinen Eingeweiden und nagte an meinen Vorsätzen, nachts bestanden die Ochsenfrösche und Grillen darauf, daß ich wach blieb. Zweimal schlich ich zu Orlandos Zimmer, aber ich machte beide Male an der Tür halt und hörte nur seinem Schnarchen zu. Und ich sah das Ende kommen, die Konturen zerfließen, die Familie in verschiedene Richtungen auseinandergehen, die Ordnung zerbrochen, unser Glaube zerstört. Ich war zu lange mit ihnen zusammen gewesen, um etwas anderes zu wollen. Ich wußte, daß ich glücklich war, und das sollte so bleiben. Mama und Papa sprachen davon, eine Kreuzfahrt zu machen oder ihren alten Freund Carney in Florida zu besuchen, Orlando redete von Harvard und Phoebe von der Schweiz. Ich fand es schrecklich, daß sie Pläne machten, an denen ich nicht beteiligt war. Ich war mir ganz sicher: Wenn ich nicht glücklich war, würden sie es auch nicht sein; wir konnten uns nur retten, indem wir zusammenblieben. Das Tröstliche am Egoismus ist ja, daß man wirklich meint, man tue anderen damit einen Gefallen.

»Wie geht's denn meiner kleinen Fotografin?« fragte Orlando.

Ich wagte nicht zu antworten.

»Zeig uns doch mal ein paar Bilder«, sagte Papa.

Ich dachte nicht daran.

»Mach mal ein Bild von mir in meinem neuen Kleid«, sagte Phoebe.

Auf keinen Fall, Schwesterchen, dachte ich.

Als Mama sah, daß ich unglücklich war, kaufte sie mir eine Balgenkamera. Aber das Fotografieren erinnerte mich zu sehr an meine Einsamkeit. Ich konnte sie daran nicht teilnehmen lassen, und außerdem wollte ich nicht, daß sie glaubten, ich wäre so leicht abzuspeisen. Ich weigerte mich, sie zu fotografieren. Damals, aus purem Trotz, machte ich meine ersten Bilder von Blinden: Das Kind, das die Fledermaus hielt, die blinde alte Mrs. Conklin, die Kettenraucherin war und einmal fast ihr Haar angesteckt hatte, als sie sich am Kopf kratzte; Slaughter, der Klavierstimmer, und eine schiefäugige Nichte von Frenise aus Martha's Vineyard. Es war schrecklich, ich schämte mich dieser Bilder. Ich wußte, daß ich sie nur gemacht hatte, um mich abzulenken, und ich werde nie vergessen, wie mich Mrs. Conklin plötzlich aus ihrer Dunkelheit heraus fragte: »Was machst du denn da, Kind?«

An einem heißen Augusttag ging ich zum Obstgarten hinter der Windmühle und setzte mich unter einen Baum, um zu schmollen. Es war feucht dort, ein nasses, dickes, dunkelgrünes Polster aus ungemähtem Gras. In einem Anfall von Wut und

Verzweiflung sprang ich auf, griff einen Ast und schüttelte Äpfel herunter. Sie fielen herab und schlugen schwerfällig auf, daß die Schalen rissen und der Geruch ihrer bitteren Wunden die Luft erfüllte. Dann sah ich aus dem hohen Gras bei der Windmühle Orlandos Gesicht auftauchen. Es war blaß, neugierig und verlegen zugleich, und als er stand, sah ich Grasflekken auf seiner Hose.
»Was hast du denn, Schwesterchen?« fragte er sanft und ließ sich auf die Knie fallen. Zunächst war ich einfach zu überrascht, um ihm zu sagen, warum ich mich so aufführte, aber dann beruhigte ich mich. Ich beschloß, ihm die Wahrheit zu sagen, es auszusprechen: *Du bist der einzige Mensch auf der Welt, den ich jemals lieben werde* – es war der ideale Ort dafür, einsam und mit diesem Geruch von gefallenen Äpfeln und vermoderten Blumen. Diese Idylle war meine Entschuldigung. Und dann war da ja auch noch das Nagen in meinen Eingeweiden. »Ollie, du bist der einzige ...«
Ich hörte ein Geräusch und blickte auf, um zu sehen, ob die Mühle sich bewegte. Die Flügel waren stets verankert, aber manchmal rissen sie sich los und drehten sich die ganze Nacht. Der Wind war aber heute so schwach, daß man ihn nicht spürte, man hörte nur sein seidiges, leichtes Geräusch.
»Hast du was gehört?« fragte ich, voller Angst, daß wir so allein wie Verschwörer entdeckt werden könnten. Sekunden später sah ich Phoebe in ihrem weißen Kleid aus dem Gras aufspringen, ihr Haar ausschütteln und mit einer Art Tanzschritt auf uns zukommen.
»Ich bin's nur«, sagte sie.
Orlando sagte: »Es war Maude, sie hat an dem Baum rumgealbert.« Klick: Orlando unschuldig, mit seinen Grasflecken, kniend, ein Sonnenstreifen im Gesicht und so etwas wie Eifer in den Augen; hinter ihm – (wie eins von den präraffaelitischen Gemälden, die Millais nach den Rupert-Potter-Fotos gemalt hat) – Phoebe mit dem Kleid, in dem sie zart wie ein Schmetterling aussah, wie eine Fee, die um ihn herumflatterte, als lerne sie gerade fliegen und werde sich gleich vor Erschöpfung auf seinem Handgelenk niederlassen. Zwei hübsche Wesen, die sich zu fragen schienen, wer ich denn sei, und im Vordergrund die Masse der gefallenen Äpfel wie am Morgen nach einer Sturmnacht – helle Spiegelungen auf den glänzenden Äpfelhäuten – und dazu das wahnsinnige Singen der Vögel, das

Sägen der Insekten und der leise Wind in den Blättern. Phoebe sagte: »Wir konnten dich nirgends finden, Maude.«
In meiner Nase war der satte Geruch von Äpfeln und Sommer, Bienen und Blüten und Tomatenstauden und der von Fisch und vom Salz des Ozeans, aufreizend, verletzend.
Beim Abendessen sagte Orlando: »Weißt du, was ich an deiner Stelle tun würde, Maude? Ich würde mir meine Kamera schnappen und nach New York gehen.« Er berührte meine Hand, und ich knurrte. »Ja, das würd ich machen«, wiederholte er.
Am nächsten Tag zog ich zu diesen Leuten, den Seltzers.
New York war damals Gestank und Lärm, Dung von Lastpferden, der im Sonnenlicht dampfte, und das Gepolter von Dogcarts auf den Pflastersteinen, irische Familien, die nur aus Wollsachen und Schuhen zu bestehen schienen, Flickenbündel schleppten und im Biergestank haltmachten, um ihre weißen Gesichter den Auspuffgasen der schrill hupenden Autos zuzuwenden. Die halbe Stadt schien ihr Leben auf der Straße zu verbringen, drängte sich zwischen den Obstkarren, Pferden und Katzen. Orlando hatte mich hierherbefohlen – war dieser Abstieg ein Rückzug? Niemals war ich so lauten Fremden so nah gewesen – der Gedanke, daß ich das gleiche Recht hatte, sie anzustarren wie sie mich, erstaunte mich.
Ich machte Fotos – schlechte, hilflose Aufnahmen, an die ich noch heute mit großer Zärtlichkeit denke, weil ich von den Menschenmassen überwältigt war und sie fotografieren wollte, diese zitternden Gerüche, die schnellen Bewegungen, das Lachen der picknickenden Familien im Battery Park, die Pferdeställe am frühen Morgen. Es waren unscharfe erste Versuche, damals machte mich die Grobschlächtigkeit dieser Aufnahmen traurig, später aber schienen sie mir gerade wegen ihrer Ungenauigkeit bemerkenswert, weil die wenigen scharfen Linien um so stärker herauskamen: der Eismann im Gummimantel, der mit der Stilettspitze seiner Hacke Eisquader herausbricht, wobei ihm die Eisspäne ins Gesicht fliegen; die Männer in Schürzen, die Sägespäne schaufeln, die Frau, die ihr weinendes Kind anschreit. Die Sonne ließ die Schilder *Saloon* und *Pelze Wolfpits* aufleuchten und füllte die Straße mit schwelender Farbe; Straßenbahnen ratterten und bimmelten an jeder Ecke; und ich mühte mich ab, das Ganze in seiner Merkwürdigkeit einzufangen – die dreckigen Gossen, die Frau

mit der Zigarette, den kleinen Jungen, der so verbissen Ball spielt, die chinesische Gemüsehandlung, die mampfenden Pferde, denen eng anliegende Futtersäcke umgehängt waren wie Masken. Ich fühlte mich nicht allein: Ich glaubte, die ganze Welt sähe mit mir durch die Linse, und ich war überzeugt, daß alle in der Fotografie einer groben Hufspur das Bild des Hengstes sahen, der sie hinterlassen hatte.

Und doch – ich war allein. Daraus aber schöpfte ich unerwartete Kräfte. Ich war imstande, riesige Entfernungen zurückzulegen, gerade weil niemand bei mir war. Wenn ich nur weit genug ging, würde ich das Bild finden, das mir vorschwebte. Schon damals wußte ich, daß einem Meisterwerke nicht zufielen nur dadurch, daß man die Augen offenhielt. Das war nur eine tröstliche Entschuldigung der Faulheit. (*Sie brauchen nur aus dem Fenster zu sehen,* behaupteten die fotografischen Handbücher immer.) Das reichte nicht, die Suche nach dem Bild war eher eine anstrengende Expedition, die mich manchmal, wenn ich Glück hatte, dem Gesuchten nahe brachte; die darauffolgenden wenigen Schritte entschieden dann über die Komposition des Fotos. Ich stellte meinen Bildern nach, ich sah ihre Zeitgebundenheit, ihre Flüchtigkeit. In dem Moment, da ich die Kamera hob, vergingen sie wie Rauch, hörten auf zu singen wie eine gefangene Lerche. Die Lebenszeit eines Bildes war eine stechende Sekunde – mehr war da nicht.

Ich trauerte um Orlando, und ich hatte die Ausdauer des Trauernden, die depressive Konzentration auf die Arbeit. Ich war unentwegt auf der Suche nach der entscheidenden Sekunde. Ein Bild zeigt eine Familie, aneinander gedrängt auf der Mott Street, Pferde und Unrat, chinesische Schriftspritzer an den Wänden und ein Fenster, in dem knochig langgestreckte Hühner baumelten; aber woran ich mich am besten erinnere, waren ein Lied und der Bratengeruch und meine schmerzenden Füße und daß Orlando gesagt hatte: »Vergiß nicht, zurückzukommen.« Diese verwackelten Aufnahmen, über die ich mich damals so geärgert hatte, gaben mir meine Vergangenheit zurück. Ich konnte mich in diese Bilder fallen lassen und mein Leben noch einmal durchleben.

Der Hinterkopf, den Frank mir gezeigt hatte – der hatte auch ein Gesicht:

Als ich wieder einmal erschöpft von einem meiner Ausflüge zurückkehrte, öffnete Mrs. Seltzer mir die Eingangstür und sagte mit ihrer höflichen Gastgeberstimme – eine Warnung für die Gäste drinnen ebenso wie für mich –: »Wir haben Besuch, Maude.«

Ich sah an ihr vorbei. Sechs oder sieben Leute waren da und diskutierten wild durcheinander. »Das sind doch nur Nutten«, sagte ein Mann mit überlauter Stimme.

Mrs. Seltzer sagte: »Können Sie sich nicht etwas gewählter ausdrücken?«

Sie führte mich hinein und stellte mich vor. Es ging so schnell, daß ich zwar sechsmal meinen eigenen, aber sonst keinen Namen mitkriegte. Ich war froh, mich in eine Ecke setzen zu können – ich wollte auf keinen Fall auffallen. Außer den beiden Seltzers waren vier Männer da und eine dickliche Frau, die ihre Knie eng aneinanderpreßte und keinen Ton sagte, nicht mal lächelte. Sie kam mir vor wie eine pulsierende Kartoffel. Und der kleine, dunkelhaarige Mann, der herumgeschrien hatte, als ich reinkam, drehte sich zu mir herum und sagte in einem Dialekt, den ich nicht so richtig einordnen konnte: »Was machst du, Mädel?«

Sie tranken Tee. Seine Frau schuf plötzlich Ruhe, das Zimmer wurde groß und still. Ich schaute auf meine verknoteten Finger.

Ich wußte nicht, was ich sagen sollte.

Mr. Seltzer sagte: »Maude ist Fotografin.«

Und rettete mich.

»Bist du das?« sagte der Mann, der ein Gesicht wie ein Wiesel hatte, und strich sich mit der Hand über den Backenbart.

»Ja. Ich bin Fotografin.«

Man wird, was andere einen nennen; das war meine Taufe. Schlagartig wich bei allen die Spannung: Es war Magie. Von dem Moment an verstand ich den Zugang, den Fotografen automatisch haben, den unverschämten Mut, den der Apparat verlieh. Es war, als wenn man einen Titel hatte – macht Platz, die Königin kommt; und ich brauchte ihnen nicht mal meine Bilder zu zeigen. Da war ich, siebzehn, dumm, Jungfrau, nicht hübsch, »eine billige Investition.« Aber der eine magische Satz wirkte Wunder und verwandelte mich, weil »Ich bin Fotografin« gleichbedeutend war mit »Du bist mein Modell«. Damals war das noch eine neue Sache. Obwohl die Fotografie schon ein Jahrhundert lang still vor sich hin gelebt hatte, wurden Kameras immer noch als geheimnisvolle Apparaturen angesehen, und die Fotografen, die in den Gefilden des Kubismus wilderten, waren verdächtige Gestalten. Es gab tatsächlich zu jener Zeit in New York einen ganzen Haufen Fotografen – Stieglitz war nur einer davon –, die mit der Überzeugung von Irrsinnigen behaupteten, daß sie mit ihrem Kameraarsenal der Malerei ein für allemal den Garaus gemacht hätten. Die Fotografie war etwas Neues, unberührt von jeglicher Kritik im professionellen Sinne; sie war unbeschwerte Chemie – Dunkelkammern, scharf riechende Fläschchen, wacklige Stative. Sie setzte alles daran, die Malerei durch Imitation zu ersetzen. Das war der Grund, warum die Fotografien so fleckig und leichenhaft aussahen, auskomponierte Weichzeichnungen, die den Entwürfen der Maler zum Verwechseln ähnlich waren. Die New Yorker Vorstellung von der Fotografie (die ich keineswegs teilte) war, daß Bilder gemacht, nicht gefunden wurden. Meine Methode hatte ich Orlando zu verdanken: Ich komponierte meine Bilder nicht, ich »nahm« sie »auf«, wie ich sie fand. Auf jeden Fall sahen mich die Leute bei den Seltzers wegen meiner vermeintlichen chemischen Kreativität zugleich neugierig und freundlich an. Das gab mir das Gefühl, dazuzugehören. So einfach war das also! Mr. Seltzer hatte es ausgesprochen, aber ich war es, die daran glaubte. Ich begann, an mich zu glauben, meine Selbstzweifel zu unterdrücken. Orlando hatte recht gehabt, mich hierherzuschicken.

Der dunkelhaarige Mann sagte mit seiner hohen Stimme: »Wo ist denn deine verdammte Kamera?«

Gelächter.

Ich sagte: »Sie ist da, wo ich sie gelassen habe, draußen im Flur.«

»Mach 'n Bild von mir«, sagte der Mann und zeigte seine gelben Zähne.

»Nein«, sagte die Dicke kriegerisch, »laß das Kind in Ruhe.«

»Was soll ich überhaupt hier?« sagte der Mann. Seine Stimme war schrill, anklagend. »Mir gefällt es hier nicht! Ich will hier weg!«

Mir war klar, daß er eine Berühmtheit sein mußte, weil ihm niemand widersprach oder ihm sagte, daß er die Klappe halten sollte. Er benahm sich unmöglich, aber die Stille schien auszudrücken: So ist er nun mal – das ist eben seine Art. Die anderen Leute nahmen ihr Geplauder über Bücher wieder auf, während der kleine Mann mich scharf ansah. Seine Ohren

waren rot, sein Bart ungepflegt, und er sah so elend aus, daß er mir leid tat.
Ich sagte: »Ich würde Sie sehr gern fotografieren, aber es geht leider nicht. Ich habe nur eine einfache Kamera, und hier im Raum ist zuwenig Licht, das sehen Sie sicher ein.«
»Licht!« rief er mit diesem komischen Akzent. »Das ist es! Man braucht die strahlende Sonne, im Finstern kann man keine Bilder machen.« Er lehnte sich zu mir herüber. »Ich kann im Dunkeln sehen. Da, wo ich herkomme, ist es immer dunkel. Ich hasse die Dunkelheit, ich habe sie satt – ich bin aus ihr hervorgekrochen und werde nie dahin zurückkehren. Die Dinge, die ich gesehen habe, würden dich und deinesgleichen erschrecken.«
»Es liegt am Film«, sagte ich und dachte: Was redet der für 'n Zeug zusammen!
»Wir werden die Sonne finden«, sagte er. »Komm mit mir.«
Er drehte der dicklichen Frau den Rücken zu, sie – vermutlich seine Frau – war aufgestanden und wollte ihn zurückhalten.
»Wir sind in Amerika«, sagte er. »Hier ist die Sonne für alle da.«
Er erhob sich. Er war einer von diesen kleinen Leuten, die nicht größer werden, wenn sie aufstehen. Im Stehen sah er noch zerbrechlicher aus als vorher.
»Wohin?« sagte ich.
Er raunte dunkel mit zuckendem Bart: »Dahin, wo die Sonne wohnt.« Ich dachte: Oh, Mann.
»Versuch's im Garten«, sagte Mr. Seltzer, der zugehört hatte.
»Im Garten«, sagte der Mann und berührte mich nervös am Knie.
»Hol deine Kamera, Mädel.«
Die Frau sah besorgt aus, wütend, verwundert, ungeduldig: So wie sie da dick im Sessel saß, erschien sie mir hilflos. Als wäre sie seine Mutter, dachte ich, hoffnungslos und neidisch, sie schien ihn niederschlagen zu wollen, damit sie ihn hinterher wieder aufheben und trösten konnte.
»Hol deine Kamera, Maude«, sagte Mr. Seltzer resigniert und zugleich mit sanftem Nachdruck.
»Komm in den Garten, Maude«, sagte der Mann. »Denn die Nacht, die schwarze Fledermaus, ist geflohen.«
Ich holte meine Kamera, legte einen Film ein und dachte:

Wenn das Lord Tennyson ist, bring ich mein Bild in der Zeitung unter. Ich beeilte mich, in den Garten zu kommen, und sah wieder, wie klein er war und wie dünn, er hatte einen schrecklichen Husten – eigentlich gehörte er ins Bett. Dunkles Haar, dunkle Augen, ein verkniffenes Gesicht, ein Bart, der nicht richtig wuchs. Ich hatte Angst vor ihm. Er erinnerte mich nicht an Orlando, sondern an meine Begierde nach ihm, als ob sie meinen Eingeweiden entsprungen wäre und sich in diesen räudigen, schnüffelnden Mann verwandelt hätte. Um meine Furcht zu verbergen, zeigte ich ihm die Kamera, ließ sie aufschnappen. Man mußte eine kleine Klappe öffnen, die dann als Tragfläche für den steifen Balgen diente.
»Eigenartig«, sagte er, kam mit seiner Nase dicht heran.
»Es wird kein bißchen weh tun«, sagte ich.
Er lachte nicht. Er starrte mich an und schaute sich dann im Garten um. Es war ein typischer schmaler New Yorker Garten, umgeben von einer hohen Backsteinmauer, mit einem kompakten Feigenbaum, Efeu und Farnkraut, wie ein Aquarium ohne Wasser, so grün, so dicht, irgendwie verrottend und wachsend zugleich. Das blasse Spätsommerlicht hing weich zwischen den dicken Blättern, spielte mit den Pollen, die aus den Malven staubten, und ließ die Marmorstatue einer nackten Frau wie weißes Fleisch erscheinen.
»Stellen Sie sich bitte da drüben hin«, sagte ich.
»Nein.«
»Das Licht ist da besser.«
»Aber du bist hier«, sagte er, seine Stimme war hier draußen sehr leise.
»Entschuldigen Sie, aber ich dachte, Sie wollten fotografiert werden.«
Plötzlich sagte er mit derselben übellaunigen Stimme, die er oben schon gehabt hatte:
»Hast du es schon mal erlebt?«
Was erlebt? dachte ich. Ich sagte: »Ich weiß nicht recht.«
»Du hast es noch nie erlebt.« Seine Stimme klang angewidert.
»Nicht unbedingt. Vielleicht ja, vielleicht nein«, sagte ich und versuchte dann, meiner Stimme einen geschäftsmäßigen Klang zu geben: »Wenn Sie sich jetzt bitte aufstellen wollen, damit ich Sie fotografieren kann!«
»Du hast es noch nicht erlebt«, sagte er, »sonst wüßtest du's.

Du würdest dich daran erinnern – das Blut erinnert sich. Wie nennt man diese Blumen?«
»Malven«, sagte ich.
»Bei uns nennt man sie auch Malven«, sagte er mit geheimnisvoller Stimme.
»Man nennt sie überall Malven«, sagte ich.
»Sie sind offen – sieh nur, wie sie sich öffnen und vor Pollen tropfen. Sie wollen, daß die Bienen in sie eindringen und das Gold von ihren Haaren lecken. Sie glauben, sie seien unschuldig, aber in Wirklichkeit betteln sie darum, berührt zu werden. Hast du jemals etwas so Schamloses gesehen? Sie locken und zittern – sie sind verrückt nach Sex.«
Mit seiner gemeinen Beschreibung hatte er etwas Abstoßendes aus ihnen gemacht. Er sah sie immer noch lüstern an. Speichel hing in seinen Mundwinkeln.
Ich sagte: »Ich weiß nicht, wer Sie sind, aber so leid es mir tut, ich finde überhaupt nicht, daß sie so aussehen.«
»Die Katze beobachtet uns«, sagte er.
Ich sagte: »Die Katze sieht gar nichts.«
»Du bist frech«, sagte er. »Du bist Fotografin, nicht? Willst meine Seele, aber die kriegst du nicht. Sie ist zu schwarz – sie würde sich nicht abheben!«
Er machte einen Schritt auf mich zu. Sein Gesicht widerte mich an.
»Ich weiß, was du willst«, sagte er. Er hatte Mundgeruch, Dünste aus seinen zerstörten Lungen.
»Ich will ein Bild von Ihnen machen.«
»Nein«, sagte er und war dicht neben mir, er versuchte nicht, die Arme um mich zu legen, sondern preßte sich gegen mich. Es war eine hündische Feindseligkeit darin, als ob eine sabbernde Promenadenmischung ihre Nase in meinen Rock drückte. Ich wußte, daß er mich nicht mochte, ich konnte es fühlen wie Regen in der Luft. Ich spürte seine Furcht – die Feigheit des Frauenhassers: Er wollte mir Angst einjagen. Und da war noch etwas um ihn, etwas Häßliches, vielleicht seine Zwergenhaftigkeit oder der stinkige Husten, der aus seinen kranken Lungen kam.
»Lassen Sie das«, sagte ich.
»Du und deine verdammte Bildermaschine«, sagte er. »Was siehst du denn? Guck rein – los! –, du wirst überhaupt nichts sehen, Mädel. Du bist so blind wie deine Kamera.«

Ich sagte: »Diese Kamera sieht eine ganze Menge. Sie sieht in diesen Malven hier etwas verdammt viel Schöneres als Sie. Und sie wird Sie genauso sehen, wie Sie sind, und es wird Sie überraschen, was Sie auf ihrem Gesicht sehen werden, Mister.«

Er grapschte nach mir.

Ich sagte: »Wenn Sie mich nicht in Ruhe lassen, rufe ich Herrn Seltzer, der wird Ihnen was erzählen.«

»Seltzer ist ein verdammter Feigling. Alle sind sie Feiglinge und Nutten. Ich gehöre nicht hierher.«

»Warum gehen Sie dann nicht einfach weg?«

Grimmig sagte er: »Weil ich dir beibringen will, was ein Mann ist.«

Ich dachte: *Orlando!*

»Und was Lenden sind«, sagte er.

Ein nichtssagendes Stück Fleisch, geformt wie die Keule eines Höhlenmenschen, war alles, was mir dazu einfiel.

Aber bevor ich irgend etwas tun konnte, sagte er: »Das sind meine Lenden«, und stieß mir damit gegen die Hüften, »und das ist mein Willy«, und stieß mich wieder.

»Fühlst du es jetzt?«

Willy: Das Wort behexte mich, und ich hätte fast laut herausgelacht. Es war unbeschreiblich. Er hielt mich mit seinen dürren Oberschenkeln umklammert, es fühlte sich an wie der Biß eines giftigen Reptils. Er berührte mich, meine Hände an der Kamera schwitzten – er versuchte tatsächlich, mich zu vergewaltigen. Das Seltsame dabei war, daß ich mich noch nie so rein gefühlt hatte, und dieses Gefühl der Unschuld, das seinen Angriff ins Leere stoßen ließ, machte mich stark.

Ich dachte: So was passiert einem, wenn man von zu Hause weggeht.

Meine Sehnsucht nach Orlando erschien mir in neuem Licht – selbst mein körperlicher Hunger nach ihm schien mir nun reiner. Und wieder glaubte ich zu verstehen, warum er mir vorgeschlagen hatte, nach New York zu gehen. Er wollte mich wissen lassen, wieviel er für mich bedeutete.

Wums, wums – er stieß immer noch auf mich ein. Staubige Spatzen zwitscherten auf der Gartenmauer, die Sonne beschien sein strähniges Haar. Er begann zu lachen – ein grausames Lachen, freudlos, ein wütendes kleines Bellen aus der Tiefe seiner gräßlichen Lungen. Das Lachen erstickte ihn, und er

hustete, furchtbar, vornübergebeugt, bebend, als wollte er sein Herz ausspucken und sterben. Er schien sich zu schämen: Er hatte seine Schwäche verraten. Er wandte sich von mir ab und ging in das Sonnenlicht hinein. Er versuchte, sich den Mund mit einem alten, steifen Taschentuch abzuwischen, aber er hörte nicht auf zu husten wie eine kranke, zurückweichende Katze.
Ich hob die Kamera und nahm seinen Kopf von hinten auf, diesen engen Bienenkorb von selbstsüchtigen Lügen.
In derselben Nacht noch fuhr ich mit der Long-Island-Fähre zurück zum Kap und zu Orlando, dem einzigen Menschen, der mir wirklich wichtig war. Und es schien, als werde es ewig so bleiben, alles, was ich fühlte oder tat, war durch ihn definiert; ich konnte jeden Angriff ertragen, weil seine Liebe mich schützte.
Frank hielt immer noch das Foto mit dem Hinterkopf in der Hand.
Ich sagte: »D. H. Lawrence.«
Er schrieb mit quietschendem Filzstift eine Nummer drauf und sagte dann: »Der Schriftsteller?«
»Der Trottel.«
»Maude!« sagte er erschrocken, als hätte ich etwas Blasphemisches gesagt.
»Ach, Mann«, sagte ich, »er war wirklich ein Schwachkopf.«
Frank sah das Bild wieder an und hielt es schief. Er sagte: »Aus dem Blickwinkel könnte es jeder sein.«
»Nein«, sagte ich, »selbst von hinten ist er unverwechselbar.«
Und das war die Wahrheit. In dem Jahr fotografierte ich noch viele Leute von hinten, und sie waren immer zu erkennen, als stünde ihr Name zwischen ihren Ohren. Der höckrige Hinterkopf und die Halsfalten darunter waren meiner Meinung nach der ausdrucksvollste Teil der Anatomie, da war keine Verstellung möglich. Wenn ich im Gesicht eines Menschen nicht das sah, was mir vorschwebte, bat ich ihn, sich umzudrehen, und schoß ihn von hinten.
»Erstaunlich«, sagte Frank, und ich sah, daß er beeindruckt war. Er behandelte das Foto jetzt viel ehrfürchtiger.
Lange nach jenem Tag in New York habe ich versucht, D. H. Lawrence zu lesen. Ich fand ihn langweilig, voller Wiederholungen, bewußt und bemüht anstößig und unehrlich. Und wie

meistens bei meinen Versuchen, Romane zu lesen, gab ich schon nach ein paar Seiten auf und fragte mich, weshalb man sie überhaupt für wichtig hielt, wo sie doch so viel weniger interessant waren als das Leben, mein Leben. Ich hatte den Verdacht, daß ich in meiner Arbeit genauso versagt hatte, denn ich wußte, ich kam darin eigentlich nicht vor.
Frank sagte: »Wie wär's mit Lunch?«

10 *Wellfleet Schickeria*

Ja, genug davon, weg mit dem Bildpalast. Der Anblick von Lawrences winzigem Schädel hatte die Erinnerungen in meinem Kopf freigesetzt. Aber als Frank vom Lunch sprach, schnappte ich begeistert in die Gegenwart zurück. Es war, als hätte mich unvermittelt die saugende Strömung meiner Erinnerungen freigegeben. Außerdem hörte ich die Mittagssirene der Feuerwache am Fluß, die den Tag immer in zwei Hälften teilte, für mich ein schrilles Signal, etwas Gutes zu mir zu nehmen.
»Laß uns nach Provincetown fahren.«
»Aber gerne«, sagte Frank.
Und dann waren wir auf der Straße und fegten den Mid-Cape-Highway entlang. Ich schlug Frank freundschaftlich auf den Oberschenkel, meine gute Laune steckte ihn an, und er lachte schnatternd vor sich hin.
»Komisch«, sagte ich und gab mehr Gas, »ich kann Creedence Clearwater Revival eigentlich erst bei siebzig Meilen in der Stunde hören.«
Das Radio brachte das Armaturenbrett zum Klirren, und ich kurbelte das Fenster herunter, so daß die Musik sich mit dem Singen der Reifen auf der Straße und dem Wuuum der vorbeifahrenden Laster mischte. Blauer Himmel, bei Gott! Ich lehnte mich zurück und überließ mich dem am meisten unterschätzten Vergnügen, das Amerika zu bieten hat: ein großes Auto auf einer schnurgeraden Straße, das Radio an, das Pulsieren von Sonne und Schatten unter den Bäumen, fleckiges Gold zwischen den Ästen, Licht und Geschwindigkeit, eine beruhigende Intensität mit einem Schuß reiner Freude darin.

Der Horizont legte sich in der Ferne flach auf die schmale Spur der Straße vor uns, und als ich das Gaspedal durchtrat, ließ der Kickdown den Motor für einige Sekunden aufheulen. Das tiefe Vibrieren füllte meine Ohren. Köstlich: Amerika, dachte ich, ist ein groteskes Land, aber immer noch amüsanter als die anderen, auch wenn man sich dabei ein bißchen schuldig fühlte. Die ganzen zwanzig Meilen auf dem Highway summte ich vor mich hin und spielte mit der Servolenkung wie die Irren in ihren Strandbuggies am Sandy Neck, die Hände lagen oben auf dem Lenkrad, aus dem Handgelenk heraus wedelte ich über die Straße, wechselte ständig die Spur und schoß an der Ausfahrt von Harwich an einem Oldtimer vorbei.

Was kann einem die Vergangenheit anhaben, wenn man in einem neuen Chevy mit siebzig Meilen abrauscht? Sie ist so weit weg, so unbedeutend, daß sie einem ganz fremd erscheint. Ein Jahr ist wie das andere; der Frühling ist zehn Minuten Fahrradfahren, der Sommer das Schlagen des Großsegels, andere Jahreszeiten gerinnen zu einem Gesicht oder einer Mahlzeit. Selbst wenn man sich Mühe gibt, man erinnert sich bei dieser Gelegenheit nur an die sommerlichen Geräusche des Kaps, das Schlagen der Verandatür, den heiseren Schrei der Möwen, nackte Knie im nassen Sand und Miß Dromgooles Stimme: »Noch etwas Marmelade?« Als ich zehn war, aß ich meine ersten Muscheln – dagegen ist die Erinnerung an die Szene im Garten der Seltzers wie in Dämmerlicht getaucht, ein flüchtiges Gefühl längst vergessener Angst. Fragmente, Doppelbelichtungen, nicht ein einziges klares Bild, sondern eine endlose Filmspule verwischter Schatten: zwei Sekunden von jenem Jahr, eine Minute eines anderen in einem Zug, Erinnerungsfetzen aus der Jugend, Kindheitsstaub. Vielleicht war da wirklich nicht mehr? Hinter Orleans war die Schnellstraße zu Ende, und ich mußte mich auf die Gegenwart konzentrieren. Wir krochen jetzt, und in dem dichter werdenden Verkehr dachte ich daran, wie unmöglich es war, hier, wo ich zu Hause war, irgend etwas zu tun, was nicht eine Wiederholung der Vergangenheit war. Wir fuhren auf Wellfleet zu, aber ich hätte ebensogut zu Hause auf dem Grand Island sein können, die Gegend hier war mir so vertraut wie die Tapete im Treppenhaus. Das sind die Stichwörter der Erinnerung: Ein Satz, der zufällig früher einmal in unserem Wohnzimmer gesprochen worden war, rief jetzt ein gespenstisches Echo in mir wach, der

Riß in der Tapete, die Wand in einem bestimmten Zimmer, ein Hauch Winterluft, der Spiegel, der die weiße Mauer der Windmühle reflektiert.
Ein gelbes Blinklicht. Ich trat auf die Bremse, der Horizont blieb stehen und bewölkte sich. Dann kam das Warnschild: Die Straße wurde schmaler, Stauungen waren zu erwarten. Wir würden nur langsam vorankommen – da stand auch schon der Beweis, ein Schuppen mit Holzdach und hochgezogener Markise, ein Verkaufsstand voller Tomaten und Maiskolben. Das war's: dichter Verkehr und an der Seite das Schild *Willkommen in Wellfleet. Diebstahl von Stechpalmen wird strafrechtlich verfolgt.*
»Wellfleet«, sagte Frank zufrieden. »Vielleicht sehen wir 'n paar Muschelsucher.«
Er spielte auf meine bekannte Aufnahme an, aber ich wollte von Fotografie nichts hören. Dies war mein freier Nachmittag. Er stützte sich am Armaturenbrett ab, als ich wieder auf die Bremse trat.
Es war an einem Freitag, Jahre nach der Lawrence-Episode. Das Datum war sowieso unwichtig: die Reihenfolge zählte.
Wir waren dann doch nicht auf die Schweizer Schule gegangen, und zwar nicht meinetwegen, sondern weil Phoebe sich zuerst einfach geweigert hatte und dann krank geworden war. Sie saß blaß da und rührte sich nicht von der Stelle. Miß Dromgoole wurde weiter bei uns beschäftigt, und ich war froh, daß alles so gekommen war, weil ich Orlando sowieso nie hatte verlassen wollen. »Maude kann nicht allein mitkommen«, sagte Papa und zu Phoebe: »Wenn du zu krank für die Schweiz bist, bist du auch zu krank für Florida«, und dann reisten meine Eltern ab. Sie fuhren zu einem reichen, verrückten Mann – Papas Freund Carney –, der an der Golfküste von Florida in der Nähe von Verona in einem Talmipalast wohnte und dort Lorenzo den Prächtigen spielte. Phoebe und ich blieben zu Hause bei Miß Dromgoole und Frenise, die sich die meiste Zeit darüber stritten, was wir essen sollten: »Gemüse«, sagte Frenise, »Haferbrei«, sagte Miß Dromgoole. »Die Menschen in China wären froh, wenn sie Haferbrei hätten«, sagte Miß Dromgoole. Sie benutzte den Hunger dieser armen Leute dazu, uns zum Essen zu bewegen. Es war unlogisch und grausam – eigentlich drohte sie uns mit dem Hungertod.
Dann tauchte Orlando eines freitagnachmittags wie ein retten-

der Engel auf und sagte, er wolle uns zu einer Party mitnehmen. Es muß zu der Zeit gewesen sein, als er Harvard besuchte, denn er hatte ja schon seinen Führerschein. Er war rot und außer Atem, stampfte in der Kälte mit den Füßen auf und sah in seinem Pelzmantel frisch und gesund aus.
»Die Straßen sind glatt«, sagte Miß Dromgoole.
Orlando beachtete sie nicht. Als sie ihre Bemerkungen wiederholte, lächelte er einfach und sah sie strahlend an, bis sie das Zimmer verließ. Als nächstes hörten wir sie mit Frenise zanken, die »Ziege« und »Aaaschloch« vor sich hin murmelte.
Phoebe begann zu weinen. Sie sagte: »Wenn doch bloß Papa hier wäre.«
Die Tränen gaben ihr Farbe, und sie sah aus wie eine kleine Heilige mit reinem Gesicht und zerknittertem Kleid. Orlando nahm sie in die Arme, und mir war auch zum Weinen zumute.
»Seht mal«, sagte ich, »es schneit wieder.«
Es gab nie viel Schnee am Kap – ein paar Millimeter, mehr hatten wir selten. Aber an dem Tag lag der Schnee wie ein dickes Kissen auf dem Rasen und lehnte sich steil gegen die Hauswand. Ich war nicht draußen gewesen, sondern hatte den ganzen Tag damit zugebracht, die Eiszapfen am Fenster zu fotografieren. Von meinem Zimmer aus sahen die großen ausgehöhlten Verwehungen an der Windmühle wie kalkige, von der See zerfressene Muscheln aus. Auf der Regenrinne saßen Eisdrachen, und gläserne Wasserspeier hockten grüppchenweise unter der Dachkante, weiße Zuckerhügel erhoben sich auf den Blumenbeeten. Der Schneesturm hatte unser Grundstück befriedet und neu definiert, und keines meiner Bilder wurde etwas, weshalb ich mich noch so genau an jedes einzelne erinnern kann. Ich nahm sie aus den Fenstern heraus auf; ich haßte die Kälte, sie biß mir in die Zehen und fror meine Augen ein.
Orlando sagte: »Es ist schön draußen.«
Nun wurde es dunkel, und die Schneeflocken sanken schräg und durch das Licht vergoldet am Wohnzimmerfenster vorbei, taumelnd wie Federn.
»Wo ist denn die Party?« fragte Phoebe.
»In Wellfleet«, sagte er, »bei den Overalls.«
Wir kannten die Overalls seit ewigen Zeiten. Sie gehörten wie

wir zu den Leuten, die das ganze Jahr über am Kap wohnten, und hatten ein Haus am Chipman's Cove. Meine Eltern fuhren ab und zu mit Mr. und Mrs. Overall nach Boston, und wir spielten mit ihren Kindern. Die blickten auf uns herab, glaube ich, weil sie im kalten Wasser der Bucht schwimmen gingen, während wir das warme Wasser der Flußmündung vor der Tür hatten, was heißen sollte, daß sie hart waren, wir dagegen verweichlicht. Standish Overall war ungefähr so alt wie Orlando, und Blanche war irgendwo zwischen Phoebe und mir. Papa hielt nicht viel von Standish und behauptete sogar, er sehe aus wie ein »Schürzenjäger«, was für Papa das Schlimmste war, was man überhaupt sein konnte. (»Hab gehört, Frank Sinatra ist ein übler Schürzenjäger«, sagte er ein paar Jahre später bei den Seltzers, »hoffentlich geht er bald wieder.«) Standish, der vor Selbstvertrauen platzte, war in allem, was er machte, hervorragend, hatte einen federnden Athletengang und bekam wie andere reiche Jungen aus meiner Bekanntschaft schon mit zwanzig Ansätze zu einer Glatze. Blanche war ein eitles, zickiges Ding, das sich benahm, als wäre sie mit ihm verheiratet. Sie wurde manchmal unvermittelt aggressiv wie jemand, der tief im Innern weiß, daß etwas nicht stimmt, daß seine Füße stinken oder so was.

Orlando sagte, Mr. und Mrs. Overall seien übers Wochenende verreist, und Standish – oder Sandy, wie er genannt wurde – habe ein paar Flaschen schwarzgebrannten Whisky ergattert und wolle eine Party geben.

»Da kann ich mein neues Kleid anziehen«, sagte Phoebe.

»Miß Dromgoole wird nicht begeistert sein«, sagte ich.

»Laß die dämonische Dromgoole meine Sorge sein«, sagte Orlando.

»Was willst du ihr sagen?«

»Daß ich ohne meine Süßen auf keiner Party erscheinen kann.« Phoebe lächelte, aber ich wußte, was er meinte.

Der Dämon wütete, aber wir zogen in die Winterdunkelheit hinaus, wir drei in Orlandos Auto, wilde Flockentänze vor den Scheinwerfern. Und obwohl wir damals gar nicht mehr so furchtbar jung waren, kam es mir vor, als seien wir alle erst zehn Jahre alt, denn egal, wie alt man ist, wenn man mit seinen Geschwistern zu dritt nebeneinander auf den Vordersitzen eines Autos hockt und durch ein Schneetreiben fährt, fühlt man sich immer verwegen und befreit.

Wenn man eine glückliche Kindheit hatte, läßt sie einen nie ganz los. Orlando berichtete von seinem Seminar in englischer Lyrik und sagte, wie wohl er sich in Harvard fühlte. Und wir sangen »Clementine« und »She'll be coming round the mountain«. Die Straßen am Kap waren leer, der gefallene Schnee schwarz, die Bäume sahen in der Kälte steif aus, und wenn ich überhaupt irgend etwas dachte, dann, wie einfach und unehrlich es doch war, Schneeszenen vom Fenster aus zu fotografieren, verglichen damit, wie es war, wenn man mittendrin steckte. Ich sang mit, aber ich starrte auch auf die niedrigen wölfischen Wälder und die purzelnden Schneeflocken und hörte, wie die Schneeketten unter den Kotflügeln eine klatschende Rumba aufführten. Der schneeige Himmel und Sturmwolken hingen auf den Hügelbrauen wie ein Leichentuch. Es schneite stark, aber es fror nicht – der Schnee war feucht und vergänglich –, der Wagen bahnte sich seinen Weg, die Reifen warfen den Matsch beiseite, ich sah, wie die weichen Brocken in den Schnee der Böschung sackten. Ab und zu glitten nasse Schneemassen von einem Fichtenzweig herunter; dann schüttelte sich der Zweig und federte in seine alte Lage zurück.

Orlando ahmte Papas Stimme nach: »Härrlich!«

Kurz vor Wellfleet, unterhalb des kleinen Dorfes, blinkten die erleuchteten Fenster des Overall-Hauses herüber. Es sah auf die Bucht hinaus, in die der Sturm wild durcheinanderschlagende Wogen mit Schaumkronen, die weißer waren als der Schnee, hineindrückte. Sie schlugen gegen die niedrige Kaimauer; weiße Gischt, Schlaglichter des Tumults, Kämme, die wegsanken und wiederkamen, ein eisiges Glucksen und Rülpsen an der Mauer und vom Haus her Gelächter. Der Radau der Betrunkenen in einer so schönen Nacht hatte etwas Barbarisches an sich. Als ich sie sah, wäre ich am liebsten sofort wieder umgekehrt.

Ich sagte: »Ich hasse Parties.«

»Vielleicht lernst du 'n netten Jungen kennen«, sagte Orlando.

»Ich hab schon einen«, sagte ich und drückte seine Hand. »Ich bleib bei dir.«

Er sagte: »Und was ist mit dir, Phoebe?«

»Du weißt sehr gut, was ich will«, sagte sie.

Orlando lachte und zog ruckartig die Handbremse an. Der Motor ging hustend und spuckend aus.

Drinnen waren fast nur junge Leute, sie tobten herum und schwitzten. Sie hatten sich anscheinend ausgiebig aus einer Bowlenschüssel mit orangenfarbigem Gift bedient, in dem Grapefruitstücke herumschwammen. Es war ein für jene Zeit typisches Tanzvergnügen: Wenn es nichts zu trinken gab, herrschte Grabesstille; wenn ja, war alles blau. Dazwischen gab es nichts.

Als Orlando hereinkam, wurde er stürmisch begrüßt und Phoebe und mir sofort entrissen. Es war wie im Irrenhaus: Eine lärmende Collegeclique, die sich alle Mühe gab, über die Stränge zu schlagen. Ein Typ wie ein Bär trommelte mit den Knöcheln auf einer Ukulele herum, Pärchen knutschten auf dem Sofa, und einige waren so voll, daß ihnen die Zunge aus dem Mund hing.

Ich war schockiert. Mir dämmerte, daß ich im Begriff war, eine ganz neue Seite von Orlando kennenzulernen, eine Seite, die mir bisher entgangen war, und ich wollte ihn auf der Stelle nehmen und nach Hause fahren. Jungens in purpurroten Pullovern kamen ständig zu Phoebe herüber und forderten sie auf. Sie lehnte ab, bis ich sagte: »Geh ruhig.« Sie tanzte mit Sandy. Orlando, der bisher noch gar nicht getanzt hatte, holte sich ein Mädchen und wirbelte sie direkt vor Phoebe herum. Die Tänzer waren so wild, daß die Bilder an den Wänden wackelten. Ich saß da, die Füße aneinandergepreßt, und dachte: Ich bin Fotografin.

Später kam Orlando zu mir herüber: Er hatte glasige Augen, und sein anderes Ich grinste mich an. Er sagte: »Wo ist Phoebe?«

»Tanzt die ganze Zeit.«

Er verzog das Gesicht. »Warum tanzt du nicht?«

»Es hat mich keiner aufgefordert. Ich hab sowieso keine Lust.«

Er zog mich vom Stuhl hoch und schleppte mich in die Mitte des Raumes. Dann begann er, wie ein Affe von einem Fuß auf den anderen zu treten. Ich imitierte ihn, und wir tanzten. Ich hörte, wie jemand sagte: »Das ist seine Schwester«, und gab mir noch mehr Mühe.

Orlando konnte ein Kunststück, das mir jedesmal den Atem verschlug. Er stand still, ballte die Fäuste an den Hüften, machte einen Salto rückwärts und landete wieder auf den Füßen. Er hatte es uns schon öfter vorgeführt, im Garten oder

am Strand; ich hatte ein Foto, auf dem ein Paar wirbelnde Hosenbeine über der staunenden Phoebe zu sehen war. An jenem Abend, mitten im Tanz, machte er es dreimal hintereinander. Es war eine Sensation, alles hörte auf zu tanzen und sah zu. Beim letzten Salto wäre er beinahe hingeknallt – ich dachte, er würde eine Bauchlandung machen, aber er kam lächelnd auf beiden Füßen zum Stehen.
Phoebe sagte: »Hör auf, Ollie, dir wird schlecht.« Orlando, der von den Sprüngen rot im Gesicht war, sagte: »Ich bin völlig klar – ich kann's beweisen.«
»Bitte«, sagte Phoebe.
Leute standen um ihn herum, um zuzuhören, und nach dem wilden Tanz und den Saltos waren Orlandos Locken feucht geschwitzt und klebten ihm am Kopf. Er schien vor Energie zu leuchten, das Hemd halb aufgeknöpft, die Zähne strahlend. Jemand trat gegen den Plattenspieler, der prompt zu wimmern aufhörte, und Orlando begann mit rauher Stimme.
»Sie fliehen mich, die früher mich gesucht
mit nacktem Fuß in meiner Kammer...«
Es war still. Das wundervolle Gedicht, das ich noch nie gehört hatte, hatte sie zum Schweigen gebracht. Und ich wußte, warum er es aufsagte. Ich war stolz: Es war eine Liebeserklärung an mich. Ich beobachtete, wie alle an seinen Lippen hingen, sogar Phoebe, die ihn vorher wegen seiner Saltos kritisiert und sich benommen hatte, als wolle er lediglich angeben – auch sie war offensichtlich hingerissen. Ihr Kleid war am Hals offen; sie atmete so schwer, daß das Auf und Nieder ihrer Brüste zu sehen war. Ich versuchte, ihren Blick aufzufangen, doch sie hatte nur Augen für Orlando, ihr Mund sah aus, als flüsterte sie »Ollie«.
Orlandos Stimme veränderte sich, schwoll an und wurde wieder leise, ein Wort voll betont, fast gesungen das nächste. Jede Silbe hatte ihr eigenes Gewicht. Er stand ein wenig vornübergebeugt und schien seinen Worten nachzuhorchen:
»Von ihrer Schulter fiel das lose Gewand,
und sie koste mich zart mit Engelshand.
Darauf dann küßte sie mich süß
und leise sprach: ›Lieb Herz, wie magst du dies?‹«
Ich hörte – *es war kein Traum* –, und ich erinnerte mich an die Sommernacht, als ich durch den Korridor geschlichen war und

geglaubt hatte, daß das Haus über mir zusammenfallen würde, und er im Dunkeln auf mich wartete. Also hatte es auch ihm viel bedeutet, obwohl er damals noch so klein gewesen war. Welch schöne Erinnerung er daraus in dem Gedicht gemacht hatte. Er hielt alle in seinem Bann, draußen staubte der Schnee ans Fenster, und die Wellen schlugen gegen die Kaimauer. Er liebte mich. Ich trat zurück, damit niemand meine Tränen sah.

Phoebe war neben mir. Sie sagte: »Hör auf zu weinen.« Aber sie weinte selbst, und das überraschte mich nicht: Wir waren Schwestern und weinten oder lachten zusammen. »Komm, wir nehmen ihn jetzt mit nach Hause«, sagte ich.

Es wurde geklatscht. Ollie hatte sein Gedicht beendet, aber bevor wir zu ihm durchkamen, trat ein Junge dazwischen und sagte: »Du bist 'ne große Nummer, wie?«

Orlando lächelte ihn an mit seinem hellen, vernichtenden Lächeln, das die Leute zum Schweigen brachte.

Der Junge sagte: »Ich kann die Elisabethaner nicht ausstehen.«

»Wyatt ist kein Elisabethaner«, sagte Orlando. »Er war schon tot, als Shakespeare geboren wurde.«

Der Junge wandte sich an die Runde: »Hört, hört, der Mann von Harvard.«

Orlando sagte: »Ich glaube nicht, daß wir uns kennen.«

»Charlie«, sagte der Junge und streckte seine Hand aus, und als Orlando sie nicht nahm, sagte er: »Es ist sentimentaler Kitsch.«

»Mir gefällt's«, sagte Orlando.

»Dir *gefällt* es? Das soll doch wohl kein literarisches Werturteil sein! Wir wollen es mal Zeile für Zeile durchgehen und sehen, ob es was taugt.«

Orlando sah traurig aus. Ich wollte, daß dieser Charlie aufhörte.

Charlie sagte: »Du hast doch gar keine Ahnung, was es bedeutet – du läßt dich nur von dem Ramtamtam-Rhythmus einwickeln.« Er blickte beifallsuchend umher. »Es klingt bedeutend, aber im Grunde ist es Dorothy Parker.«

»Laß es«, sagte Orlando ruhig.

»Er wird böse«, sagte Charlie.

»Halt nur die Klappe.« Orlando wandte sich von ihm ab.

»Seht den Professor«, sagte Charlie.

»War 'n bißchen viel Whisky, was, Sonny?« fragte Sandy, der versuchte, ihn zu beruhigen.
Charlie sagte: »Diese Kadenzen gehen mir einfach auf die Nerven.«
Mir war klar, daß Orlando sich dazu nicht äußern würde, weil er in dieser Form nie über Gedichte sprach. Er war so glücklich gewesen, und nun sah er aus, als wollte er mit dem Kopf gegen die Wand laufen.
Phoebe sagte: »Ich hol seinen Mantel.«
Aber Charlie sagte mit bellender Kritikerstimme: »Er wollte uns beeindrucken, aber das klingt nur so lieblich, in Wirklichkeit ist es gekünstelt, zusammengebastelt, eine Art Trick...«
Orlando, der nervös im Kreis gelaufen war, trat auf ihn zu, packte ihn an den Revers seiner Jacke und schleuderte ihn quer durch den Raum.
Blanche schrie auf.
Charlie kam wieder auf die Füße. Orlando ging mit schnellen Schritten zu ihm hinüber und schlug ihm hart ins Gesicht, und als er zurücktaumelte, öffnete jemand die Tür, und draußen war er, machte noch ein paar verzweifelte Stepschritte auf den Treppenstufen und fiel dann in den Schnee. Orlando ging die Treppe hinunter, wartete, bis er sich wieder aufgerappelt hatte, und schlug ihn erneut nieder.
Dann sagte er: »Es ist Zeit, zu gehen.«
Als er sah, daß wir gingen, richtete sich Charlie auf und lachte – ein jämmerliches, niedergeschlagenes Kichern. Er hatte Schnee auf dem Rücken und Schnee auf dem Kopf und sah bestraft aus wie ein Landstreicher im Sturm.
Orlando hatte ihm die beste Antwort erteilt, fand ich, und er hatte mir einen erschöpfenden Anschauungsunterricht über Kritiker gegeben: Ein Kritiker war jemand, den man am liebsten niederschlagen wollte.
»Es tut mir leid«, sagte Ollie, als wir im Auto waren. Er ließ den Motor an und gluckste: »Nein, es tut mir nicht leid.«
Nie hatte ich ihn mehr geliebt. Mir schien, als hätte sein Gedicht ein Feuer in mir entfacht, wo vorher nur warme Asche gewesen war. Daß er sich schlug, sah ihm gar nicht ähnlich, aber es sah ihm ebensowenig ähnlich, in der Öffentlichkeit Saltos zu schlagen und Gedichte zu rezitieren. Er war voller Überraschungen.

Frank sagte: »Was ist los?«
»Nichts, willst du wirklich nach Provincetown?«
»Das war doch deine Idee.«
Wir waren hinter Truro, die Straße wurde wieder breiter, Himmel überall, prächtig auf Schäfte aus Sonnenstrahlen gestützt, die die Wolken hochhielten. Und bald segelten wir quer durch die Dünen nach Provincetown hinein. Provincetown hatte mich schon einmal gerettet. Ich hatte es geschafft.

11 *Boogie-Männer*

Ein Ort, den ich mit der Kamera abgegrast hatte, hielt nur noch wenig Erinnerung. Er wurde durch die Fotos hinreichend definiert, war aus so vielen Winkeln geschossen, daß die Bilder das Ganze waren; was darüber hinausging, waren Vermutungen, bloße Lügen. Wenn mir jemand sagte: »Ich habe Ihre Bilder gesehen, jetzt möchte ich da selber hin«, wußte ich, daß ich versagt hatte. Nur schlechte Bilder weckten dieses Bedürfnis. Für mich war ein großes Porträt ein Ausdruck persönlicher Nähe, gleichbedeutend mit der Aussage, daß nichts verborgen wurde und nichts weiter zu entdecken war. Meine Fotos *Mrs. Conklin, Frenise* und *Slaughter* lehrten mich, daß meine Kamera nur die Oberfläche erfaßte, daß aber diese Oberfläche innere Zustände verriet: Die Geschichte eines Menschen war in den Linien seines Gesichts, Vergangenheit und Zukunft, der vergängliche Schleier der Haut über dem Totenkopf. In den Augen meiner *Marilyn* und in denen meines *Hemingway* liegt die Andeutung der Selbstzerstörung, eine Ahnung von Freitod, und mein *Frost* zeigt einen ausgesprochenen Egomanen. Die Wilden haben instinktiv gefürchtet, daß die Fotografie ihnen die Seele raubte. Darin liegt ein Stück Wahrheit, das ich nicht leugnen kann.
Immer schon war ich an den Menschen interessiert, die man gemeinhin die Wilden nennt. Mein Name für sie war Boogie-Männer. Sie hatten einen großen Anteil an meiner ersten Ausstellung. Sie fand in Provincetown statt, in einem alten Bootshaus, das früher das Wharf-Theater war. Frank wollte es besichtigen und mehr über die Ausstellung hören. Ich merkte ihm an, daß er recht enttäuscht war, als er das Bootshaus sah, es

war so klein und schäbig wie eine alte Kapelle. Wenn man nicht glaubte, war es nichts. Dann fand man die Akustik schlecht, die Bühne zu eng und dachte an die Brandgefahr.
Frank sagte: »Ist das alles?« Ich sagte ja, und er sagte: »Genau so hab ich's mir vorgestellt.«
»Aber sicher.«
»Trotzdem hätte ich Provincetown gerne mal gesehen, wie es früher war, bevor es so kommerziell wurde.«
»Blödsinn«, sagte ich, »es ist immer kommerziell gewesen. Mindestens schon seit sechzig Jahren – vulgäre, kitschige Antiquitäten aus Plastik, Strandnippes in den Schaufenstern. Die Stadt ist voll von Schwulen, und überall hängen Wimpel mit ›Provincetown‹ drauf. Präsident Taft hat es zur nationalen Gedenkstätte erklärt, und der wog 290 Pfund. Es ist schon kommerziell, seit man angefangen hat, Eieruhren mit den Pilgervätern drauf zu verkaufen und Aschenbecher aus Muscheln. Also reg dich nicht auf – das ist hier das Kulturerbe.«
Wir gingen die Straße hinunter, wir wollten im »Town Wharf« essen.
Frank sagte: »Komische Typen hier. Sieht aus, als wären sie auf Drogen.«
»Quatsch.«
»Ich mache die Erziehung dafür verantwortlich.«
»Unsinn, denen ist schlecht von der langen Autofahrt hierher.«
Provincetown war vor meiner Zeit ein trübes Fischerdorf gewesen mit langweiligen Holzhäusern, engen Straßen und einer strengen Kirche. Der Wind blies den Sand von den Dünen in die Stadt und untergrub die puritanische Geometrie. Sonntagsmaler waren auch damals schon hierhergekommen, aber die hatten Provincetown mit ihren Wasserfarben kaum berührt. Es waren die Dichter, die schwulen Antiquitätenhändler, die Aussteiger, die Schauspieler und die Verrückten, die Leben in die Stadt brachten. Die »Sommerleute« trugen in ihren Sportwagen die Hektik nach Provincetown und bewahrten es vor dem Schicksal, nur eine Sanddüne unter vielen zu bleiben.
Bis ich es fotografierte, war Provincetown immer als malerische tote Stadt dargestellt worden. Die Maler malten die Dünen, die Fotografen nahmen die alten Holzhäuser auf, die Bildhauer machten aus dem von der See verkrümmten Treib-

holz Lampenfüße und Horrorobjekte. Die Schriftsteller ignorierten Provincetown; sie mieteten sich Häuser am Strand und schrieben über ihre schreckliche Kindheit. Aber ich war am Kap groß geworden; die Holzhäuser und die Boote bedeuteten mir nichts, und ich hatte so viele Fischernetze und Austerntöpfe gesehen, daß es mir für ein Leben reichte. Aber der Rest faszinierte mich – das ulkige kleine Bootshaus, das früher einmal ein Theater gewesen war; die Schwulen, die mit verhakten Fingern die Geschäftsstraße entlangflanierten; die unverkennbaren Touristengesichter. In Provincetown arbeitete ich während der ganzen zwanziger und bis in die dreißiger Jahre hinein. Ich fotografierte einen Mann, dessen Gesicht mich beeindruckte, und fand später heraus, daß es Cummings war – eine wundervolle Erinnerung, weil ich ihn schon für ein Genie hielt, als ich noch keine Zeile von ihm gelesen hatte –; mir gefielen sein Gesicht und die Art, wie er seine Lippen verzog, wenn er lachte. Er war viel witziger als der andere, der in der Sonne so verbraucht und verkniffen aussah – O'Neill. Pugmire war da mit seiner Sammlung von Medizinflaschen; Bunny Wilson und seine Kumpane; der tragische Bruno Brassinet, der in Unterwäsche und mit dem Gesicht nach unten in Hatches Harbor treibend aufgefunden wurde; die Parties, die O'Neill in der Peaked Hill Bar zu schmeißen pflegte: Das war mein Provincetown.
Und es gab zwischen New York City und Provincetown eine direkte Verbindung. Innerhalb von zehn Jahren machte ich zweimal jeweils eine Serie von Porträts von Robeson, dem Schauspieler und Sänger. Die erste von der berühmt-berüchtigten Handkußszene in *Alle Kinder Gottes haben Flügel*, die zweite 1932 während der New Yorker Neuinszenierung von *Show Boat*. Robeson sang, während ich ihn fotografierte, ständig vor sich hin (immer »Lindy«). Seine Stimmungen wechselten ständig. Er war der wandlungsfähigste Mensch, den ich kennengelernt habe.
»Ich soll den Othello spielen«, sagte er, als er das erste Mal für mich saß.
»Das ist nur natürlich.«
»Was ich wirklich möchte, ist den Hamlet spielen.«
Schließlich spielte er den *Kaiser Jones*.
Er war mein erster Boogie-Mann. Selbst als er schon eine Berühmtheit war, sahen die meisten Leute Robeson immer

noch als Wilden an, ähnlich den Ubangis, die mein Onkel Todd aus Afrika mitgebracht hatte und dann auf der Bühne des Old Howard am Scollay Square als Kuriositäten zur Schau stellen ließ. »Sie waren so traurig«, sagte Onkel Todd. Er nahm an, daß sie Heimweh hatten, und um sie aufzuheitern, ließ er sie am großen Ofen im Heizungskeller sitzen und schmoren, bis einer der beiden – der Mann – starb; die Frau wurde mit dem Schiff nach Afrika zurückgebracht. Die Geschichte erzürnte Robeson. Er glaubte – zu Unrecht, wie ich meine –, daß mein Onkel einen afrikanischen Häuptling im Heizungskeller gefangengehalten hatte. »Aber du kannst ja nichts dafür, Süße.«
Nach Orlando war Robeson der vollkommenste Mann, der mir bislang begegnet war. Er suchte den Erfolg, blieb dabei aber offen für alles. Er hatte keinerlei Sinn für Politik, besaß aber enorme rhetorische Begabung; bei alledem hatte er sein Jurastudium abgeschlossen, besaß eine ätzende Intelligenz, athletische Körperkraft und den Charme eines Gentleman. Er war furchtlos, würdevoll und höflich, die Art Supermann, die die Feindseligkeit neidischer Schwächlinge geradezu herausfordert. Meine Fotos warfen ihn um. Er hatte sich dafür phantastisch kostümiert als afrikanischer Fürst, Staatsmann, Revolutionär, Sträfling, Pirat; die Klamotten besorgte er sich aus der Garderobe des New Yorker Theaters, und er schnitt die passenden Gesichter dazu. Er beschwor mich, keiner Seele etwas davon zu erzählen, und kaufte mir die extravagantesten Bilder ab, damit ich sie nicht unter die Leute bringen konnte. Damals dachte ich, daß das alles Rollen wären, die er gerne einmal spielen wollte, denn er rezitierte zu jedem Kostüm etwas – mal plapperte er Afrikanisches daher, dann wieder hielt er eine feierliche Präsidentenrede –, aber später wurde mir klar, daß das alles Personen waren, die er gerne sein wollte. Ich war nicht überrascht, als er irgendwann nach Rußland ging, weil eines der Fotos (Pelzmütze, dicker Pelzmantel und sein grollendes *minski-tschinski* dazu) das prophezeite.
Robeson führte mich auch bei anderen Schwarzen in New York ein, dem Ensemble von *Show Boat*, den Fans und Anhängern, den Freundinnen, den kleinen Gaunern und Buchmachern. »Mein Volk« nannte er sie, »meine Brüder und Schwestern«, und so lernte ich diese Worte in ihrer großzügigen Auslegung kennen. Einige von ihnen waren religiöse Typen, selbsternannte Prediger und Evangelisten mit Titeln wie »Vater« oder

»Bruder«; andere wieder waren schnellredende, mit allen Wassern gewaschene Zuhältertypen mit ihrem Haifischlächeln und dem typisch schwarzen, trippelnden Gang. Sie hießen Pigga oder Doolum. Andere gaben vor, echte Afrikaner zu sein, und einer sagte, er sei Gott. Ein paar versuchten, mir reinzureden, aber ich machte ihnen schnell klar, daß ich sie entweder fotografierte, wie ich wollte, oder gar nicht. Und wie sie sich anpuppten! Zylinder und Frack, Ohrringe, Umhänge und Kriegshauben, Leopardenfelle, Halstücher und einer in Shorts, einfach in kurzen Boxerhosen. So fremdartig die anderen auch schienen, verkleidet als Uncas oder General Othello oder Crispus Attucks oder als arabische Freimaurer mit rotem Fes – der Boxer war die Sensation: denn noch niemand hatte jemals einen selbstbewußten, muskulösen schwarzen Mann gesehen. Er war ein bizarrer Neger, der aussah wie ein Ochsenfrosch und behauptete, er sei ein Indianer namens Taschmu.
»Maudes Kannibalen« wurden die Bilder genannt. Robeson hatte mich in New York mit Schwarzen versorgt, am Kap half mir Frenise. Damals wie auch später noch lebten viele Schwarze auf Martha's Vineyard. Sie arbeiteten als Diener, Hausangestellte, Köche, manchmal auch als Gärtner, niemals aber als Chauffeure. (Das war Sache der Iren, was Papa mißbilligte: »Ich würde nie jemanden für eine derart gefährliche Arbeit einstellen, der an ein Leben nach dem Tode glaubt.«) Mehrere Jahre lang fuhr ich kreuz und quer übers Kap oder hinaus zum Vineyard und nahm Schwarze auf. Und als ich dann meine erste Ausstellung in dieser Wharf-Galerie in Provincetown hatte, staunten die Leute – nicht über die Blinden, auch nicht über das perfekte Cummings-Porträt oder über die Muschelsucher oder weil mein Arrangement *Aal in der Toilette* so eklig war –, nein, sie staunten über die Schwarzen, denn sie hatten sie vorher nie richtig gesehen, so viele und tatsächlich – wie Menschen!
Man muß aber dazu sagen, daß sie gar nicht schwarz waren. Statt normale Abzüge zu machen, hatte ich einen Arbeitsgang mehr eingelegt und Negativabzüge gemacht. Ein paar Jahre später wußte jeder Amateur, wie das funktioniert – man verkehrt die Reihenfolge, macht Abzüge von einem umkopierten Negativ. Alles Weiße wird tintenschwarz und die Schatten hell. Aber damals galt das als wahnsinnig kreativ, und dann auch noch Schwarz für so was zu verwenden, welch ein

Geniestreich! Sie schienen von innen her erleuchtet, eine innere Glut, die ihre Haut lebendig, die Augen dunkel und die Zähne tiefschwarz machte wie Obsidianschwerter. Sie wirkten wie weißglühende Negerpuppen. Das Unheimlichste an diesen Bildern war die Umkehrung des Gewohnten: Menschen mit weißem Haar, weißen Nasenlöchern, grauen Fingernägeln und schwarzen Zähnen. Ich gebe zu, daß mich die ersten Abzüge selbst zutiefst erschreckten. Es war der übermenschliche Ausdruck dieser Gesichter, wie Geschöpfe aus dem All, so als warteten irgendwo am Himmel Millionen von ihnen in einem Mutterschiff, drauf und dran, auf unserem Planeten zu landen und die Erde zu erobern. Und obwohl einige der Neger normale Abzüge waren (mit Robeson zum Beispiel hätte ich mir derlei Freiheiten nie erlaubt), sah keiner von ihnen so schwarz aus wie die auf den Negativabzügen, und keiner brachte die Leute dazu, so genau hinzuschauen. Wenn ich später mal ein Foto machte, von dem zu erwarten war, daß es nicht zweimal betrachtet werden würde – irgendeine alltägliche Szene, etwas, das meiner Meinung nach Aufmerksamkeit verdiente –, dann kopierte ich es auf diese Weise um und erreichte damit immer, daß der Beschauer darin ertrank. Meine weißen Neger machten die Ausstellung zu einem Erfolg; sie waren den Leuten überraschend vertraut und hatten doch die Aura von Besuchern aus einer anderen, spirituellen Welt. Nun bemerkte man auf einmal die Form ihrer Lippen, die lange Schädelkrone, die riesigen Nasenlöcher, den Stirnwulst, die kleinen, schön geformten Ohren.

Das war neu, und alle sagten mir, was für brillante Bilder das wären und daß eine große Zukunft vor mir läge: Das Mädchen wird's zu was bringen, bestimmt – und ähnliche Sprüche. Ich fand das eher komisch. Ich wußte, daß die Leute nur die Motive erstaunlich fanden, sie liebten konventionelle Aufnahmen von Unwettern oder großen Sportveranstaltungen, von dicken Hagelkörnern, Tigern oder unserer guten alten Freundin, der Schlange, die ein Ferkel verschluckt. Auf die Motive kam es an, und ihretwegen wurde meine Technik gelobt, aber mir war klar, daß dieselben Leute mich auch für eine fähige Fotografin gehalten hätten, wenn ich Bilder von einem Mann mit zwei Köpfen, von einem Riesen, einem Zwerg oder einem blutüberströmten Unfallopfer ausgestellt hätte. Sogar wer Cummings war, interessierte sie nicht, sein Aussehen zählte, nicht sein Name.

Bei Teets war es der Mund. Alle Schwarzen redeten viel, während ich sie fotografierte, aber Teets, den ich auf dem Vineyard kennengelernt hatte, hielt einen endlosen Monolog. Das Reden gab seinem Clownsmund einen säuerlichen Ausdruck, unter seinen hochgezogenen, tiefgekerbten Lippen sah man seine Zähne und das wächserne Zahnfleisch.
Er hatte die Farbe eines gerade ausgegrabenen Regenwurms, trug eine Mütze, die aussah wie ein alter Socken, und versteckte seine Intelligenz hinter Clownerien. Er las viel, war aber nicht der Typ des Autodidakten, sondern ein Mann, der in seiner ruhelosen Einsamkeit in Büchern nach Ebenbildern suchte. Er las alles, was ihm in die Finger kam, und fand wie viele von uns in keinem Buch einen Schlüssel zu seiner eigenen Welt, einen vertrauten Geruch oder eine bekannte Geste, die Atmosphäre – die Wahrheit im Detail, die den Rest plausibel macht. »Is nur 'ne Geschichte«, sagte er immer, wenn er ein Buch beiseite warf: Er glaubte nicht daran.
In ihm sah ich, genau wie damals in Frenise, einen Leidensgefährten – Leidenschaft in der Zange zwischen Unschuld und Pflicht, voller Sehnsucht nach Erfüllung. Er sah auch so leidend aus wie eine Krähe auf einem Ast, sprach mit anklagendem Krächzen: »Vogelscheuchen. Kann das Buch nich lesen, is voller Vogelscheuchen.« Er zog daraus einen pompösen Schluß: »Dann les ich schon lieber deine Bilder, Maude. Sind wie Geschichten.«
Das Bild von Teets – in einem steifen Gewand, er zeigt sein pharaonisches Profil – gefiel den Leuten, weil er so dämonisch wirkte – wilde Augen und ein gieriger Mund voller Zähne. Aber Teets hatte mehr zu bieten als diese Pose. Er war so widerspruchsvoll wie Frenise, deren gemurmeltes »Scheiße« und »Aaaschloch« nicht zu dem Sonntagsstaat paßte, in dem ich sie fotografiert hatte.
An dem Tag, als er in den Dünen nördlich von Edgartown saß, als Ägypter verkleidet, die Beine im Sand übereinandergeschlagen, sagte er in die Kamera hinein: »Gibt nur ein Buch, das die Wahrheit sagt, das is die Bibel.«
Die Wahrheit. Die Bibel. Das ist es also, dachte ich, er ist auch einer von den verrückten Laienpredigern.
Beim Sprechen streckte er die Arme lang und still aus, als erwartete er, daß Vögel sich auf seinen Handgelenken nieder-

ließen: »Ich mein das Alte Testament, die gute alte Bibel, die sie dir vorsetzen, wenn du klein bist.«
»Erzähl mir mehr.« Ich transportierte weiter und schoß, immer wieder.
»Die sagt, was die Leute wirklich machen. Fluchen, Kinder umbringen, sündigen. Sie leiden und leiden, Jahr um Jahr, und manchmal passiert drei, vierhundert Jahre nix als Zeugen und Kinderkriegen.«
Ich sagte: »Über das Thema gibt's doch jede Menge Bücher.«
»Übers Fluchen und Sterben ja, aber nich die eigenen Töchter begatten und die Schwestern und Brüder. Aber das is die Wahrheit.«
»Das mit den Schwestern und Brüdern?«
»Die es miteinander machen«, sagte er. »Das steht in anderen Büchern nicht drin, bloß in der Bibel.«
Ich sagte ihm, ich sei mit seiner Haltung nicht zufrieden, er solle sich entspannen und die Ellbogen aufstützen. Und weiterreden, sich nicht um mich kümmern.
Er sagte: »'türlich is das die Wahrheit. Ich kenne sogar einen, der das gemacht hat, und«, er lächelte, »der bin ich, Baby.«
»Geflucht?«
»Gebumst.«
»Mit deiner Tochter.«
»Mit meiner Schwester. Hart.« Er zog die Luft durch die Zähne. »Hab keine Tochter.«
»Ich glaube, du solltest mir so was nicht sagen, Teets.«
»Es is die Wahrheit, also reg dich nich auf. Was wahr is, is wahr.« Er senkte den Kopf, blinzelte mich an wie eine Krähe und sagte: »Willst du's hören?«
Ich wußte nicht, was ich sagen sollte. Sein Kopf wackelte im Sucher.
»Sitz still.«
»Ich sitz ja still, deine Kamera wackelt, das kommt, weil du grad die Wahrheit gehört hast.«
»Ich hab überhaupt nichts gehört.«
»Also, Harry und ich – Harry is meine kleine Schwester –, wir haben in Oak Bluffs gewohnt, wo mein Alter bei den Phippses gearbeitet hat. Da isses dann passiert. Es war im Oktober, glaub ich, windig, Sand auf den Straßen, die Sommergäste alle weg und nur noch wir da und ein paar Phippse. Die Leute aus der Stadt waren da, aber wir kannten sie kaum, grad so, daß man

guten Tag sagte, und mit den Phippsen hatten wir überhaupt nichts zu tun. Wir waren allein, Papa, Harry und ich, und Papa war den ganzen Tag weg, Harry und ich, wir waren allein.«

Er war ein wenig näher gerückt. Ich lag auf den Knien – meine besten Bilder habe ich alle auf den Knien gemacht –, und sein breites, schwarzes Gesicht war kaum mehr als dreißig Zentimeter von der Kamera entfernt. Ich sah eine Nase und zwei Augen, als ob sich das Gesicht durch eine Tür zwängte, die ich schließen wollte.

»Stell dir vor – sonst keiner auf der Insel, nur wir zwei, sie und ich. Wie in der Bibel.«

Er meinte die einzigen Schwarzen auf der Insel, aber er vermied es, die Worte »schwarz« und »weiß« auszusprechen. Ich sah sie vor mir, die beiden mit ihrem Glauben, eine einfachere Version meiner Familie.

»Ziemlich bald merk ich, daß ich ein Junge bin und Harry ein Mädchen, und als wir eines Tages auf dem weichen Heuboden spielen, da heb ich ihren Rock hoch und sag: ›Was hast du denn da?‹, und ich lang hin.«

Teets leckte sich die Lippen und sah zärtlich in die Kamera – vielleicht benutzte er die Linse als Spiegel. Ich versuchte, seine Schweißtropfen scharf ins Bild zu bekommen.

»Harry sagt nix, grunzt nur so was wie ›na‹ und langt auch hin. Wir langen also beide hin und küssen so hart, daß mir die Zähne weh tun, dann sagt sie: ›Schluß jetzt.‹ Das geht ein paar Tage so, keiner da wie in der Bibel, bloß Harry und ich, Junge und Mädchen, und sie sagt immer: ›Hör auf!‹ Aber eines Tages lang ich nach ihr und sie nach mir, und ich hab sie so gut im Griff, daß sie vergißt, stop zu sagen, und wir machen's, schwitzen und sündigen wie die Heiligen.«

Er hob seine schillernden Augen und sah mich an, ich versteckte mich hinter der Kamera. Das große Ding, die Sehnsucht, begann sich in meinen Eingeweiden zu rühren.

»Sie hat geweint. Wollte gar nicht mehr aufhören. Aber wir wußten jetzt, wie's ging, und wir haben so weitergemacht, bis die Sommerleute zurückkamen. Hat mir fast leid getan, daß wir nich mehr allein waren, und ich hab sie lieber gehabt als alle Frauen, weil sie meine Schwester war. Und das is wahr.« Er überlegte einen Moment und sagte dann: »Am Schluß, als sie keine Angst mehr hatte, hat sie meinen Schwanz geküßt, und ich hab geweint vor lauter Glück und hab ihre süßen kleinen

Schenkel gegen meine Ohren gedrückt, als ob ich ertrinken wollte.«
Ich war schockiert und zugleich voller Hoffnung. Ich sagte: »Hattest du keine Angst, daß jemand dahinterkommen würde?«
»War keiner da, also war's okay«, sagte er.
Sekundenlang lächelte er wunderschön, ein Strahlen ging über sein Gesicht. Dann wurde er nachdenklich, seine Kinnlade klappte herunter, das Gesicht wurde dunkel, und das Lächeln war verschwunden.
Ich sagte: »Nein, wie eben. Das Lächeln.«
Er grinste wie ein Honigkuchenpferd.
»Vorbei, schade«, sagte ich. »Versuch's noch mal. Woran hast du eben gedacht?«
Er sagte: »Ich hab die Kleine geliebt.«
Das Lächeln stieg in sein Gesicht, fing am Mund an und ging zu den Augen, legte seine Stirn in Falten, ließ die kristallenen Schweißtropfen zusammenlaufen und herunterperlen, spannte die Haut an seinen Schläfen und zog die Kopfhaut zurück, ein Ausdruck trauernden Friedens.
Ich drückte auf den Auslöser, und das Lächeln war weg, wie vom Gesicht gepellt.
Das war mein letztes Foto in Provincetown. Die Ausstellung, meine erste, fand in dem Bootshaus am Kai statt, und Mama und Papa kamen mit Phoebe zur Eröffnung. Orlando reiste per Dampfer aus Boston an. Ich führte sie herum, stellte sie dem Galeristen vor (der vom geringen Publikumsinteresse enttäuscht war) und hatte durch die Fotos das Gefühl, daß der Laden mir gehörte. Das konnte mir keiner wegnehmen.
Am meisten lag mir daran, daß Orlando mich lobte. Obwohl mir das damals nicht klar war, hatte ich all das im Grunde nur unternommen, um ihm zu zeigen, daß ich seiner wert war. Man pries zwar meine Negativabzüge von den Negern in den höchsten Tönen, das zärtliche Strahlen auf Teets Gesicht aber erwähnte niemand. Nur sein Schwitzen fiel einigen auf. Die Sujets retteten meine Technik: Ich hatte Glück gehabt mit diesen ungewöhnlichen Gesichtern, ihre eindeutige Authentizität verdeckte die Tatsache, daß die Fotos alles in allem durchschnittlich waren. Ich wußte es und war ziemlich verzweifelt; von Orlando kam auch kein Trost.
Die wirklichen Bilder von Provincetown waren in der Ausstel-

lung überhaupt nicht zu finden, sondern eher vor dem »Town Wharf«, nicht weit von dem Tisch, wo Frank und ich jetzt zu Mittag aßen.
Orlando wollte aufbrechen. Er sagte zu Papa: »Wie ist es? Darf sie nun mit?«
»Das überlasse ich ihr«, sagte Papa.
Ich sagte: »Wovon redet ihr überhaupt?«
»Von Phoebe«, sagte Papa. Ich merkte, daß sie wieder Pläne gemacht hatten. Während ich zwischen dem Kap und New York hin und her gependelt war und Fotos gemacht hatte, um ihr Interesse auf mich zu lenken, hatte es in der Familie irgendeine Auseinandersetzung gegeben, die mit mir nichts zu tun hatte. Das tat weh.
Phoebe sagte: »Es ist mir egal.«
»Heute morgen klang das noch anders«, sagte Mama.
»Was ist los?« sagte ich.
»Das Spiel in Yale«, sagte Orlando in dem wegwerfenden Ton, den er immer anschlug, wenn er verlegen war.
»Irgendeine Party hinterher«, sagte Papa. »Ollie meint, es wäre eine gute Idee, mit Phoebe da hinzufahren. Ich für meinen Teil bin dagegen. Anscheinend findet das Ganze ohne Aufsicht statt, aber ihr seid ja jetzt erwachsene Mädchen, ihr müßt selbst wissen, ob ihr was aus euch machen wollt oder lieber euren Ruf auf Parties ruiniert.«
Ich haßte dieses Gerede; solche Einschüchterungsversuche waren demütigend, und außerdem war ich ja gerade dabei, etwas aus mir zu machen. Wir standen im Oktoberwind, die Möwen hingen in den Böen, die Wellen stürmten auf die Kaimauer zu.
»Komm, sei kein Spielverderber«, sagte Orlando.
»Dir ist es anscheinend wichtiger als ihr selbst«, sagte Papa.
»Das ist gelogen«, sagte Orlando schnell, entschuldigte sich dann und sagte: »Ist doch nur für ein Wochenende.«
Mama sagte: »Diese Wochenenden kenn ich.«
»Blanche Overall fährt auch«, sagte Orlando.
Phoebe sagte: »Dann brauchst du mich ja nicht.«
Orlando fühlte sich offensichtlich verpflichtet, Phoebe einzuladen, weil sie keinerlei Hobbies hatte und nicht oft rauskam, wenigstens nicht so oft wie ich. Das Fotografieren, mit dem ich begonnen hatte, um Orlando zu beeindrucken, war zu einer Beschäftigung geworden, die den Gedanken an ihn

verdrängte und die ständige Sehnsucht nach ihm unterdrückte.
Ich sagte: »Ich hasse Parties und kann Footballspiele nicht ausstehen, aber wenn es die Sache vereinfacht, kann ich ja mitfahren.«
»Was für eine gute Idee«, sagte Papa.
»Wenigstens kann ich meine Kamera mitnehmen«, sagte ich.
Orlando sah Phoebe an, und die blickte auf ihre Füße. Der Wind blies ihr das Haar ums Gesicht wie einen gelben Seidenschal, hob ihren Rock leicht an, preßte ihn gegen ihren runden Po und schob ihn zwischen ihre Beine.
»Maude könnte ein Auge auf euch haben«, sagte Papa.
»Genau«, sagte Phoebe plötzlich und blickte zu Orlando auf. »Wir könnten alle drei fahren – das würde dir doch Spaß machen, Ollie, oder?«
Es war, als wüßte Phoebe, was er mir gegenüber empfand, und als wollte sie ihn mit ihrem ironischen Ton dazu bringen, es zuzugeben. Ich mochte sie nicht, wenn sie so war, zugleich wartete ich gespannt, wie er reagieren würde.
Er sah in den Wind, weit weg, nachdenklich.
Phoebe sagte: »Ich finde, Maude sollte überhaupt an meiner Stelle mitfahren. Sie kann Blanche in Schach halten.«
»Vielleicht sollten wir die ganze Sache abblasen«, sagte Orlando. »Dann komm ich wenigstens mit meiner Arbeit weiter.«
Mein Herz schnappte zu wie ein Portemonnaie, mit einem so lauten Klicken, daß ich dachte, alle müßten es gehört haben.
Orlando zog seine Mütze ins Gesicht und zupfte an seinem Mantel herum. Er sah mich nicht mehr an. Er ging den Kai hinunter, die Möwen stießen auf ihn herab und schrien ihm ihre Schmähworte hinterher.
Papa sagte: »Der Junge muß noch viel lernen.«
Mama sagte: »Er weiß nicht, was er will.«
»Hört auf, so über ihn zu reden«, sagte Phoebe. Ihre Stimme wurde schrill und brach. Sie stampfte mit dem Fuß auf. Ihr Fuß war vollkommen. »Es ist nicht Ollies Schuld, sondern meine. Warum könnt ihr das nicht verstehen?«

Von da, wo wir, Frank und ich, Platz genommen hatten, war das Restaurant ein endloser Raum voll blendenden Sonnenlichts. Ich sah in die Vergangenheit, und vor meinen Augen gingen fünf reuevolle Gestalten auseinander, während riesige Wolken sich über ihren Köpfen zusammenballten und dann in graue Fetzen auseinanderrissen. Dann waren es nur noch vier Gestalten und der schrille Pfiff eines Dampfers, und der Wind trug ihre Entschuldigungen weg und mischte sie mit den Schreien der Möwen.

12 *Widersprüche*

Uns selbst halten wir am gründlichsten zum Narren, aber auch das nur für eine gewisse Zeit, denn was wir wirklich fühlen, wird irgendwann auch für uns selbst unübersehbar. Erst als ich gegen den Papierkorb trat und die tiefe Delle sah, wurde mir das Ausmaß meines Zorns bewußt. Die Art, wie ich den Wagen zum Stehen gebracht hatte – Frank stieß einen spitzen Schrei aus –, sagte mir, daß ich vor Wut kochte.

Wieder zu Hause mit Frank und den Gespenstern, dachte ich an die andere Heimkehr damals. Mein Haus an der Bucht schien am Rand der Zeit zu stehen, und immer, wenn mein Wagen in die holperige Einfahrt einbog, hatte ich das Gefühl, daß ich der Gegenwart den Rücken kehrte und das Auto direkt auf die Vergangenheit zusteuerte. Orlando überschattete alles.

Meine Ausstellung in Provincetown bekam gute Kritiken, war aber kommerziell gesehen ein Reinfall. Kritiker sind voyeuristische Geizkragen, die mich mit der Hand in der Tasche priesen, aber nichts kauften – das tun sie ja nie. Was für mich zählte, war Geld auf dem Tisch und eine Ausstellung in New York, aber von beidem war ich meilenweit entfernt. Ich wollte berühmt werden, damit Orlando mich liebte. Statt dessen war ich immer noch unbekannt, und der Mann, auf den es mir ankam, hatte mich mit keinem Wort ermutigt. Trotzdem: Dieser Fehlschlag trieb mich weiter. Solange mir Orlando unerreichbar blieb, würde ich arbeiten, aber sobald ich ihn hatte, wollte ich meine Augen vor der Welt verschließen und zu leben beginnen.

Vermutlich begannen an jenem Tag meine Zweifel daran, daß er überhaupt jemals mir gehören würde. Er war von zu Hause fortgegangen; das hatte ihn verändert. Wir anderen waren uns gleichgeblieben, aber er hatte neue Interessen. Er schien verwandelt: größer, glücklich, aber oberflächlicher, ein wenig ein Sonnyboy mit einem – in meinen Augen – treulosen Interesse an anderen Leuten – als wollte er seine Intelligenz loswerden und Denken durch Handeln ersetzen. Er sprach davon, in Harvard Jura zu studieren, wurde Kapitän der Rudermannschaft und schwenkte Mama beim Walzer durchs Wohnzimmer, bis sie kreischte wie Jokaste auf meinem Bild der ungleichen *Tanzpartner*. In seiner Unbekümmertheit lag auch Hoffnung: Vielleicht würde er eines Tages ohne viel Federlesens mit mir ins Bett springen. Aber er machte keine Anstalten dazu, und es war zu spät – ich war zu alt –, ihn bei einem seiner seltenen Wochenendbesuche auf dem Grand Island nachts auf seinem Zimmer zu besuchen.

Also hatte mir die Provincetown-Ausstellung so gut wie nichts gebracht, aber wie sollte ich Frank meine schlechte Laune begreiflich machen? Er hatte unseren Ausflug genossen. Er vergrub sich noch tiefer in die Bilderstapel der Windmühle, sortierte sie und sah mein Leben als ein geordnetes Ganzes, als hätte ich schon vor Jahrzehnten damit begonnen, auf die Retrospektive hinzuarbeiten. Er erfand meine Vergangenheit aus meinen Bildern: Ich erkannte mich in den hingebungsvollen Fotografien, die er entwarf, nicht wieder, aber was wußte er schon von der enttäuschten Liebenden in mir?

Frank lief auf und ab und rieb sich die Hände.

»Verstehst du denn nicht?« sagte er. »Die Ausstellung in Provincetown trug den Keim für alles, was du später gemacht hast, schon in sich.«

»Keim ist das richtige Wort«, sagte ich. »Krank konnte man davon werden.«

Aber er hatte die Bilder gefunden, alle miteinander, nicht nur die, an die ich mich erinnern konnte – Boogie-Männer, die Blinden, die Negativabzüge, die von den ersten New-York-Expeditionen, meine Brownie-Miniaturen –, sondern auch Bilder, die ich total vergessen hatte, experimentelle Aufnahmen mit Schleierbildung und Überstrahlung. Es waren gewagte Sachen darunter, und ich sah jetzt neue Aspekte in ihnen – eine Bedeutung, die mir zuvor entgangen war. Die Windmühle tauchte als klotziger Fächer auf nahezu jedem Familienfoto auf; da gab es Bild-im-Bild-Experimente – Spiegel, Fenster, Reflexionen in Weinpokalen; Phoebes Lacklederschuhspitzen

spiegelten die Unterröcke einer Verführerin –, und war sie bei *Tanzpartner* schon immer das Mauerblümchen gewesen, oder hatte ich das bisher übersehen? Die Bedeutung dieser Bilder schien mir trotz ihrer Zeitgebundenheit prophetisch. Die Kamera hatte mehr gesehen als ich.
Frank sagte, er habe eine phantastische Idee: »Ein Raum bei der Retrospektive wird die Provincetown-Ausstellung enthalten. Ich mache eine Wand zurecht, die eine genaue Imitation der Bootshauswände ist – verwittertes Holz, kaputte Fenster, ein Tonband mit Wellenrauschen.«
»Da war keine Brandung.«
»Dann eben Möwen, ein Tonband mit Möwenschreien, kwää, kwää« – und er flappte bei Gott mit den Armen – »und Fischernetze. Und all deine Bilder, genau wie damals. Siehst du's nicht?«
»Laß die Fischernetze weg.«
Er hatte es schon alles im Kopf: Möwen, Holzwände, drapierter Seetang, Treibholz und meine Bilder; eine Rekonstruktion. Ich fand die Idee schwachsinnig.
Ich sagte: »Ich sag das ungern, Frank, aber so war das überhaupt nicht.«
»Aber ich hab doch die Bilder gesehen! Sie waren die ganze Zeit in der Windmühle – du hast dir nicht mal die Mühe gemacht, sie anzusehen.«
»Die sind auch nur die halbe Wahrheit«, sagte ich. Ich verzichtete darauf, ihm zu sagen, daß diese Ausstellung für mich so ungefähr das unwichtigste Ereignis in dem Jahr gewesen war.
»Nein, laß mich das in die Hand nehmen.« Er war einfach nicht zu bremsen, er machte keine Pausen. Deshalb würde er auch nie merken, wieviel mehr es zu wissen gab. Für ihn bestand meine Vergangenheit aus meinen Bildern.
»Deine erste richtige Ausstellung – all die berühmten Bilder werden wieder gezeigt, siehst du es wirklich nicht?«
»Ich habe es schon mal gesehen. Es war damals nicht weiter wichtig und heute schon gar nicht.«
»Das ist nicht wahr.«
»O doch.«
Er sagte: »Du lehnst es einfach ab, die Bedeutung deiner früheren Arbeiten anzuerkennen.«
Normalerweise rieb er sich immer mit einer nervösen Bewe-

gung die Augen, wenn er log, wie ein Kind, das hofft, nicht ertappt zu werden. Ich starrte ihn an: Er blieb regungslos; er meinte das wirklich.

Ich steckte eine Zigarette in den Mund, zündete sie an und paffte bedächtig, um ihm zu zeigen, daß ich seine Worte ernst nahm, und um ihm nicht lauthals ins Gesicht zu lachen.

»Es ist alles da«, sagte er tief aufatmend und legte die Fotografien auf dem Tisch aus und ging auf und ab. Ich hatte ihn noch nie so aufgeregt gesehen. »Sieh dir diese Leute an!«

Ich sah hin, um ihm einen Gefallen zu tun.

»Irres künstlerisches Ego in dem da – der typische Geck von einem Schriftsteller aus den Zwanzigern«, sagte er und deutete auf einen Flunderfischer, der sich unbedingt im Sonntagsanzug hatte fotografieren lassen wollen. »Und dieser runtergekommene Typ«, fuhr er fort und trommelte mit den Fingern auf einer Am-Morgen-danach-Aufnahme von O'Neill herum, »du hast seine ganze Hoffnungslosigkeit festgehalten – der Mann ist am Ende, ein Wrack.«

Ich korrigierte ihn nicht. Er glaubte an das, was er sagte – vielleicht mußte ich ihm dankbar sein, aber er glaubte aus den falschen Beweggründen. Für mich waren die Bilder sehr vordergründig, einige grotesk (ich muß wirklich Nerven gehabt haben, den *Aal in der Toilette* zu machen!). Aber es gab auch Überraschungen: Den Boogie-Mann am Strand hatte ich vergessen, er geht von der Kamera weg, sein hoher Hintern und der gebeugte Kopf, das Strandgutwrack aus Stroh und Bretterteilen: all die Grautöne; Orlando und Phoebe im Segelboot, Silhouetten im Gegenlicht, die die Köpfe zusammenstekken; ein Cummings, von dem ich immer angenommen hatte, ich hätte ihn weggeworfen, grinsend, mit schweren Lippen – welch ein glücklicher Mann!

Einige mußten im Ausschnitt verändert oder retuschiert werden. Was mich an meine stolzen Prinzipien von einst erinnerte: Ich dachte damals, daß mich niemand dazu bringen würde, auch nur das Geringste an einem Bild zu ändern, jedes Detail gehörte mir allein. »Genitalien beseitigen!« hatte einmal jemand vom *National Geographic* mit grünem Filzstift auf meinen *Pavian hinter Gittern* gekritzelt – ich hatte dem Herausgeber geschrieben, er könne mich mal. Jetzt schienen die kleinen Fehler, die Überraschungen, die Erfolge und Bemühungen total unerheblich.

Frank schwärmte immer noch vor sich hin. »Das war der Anfang, noch roh und ungeklärt, aber die Richtung war schon da, die Steigerung, die später kam, schon angedeutet.«
Die Grenze zwischen ehrlicher Bewunderung und der Lobhudelei der Kritiker ist schwer zu ziehen, aber ich hatte das Gefühl, daß wir dicht an der Nahtstelle waren. Frank klotzte unbekümmert weiter.
»Du stellst den Menschen in den Vordergrund, das ist der entscheidende Zug deiner Arbeiten, das finde ich phantastisch.«
»Mit Landschaften hab ich noch nie was am Hut gehabt.«
»Und dann ist da diese immer nur angedeutete Insistenz auf Natur. Die natürliche Umgebung ...«
»Frank, Mann, damals gab's noch kein Blitzlicht!«
»... taucht in jedem Bild bestimmend auf, hier im Hintergrund die Brandung, dort ein abgebrochener, junger Baum als Rahmen für die Verzweiflung dieses Schwarzen hier.«
Verzweiflung? Es war Pigga, ein illegaler Buchmacher, den ich fotografierte, als er nach einem Platzregen auf dem Trottoir am Prospect Park eine Art Step tanzte. Zentral an dem Bild schien mir, daß er naß war oder, besser gesagt, daß seine Haut naß war, er aber knochentrocken. Die Kombination von Regen und schwarzer Haut hatte mich fasziniert: Die Tropfen wurden nicht absorbiert, sie standen rund und voll wie auf einer öligen Fläche. Piggas Haut trug Regenwasserjuwelen, und auch sein Haar war voll von runden Perlen.
Frank hielt den Prospect Park für einen Ortsteil von Provincetown. Er sagte: »Man kann die ganze Stadt aus dem Hintergrund der einzelnen Bilder zusammensetzen. Der Leuchtturm, die Hauptstraße, die Autos und Dünen. Du hast alles drin. Es ist eine Welt für sich – ein Zeitalter! Hier, dies ist eine deiner besten Arbeiten überhaupt.«
Ich hätte wissen müssen, daß diese Worte einen Fehlgriff einleiteten: Ein sentimentales Bild von Slaughter, dem blinden Klavierstimmer, der versucht, einen Akkord zu greifen; die Finger gespreizt, die Glubschaugen glaukomatös überzogen.
Frank war einen Moment still. Dann sagte er: »Das Entscheidende ist, sie sind alle so traurig, sogar diese aufgeputzten Affen – sie tun nur so, als ob sie glücklich wären, ihre Gesichter spiegeln Fröhlichkeit vor. Niemand *tut* irgendwas, sie sind passiv.« Er kaute, zog die Lippen zusammen und rülpste. »Die

Tiefenstruktur dieser Bilder könnte man als eine Rhetorik der Passivität bezeichnen.«
Ich hatte mich damals so gefühlt, irgendwie deprimiert. Ich war noch so jung. Ich wußte nichts von Leidenschaft oder Verrat. Ich war einfältig, unbesonnen, ungeduldig. Vielleicht sah Frank etwas davon in den Bildern und konnte es nur in seinem Jargon nicht ausdrücken? Aber er wußte nicht, was ich wußte: Ich hatte immer – weit davon entfernt, meine Emotionen in den Bildern widerzuspiegeln – Gegensätze gesucht. Die Alten, als ich jung war, die Blinden, als mir selbst die Augen aufgingen, die bizarren Schwarzen, als ich mir weiß und normal vorgekommen war. Und in meinen schlimmsten Depressionen die sehr Glücklichen. Nur wenn ich mich wohl fühlte, konnte ich die Gescheiterten und Elenden fotografieren, und meine komischen Bilder entstanden am Rand der Hysterie.
»Vielleicht hast du recht«, sagte ich einlenkend. Seine Frömmigkeit rührte mich; seine Version von mir klang echt. Er glaubte an meine Bilder – zu Unrecht zwar, aber sein Glaube würde ihn retten. Ich hoffte nur, daß ich ihn nicht irregeleitet hatte. Trotzdem: Seine Begeisterung für das, was ich längst aufgegeben hatte, machte mich unsicher. Es waren die Zweifel einer Frau, die sich von ihrem Liebhaber trennt, ihn nach Jahren zufällig mit einer anderen sieht und plötzlich panische Reue empfindet. Was, wenn Frank doch recht hatte? Ich wußte seit langem, daß ich auch meine besten Bilder immer nur halb verstand und jeweils voller Demut zusah, wie nach und nach ihre ganze Wahrheit ans Licht kam; und noch etwas machte mir Angst – würde ich, die ich so wenig wußte (der Fotograf weiß im Moment der Aufnahme sehr wenig von der Wirkung des Bildes), imstande sein, das Glück, das ich gehabt hatte, zu wiederholen?
Nach der Begegnung mit Greene hatte ich mir geschworen, daß ich nie wieder ein Bild machen würde, und nun sprach Frank, ohne zu zögern, von Tiefenstruktur und Rhetorik. Er bestand darauf, daß ich ein Zeitalter fotografisch festgehalten hatte. Und er sagte mir das zu einem Zeitpunkt, da ich die Fotografie abzulehnen begann.
Frank glaubte, mir in aller Bescheidenheit zu helfen, aber in seiner Begeisterung und mit seinen pseudoakademischen Analysen empfand ich ihn auch als bedrohlich.
Er sagte: »Du hast nicht nur deine Sicht der Dinge konkre-

tisiert, sondern auch die Vergänglichkeit der Sujets selbst. Es ist ein Triumph über die Technik. Da ist eine Beziehung zwischen dir und den Sujets, wie man sie nur bei den ganz Großen findet, bei Leuten wie Dameron oder Bourne.«
Augenwischerei, dachte ich, und wenn er jetzt noch Arbus erwähnt, kriegt er einen zwischen die Zähne. Statt dessen zündete ich mir noch eine Zigarette an, damit er sah, daß ich zuhörte.
»Dieses Bild hier allein« – er hielt eins von Orlando und Phoebe hoch, auf dem die beiden mit dem Rücken zu mir beim Picknick saßen – »sagt schon genug. Es hat es alles. Dieser Himmel, diese einsamen Gestalten, das Meer – das ist die *conditio humana.*«
Flüchtige, oberflächliche Lobhudelei, der enge Kritiker, der mal schnell die Meisterwerke durchblättert: »Ah, und was haben wir denn hier? Nichts Geringeres als die *conditio humana,* sehr nett.« Und klimpert mit dem Busgeld in der Tasche. Kaufen kommt natürlich nicht in Frage.
Ich war taktvoll: »Es deutet vieles nur an.«
»Keineswegs«, sagte er. »Es ist alles da. Es hat allegorische Aussagekraft, kann aber ebensogut rein naturalistisch aufgefaßt werden.«
Orlando und Phoebe? Allegorische Aussagekraft? Wenn es Frank nur glücklich machte. Ich fragte mich, ob er so gutgläubig war wie ich früher und ob es bei ihm auch so lange dauern würde, bis er die Tricks durchschaute. Seine hohe Meinung von den Bildern war zugleich ein Kompliment an die Fotografie und ließ mich zweifeln, ob mein Entschluß richtig war. Vielleicht war mein Leben doch nur eine lange Reihe von Fotos. Ich dachte: Wie kann man nur eine alte Dame so durcheinanderbringen!
Er sagte praktisch: Moment! Warte! Überleg noch mal!
Es ging mir auf die Nerven, jemanden mit solcher Sicherheit über das Bild von Orlando sprechen zu hören. Obwohl ich Frank verdächtigte, ein blinder Fanatiker zu sein, ein Gläubiger, unerschütterlich wie ein Prophet, und obwohl ich selbst etwas zutiefst Unredliches in den Fotos sah, eine übergroße Sicherheit und Aufdringlichkeit: Obwohl ich in ihm auch eine Klette sah, die sich an meine Arbeit gehängt hatte – ich konnte ihn nicht enttäuschen. Er schien es ehrlich zu meinen. Meine Bilder waren ihm wichtig.

All dies war an dem Tag nach unserem Provincetown-Ausflug. Drei schwierige Tage folgten. Ich trank, um mich von meinen Zweifeln zu befreien, und zwischendurch hörte ich ihn telefonieren. In einem seiner wichtigtuerischen Telefongespräche gebrauchte er den Ausdruck *meine Retrospektive.* Einen Moment kam ich mir vor, als störte ich das geschäftige Genie bei der Arbeit, aber dann fiel mir wieder ein, daß ich es war, die ihm erlaubte, in meinem Bildpalast herumzustöbern.
Am vierten Tag fragte er mich beim Frühstück: »Kannst du mich nach Hyannis fahren?«
»Was hast du vor?«
»Ich muß in die City, ein paar Dinge erledigen.« In die City – also wollte er nach New York.
»Kannst du das nicht verschieben? Ich bin momentan etwas durcheinander.« Durcheinander war mild ausgedrückt – ich war am Boden zerstört.
Frank sagte: »Ich bleibe nur ein, zwei Tage. Ich muß mit dem Designer Kontakt aufnehmen und anfangen, Geld für die Materialien zusammenzukratzen. Das Komitee will was sehen. Das Leben geht weiter, Maude. Ich muß denen nachweisen, daß ich mir hier nicht einfach ein paar schöne Tage mache.«
»Frank Fusco, diese Geschäftigkeit bringt mich um!«
Man sah ihm an, daß er kaum erwarten konnte, mich für ein paar Tage los zu sein. Ich hatte schwer gesoffen und mich dementsprechend daneben benommen, dauernd zu laute Musik gehört und überall im Haus meine Gläser verstreut. Morgens war ich jeweils damit beschäftigt gewesen, die Schäden des vergangenen Abends zu beseitigen.
»Zum Busbahnhof«, sagte er, als wir auf der Straße waren.
»Flugzeug ist schneller.«
»Ich flieg nicht gern.«
»Hab ich mir gedacht.« Warum, fragte ich mich, sind alleinstehende Leute so viel morbider als verheiratete? Frank hatte vor beinahe allem Angst, vor dem Fliegen, dem Essen, dem Rauchen, vor Einbrechern, Schwimmen nach den Mahlzeiten, davor, im Aufzug steckenzubleiben, zu schnell zu fahren, den Sicherheitsgurt nicht zu benutzen. Er las Solschenizyn und machte sich Sorgen um die Russen und die Arbeitslager. Am Bahnhof kaufte er sich Bonbons und den *Weißen Hai* im Taschenbuch – das würde ihn einige schlaflose Nächte kosten – und winkte mir vom Busfenster aus zu wie ein Zehnjähriger.

Wieder zu Hause, mixte ich mir einen Drink, aber damit ich ihn nicht zu schnell herunterkippte, ging ich in das Studio, das Frank in seinem Zimmer aufgebaut hatte. Ich wollte mir die Bilder von meiner Ausstellung in Provincetown noch mal ansehen.

Ich zog die Schubladen des Aktenschranks auf. Ich bin immer für Vertrauen gewesen – keine Schlösser, keine Siegel –, das macht es einem bedeutend leichter, wenn man wirklich mal schnüffeln muß. In einem Ordner waren Briefe, in einem anderen Abzüge. Ich fand »Provincetown« und zog einen Stapel Vergrößerungen heraus. Obenauf *Aal in der Toilette* – ich warf die Bilder angeekelt auf den Boden und las einen Brief von seiner Mutter. *Man sollte doch meinen, daß sie jetzt etwas ruhiger leben würde mit ihrem angeblichen Herzfehler.* Ich suchte wütend weiter. So was! Ich durchwühlte seinen Schrank und die Kommode, und jedes Hemd und jede alte Socke sagte mir, daß ich den Mann wirklich nicht kannte.

Neben dem Bett stand ein kleiner Nachttisch: Lampe, Wecker, *Krebsstation* und Hustenpastillen. Ich zog die Schublade auf und fand unter ein paar Heften *Fotojournal* und *Fotografie Heute* einen schweren Umschlag. Er mußte Fotos enthalten. Meine? Ich nippte an meinem Drink, schluckte jedoch nicht. Mein Herz schlug.

Ich hatte früher einmal von einer Zeitschrift den Auftrag bekommen, eine Serie erotischer Fotos zu machen. Das was eine Herausforderung, die ich mit Freuden akzeptierte: Damals gab es noch deutliche Grenzen, Suggestion war alles. Eine Hure, die auf einem ungemachten Bett alle viere von sich streckte, kam nicht in Frage. Ich machte ein halbes Dutzend Bilder: Ein Mädchengesicht im Profil, ihre volle Zunge leckte an einer reifen Erdbeere; einen Akt auf allen vieren aus der Vogelperspektive – nur die Celloform ihres Rückens; einen schrägen Schuß von einem Mädchen, das sich über die Kühlerhaube eines Autos beugt; ein genießerisches junges Ding, das auf dem Fuß eines Mannes hockt und seine Zigarre in der Hand hält; ein Mädchen, das eine ihrer Brüste mit einer Hand hebt und auf sie herabblickt. Und – mein größter Coup, meine Rache an den Ferkeln, die das Magazin herausgaben, und der größte Erfolg dieser Serie – ein heißes Bild einer langbeinigen Nackten, die eine Stange hinaufklettert und die, was keiner merkte, in Wirklichkeit ein Junge mit einem schönen runden Hintern war.

Die Fotografien, die ich in Franks Schublade fand – sie waren ziemlich abgegriffen –, waren ganz was anderes. Meine erste Reaktion war, sie flüchtig durchzublättern und dann beiseite zu legen. Ich sah große, weiche Körper und ganz deutlich einen Schneckenkopf zwischen Korallenlippen; eine welke Rose, ein menschliches Gesicht mit aufgeblasenen Backen, schlürfende Lippen. Die Bilder kamen mir vor wie Rätsel, ich setzte mich und nahm sie mir der Reihe nach vor: Wie blöde und schwach das nackte Fleisch aussah! In diesen Nahaufnahmen erschienen sie wie poröse Riesen – überdimensionale Ärsche und Schenkel und dreckige Zähne. Komische Fleischhaufen, die mit Puppen zu spielen schienen. Dann sah ich ihre dumpfe Qual, die schmerzliche Lüsternheit, und mir schien, daß diese Fotos, bildlicher als ich es mir je hätte vorstellen können, sterbende Menschen zeigten.

Es war der reinste Totentanz, vollführt von haarigen Kindern, und nur oberflächlich lächerlich: Darunter war es ein Verrat an der Intimität. Ich war ohnmächtig vor Zorn. Vor allem: Es gelang mir nicht, Franks Lobeshymnen von diesen Bildern zu trennen. Immer wieder verfing sich mein Blick in Fingern und Füßen, in den schiefen Zähnen. Die Wunden ersparte ich mir. Ich sah, wie anonymes Fleisch gezwickt wurde, wie ein Mann sich über einem Kloß von einer Frau abmühte, sah strangulierte Gesichter, Wollust, dargestellt durch den Ausdruck von Schmerz. Blasse, haarige Hintern, schattenhafte Gesichter, tödliche Wunden einerseits; geschmeidige, verletzte Biber, adrig geschwollene Sonden andererseits. Technisch gesehen waren die Fotos das reinste Chaos. Sie waren in der Fotografie das, was das Grunzen in der menschlichen Sprache ist – unartikulierter Schrecken, graue Brutalität, traurige Grobiane in schweineähnlichen Stellungen.

Mord: Da wurde eine Frau von einem unbeholfen zwischen ihren Beinen arbeitenden Mann in zwei Hälften zerrissen; eine andere flehte auf den Knien um Gnade, während ihr ein Mann seine tödliche Spritzpistole an die Wange hielt. Es gab Selbstmorde – Frauen, die an wütenden Ratten erstickten und Dynamithülsen in sich hineinstopften. Ich sah Formen des Kannibalismus, die selbst auf Borneo neu sein dürften, Leute, die mit Mündern wie Staubsauger übereinander herfielen, und

andere, die aussahen, als ob sie ihre jeweiligen Partner aufzublasen versuchten. Ich sah Fälle von Körperverletzung: Männer, die eine Art Austernsauce auf die Gesichter von Frauen ejakulierten, und andere, die in gierigem Delirium das klumpige Zeug ableckten; einige urinierten – platschige Ströme, die kauernde Figuren einschleimten. Das letzte zeigte einen weiblichen Eintopf, Fettbrocken an Fettbrocken schniefelnd.
Ich wollte traurig sein, war es aber nicht. Ich fühlte mich betrogen wie die Zeugin eines Massakers, zu distanziert, um die anonymen Opfer beweinen zu können. Auf den Skandal kam es an – den Skandal der Lust, nicht auf die Lust selbst. Und mir kam es vor, als ob diese Bilder – all die Millionen davon, die es auf der Welt gab – immer nur dieselben zwei Figuren zeigten, immer und immer wieder: Ein einziges elendes Paar, das sämtliche Rollen auf sämtlichen Bildern übernahm. Hier tauchten sie wieder auf – etwas gemeiner als das letzte Mal, als ich sie sah, schmutziger, älter und ein bißchen verzweifelt, aber sonst dieselben altbekannten Ärsche: Ich konnte nur den Kopf schütteln und Gott sagen. Ich taufte sie: Kenny und Doris, so hießen sie alle. Kenny mit seinem fettigen Haar und dem Namenskettchen, Doris mit ihrer billigen Wimperntusche und der Blinddarmnarbe.
Und an so was hatte Frank Vergnügen! Der Mann, der meine Bilder gut fand, hatte ein so dehnbares Urteil, daß auch dieser Mist darin Platz fand. Er hatte die Bilder versteckt, und was mir am meisten Sorgen machte: Er schien das versaute Paar nötig zu haben, fand Befriedigung in Kenny und Doris. Aber was war dann mit der Anerkennung, die er mir zollte?
Er hatte mich ein Weilchen zum Narren gehalten. Ich war nicht weiter wichtig. Aber er hatte auch sich selbst zum Narren gehalten.
Ich war nicht verwirrt. Das Ganze bestätigte nur, was ich schon vorher gewußt hatte: Mein Leben und meine Arbeit waren Gegensätze, weit voneinander entfernt, sie unterschieden sich so deutlich voneinander wie Kenny und Doris von jedem Paar, das ich je fotografiert hatte. Es war richtig, die Fotografie an den Nagel zu hängen. Franks kleine Überraschung – dieses Ferkel! – bewies, daß ich ihm nicht trauen konnte, genausowenig wie meinen Bildern. Gerade die, die laut Frank alles sagten, sagten gar nichts.
»Frank! Du Wurm, du erbärmlicher Lügner. Du sagst, du

magst meine Bilder, aber was macht dann dieser Abfall in deiner Nachttischschublade? Du alberne Figur, du Schwächling, du hältst das für Leidenschaft! Deine Fingerabdrücke sind da drauf, erzähl mir nicht, daß du sie nicht ansiehst, nachts, wenn du allein bist – kommt dein Willy dann hoch wie die Schlange aus dem Korb? Wenn es wenigstens noch gute Fotos wären! Aber überall sind Fixierflecken drauf, sie sind unterbelichtet, die Fleischtöne sind grünlich, sie müßten retuschiert werden, die Ausleuchtung ist miserabel, sie bestehen aus sechzig Prozent Schatten – Mist! Die kannst du in deine Galerie hängen und dann mit deinem Gerede von der Tiefenstruktur und dem Lutschbonbon im Mund kommen und jeden zu Tode langweilen. Du machst dir was vor, Sonnyboy. Vielleicht bist du ja bloß neugierig, aber wenn diese Bilder dich wirklich hochbringen, bist du in ernsten Schwierigkeiten ...«
Frank war natürlich in New York. Ich redete mit der Wand. Ich fühlte mich auf merkwürdige Weise rein, nachdem ich den Schock dieser Bilder einigermaßen überwunden hatte. Es hatte mich zwar ziemlich erschüttert, aber ich verstand Franks komplexes Innenleben und seine bildlichen Ausläufer jetzt besser – dieser Müll war ein entscheidender Punkt, ich konnte ihn nicht einfach vergessen. Ich hatte keine Lust, was zu essen oder zu trinken – nicht nach dem, was ich mir hatte ansehen müssen. Aber diese Entdeckung war auch eine Genugtuung, eine Bestätigung! Es war richtig, allem zu mißtrauen, was Frank über die Provincetown-Bilder und die Fotografie im allgemeinen gesagt hatte. Ich hatte die Unterseite seiner Begeisterung gesehen – kein hübscher Anblick –, und ich begann, ihn zu bedauern.
Aber dann wurde auch das klein und unwichtig, Kinderkram, als meine Erinnerung erwachte und mich angähnte. Ich dachte an meinen eigenen Verrat, meine Lügen.

13 *Scharaden*

Es passierte an dem Tag, als ich diese Schlägerei in Boston verhinderte. Das gab mir den nötigen Mut, denn bis dahin war ich immer davor zurückgeschreckt, Orlando zu belügen. Aber ich dachte: Es ist nur zu seinem Besten, später wird er's mir

danken, und besser ich als eine von den schrillen Radcliffeschlampen, die Zigarillos rauchen, nach Gin stinken und die Harvardstudenten als Dildos benutzen.
Miß Dromgoole war zu der Zeit schon nicht mehr bei uns, Frenise war alt geworden und lief mit zittrigen Fingern umher. An dem Tag, als Miß Dromgoole uns verließ, gaben wir ihr zum Abschied ein festliches Familienessen. Orlando kam aus Harvard herüber und schenkte ihr eine Bonbonniere mit ihren geliebten kandierten Früchten. Dann als sie in Mr. Wamplers Taxi stieg, rannten wir zurück ins Haus, rissen uns die Jacken und Hemden vom Leib und sprangen und brüllten vor Freude und Erleichterung im Wohnzimmer herum. *Erlösung* nannte ich das Bild von dem halbnackten Völkchen am Fenster eines weißen Hauses, vom Rasen aus geschossen. Es ist ein Dokument dieses Tages.
Meine Eltern kränkelten ein wenig, aber das familiäre Gleichgewicht blieb erhalten. Phoebe und ich, die das Kap nicht verlassen hatten, weil wir die elterlichen Fittiche nicht entbehren wollten, wurden nun selbst zu Glucken und sorgten für sie. So geht es den Kindern, die sich nicht von zu Hause lösen. Papa und Mama begannen, sich auf uns zu stützen. Einmal im Jahr durchbrachen sie ihre neue Rolle und machten im Herbst eine Reise nach Florida, um uns zu zeigen, daß sie uns nicht brauchten. Aber sie kamen jedesmal recht still und dankbar zurück, lächelnd, als wollten sie sagen: »Was wären wir ohne euch?«
Wenn man ein bestimmtes Alter erreicht hat, hört man auf, Kind zu sein, und beginnt, die eigenen Eltern zu erziehen, da sie selbst längst aufgehört haben, Neues zu lernen. Die Kinder überholen sie, und von da an bekommen sie alles Weitere – wenn sie überhaupt noch lernfähig sind – von ihnen. Das aber macht sie nur noch schwächer und unselbständiger, bis dann am Ende die bizarre Umkehrung der Verhältnisse entsteht, wie sie alten Jungfern vertraut ist. Aus interessanten alten Ruinen werden kindlich protestierende Greise. Ich ahnte schon, daß etwas Derartiges auf mich zukommen würde, aber ich hatte keine Angst, irgendwie fühlte ich mich dadurch Orlando verbunden – so als wäre ich seine Frau.
Er studierte jetzt Jura in Harvard. Niemand erwähnte ihn. Ganz sicher redeten Phoebe und ich nicht mehr wie früher über ihn. Trotzdem fehlte er uns. Er hatte uns immer daran

erinnert, daß unsere Familie eine Welt für sich war, und wir weinten vor Lachen, wenn er Papa nachahmte. »Wer bin ich? Wer bin ich?« fragte er dann und streckte die Hand aus, um uns zur Ruhe zu bringen. Er hatte eine perfekte Nummer: »Papa beim Anziehen seiner Hose« – das Ausschütteln der Beinkleider, das balancierende Wackeln des freien Fußes – wunderbar. Orlando studierte mit uns Scharaden ein, und abends erzählte er Gespenstergeschichten wie die vom »Dreifinger-Billy« oder mit dem Irrenhaus, wo am Schluß jemand das grauenvolle »Warum ich?« herausschreit. Einmal, als Papa und Mama schon im Bett waren, erfand er eine ausführliche Geschichte, die damit endete, daß wir alle mit dem Flugzeug abstürzten. Dann malte er aus, was jeder von uns kurz vor dem Aufprall sagen würde: Papa mit gekreuzten Armen »Dieses Land ist total auf den Hund gekommen«, Mama »Ich hab's ja immer gesagt«, Phoebe besorgt, daß der Absturz ihr neues Kleid ruinieren könnte, und ich mit »Bleibt so«-Rufen bis zuletzt fotografierend. Außerdem spielte er Posaune.

Niemand konnte sagen, ob und wann er zurückkommen würde, und zu lachen gab es nichts.

Ich vermied das Thema. Mir war inzwischen klar, daß Phoebe Orlando genauso liebte wie ich. Es hatte mit ihrer Schönheit zu tun. Ihre Liebe zu Orlando erwuchs aus einem tiefen Mißtrauen gegen die Aufmerksamkeiten der vielen Männer – unter anderem Sandy und ein Tölpel namens Foggis –, die hinter ihr her waren. Für mich interessierte sich niemand, und deshalb war meine Liebe zu ihm zugleich hoffnungslos und eindeutig, eine Liebe wie ein altes Spielzeug aus der Kindheit, das man nicht weggab, weil es vom liebevollen Herumschleppen abgegriffen und auf Hochglanz poliert war. Phoebes Liebe bestand in der Ablehnung aller anderen Männer, meine war das Verlangen nach einem einzigen Mann. Ich hielt dabei meine Liebe für die schmerzhaftere und tiefere, brachte es aber nicht übers Herz, ihr zu sagen, daß ich ihn für mich haben wollte und würde.

Sie sah, daß ich nicht von zu Hause fortging, und verwechselte meine Hartnäckigkeit mit Lebensangst und wurde so selbst ängstlich. Sie konnte sich nicht entschließen wegzugehen. Aber bald, dachte ich, wird ihr klarwerden, welche Macht in ihrer Schönheit liegt, und sie wird aus ihrer Liebe zu Ollie herauswachsen. Ich hatte bis jetzt nur meine Kamera, und das

Wenige, was ich von der Welt kannte, war das, was ich durch meinen Sucher sah. Ich durchstreifte New England und machte gelegentlich Abstecher nach New York, wo ich andere Fotografen kennenlernte, vor allem Edward Weston, Imogen Cunningham und Weegee. Aber ihre Arbeiten beeindruckten mich nicht, und ihr Erfolg bewies mir nur, daß der Ruhm, den ich brauchte, um Orlandos Aufmerksamkeit zu erregen, in weiter Ferne lag. Und ich hoffte, daß Phoebe mir Orlando überlassen würde. Um ihr zu zeigen, wie hübsch sie war – damit sie endlich genug Selbstvertrauen gewann, wegzugehen –, fotografierte ich sie jetzt öfter.

Sie war erwachsen geworden. Sie war groß und träge. Sie hatte ein paar Leberflecken, die ihre Haut noch makelloser erscheinen ließen. Ihre Brüste zitterten bei der kleinsten Bewegung. Ein einziger Blick wurde ihr nicht gerecht – man mußte sie in Ruhe betrachten wie eine Landschaft. Keins ihrer Kleidungsstücke, nicht mal der dicke Wintermantel, konnte die Formen ihres Körpers ganz verstecken. Sie wußte, daß sie einen großen Mund hatte, und preßte deswegen die Lippen zusammen, als küßte sie die Luft, die sie mit ihren Händen streichelte.

Abends, wenn sie ihr Haar löste, fiel es ihr golden über die Schulter, und wenn sie sich auszog, schimmerte ihre Haut. Wenn wir uns unterhielten, nahm sie eine Strähne in die Hand, zwirbelte sie und kaute darauf herum. Da saßen wir in unserem Versteck im Schein der Lampe – zu alt, um noch zu Hause zu sein, zu unaufrichtig, um zuzugeben, worauf wir warteten. Aber die Eltern schliefen schon, wir durften wieder Kinder sein, und das Haus war eine Waffe gegen unsere Angst.

Phoebe zeigte ein starkes, träges Interesse an ihrem Körper. Sie kniff und glättete ihre Haut, musterte ihre Beine und wog ihre Brüste in den Händen. Oft preßte sie sie zusammen und rieb sie dann zärtlich. Sie beleckte ihren Finger und benetzte damit den Ellenbogen, wobei sie eine rosige Brustwarze in der Armbeuge hielt wie das Schnäuzchen einer kleinen Katze. Ihr Körper besaß solche Schwünge, eine derart zitternde Reife, strahlte eine Gesundheit aus, daß jede Körperhaltung ihr zur Pose geriet und sie sich selbst dann zu bewegen schien, wenn sie völlig still war.

Sie machte aus meinen Bildern Meisterwerke. Wie Marilyn Monroe sah sie auf Fotos leichter und graziler aus als in Wirklichkeit, und das gab mir die Illusion, außerordentliche fotografische Fähigkeiten zu besitzen. Aber es war in Wirklichkeit sehr einfach: Sie war erschreckend schön, ihr Engelsgesicht hatte Tigeraugen. Sie brachte ein Licht in die Fotografien, das meiner Technik schmeichelte und mich daran erinnerte, wie klein mein Talent war, wie unbedeutend meine Kamera, wie sehr das Sujet zählte. Die größten Bilder sind die, bei denen man vergißt, wer sie aufgenommen hat: Das Bild wird zu einem Teil der eigenen Erfahrung, man ertrinkt darin. Jeder hätte mit Phoebe berühmt werden können.

Aber wenn ich ihr die Fotos zeigte, um ihr zu beweisen, daß sie eine Frau war, die Macht hatte – eine Priesterin, genaugenommen –, dann mokierte sie sich nur. »Da sieht man ja meinen kaputten Unterrock«, sagte sie oder »mein dicker Hintern«.

Was sie von mir wollte, waren Bilder von Orlando. Davon hatte ich Hunderte, und sie suchte nach denen, die sie und Orlando gemeinsam zeigten. Wenn ich sie am nächsten Tag wiederbekam, waren sie zerdrückt, als hätte Phoebe sie an ihre Brust gepreßt.

Ich hatte eine so primitive Ausrüstung, daß mir nichts anderes übrigblieb, als mich auf besondere Effekte zu verlassen. Zu der Zeit war ich von Gegenlichtaufnahmen fasziniert – so in die Sonne hineinzuschießen, daß selbst der kleinste Gegenstand einen Heiligenschein bekam. Ich konnte dem Bild Tiefenschärfe geben, so daß gigantische Räume entstanden und eine Menschenmenge wie eine Hindernisbahn aussah, oder den jungen Mann im Vordergrund so nah heranholen, daß man ihn hätte küssen können.

Auf einem von Phoebes Lieblingsbildern steht Orlando völlig durchnäßt in einem Sommergewitter aus Regen und Sonnenschein, sein weißes Hemd offen, der Füller in der Tasche blutend, den Arm um Phoebe gelegt, die einen Schirm hält – ein verregnetes Paar. Auf einem anderen wischt er ihr gerade ein Staubkorn aus dem Auge – seine Hände umrahmen ihr Gesicht, und er sieht mit gebeugtem Kopf auf sie herab, als spreche er seinen Segen. Ein drittes zeigt Orlando allein, in der Tür der Windmühle lehnend und auf ein Geräusch horchend – das war ich, ich hatte mich herangeschlichen. Ich schoß es, unter ihm hockend, bevor er mich sah, noch atemlos still und angespannt, als wollte er im nächsten Moment vom Vorbau herabspringen.

Diese Bilder waren alle besser als die berühmteren, die aus

dieser Zeit stammen. Dem Kritiker, der meine Provincetown-Ausstellung im *Transcript* so gut besprochen hatte, hätte es glatt die Sprache verschlagen, wenn er sie zu Gesicht gekriegt hätte. Aber ich gab sie nicht heraus und zeigte sie nur Phoebe. Die Tatsache, daß sie von ihnen so fasziniert war, brachte mich dazu, endlich etwas zu unternehmen.

Und daß sie sie borgte, machte mich eifersüchtig. Nicht, daß ich mir ihretwegen Sorgen machte, aber ich wußte, daß es andere geben mußte, die ihn im Auge hatten. Für mich waren die Bilder viel mehr als bloße Andenken an Orlando. Ich hatte mein ganzes Können auf ihn konzentriert, das Fotografieren war wie ein Akt der Liebe, ein Moment der Vereinigung. Obwohl ich selbst auf keinem Bild zu sehen war, glaubte ich, daß ich in diesen Fotografien irgendwie anwesend war. Jeder, der diese Fotos in die Hand nahm, sah Orlando durch mich, liebte ihn durch meine Augen. Das war für mich ein unerträglicher Gedanke.

Die Lust des Auges. Die besten Fotos waren – für mich jedenfalls – wie ein Ertrinken. Man wurde überschwemmt, versenkt und dann leicht dahingetrieben. Man schwebte auf und davon, verändert. Meine Fotos von Orlando hatten diese Wirkung auf Phoebe. Sie sah sie und liebte ihn – liebte ihn um meiner Bilder willen.

In jenem Herbst gab es einen Hurrikan, und ich schämte mich ein wenig, seine Nachwirkungen fotografiert zu haben; ganz gewöhnliche Sensationsbilder der Zerstörung. Hatte ein Bild nicht mehr zu sein als das Motiv? Ich mußte einfach irgendwas Neues machen. Die Jahreszeit trieb mich an – der Herbst in Massachusetts macht energisch.

Jeder Monat roch hier anders, und die Herbstaromen, eine Welt von wildem Laub, der Duft von Lagerfeuern und Piniennadeln und der niedrige Schleier des Rauchs, der morgendliche Seenebel, die klaren, eisenschwarzen Nächte – all das schärfte meinen Unternehmungsgeist. Ich sah die rußigen Lokomotiven, die mit ihrem geschäftigen Fauchen kleine Ziegelsteinbahnhöfe belebten und schwärzer schienen, als die Bäume ihr Laub verloren. Zu dieser Zeit verkehrte zwischen Hyannis und dem Bostoner Südbahnhof ein Personenzug. Im späten Frühjahr war er voll mit Lehrerinnen und deren Fahrrädern; im Sommer waren es dann Camper und Familien mit Kindern. Aber im Herbst fuhr er nahezu leer, eine lange staubbedeckte

Kette von Waggons. Er war laut, das Klappern des Kesseldekkels füllte die niedrigen Wälder. Der Schornstein ließ dünne Rauchfahnen hinter sich, und am Lokomotivfenster stand ein grinsender Heizer mit verschmiertem Gesicht, gestreifter Kappe und blauer Jacke.

Die Eltern waren in Florida und »erholten sich ganz wunderbar«. Ich umarmte Phoebe und bestieg den Zug. Ich hatte keine Ahnung, was ich eigentlich wollte, und meine Kamera hatte ich mit, weil ich hoffte, ein außergewöhnliches Motiv zu finden – das *Life*-Titelbild, das Orlando davon überzeugen würde, daß ich seiner wert war. Als der schwarze Schaffner zu mir kam und meine Fahrkarte lochte, hätte ich ihn fast am Ärmel festgehalten. Ich merkte, daß er sich unter seiner Uniform unsicher fühlte, und wollte ihn wissen lassen, daß er von mir nichts zu befürchten hatte, daß über mich und meine Bilder ein Artikel im *Transcript* erschienen war und daß ich mich unter meiner weißen Haut auch schwarz und verloren fühlte. Ich hatte auch gemerkt, daß ich in meiner Panik Selbstgespräche hielt. Um mich selbst in den Griff zu bekommen, sagte ich zu dem Schaffner: »Sie sind mir sehr sympathisch.«

Er lächelte mich freundlich an, ein Lächeln, das ein wenig hungrig und verloren war, und hinterher bereute ich, ihn nicht fotografiert zu haben: Der gebrochene Mützenschirm und die blinde Dienstmarke, glänzende, feiste Wangen, breite, haarlose Nüstern und ein Goldzahn, den er einige freundliche Sekunden lang aufblitzen ließ, bevor er weiterkaute. Sein Jackett war dünn und abgeschabt, und seine Hände, die entschieden dreifarbig waren, rochen nach Speck. Wie alle verpaßten Gelegenheiten (er stand wunderbar im Gegenlicht) blieb auch diese lebensgroß in meinem geistigen Bildpalast hängen.

Am Südbahnhof stieß ich wieder mit der Welt zusammen. Hier war Aktivität; der Marmorfußboden hallte wider vom metallischen Geratter der Gepäckkarren, und ich hatte das Gefühl – wie immer in Bahnhofshallen –, mich in einer Kathedrale zu befinden; dumpfe, abgerissene Laute, das Echo unwichtiger Geräusche bedeutend gemacht durch die Höhe der Halle. Es war noch früh, nicht mal zwei Uhr, und weil ich sowieso nichts Besonderes zu tun hatte, beschloß ich, die Atlantic Avenue hinauf – und dann quer durch das North End zu Fuß zum Charles-Hotel zu gehen.

Ich machte keine Fotos. Erstens ging ich vor der Sonne her. Das harte Licht nahm den Ziegelmauern und dem Kopfsteinpflaster jede Markanz; die besten Bilder lagen hinter mir, zwischen mir und der gleißenden Sonne. Zweitens hatte ich den Weg durch die Hafengegend gewählt, weil ich mir darüber klar werden wollte, was ich nun tun konnte, um an Orlando heranzukommen. Nicht, daß die Kaianlagen selbst mich angezogen hätten. Schon damals mochte ich das Malerische nicht – ich versuchte, ihm soweit als möglich aus dem Weg zu gehen, und hoffte, daß man in meinen Bildern mehr sehen würde als da war, daß der Betrachter sie sozusagen vervollständigte. Denn ich suchte nicht die Geschlossenheit des Malerischen, sondern wollte die Unbestimmtheit der Form durch ein bildliches Echo vermitteln. Da konnte dann etwas, das dem Betrachter ganz klar und einfach erschienen war, sich aus der Nähe gesehen in lichtgesättigte einzelne Körner auflösen.

Fischgestank drang aus den Abfalltonnen, und vom Haymarket Square zogen Pferdedünste herüber. Die Luft war salzverkrustet, aufgeladen von Schleim und kalten Seegerüchen. Der Hafen lag hinter den hohen Lagerhäusern versteckt. Ich spielte mit einer Idee, die mich noch Jahre später faszinierte: Diese Luft aufzunehmen und damit den Geruch und die Endlosigkeit der See anzudeuten. Es war diese Idee, die mich dazu trieb, mich auf das Randgeschehen, auf das scheinbar Nebensächliche zu konzentrieren und das Offensichtliche zu vermeiden. Das herkömmliche Porträt, die Nase genau in der Mitte wie bei den trübsinnigen, pausbäckigen Madonnen, auf die die Maler so scharf sind, hat mir nie viel bedeutet. Ich mühte mich vielmehr um andeutende Schatten, um die schwarze Hand, die nach Speck roch. Ich hatte die Arbeiten anderer Fotografen genau angesehen. Stieglitz' Gesichter blickten in die Vergangenheit des Gemäldes. Darin konnte ich Kunst nicht erkennen – ich suchte die Zukunft des Porträts. Edward Weston, der sich damit brüstete, daß seine Acht-mal-zehn-Zoll-Kamera inklusive Stativ 35 Pfund wog, sagte mir mal: »Amerikanische Gesichter sind Landschaften, Miß Pratt.«

Damit meinte er, daß einem Farmer aus Nebraska Furchen in die Stirn gepflügt sein, Hinterwäldler graue Bärte haben mußten und die Fischer wie Treibholz auszusehen hatten. Das war geschummelt, das Gesicht wurde der Landschaft angepaßt, jeder Metzger wurde zu einem rohen Stück Fleisch – was aber, wenn er zarte, empfindsame Hände hatte? Ich hatte kein Interesse, den Leuten etwas zu sagen, was sie schon wußten, die Schriftzüge der Vergangenheit oder Gegenwart auf dem Gesicht eines Menschen zu entziffern. Ich wollte die Zukunft darstellen, hindeuten auf das, was jemand werden würde – den gequälten Vater in dem frechen Jungen entdecken, den Dichter in dem jungen Cummings, den Betrüger in dem Künstler da, den Selbstmord in der Schauspielerin, den Bankrott in dem Industrieboß, die alte Schlampe in dem Filmstar von heute. Ein Gesicht war mehr als eine Zustandsbeschreibung – es war die Geschichte eines Menschen, die zum Teil noch vor ihm lag. Die Totenmaske des Kindes: Aufgabe des Fotografen war es, die Zukunft sichtbar zu machen, die Kamera zu gebrauchen, um die Augen zu schärfen. Ich dachte gerade über solche Möglichkeiten nach – Licht als Geruch, als Andeutung –, als ich auf der Atlantic Avenue ein paar Italiener bemerkte und weiter unten herumlungernde Dockarbeiter, die mich anstarrten, der übliche männliche Versuch, eine Frau einzuschüchtern, ihr das Gefühl der Hilflosigkeit zu geben.

Ich war am Atlantic Kai, als ich einen schrecklichen Schrei hörte. Er klang wie das wütende Aufjaulen einer Katze in einer Sommernacht. Dann Trampeln, das Geräusch schwerer Stiefel. Ein kleiner schwarzer Mann schoß aus einer Seitenstraße heraus und hätte mich fast überrannt. Ich war erschrocken – verängstigt –, bis ich sah, daß er harmlos war – er hatte seine Angst auf mich übertragen. Ich hörte die Schritte näher poltern, und sechs schwitzende Männer mit Knüppeln, Haken und Hämmern, kamen aus der Gasse heraus.

»Wo ist er hin?«

Wie eine Idiotin deutete ich auf das Lagerhaus, in das der kleine Mann wie ein Käfer verschwunden war. »Da hinein.«

»Aus dem Weg, Lady. Hinterher!«

Sie drängten sich hintereinander ins Lagerhaus. Es ging alles so schnell, daß ich keine Zeit zum Nachdenken gehabt hatte, aber in dem Augenblick wußte ich, daß der verfolgte Mann unschuldig war und daß die anderen ihm mit ihren Waffen um nichts und wieder nichts den Schädel einschlagen würden. Und nun, da ich ihn nicht länger vor Augen hatte, sah ich sein Gesicht – es war grau vor Schrecken gewesen.

»Halt!« schrie ich. Zu spät. Ich konnte das Lärmen der Stiefel auf den Lagerhausplanken hören. Als ich das Gebäude betrat, sah ich sie gerade noch durch die sonnige Tür am anderen Ende hinauslaufen; sie trabten auf die Kaimauer zu. Der schwarze Mann war nirgends zu sehen. Das Lagerhaus stank nach Seilen, Teer und Fischtran. Ich rannte zum Kai hinaus, wo Schiffssirenen die Geräusche der Hetzjagd übertönten, und sah die sechs Ungeheuer und die fliehende kleine Gestalt am Ende des Piers.

Das Licht machte den Anblick ertragbar. Die Sonne auf dem Wasser strahlte so intensiv, daß die Männer klein erschienen, und der Verfolgte war im grellen Widerschein winzig wie ein Insekt. Das Licht verwandelte die Brutalität in ein Spiel, einen langsamen Tanz beinahe, bei dem ihre Spielzeugwaffen zuckten. Licht ist Willkür: Es ist freundlich oder grausam, es verzerrt, es ist selten fair und niemals unschuldig. Wenn ich nicht die Gesichter der Männer gesehen hätte, wären sie mir wie herumtollende Kinder erschienen, und ich wäre meines Weges gegangen. So aber blieb ich und sah das Rennen enden. Der kleine Mann saß am Ende des Piers in der Falle, er wirkte wie ein Zwerg in dem harten Licht und neben den schwarzen Pollern, die zum Festmachen der Schiffstrossen dienten. Ich dachte daran, die Polizei zu rufen, aber ich wußte, daß es zu spät war: Der Mann würde schon im Wasser liegen oder Schlimmeres. Und obwohl ich den Lärm von Boston hören konnte, das Bimmeln der Straßenbahnen auf der Atlantic Avenue, sogar deutliche Stimmen, die das Wasser von den Booten und den anderen Piers herübertrug – es war niemand in der Nähe, der mir hätte helfen können, der Hetzjagd ein Ende zu machen.

Ich wollte nicht näher herangehen, aber es blieb mir nichts anderes übrig. Ich hatte den armen Mann verraten, nun mußte ich ihn retten. Ich rannte zum Pier und machte dabei auf den Planken soviel Lärm wie möglich. Die Männer standen mit dem Rücken zu mir; der kleine Mann war bis auf den letzten Zentimeter des Piers zurückgewichen, er stand neben einer zum Wasser hinabführenden Kaileiter und hielt in einer Geste schwachen Protestes seinen Verfolgern beide Handflächen entgegen. Hinter ihm schossen große Möwen durch die Luft, als erwarteten sie, daß der verzweifelte Mann ihnen Brotstücke zuwarf.

Ich sagte: »Heh!«

Sie drehten sich nicht um, gingen ganz langsam mit erhobenen Waffen auf ihr Opfer zu.
Ich brüllte, hob meine Kamera hoch, schüttelte sie. Jetzt drehten sie sich um, und ich zielte mit der Kamera auf ihre Köpfe. Sie hielten sich die Hände vors Gesicht. Seltsam – als hätten sie so etwas noch nie gesehen. Sie benahmen sich wie echte Wilde, für die alles Unbekannte gefährlich ist. Ich trat einen Schritt auf sie zu. Sie wichen ein wenig zurück, ließen die Arme hängen und sahen mich seitlich an.
Einer sagte: »Nimm das runter!«
Ein anderer murmelte: »Schnapp ihn!«
Ihn? Es war das Gegenlicht. Die Sonne in meinem Rücken, die sie blendete, machte mich groß, zum Mann, zu einer Bedrohung.
»Bleibt, wo ihr seid, sonst benutze ich das Ding«, sagte ich. »Und das wird euch leid tun.«
»Das is ja bloß 'ne verrückte Alte.«
Ich schrie sie an, daß sie zusammenzuckten. Ich muß ihnen riesig erschienen sein mit dem dunklen Auge der Sonne hinter mir und meinem langen Schatten vor ihren Füßen. Komisch – wir waren acht auf dem Pier, das Opfer mitgerechnet, aber die herbstliche Nachmittagssonne dramatisierte und veränderte die Konstellation mit den Mitteln der Ausleuchtung, der Blendung, des Gegenlichts. Sie machte mich stark und sie schwach. Ich hatte sie irgendwie beeindruckt.
»Seien Sie lieber vorsichtig mit dem Ding!« rief einer.
»Bleibt, wo ihr seid!« brüllte ich. »Bleibt stehen!«
Das Ganze spielte sich in weniger als einer Minute ab, aber ein Bluff braucht nur Sekunden. Das nächste Geräusch war das dumpfe Schlagen von Riemen in den Dollen. Der kleine Mann war die Leiter hinuntergekrabbelt und hatte ein Ruderboot unterm Pier gefunden. Und schon war er weg, ruderte wie verrückt mit spritzenden Schlägen.
»He, der haut ab!« Die Männer drängten sich am Pierende zusammen und schrien hinter ihm her. Ich lief den Weg zurück, den ich gekommen war, und sprang in den nächsten Bus. Sobald ich eine Fahrkarte gelöst und einen Platz gefunden hatte, schlug ich die Hände vors Gesicht und brach in Tränen aus.
Nicht nur dem kleinen Mann hatte ich das Leben gerettet, sondern auch mir selbst. Er sah, nun fiel es mir wieder ein – es

war eine entscheidende Erinnerung –, genauso aus wie mein altes Modell Teets.
Auf diese unerwartete Weise gewann ich Vertrauen zu meiner Kamera. Sie hatte sich als nützlich erwiesen, nicht nur zum Fotografieren. Und noch etwas wurde mir deutlicher denn je: Die Bedeutung des Lichts. Die Kamera hatte mir Mut gegeben, aber das Licht hatte mich gerettet. Die Beleuchtung formte die Menschen: Ich konnte Orlando dazu bringen, die Dinge in meinem Licht zu sehen. Und noch etwas: Bei dem Schrecklichen, das ich erlebt hatte, war mein Bewußtsein ganz konzentriert gewesen. In meinem Versuch, den kleinen Mann zu retten, hatte ich aus einem Gefühl der Notwendigkeit heraus gehandelt. Meine Reaktion war ganz eindeutig gewesen: Die Gefahr hatte mich inspiriert, die Kühnheit mich kühner gemacht. Mit dem Sonnenlicht hinter mir war das eine Scharade gewesen. Und ich wußte, was ich mit dieser Idee der Scharade machen konnte.
Orlando, jetzt Jurastudent im dritten Semester, bewohnte eine Tutorenwohnung im Adams House. Als ich in die Plymptonstraße einbog, sah ich ihn. Er verließ gerade das Haus. Ich hätte ihn fast angerufen, überlegte es mir aber und folgte ihm stattdessen hinunter zum Fluß. Er muß meinen Blick auf seinem Rücken gespürt haben, denn beim Harvard-Bootshaus drehte er sich um. Er trug Ruderkleidung – Turnschuhe, Handschuhe, Shorts, Trikot – und sah in dem scharfen, klaren Herbstlicht wie ein unbeschwerter, abenteuerlustiger Prinz aus. Orlando schien immer alles um ihn herum zu besitzen: den Fluß, die Wiese und sämtliche Ahornbäume der Back Bay.
Ich zögerte, aber dann hob ich die Kamera und fotografierte ihn mit der üblichen Ehrerbietung.
Er schien nicht überrascht, mich zu sehen. Das war Orlando, immer ruhig und gelassen – er zeigte nie Überraschung. Er sagte: »Ich habe überall nach dir gesucht. Ich muß dich was fragen.«
Ich fiel darauf herein. »Wirklich?«
»Ja. Was macht dein Bauch, wo das Schwein dich gebissen hat?«
Er lachte und umarmte mich, und wir gingen Hand in Hand zum Bootshaus. Auf der Rampe sagte er: »Du paßt in kein Skiff, also such dir ein Boot aus, wir wollen los, solange die Sonne noch scheint.«

Er packte den Tampen eines kleinen Ruderbootes, zog es ins Wasser und stieß ab. Auf dem Fluß lag ein wechselndes Licht, mild, wenn wir im Schatten waren, hart und grell, wenn das gelbe Laub, das sich im Wasser tanzend spiegelte, die Sonne freigab. Der Wind fegte einen Schauer von Blättern von den Ahornbäumen. Sie glänzten wie Goldfolien, drehten sich in den kleinen Böen über das Gras und in den Fluß, wo ihr Spiegelbild sie anzuziehen schien, Blatt auf Blatt. Sie rieselten von den Bäumen, ließen die Äste klein und dunkel zurück. Das kühle Licht schien mit der Wasseroberfläche zu verschmelzen.

Orlando begann zu rudern. Er tat es mit kraftvoller Leichtigkeit, streckte die Arme und zog dann die Riemen gleichmäßig an die Brust, er hob die Ruderblätter und ließ sie wieder in die Strömung schneiden, bevor sie zu tropfen begannen. Das Boot glitt gleichmäßig vorwärts. Wir fuhren flußabwärts auf die Brücken und das Hafenbecken zu. In der Flußmitte kam eine Brise auf, kräuselte das Wasser.

»Frierst du auch nicht?«

Ich schüttelte den Kopf. »Ollie, du hast mir gefehlt.«

»Wie geht's am Kap?«

»Wenn du ab und zu mal nach Haus kämst, wüßtest du's.«

»Was machen deine Bilder?« sagte er, noch immer in diesem besorgten Ton. »Alle möglichen Leute fragen nach dir – du bist berühmt, Maude. Deine Bilder vom Hurrikan waren in den Zeitungen.«

»In denen von Boston.«

»Boston ist die Welt, Herzchen.«

»Ist es nicht«, sagte ich.

»Und du knipst also immer noch munter drauflos.«

»Ich knipse, ja.«

»Maude«, sagte er, »du siehst so verdammt traurig aus.«

»Ich liebe dich, Ollie.«

»Ich hab dich auch lieb.«

Ich fing an zu weinen. Ich war froh, daß wir weit weg vom Ufer waren und niemand uns sehen konnte. Mein Weinen überraschte mich wie ein Magenkrampf, und ich konnte nicht aufhören, ich weinte wie erlöst weiter. Ich hätte aufhören können, aber ich wußte, daß das Weinen das, was ich sagen wollte, plausibel machen würde. Die Tränen, die mir in den Mund liefen, waren nicht ganz ehrlich.

Ollie ruderte immer noch. Er sagte: »Guck mal – Gänse.«
Sie zogen in einem ungleichmäßigen Keil über uns hinweg, anstrengungslos, als ob sie schwämmen, mit gestreckten Hälsen, auf dem Weg nach Florida. Orlando wollte mich ablenken, aber ich sah auf und weinte noch heftiger, als ich den großen, zuversichtlichen Buchstaben sah, den sie über den Himmel trugen.
Er sagte: »Das wär ein Wahnsinnsfoto.«
»Nein, nein«, sagte ich, »zuviel Himmel. Sie würden aussehen wie Mücken auf einem Suppenteller.« Ich putzte mir die Nase, schluchzte noch ein paarmal und sagte: »Hast du Sandy mal getroffen?«
»Der alte Overall? Er macht jetzt Betriebswirtschaft, ich seh ihn manchmal beim Segeln. Ist was mit ihm?«
»Hast du schon mal was von Inzest gehört?«
»Das sind doch diese kleinen Dinger mit sechs Beinen, die auf einem rumkrabbeln, nicht?«
»Ollie!«
»Entschuldige«, sagte er und hielt die Riemen flach.
»Ich mein es ernst. Mach es mir nicht so schwer! Blanche hat mir alles erzählt.«
»Schau mal«, sagte er, »noch mehr Gänse.«
Ich sah sie nur aus dem Augenwinkel, eine Form wie ein Kleiderbügel, und ich hörte ihre schwächer werdenden Schreie. Aber diesmal sah ich nicht auf. Orlando hatte den Kopf in den Nacken gelegt, und seine Augen folgten den Vögeln fast sehnsüchtig. Als sie verschwunden waren, ließ er die Ruder spritzend ins Wasser fallen. Es tat mir leid, daß ich ihn so in die Enge trieb, ihn mit meinen Tränen zum Zuhören zwang.
»Sie haben miteinander geschlafen – Sandy und Blanche.«
»Blanche?«
»Die beiden.«
Erstaunlicherweise kam er aus dem Rhythmus, ein Ruderblatt klatschte über die Oberfläche. Für Orlando eine enorme Reaktion, ein Ausdruck äußerster Bestürzung. Wir drehten uns um uns selbst.
Er zog halbherzig an den Riemen und beugte sich vor, um mir scharf ins Gesicht zu sehen.
Ich sagte: »Auf Ehre und Gewissen.«
Seine Ohren schienen sich zu heben. Die Kopfhaut bewegte

sich deutlich. Er war interessiert – mehr als das –, voll tiefernster Neugier.
»Blanche?«
Ich sagte: »Sie haben es aus der Bibel.«
»Du bist verrückt.«
»Hör zu, Ollie, es ist wahr. Es war letztes Jahr, als ihre Eltern nicht da waren. Im Oktober, glaub ich, die Sommerleute waren schon abgereist. Die Angestellten waren noch da, aber du weißt ja, was Blanche von denen hält, für sie sind das keine Menschen. Also waren Blanche und Sandy allein im Haus. Allein, stell dir das vor – nur die beiden, wie in der Bibel.«
»So was steht nicht in der Bibel.«
»Doch, ich hab's extra nachgeschlagen, nachdem sie's mir erzählt hat.« Das Boot trieb seitlich ab, drehte sich in Kreisen flußabwärts. »Du kennst die beiden ja – sie haben eine sehr enge Beziehung wie wir und haben keine Geheimnisse voreinander. Eines Tages war Blanche oben auf dem Heuboden, weil sie da irgendwas machen wollte, da hörte sie Sandy auf der Leiter. Sie hat mir gesagt, daß sie Angst hatte, aber nicht wußte, warum. Sie haben dann ein bißchen rumgealbert, und bevor sie sich's versah, hat Sandy ihr den Rock hochgehoben und gesagt: ›Was hast du denn da unten?‹«
»Unmöglich!«
»Aber sicher. Aber das ist noch nicht alles. Statt ihn wegzuschubsen, hat sie nur gelacht ...«
»Sie lacht doch nie.«
»Das war was anderes. Sandy hat nach ihr gelangt und sie so hart geküßt, daß ihr die Zähne weh taten, hat Blanche gesagt. Sie spürte, wie er ihr den Slip heruntergezogen hat. Dann hat sie gesagt, er soll aufhören, was er dann auch getan hat.«
»Na also«, sagte Orlando und ließ die Ruder aufklatschen.
»Aber keiner von beiden ...«
»Was, das geht noch weiter?« Er hob die Riemen mit einer drohenden Geste.
»Keiner von beiden hat es bereut, und gleich am nächsten Tag waren sie wieder dabei, oben auf dem Heuboden, die beiden ganz allein. Blanche sagte, es sei komisch, aber sie hätte immer davon geträumt und es irgendwie vorher schon im Geiste durchgespielt. Na ja, als sie jedenfalls einmal angefangen hatten, haben sie weitergemacht, und sie konnte es nicht mehr aufhalten, selbst wenn sie gewollt hätte, aber sie wollte auch

gar nicht. Er hatte sie so gut im Griff, und da hat sie die Augen zugemacht, und dann haben sie's getan.«
»Was getan?« sagte er heiser.
»Gebumst.«
»Maude, so hab ich dich noch nie reden hören!«
»Ohne Rücksicht auf Verluste«, sagte ich und nickte bekräftigend.
»Dieses Miststück.«
»Sie war froh – du kannst ihr das nicht übelnehmen«, sagte ich. Und ich erzählte ihm, daß Blanche es besonders gut fand, weil es mit Sandy passiert war, denn Liebe ist eine Frage des Vertrauens, und niemand vertraut einander so sehr wie Geschwister.
»Blanche?« sagte er. »Froh?« Wir waren unter einer Brücke, und Orlandos Stimme sprang von den Pfeilern und Bögen über uns zurück. Wir trieben weiter, leicht angestoßen von den Strudeln an den Pfeilern.
»Natürlich hat sie geweint, aber das war mehr aus Glück und Dankbarkeit. Sie hatte keine Angst mehr und hat mir erzählt, daß sie's nie vergessen wird, solange sie lebt, und daß sie keinen jemals so lieben wird wie Sandy. Was ich gut verstehen kann. Du auch?«
»Und das hat sie dir erzählt?«
»Sie hat mir die Bisse und Knutschflecken gezeigt. Sie sahen hübsch aus wie Veilchen auf ihrer Haut.«
Er sah völlig verwirrt aus. Seine Hände lagen schlaff auf den Riemen, die Blätter schleiften durchs Wasser.
Ich sagte: »Ich mach ihr keinen Vorwurf.«
»Nein«, sagte er müde, »nicht, wenn sie ihn liebt.«
»Und ich kann es ihr nachfühlen.« Ich hatte gehofft, ihm eine Antwort zu entlocken, aber es kam nichts. Ich sagte: »Du auch?« Er sah mich an. Seine Augen leuchteten, seine Antwort ließ mir die Hitze ins Gesicht steigen und trocknete meine Tränen. Er sagte: »Ja, ich auch!«
»Stell dir vor«, sagte ich, »die beiden ganz allein.«
»Da hat ja auch sonst keiner was zu suchen«, sagte er, schon wieder auf der Hut.
»Genau – das ist das Schöne daran.«
»Was haben ihre Eltern dazu gesagt?«
Er wollte noch mehr Sicherheit, aber die konnte ich ihm nicht bieten. Ich sagte, ich hätte keine Ahnung, aber ich fügte auch

hinzu, daß meiner Meinung nach Eltern von einem bestimmten Alter an ihr Wissen ausgeschöpft haben; man wächst über sie hinaus und beginnt dann, sie zu erziehen, ihnen gewisse Dinge vorzuenthalten.

Er sagte: »Ich dachte immer, du wärst so furchtbar anständig?«

»Ollie, sie sind genau wie wir! Was kann anständiger sein als Bruder und Schwester zusammen im Bett bei sich zu Hause? Da suchen Leute ihr ganzes Leben lang nach dem vollkommenen Partner und begreifen nicht, daß diese Person zu Hause sitzt – da, wo sie sie zurückgelassen haben. Es ist ihr eigenes Fleisch und Blut. Es ist so einfach, daß ich nicht verstehe, wieso es nicht mehr Leute machen.«

Er sagte: »Weil es gegen das Gesetz verstößt, Herzchen.«

»Das Gesetz haßt die Liebe«, sagte ich.

»Erzähl das dem Richter«, sagte er. »Sogar primitive Gesellschaften sind dagegen.«

»Aber die sind doch gegen alles, was vernünftig ist – deshalb sind sie ja primitiv. Aber an den Pratts ist nichts Primitives.«

Er sagte: »Ich dachte, wir reden von den Overalls.«

»Wir reden von Geschwistern«, sagte ich, »Brüdern und Schwestern, Leuten wie du und ich.«

Er sagte zum Dollbord hin: »Ich hätte nicht gedacht, daß man mit so was so einfach durchkommt.«

»Also hast du schon mal daran gedacht.«

»Natürlich hab ich das«, sagte er. Ich hoffte, daß er näher darauf eingehen würde, aber er sagte nur: »Blanche hat mich reingelegt.«

»Mich auch. Das Komische ist, daß sie mir sympathischer ist, seit sie's mir erzählt hat. Ich hätte nicht gedacht, daß die zu so was imstande ist. Man macht sich von anderen Menschen ein ganz falsches Bild, man meint, sie wären anders als man selber, aber das sind sie gar nicht – sie sind genauso seltsam wie man selbst. Ich weiß, was sie empfindet, du auch?«

Der Wind zerzauste sein Haar, eine Bewegung wie ein wilder Gedanke.

Er sagte: »Warum bin ich bloß plötzlich so glücklich?«

»Ollie«, sagte ich, küßte ihn und nahm ihn auf: ein Bild von einem Gesicht, in dem der Ausdruck intensiven Nachdenkens verebbte und Sorglosigkeit und Leben zurückließ. Ich war wie betrunken von der Sonne, die sein Haar aufleuchten ließ.

Er blickte auf und sah, daß wir dicht ans Bostoner Ufer herangetrieben waren. Er streckte sich, packte die Riemen und schwang das Boot geschickt herum. Dann – ich sah, daß er wie verwandelt war – begann er, mit schnellen, entschiedenen Schlägen nach Harvard zurückzurudern.

3. Teil

14 *Mitläufer*

Er war wieder da. Mitten in der Nacht kam er nach Grand Island zurück und stocherte klackend mit seinem Schlüssel im Schlüsselloch herum wie ein müder Einbrecher. Ich wurde wach, rieb mir den Schlaf aus den Augen und stieg aus dem Licht und Lärm meiner Träume in die dunkle Stille des Hauses. Ich war etwas verstört: Ich kam an die Oberfläche, öffnete den Mund, der Traum verschwand, und alles war schwarz.

Die Geräusche, die Frank im Haus verursachte, machten ihn schwer und ungeschlacht. Lichtschalter klickten, als er von Zimmer zu Zimmer ging. Es war eine Folge von Geräuschen, wie man sie nur bei Nacht hört, und jedes Geräusch beschwört ein kurzes Bild herauf. Die Tür, die ins Schloß fällt und verriegelt wird; der blubbernde Wasserstrahl, der ins Becken schießt; die Ventile der Spülung, geöffnet von der leise rasselnden Kette; in den Rohren der kollabierende Wasserdruck, das flüchtige Zischen und Schlucken in den Wänden. Das Klick, Klick, Klick der Lichtschalter; das Klagen der Holztreppe; das deutliche Quietschen der Sprungfedern; das seufzende Aufatmen des Heimkehrers in seinem weichen Bett.

Auch ich sank wieder in den Schlaf zurück und wurde erst wach, als ein Rasenmäher in South Yarmouth über die bewegte Bläue der Bucht herüberlärmte. Es war ein schöner Herbsttag; das Sonnenlicht sprang in der Brise von den wildgezackten Schaumkronen zurück, und die langen Gräser auf den Dünen lehnten sich sanft in den Bauch des Windes. Er lief zwischen Windmühle und Haus hin und her, Füße- und Türenklappern, Geschäftigkeit im Bildpalast. Im Bett konnte ich mir einbilden, daß vierzig Jahre nicht vergangen wären – das eigene Bett ist die Vergangenheit. Ich stützte mich auf den Ellenbogen und sah aus dem Fenster. Er ging gerade mit einem meiner Fotokästen über den Rasen ins Haus. Ich sprang auf, zog

Morgenmantel und Hausschuhe über und schlurfte nach unten, in die Gegenwart.
»Du bist ja früh dabei, Frank.«
Er murmelte etwas vom Nachtbus.
Ich sagte: »Bist du schon durch?«
»Liegt noch 'ne Menge Zeug, wo das hier herkommt.« Ich bemerkte eine Andeutung von Kritik in der ungeduldigen Bewegung, mit der er die Haare aus dem Gesicht warf. Die Stirnlocke fiel ihm gleich wieder in die Augen. »Wenn du mich fragst, ich glaub nicht, daß die Sachen überhaupt schon mal durchgesehen worden sind.«
»Ich verlaß mich da ganz auf dich«, sagte ich. »Ich weiß beim besten Willen nicht, wie das alles da reingekommen ist.« Er hatte Staub an der Wange. Noch nicht mal neun, und er schwitzte schon, seine Koteletten und seine Unterarme waren feucht. So wie er aussah – aufgerollte Hemdsärmel, gehetztes Gesicht, zitternder Adamsapfel –, wirkte er wie der Fotograf selber, die Bilder mit beiden Armen an die Brust geklemmt. Er war vertieft in seine Arbeit und irgendwie gereizt – wie ein Künstler. Ich war ihm im Wege; ich hielt ihn von der Arbeit ab. Er schnaufte, um mir zu zeigen, daß er hart arbeitete.
»Der sieht schwer aus.«
Er wog den Kasten in den Händen und sagte: »Frühe Sachen – aus den dreißigern.«
»Kann ich mal sehen?«
»Ich hab ziemlich zu tun, Maude. Die ganze Ordnerei.«
Er seufzte. »Vielleicht 'n anderes Mal.«
Er legte die Stirn in Falten und versuchte, sich an mir vorbeizudrücken.
»Was ist denn das da?«
»Züge, Reisende, Leute auf Bahnhöfen. Ich katalogisiere sie nach Themen und nach Entstehungsdaten. So 'ne Art thematische Chronologie. Gesichter, Berufe, Wagen, Züge und so.«
»Züge«, sagte ich. »Hast du Bilder von Harvard gesehen? Vom Charles River? Ein Typ im Ruderboot, Frontansicht?«
»In der Windmühle«, sagte er ohne zu zögern. Es machte mir ein bißchen Angst, wie gründlich er sich in meinen Arbeiten auskannte – er wußte Dinge, die ich vergessen hatte.
Er fuhr fort: »Das bringe ich woanders unter. Ich hebe es auf für meine Bootserie.«
Dagegen hatte ich ja im Prinzip nichts, aber wieso »meine«?

»Ich weiß gar nicht, wie du das so schaffst«, sagte ich.
Ihm flogen die Schweißtropfen vom Kinn: »Ich arbeite wie ein Gaul, darum. Gehst du jetzt bitte aus dem Weg? Das Aas hier wiegt 'ne Tonne.«
Aber ich hielt die Stellung. »Willst du 'n Kaffee?«
»Maude, bitte!«
Als er aus seinem Zimmer zurückkam, hielt ich ihn wieder an.
»Den Ruderer – kannst du mir den mal bringen?«
»Liegt praktisch vor der Tür«, sagte er. »Hast du ihn nicht gesehen?«
»Hab nicht nachgeschaut.«
»Dann tu's jetzt!« Er wurde hysterisch, warf seinen schwitzenden Kopf zurück und krampfte die Finger ineinander.
»Unter keinen Umständen«, sagte ich kühl.
»Mann, es ist dein Ding – das sind deine Bilder!«
»Ich geh da nicht rein.«
»Wie sind die Bilder denn da reingekommen?« schriekte er mich an.
»Ich hab sie reingeworfen. Und jetzt machst du, daß du da reinkommst, du Würstchen, und holst mir das Bild, aber ein bißchen plötzlich.«
»Es liegt direkt vor deiner Nase«, murmelte er, aber er war schon auf dem Weg. Er hielt es mit spitzen Fingern, sein Daumen und sein Zeigefinger machten sich über etwas lustig, das er nie begreifen würde.
Ich sah das Bild an.
»Hier sind noch welche«, sagte er und übergab mir einen Packen Fotos.
»Ich wußte gar nicht, daß ich so viele gemacht habe.«
Er warf einen Blick auf das oben liegende Bild. »Nicht so präzise wie deine besten Arbeiten.«
»Du hast es erfaßt.«
Er strich sich mit einem Finger den Schweiß von der Oberlippe und sagte: »In dem Tempo krieg ich die Retrospektive nie fertig.«
Ich zog mich in mein Zimmer zurück und nahm die Bilder von Orlando mit. *Moment,* wollte ich sagen, *ich muß mich korrigieren.* Auf dem Bild gab es keine Sonne, die sein Haar ausleuchtete, der Fluß war trübe, die Bäume, die in meiner Erinnerung voller Licht und Laub gewesen waren, kahl. Or-

lando war dunkel, über die Riemen gebeugt, verstohlen wie ein Schmuggler. Sein Kopf war seitlich geneigt, das Ohr an der Schulter, und sein braunes Gesicht war vorsichtig und zurückgezogen, es trug den argwöhnisch horchenden Ausdruck von jemandem, der gerade ein ungewöhnliches Geräusch gehört hat. Unter seinem Trikot zeichneten sich die Muskeln ab, aber es waren die Hände, die ihn verrieten – sie umklammerten die Riemen wie Habichtkrallen. Seine Haltung war nicht einfach die Anstrengung des Ruderers, sie war Flucht, Flucht vor mir.

Ich hatte unrecht gehabt, ihn im nachhinein mit einem Heiligenschein aus Herbstlicht den Fluß hinabgleiten zu lassen. Es gab keinen Schauer von gelben Blättern. Dies war ein entschlossener Ruderer an einem fernen Nachmittag, der wußte, daß es spät war, und der keine Zeit mehr verlieren wollte. Die Schatten auf seinem Gesicht gaben ihm eine grimmige Entschiedenheit, die vielleicht der Ausdruck der Ungeduld war, Ungeduld, die an die Stelle des Leidens getreten war. Er sah schwer und ernst aus, und sein Rücken war dem sumpfigen Flußufer zugekehrt. Es waren im ganzen zwölf Bilder. Im letzten blickte er voll in die Kamera. Er war so für sich, so gedankenverloren, daß er im Ruderboot allein zu sein schien. Ich erkannte ihn kaum.

Die Kamera log. Oder hatte mich mein Gedächtnis betrogen? Die Vergangenheit war überflutet und begraben von der Zeit, unwiederbringlich. Ich war in jedem Fall die Betrogene.

Ich brauchte einen Drink. Mit ein paar Martinis brachte ich mich durch den Vormittag.

Beim Mittagessen gab ich Frank die Bilder zurück und sagte: »Die sind für den Reißwolf.«

Er hatte ein Sandwich in der Hand. Er hob die Bilder, hob das Sandwich, biß ab und kaute, die Bilder in der Hand. Dann steckte er den Bissen in die Backentasche und sagte: »Wer ist das denn?«

»Ein alter Bekannter.«

»Wenn das persönliche Sachen sind, sollten wir sie mit aufnehmen. Wenn nicht, vergiß es – die lassen sich sowieso schlecht reproduzieren.«

»Sag ich ja, weg damit.« Ich schnappte sie ihm weg und begann sie zu zerreißen. »Ein Haufen Lügen.«

»Nicht doch!« rief er und bespuckte mich mit Mayonnaise.

»Hier wird nichts weggeworfen! Das sind Quellen. Die müssen katalogisiert werden.«
Aber ich machte weiter. »Ich hab sie zum Tode verurteilt.«
»Hör auf!«
»Iß deinen Lunch zu Ende!« sagte ich und schob die Fetzen neben seinen Teller.
»Nun guck bloß, was du da angerichtet hast«, sagte er. Er fing an, die Stücke nebeneinanderzuhalten und zu ordnen wie ein Puzzle; er lächelte beim Kauen. Er sah ganz eifrig aus, jetzt machte er selber Bilder – er war kreativ.
»Ich brauch zumindestens Informationen zu diesen Fotos für den Katalog.«
»Die taugen nichts, aber das geht mich nichts an. Es ist schließlich deine Retrospektive, oder?«
Er legte sein angebissenes Sandwich auf den Tisch: »Ich weiß, du denkst, ich bin ein Idiot. Das denkst du doch, oder?«
»Es sind deine Bilder, es ist dein Bier. Kommt es da drauf an, was ich denke?«
»Für mich schon«, sagte er. »Mir liegt an deiner Meinung. Sehr, sehr viel, Maude.«
»Okay, für mich bist du ein Idiot. Zufrieden?«
Er sah mich mit zusammengekniffenen Augen an. »Und heute morgen hast du mich ein Würstchen genannt. Das ist der Dank.«
»Dank wofür?« fragte ich.
»Diese Retrospektive wird das größte Ding...«
»Das soll wohl 'n Witz sein«, sagte ich. »Mann, ich bin einundsiebzig Jahre alt. Ich hab mehr Geld, als ich ausgeben kann, und es gibt nichts auf der Welt, das ich haben möchte und mir in Hyannis nicht kaufen kann. Seit fünfzig Jahren fressen mir die Kritiker aus der Hand, aber das soll nicht heißen, daß du mich nach meinen Fotos beurteilen sollst, die sind mir scheißegal, verbrenn sie, wenn du willst. Ich brauche deine Retrospektive nicht – meine Bilder hab ich nicht für Leute wie dich gemacht. Für mich hab ich sie gemacht, verstehst du? Ich habe ein langes, faszinierendes Leben hinter mir, und ich bin glücklich, Frank!«
»Wieso bist du dann so aggressiv?«
»Weil du mir auf den Zeiger gehst, aber etwas reichlich!«
Er schluckte schuldbewußt und sah auf sein angebissenes Sandwich hinunter.

»Du«, sagte ich und fuchtelte mit dem Finger vor seiner Nase herum, »du sagst, du willst mich berühmt machen. Ich nehme das mit tiefer Dankbarkeit auf, Frank, aber es wird dich überraschen zu hören ...«

»Berühmt hab ich nie gesagt. Ich versuche nur, dich einem breiteren Publikum zugänglich zu machen.«

»Verscheißern kann ich mich alleine! Ich weiß genau, was du willst – du willst deinen Namen in den Schlagzeilen lesen. Genau wie die Armleuchter, die in der Szene rumschwirren – die hätten die Stars am liebsten im Schwitzkasten, und weshalb? Weil sie selber berühmt werden wollen, und am Ende ist der Untertitel größer als der Film. So läuft das nämlich – jeder Schimpanse mit 'ner Zwei-Dollar-Instamatic bringt seine Bilder auf die Titelseite von *Vogue*, wenn er sich die richtigen Leute schnappt. Und du machst es mit mir. Du bist ein Parasit, ein Mitläufer, oder willst du das leugnen?«

»Ja.« Er schauderte und fügte hinzu: »Aufs entschiedenste.«

»Du weißt doch überhaupt nichts über mich!«

»Was ist bloß in dich gefahren?« sagte er mitfühlend. »Du bist wirklich verbittert. Du hast schreckliche Dinge gesagt.«

»Also raus damit«, sagte ich. »Wenn du nicht berühmt werden willst, was ist es?«

»Ich bin an deinen Arbeiten ernsthaft interessiert. Ich glaube wirklich, daß deine Bilder das Amerika dieses Jahrhunderts widerspiegeln.«

»Gewäsch«, sagte ich. »Sie spiegeln nicht mal mein eigenes Leben wider!«

»Das Leben eines Künstlers *ist* seine Arbeit.«

»Das nehm ich dir nicht ab«, sagte ich. Mein Leben war nicht in meiner Arbeit – vielleicht hieß das, daß ich keine Künstlerin war. Aber Frank hielt mich dafür und war nicht zu beirren. Ich sagte: »Ich kann mir nicht helfen, da muß doch 'n Haufen Geld für dich drin sein.«

»Finanzielle Erwägungen spielen für mich keine Rolle. Glücklicherweise.«

»Ach – du hast 'ne kühle Million, was?«

»Ich habe mein Auskommen«, sagte er – das steife Vokabular der Selbstgefälligkeit.

»Erzähl mir nichts. Da guckt doch was für dich raus. Das Museum bezahlt dich.«

»Tut es eben nicht. Ich hab ein Jahr unbezahlten Urlaub genommen.«
»Du machst es umsonst?« Einen Moment schämte ich mich.
»Das nun auch wieder nicht«, sagte er. »Ich habe ein Guggenheim-Stipendium.«
Ich kriegte einen trockenen Mund: »Sag das noch mal!«
»Sag bloß noch, du hast noch nie von der Guggenheim-Stiftung gehört?«
»Heiliger Gott, das schlägt doch alles – ein Guggenheim!«
»Was hast du denn gegen das Guggenheim?«
»Alles«, sagte ich. »Hast du schon mal von Edward Weston gehört?«
»Der Fotograf?«
»Nein, Edward Weston, der Hundefänger«, sagte ich. »Natürlich der Fotograf.«
»Vor 'n paar Jahren hatten wir eine große Retrospektive von Weston«, sagte er mit einem leicht müden und überlegenen Ton wie ein Franzose, wenn man vom Wein spricht, als wüßte er schon alles, was ich sagen konnte.
»Lange bevor du geboren warst, hab ich Weston in New York kennengelernt. Er mochte meine Fotos, jedenfalls sagte er das, aber er war ein geiler Bock, und als er sagte: ›Ich würde gerne noch viel mehr von Ihnen sehen‹, nahm ich an, daß er ein Hinternkneifer war. Wir haben uns in die Haare gekriegt – er wollte mir seinen üblichen Quatsch verkaufen: Farmer mit Furchen im Gesicht und die Leute aus Kentucky, denen blaues Gras aus den Ohren wächst. Ich widersprach ihm – ich meine, was ist, wenn der Farmer zufällig ein Zwerg mit Nickelbrille und glattem Gesicht ist? O'Neill sah aus wie ein Säufer, hab ich ihm erzählt, und der Mundgeruch von Lawrence war dermassen schlimm, daß dagegen die Müllkippen von Moon Island wie Rosengärten rochen. Und schließlich sahen die meisten von den Taschendieben und Zuhältern, die ich in New York aufgenommen habe, wie die Fürsten von Bongoland aus. Aber Weston war anderer Meinung und wollte mir das Gegenteil beweisen.«
»Vom künstlerischen Standpunkt aus gesehen sind Westons mexikanische...«
»Jetzt halt mal die Klappe, Frank. Zu der Zeit – das war sechsunddreißig – hatte er sich in den Kopf gesetzt, sich um ein Guggenheim zu bewerben. Maler kriegten es, Englischlehrer,

Dramatiker, alle möglichen Typen. Es gab keinen Tankwart im Land, der sich nicht einbildete, er könnte mindestens *Moby Dick* schreiben, wenn er nur ein Guggenheim bekäme. Weston sagte, wenn diese Blender es kriegten, wieso nicht er?
›Ich bin ein Künstler‹, sagte er und schmatzte mit den Lippen. ›Ich bin Fotografin‹, hab ich gesagt, ›und ich würd so ein Guggenheim nicht geschenkt nehmen.‹
Weston sagte, er bräuchte die Freiheit. Das Geld würde ihn frei machen. ›Wie amerikanisch‹, sagte ich. ›Gib dem Jungen ein bißchen Zaster, und schon ist er die Freiheit persönlich.‹ Ich hab das nicht so gesehen – ich seh's immer noch nicht. Wieviel Geld braucht man, um frei zu sein? Ich hab ihn gewarnt, daß so ein Kuhhandel ihn kastrieren würde, ihm zum Lohnsklaven machte. Das einzig Gute am Künstler – das waren seine Worte – ist seine persönliche Unabhängigkeit. Kein Boß, keine Feinde, keine Rivalen, keine Patronage: Ich hab ihm gesagt, er redet Blech – frei ist man nur, bis man das Geld nimmt, und dann ist man die längste Zeit frei gewesen, man ist ein kleiner Angestellter von Jack Guggenheim und Co.
Das hat ihn schwer getroffen. ›Meine Ausrüstung kostet Geld‹, sagte er, ›und ich will eine epische Serie vom Westen machen.‹ ›Nimm einen Kredit auf‹, sagte ich, ›beleih das Stativ da – wenn du reich bist, kannst du's der Bank zurückzahlen, aber einem Mäzen ist es egal, wie reich du wirst, du bleibst den Rest deines irdischen Lebens in seiner Schuld.‹ Ich hab ihm gesagt, mein Vater wär Bankier, und ich wüßte Bescheid. ›Du bist garantiert für ein Darlehen gut – viel Talent, wenig Unkosten‹, sagte ich. ›Schließlich kannst du den ganzen Grand Canyon vorwärts und rückwärts fotografieren, und keiner wird dir 'ne Rechnung schicken.‹
Er begriff nicht, wieso er ein Darlehen aufnehmen sollte, wenn er das Geld auch von einem Kunstspekulanten an der Park Avenue geschenkt kriegen konnte – wahrscheinlich hat er gemeint, 'ne Bank könnte kündigen und seinen Genius als Sicherheit einziehen. ›So denk ich nun mal‹, sagte er. ›Ich brauche geistige Freiheit, um das tun zu können, was ich will‹ – dies sind exakt seine Worte – ›von einer Wolke bis zu einem alten Schuh.‹ ›Ich sehe keinen Unterschied zwischen einer Wolke und 'nem alten Schuh‹, sagte ich. ›Der Himmel ist voll alter Schuhe.‹
Aber wir konnten uns nicht einigen. Er meinte, er würde sich

trotz allem um ein Guggenheim bewerben, was er dann auch gemacht hat. Und der Himmel soll mich strafen, wenn er's nicht auch prompt gekriegt hat.

Er war der erste Fotograf – es war im Jahre 1937 –, der jemals ein Guggenheim bekommen hat, aber, wie ich ihm schon gesagt hatte: ›Deine Kamera wiegt immer noch 35 Pfund, und wenn du 'n paar nette Bilder gemacht hast, mußt du zu sämtlichen Guggenheims gehen und Dankeschön sagen.‹ Stell dir vor – ein Künstler, der Dankeschön sagt! Danach hab' ich nicht mehr viel von ihm gesehen.«

Frank sagte: »Du hast Weston verachtet, und jetzt verachtest du mich.«

»Im Gegenteil«, sagte ich. »Kurz danach kriegte ich einen Brief von der Stiftung. Ob ich mich um ein Guggenheim-Stipendium bewerben wollte? Da hab ich den großen Fehler gemacht. Ich war jung, nicht so schlau wie heute. Es war nicht wegen des Geldes, aber wenn sie mir Geld gaben, erkannten sie meine Kunst an. So auf die Tour: Du bist 'ne Künstlerin, hier sind zehn Dollar als Beweis. Ich machte damals eine Krise durch und hatte Ermutigung bitter nötig. Das ist das Schlimmste am Gefördertwerden, weißt du, daß man glaubt, wenn man einen Mäzen hat, hat man auch Talent. Aber die Antwort auf die Frage ›Bin ich Künstler?‹ kann immer nur nein sein, weil kein echter Künstler so eine dumme Frage stellen würde, hab ich recht?«

»Interessant«, sagte Frank.

»Ich füllte meine Bewerbung aus, in dreifacher Ausführung. Name, summarischer Überblick über das Projekt, Ausstellungen wann und wo, Sponsoren, Empfehlungen. Es war wie ein Offenbarungseid. Dann hab ich gewartet.«

»Ich hab gar nicht gewußt, daß du mal ein Guggenheim hattest«, sagte Frank.

»Aber das ist es ja, du Rindvieh: Ich habe das beschissene Stipendium nicht gekriegt!«

»Ach so.«

»Keine Mäuse für Maude.«

Ich schwieg. Ich hatte mich im Oktober beworben, während der Zeit, in der sich das Jahr langsam zurückzog. Die Blätter, das Gras, die verwelkten Blumen – genau wie jetzt. Die Luft war schon kühl und trug die raschelnden Laute des Herbstes weit. Was im Sommer gelebt hatte, wurde zu Konfetti, zu Rauch,

Staub und Nebel. Sogar die Feuer starben in gelbem Dunst, das Sonnenlicht über der Bucht ermüdete, Motorsägen und Hämmer hallten von Hyannis herüber. Ich war damals wie gelähmt, weil ich es nicht begreifen konnte; ich lernte den trockenen Geschmack der Enttäuschung kennen, und das Gefühl der Niederlage erstickte mich.

»Danach hab ich sie gehaßt – dafür, daß sie mich dazu gebracht hatten, das Stipendium überhaupt zu wollen, auf einmal einen Beweis zu brauchen, und dafür, daß ich, als ich es nicht bekam, dachte, ich hätte es auch nicht verdient. Aber ich kam darüber weg. Jeder, der so was kriegt, hat es verdient. Die Besten bewerben sich gar nicht erst.«

»Was war denn das für ein, hm, Projekt?«

»Hatte mit Florida zu tun.«

»Aber in Florida hast du doch 'ne Serie gemacht!« sagte Frank. »Das war dein erster großer Erfolg!«

»War's auch. Wenn man etwas unbedingt machen will, muß man es einfach tun. Man bleibt nicht auf seinem Hintern sitzen und wartet, bis einen jemand auf die Lohnliste setzt.« Aber ich wußte nicht mehr genau, was ich in Florida gemacht hatte oder warum ich überhaupt dorthin gefahren war.

»Lohn wär gut«, sagte Frank. »Ich krieg grade das Existenzminimum.«

»Die bezahlen dir also deine Bonbons, was? Das ist Humor von einiger Tiefe. Dir geben sie Geld, damit du mein Werk studierst, aber mir, die es geschaffen hat, haben sie's verweigert. Das ist es, was ich gegen das Guggenheim habe! Denen ist der Baum egal, die interessieren sich für das Efeu.«

In meiner Wut beim Mittagessen hätte ich Frank beinah gesagt, daß ich seine säuischen Fotos gesehen hatte. Aber ich hielt mich zurück: Er stand schon jetzt mit dem Rücken zur Wand, da konnte ich ihm nicht auch noch damit kommen. Außerdem war mir auch selbst noch nicht klar, welche Rolle sie spielten: Der Geist ist verwöhnter, kritischer als das Auge. Ich wußte nicht, ob ich nur den Augenzeugen oder den Richter spielen sollte. Ich war mir noch nicht mal sicher, ob man das Zeug verbieten sollte.

Die Seele der Kunst ist die Emotionalität der Menschen. Obwohl die Pornographie anonyme Emotionen abbildete und grobschlächtig wie ein Kaktus war, trugen doch die Menschen, die sie brauchten, ihre Phantasie in sie hinein, verwandelten

das grobe Vorbild in eine Art Kunst und ließen sie auf ihre Hirne wirken. Es war, als machten sie ein erotisches Meisterwerk – die klassisch heitere Umarmung, die reine Glorie vom Doppelbild der Liebe – aus dem grimmigen Fleisch von Kenny und Doris. Vielleicht sah Frank in Kennys knorpeliger Anemone und Doris' Muschel einen ganzen Meeresgrund von Möglichkeiten – oder waren diese Bumsbilder nur ein bequemer Auslöser für seine Libido? »Rhetorisch« würde er sie vielleicht nennen; aber wo war der Bezug, auf wen und weshalb?
Ich stand vor einem Rätsel. Ich entschloß mich, abzuwarten.
Ziemlich spät noch – ich war in meinem Zimmer, dachte über etwas nach, mal wieder in Zweifeln – kam Frank an meine Tür. Er klopfte ungeduldig, laut, um mich auf seinen Zorn aufmerksam zu machen. Er stürzte herein, schien sich auf mich werfen zu wollen, blieb dann aber stehen.
Er fuchtelte mit seinem knochigen Finger herum und starrte mich wütend an.
»Du hast in meinen Sachen herumgewühlt!«
In seiner Wut sah er wie ausgehungert aus. Ich hatte ihn noch nie so blaß und mager gesehen; seine Augen traten hervor, die Schultern hatte er hochgezogen wie ein Bettler. Ich hatte so etwas Ähnliches schon mal erlebt. Ich kannte diese Szene, aber woher?
»Du weißt genau, was ich meine.«
Ich lächelte ihn an – auch das hatte ich schon mal gehört, in genau denselben Worten. »Ich hab nicht die geringste Ahnung.«
Er sagte: »Mein persönliches Eigentum, Fotos.«
»Beschreib mal!«
»Sehr witzig – du weißt schon, welche.«
Seine Stimme brach, und ich dachte, er würde im nächsten Moment in Tränen ausbrechen. Alleinstehende Leute sind ziemlich ungehemmt, was das Heulen angeht – sie üben es in ihrer Wohnung. Er setzte sich, holte tief Luft, und als er ausgeatmet hatte, schien er viel ruhiger. Er fand seinen empörten Ton wieder. »Wenn mir etwas zuwider ist, dann Leute, die das Privateigentum anderer nicht respektieren.«
»Dann heb mal deinen knochigen Hintern von meinem Stuhl und verschwinde. Das hier ist nämlich mein Privateigentum, Frankie.«
»Ich verlange eine Erklärung. Vorher geh ich nicht.«

»Ich bin in ein Zimmer in meinem Haus gegangen, habe einen Nachttisch geöffnet, der zufällig auch mir gehört, und habe darin ein paar von deinen Bildern gefunden. Ich hätte es gar nicht erwähnt, aber da du es nun angesprochen hast, muß ich dir schon sagen, ich finde, du hast auf dem Gebiet einen ziemlich grimmigen Geschmack. Das ist alles.«
Aber ich wollte nicht, daß er jetzt ging. Ich brauchte ihn, um mich an die andere Szene zu erinnern. Seine Augen waren feucht vor Wut. Er hatte zusehends abgenommen, seit er in meinem Zimmer war, und sah aus, als wenn er jeden Moment ganz in sich selbst zusammenfallen würde.
Ich sagte: »Ich mein übrigens, daß ich die Leute auf den Fotos kenne.«
»Das glaubst du doch selbst nicht!«
»Ist nämlich zufällig genau das Pärchen, das mir schon seit Jahren über den Weg läuft. Kenny und Doris. Die könnten mal Urlaub gebrauchen. Aber was machen solche Leute im Urlaub? frag ich mich. Wahrscheinlich besorgen sie sich einen Kasten Bier und helfen sich einen rein. Sehen fern, fressen Smarties, bis sie platzen.«
»Es tut dir nicht mal leid.«
»Was soll mir leid tun?« sagte ich. »Ich bin entsetzt!«
»Ich verlange eine Entschuldigung.«
»Da bist du an der falschen Adresse, alter Junge.«
Er schüttelte wütend den Kopf. »Du bist einfach unmöglich.«
»Nur interessehalber«, sagte ich freundlich, »woran hast du gemerkt, daß ich sie gesehen habe?«
»Das geht dich nichts an.«
»Mich wundert das. Sag doch mal, woran hast du gesehen, daß ich rumgeschnüffelt habe?«
»Also gibst du zu, daß du rumgeschnüffelt hast!«
»Natürlich. Das ist doch wohl mein gutes Recht in meinem eigenen Haus, oder?«
»Aber nicht in meinen Sachen, da nicht. Es geht mir keiner an meine Sachen!«
»Deine Sachen? Wo wärt ihr Museumsleute denn, wenn wir Fotografen auch so dächten?«
»Das hat damit überhaupt nichts zu tun.«
»Frank, du Wirrkopf, seit drei Monaten hechelst du meine Fotos durch. Hab ich mich beklagt? Nicht ein einziges Mal. Und

vergiß nicht«, sagte ich und zeigte mit dem Finger auf ihn, »als die Guggenheims ausgeteilt wurden, hab ich nichts abgekriegt. Für mich bist du nichts als ein kleiner Einbrecher, der sein Guggenheim als Brecheisen benutzt, also halt den Mund, freu dich, daß ich nicht die Polizei hol.«
»Ist das alles, was du dazu zu sagen hast?«
»Nein. Ich möchte wissen, wieso du's gemerkt hast. Reine Neugier wahrscheinlich.«
»Dazu sag ich nichts.«
»Und noch etwas. Wieso verschwendet jemand, dem gewisse Fotos gar nicht integer genug sein können, seine Zeit mit solchem Müll? Was siehst du darin?«
Er schnaufte verärgert durch die Nase und antwortete nicht.
»Du bist ein geheimnisvoller Mensch, Frank.«
»Ich will dir nicht verheimlichen, daß für mich jetzt dieses ganze Projekt fraglich geworden ist. Es ist nach wie vor eine großartige Idee, aber wenn du meine Intimsphäre nicht ...«
»Was ist mit *meiner* Intimsphäre!« sagte ich und merkte, wie mir die Wut in die Kehle stieg.
Ich war ruhig und gelassen gewesen. Ich hatte sogar den vagen Wunsch gehabt, meinen Bildpalast in der Windmühle endlich mal wieder zu betreten und die Fotos vom Rudern noch mal anzusehen. Hatte er wirklich so düster ausgesehen, so verkrampft, so offensichtlich betrogen, wie das Bild es darstellte? Und wie war es damals weitergegangen?
Franks Auftauchen hatte mich aus meiner Ruhe gerissen. Aber er hatte mich auch an etwas erinnert.
Ich war schon einmal so angegriffen worden, als ich nicht darauf gefaßt war, und seine Vorwürfe – diese ganze wehleidige Entrüstung – brachten mir eine unangenehme, aber wichtige Erinnerung zurück.
»Ich hau ab«, sagte er.
»Bleib hier.« Ich brauchte seine Empörung. Jemand war gekommen, genau wie er, und hatte mich angeklagt.
Er saß auf der Stuhlkante, und sein Adamsapfel ging auf und ab. Ich sagte: »Ich möchte, daß du weißt, daß ich diese Bilder nicht leichtgenommen habe. Keineswegs. Die haben mir keine Ruhe gelassen, Frank. Ich war erschüttert. Ich respektiere dich – du hast immer was in meiner Arbeit gesehen, was du bewundert hast. Aber wie ordnest du die ein? In welcher Weise, wenn ich fragen darf, sind *die* dir behilflich?«

»Das ist 'ne ganz andere Abteilung.«
»Gut gesagt. Aber diese scharfen Bilder – machst du was mit denen?«
»Was soll das heißen, ›machst du was‹ damit?« Seine Stimme klang unsicher und beschämt.
»Schreibst du 'n Essay darüber oder was?«
Er ließ den Kopf hängen. »Das nicht gerade.«
»Hol sie mal. Ich will sie noch mal anschauen.«
»Niemals.«
»Schäm dich doch nicht. Sie sind ein Aspekt der Fotografie, der bisher ziemlich vernachlässigt worden ist.« Frank rührte sich nicht. Ich sagte: »Ich fand sie ziemlich erschreckend.«
»Das hast du schon mal gesagt.«
»Fotografie lebt von Geheimnissen – den Geheimnissen der Oberfläche. Aber Kenny und Doris haben keine Geheimnisse, soweit ich das beurteilen kann. Bei denen gibt's keine Oberfläche, technisch gesehen existieren sie gar nicht, sie sehen aus, als hätte Dracula sie ausgesaugt. Von erotischer Kunst kann hier ja wohl nicht die Rede sein. Oder ist ›erotische Kunst‹ nur ein anderes Wort für Porno? Und gibt es dir nicht zu denken, daß du, wenn du Doris in ihrer ganzen Großzügigkeit sehen willst, Kennys haarigen Hintern und sein tropfendes Gerät in Kauf nehmen mußt?«
»Hör auf«, sagte Frank.
»Na schön«, sagte ich. »Aber ich find es merkwürdig, daß in deiner Vorstellungswelt diese Bilder und meine Platz haben. Wo ist die Verbindung?«
»Und ich wüßte gern, was dich daran so verstört«, sagte er, plötzlich angriffslustig. »Das sagt 'ne Menge über dich aus.«
»Da hast du was. Ich war verstört, stimmt.«
»Ha!« Er stand auf. »Das ist das eigentliche Problem. Du bist es.«
»Ich bin's. Aber die Fotos gehören nun mal dir.«
»Mir machen sie aber keine Sorgen.«
»Erstaunlich.«
Er sagte: »Es gibt noch schlimmere. Szenen, die du nicht für möglich halten würdest.«
»Aber wozu, um Himmels willen?«
Er stand da wie ein Kranich und sagte keinen Ton.
Ich sagte: »Sag mir, woran du gemerkt hast, daß ich sie durchgegangen bin.«

»Laß mich in Ruhe.«
»Wenn du mir's sagst, hör ich auf.«
Er ließ die Kinnlade trauernd hängen und sah die Wand an.
Er sagte: »Du hast sie durcheinandergebracht.«
»Ich hab nichts dergleichen getan.«
»Doch, du hast sie in Unordnung gebracht.«
»O mein Gott.«
»Daran hab ich's gemerkt, die Reihenfolge war falsch.«
»Die Reihenfolge!« Ich begann zu lachen.
Er war an der Tür. »Mach das lieber nicht noch mal!« sagte er.
»Weißt du, wie ich das nenne, wenn jemand sich nicht um seinen eigenen Kram kümmert und seine Nase in Dinge steckt, die ihn nichts angehen?«
Er riß die Tür auf, wandte mir aber noch mal sein weißes Gesicht zu. »Du hast mein Vertrauen mißbraucht, du bist hinterhältig!«
»Hinterhältig«, sagte ich, »das hab ich doch schon mal gehört! Genau: Das war's, das ist es, genau das wollte ich hören!«
Aber er war zur Tür hinaus und die Treppe hinunter, bevor ich ihm richtig danken konnte.

15 *Hinterhältig*

Es war im selben Zimmer, dieselben Worte, sie verlangte Erklärungen und Entschuldigungen, sie nahm mir nicht ab, daß ich unschuldig war, sondern benutzte die Gelegenheit, mich zu verletzen und zu beleidigen. Die Leute behaupten immer, sie wollen, daß man sich entschuldigt, aber in Wirklichkeit wollen sie Blut sehen, Rache.
Sie stürzte eines Abends herein, ein paar Tage, nachdem ich Orlando in Harvard besucht hatte. Sie war außer Atem und schluchzte. Meine Erinnerung registrierte Gepolter auf dem Flur und das plötzliche Aufspringen der Tür. Sie sah aus, als wollte sie sich auf mich werfen. Sie sagte: »Du ... du ... du ...«, und kam mit jeder Silbe einen Schritt näher an das Bett heran, wo ich mit meiner Kamera und einem Stapel Bilder saß.
Die Art, wie sie ins Zimmer einfiel, der Schwung der schnellen

Bewegung hatte ihr Haar aus der Stirn gewischt, ihre Mantelärmel sahen aus wie schlagende Flügel. Ich erwischte sie sozusagen im Sturzflug, eine explosive Momentaufnahme, der Rahmen war die Tür.
Es war eine Sekunde wildbewegter Wut – Fäuste in der Nähe zusammengekniffener Augen, ein Knie leicht angezogen, die ganze Wucht ihrer Bewegung auf einer Fußspitze balanciert, als wollte sie mich mit einem Riesenschritt zertreten. Das war das Bild, das Frank mir in seiner Entrüstung ins Gedächtnis gerufen hatte. Ich selbst hatte mich an diese Episode nie erinnern wollen.
Sie hatte diese erschreckende Offenheit, die nur tief Verwundete zeigen. In meinem Schrecken sah ich ihre Bewegungen nicht als kontinuierliches Ganzes, sondern empfand sie als eine Folge ruckender Schritte, jeder drohender als der vorhergehende. Dann stand sie groß und vornübergebeugt vor mir.
Ich sagte: »Blanche, warte ...«
Ich spürte eine Erstarrung, als habe mich ein gerade aufgenommenes Bild in seinem Sog verschluckt und mich in ein Porträt verwandelt.
»Du Nutte!« sagte sie.
Unflätigkeit von ihr, die solche Worte nie benutzt hatte, die Wut in ihr, die immer so beherrscht gewesen war – es traf mich wie ein Donnerschlag. In ihrem Zorn sah sie auch körperlich verwandelt aus, sie schien nur noch aus Sehnen, Zähnen und Haaren zu bestehen, sie wirkte, als stünde sie unter Starkstrom.
»Komm, komm«, sagte ich besänftigend.
»Gott«, sagte sie inbrünstig und trat einen Schritt zurück. Es wirkte aber nicht wie ein Rückzug, sondern im Gegenteil wie eine Drohung, als wollte sie mich das ganze Ausmaß ihres Zorns sehen lassen.
»Nicht so laut«, sagte ich, so ruhig ich konnte, und ging um sie herum, um die Tür zu schließen. »Phoebe schläft.«
»Ich könnte dich umbringen, Maude Pratt.« Sie zeigte mir ihre Hände, die gekrümmt waren, als wollte sie mich erwürgen.
Ich sagte: »Na, das würde ja nun überhaupt nichts nützen. Entspann dich erst mal, wir können in Ruhe darüber reden, und dann geht's dir bestimmt besser.«
Ich machte in diesem Ton weiter, sprach behutsam auf sie ein, schüttelte ein Kissen auf, zog einen Lehnstuhl heran und setzte

sie mit sanfter Gewalt hinein. Ich versuchte, die Situation in die Hand zu bekommen.
Als ich dachte, ich hätte es geschafft, und mich ebenfalls hinsetzen wollte, atmete sie tief durch und sagte mit starren Lippen:
»Wie konntest du das nur tun?«
»Wenn ich wüßte, was«, sagte ich.
»Mit dir stimmt irgendwas nicht«, sagte sie. »Ich hätte das nicht von dir erwartet. Ich hab immer geglaubt, du wärst so gutmütig – ein bißchen langweilig, aber ganz und gar gutmütig. Ich habe mich gefreut, als ich hörte, daß du mit deinen Fotos Erfolg hast und dir einen Namen machst. Und nun das!«
»Danke vielmals«, sagte ich, »aber ich hab wirklich keine Ahnung, woher der Wind...«
»Ach, tu doch nicht so, Maude Pratt«, sagte sie – wieder mit richtender Stimme den vollen Namen, als wäre es der eines Verbrechers bei der Urteilsverkündung. »Ich habe gehört, was du über mich erzählst.«
»Was erzähl ich denn?«
»Über Sandy und mich.«
»Ach das«, sagte ich, »ehrlich, das würdest du nicht verstehen.«
»Du gibst es zu! Du bist unverschämt.«
»Ich hatte meine Gründe«, sagte ich. »Natürlich solltest du nichts davon erfahren, aber das ist ja nun egal. Was zu trinken?«
»Wie kannst du so abscheulich sein? Was hab ich dir bloß getan?«
»Gar nichts, Blanche, ehrlich, ich halte viel von dir. Aber ich mußte diese wilde Geschichte aus bestimmten Gründen erfinden. Es wäre am besten, wenn du sie einfach vergessen würdest. Ich glaub sogar, du würdest dich für mich freuen, wenn du den Hintergrund wüßtest.«
»Aber es ist eine Lüge«, sagte sie, »eine schmutzige Lüge. Was würdest du sagen, wenn ich so was von dir und Ollie behaupten würde?«
Ich lachte laut heraus. »Würde mich nicht im geringsten stören!«
Sie begann zu weinen. Sie tat mir leid, wie sie da weit vornübergebeugt saß, die Hände vorm Gesicht, das einsame

Zucken der Schultern, die Fußspitzen zusammengedrückt, so daß ihre Füße einen pathetischen Winkel bildeten. Ihr Nacken war feucht, so daß die kurzen Härchen sich schwarz darauf abhoben – ein Bild, das ihr ganzes Leben vorauszusagen schien. Sie war am Leiden erkrankt wie an einer ewigen Erkältung.
Ich berührte sie. Sie zuckte, als hätte ich einen Stachel in ihr zurückgelassen. Sie richtete sich auf, biß die Zähne zusammen und hörte auf zu weinen. »Du hast kein Recht, so über mich zu reden.«
Und ich begann mich zu fragen, ob das, was ich über sie erfunden hatte, wahr sein könnte und sie die Sache deshalb so schwer nahm. Sie und Sandy waren mit Sicherheit derartiger Gefühle fähig, und ich hatte schon immer den Verdacht gehabt, daß es wirklich so sein könnte. Aber es war mein Boogie-Mann Teets gewesen, der mir die Details geliefert hatte. Blanche wirkte so schockiert, als hätte ich sie entlarvt: Ich hatte ihr Geheimnis entdeckt.
Also sagte ich: »Du solltest es nicht so schwer nehmen. Viele Geschwister haben einander leidenschaftlich geliebt. Es passiert nicht jeden Tag, aber die große Leidenschaft ist nun mal nichts Alltägliches. Nur wenige haben dieses Glück – wenn du dazugehörst, um so besser.«
»Es ist eine Beleidigung«, sagte sie.
Das ärgerte mich. Im Grunde wertete sie mit ihrer Haltung meine Liebe zu Orlando ab und gab ihr etwas Abwegiges, Anomales. Außerdem, fand ich, sollte sie nicht so borniert sein und zu ihrer Liebe zu Sandy stehen.
»Du bist durcheinander«, sagte ich. »Es gibt alle möglichen Arten von Liebe. Nur weil du es noch nicht erlebt hast, muß das nicht heißen, daß es so was nicht gibt. Eines Tages ...«
»Du hast alles verdorben«, sagte sie. »Warum bist du so grausam?«
»Ich hab dir nichts verdorben, wie du dich ausdrückst. Ich habe eine Notlüge gebraucht, weil es nicht anders ging. Wer weiß schon davon? Du, ich, Orlando – er hat es dir wahrscheinlich erzählt. Das hätte er nicht tun sollen, aber er hat noch nie die Klappe halten können.«
Sie sagte: »Ich bin ruiniert.«
»Sei nicht albern! Es interessiert doch keinen. Du bist dieselbe, die du immer warst. Ich kann dir im Grunde nichts anhaben, trotzdem: Ich entschuldige mich.«

»Als ob das jetzt noch was nützte«, sagte sie. »Du hast mir alles zerstört.«
Ich dachte: Ja, ich habe es ausgesprochen, und sie hat Angst, weil sie weiß, daß sie durchschaut ist. Aber sie wird sich davon erholen, und es wird für sie sogar besser sein, den Tatsachen ins Auge zu sehen. In dem kurzen Augenblick sah ich sie als meine Schwester, die sich zu ihrer Liebe bekennt, und ich hatte das Gefühl, daß es eine ganze Schwesternschaft unseres Schlages geben müßte. Frauen, die sich nach ihren Brüdern sehnen und nichts verzweifelter wünschen als diesen langen Sommer der Liebesspiele – diese vollkommene Harmonie von Bruder und Schwester, die man in den meisten Familien unter einer leidenschaftlichen Keuschheit verbarg.
Sie sagte: »Du hast mir den Mann, den ich liebe, weggenommen.«
»Sandy wird reifer werden«, sagte ich. »Und wenn er soweit ist, wird er dich lieben, und dann bist du nie wieder allein.«
»Nein«, sagte sie. »Es geht um Ollie.« Und mit leiser, sehr hoher Stimme: »Ich hab ihn verloren.«
Das hatte ich nicht erwartet. »Ollie?«
»Es ist alles deine Schuld. Wir wollten heiraten, wenn er mit dem Studium fertig ist ...«
»Du und Ollie?«
»... wir haben den ganzen Sommer von nichts anderem gesprochen als davon, daß wir in Boston wohnen und Kinder haben wollten. Aber du wußtest das, nicht wahr? Du wußtest, warum er diesen Sommer über nicht am Kap war – du hast gewußt, daß wir in seinem Zimmer in Cambridge zusammengelebt haben. Ich wollte es allen erzählen, aber Ollie war dagegen: ›Wenn man seine Geheimnisse verrät‹, sagte er, ›verbreiten sie die Leute wie Lügen.‹ Ich dachte, wir hätten unser Geheimnis gewahrt, aber ich hätte wissen müssen, daß du mit deiner Kamera herumschnüffeln und alles verderben würdest.«
Ich sagte: »Ich habe es nicht gewußt.«
Und das stimmte, ich hatte nicht die geringste Ahnung gehabt.
»Du lügst«, sagte sie. »Du hast diese schreckliche Geschichte über Sandy und mich erfunden, um uns auseinanderzubringen. Ollie ist auf der Stelle zu mir gekommen und hat mich gefragt, ob es wahr wäre. Ich bin fast in Ohnmacht gefallen. ›So etwas kann doch überhaupt nicht wahr sein!‹ hab ich zu ihm

gesagt. Aber er hat mir nicht geglaubt. Aus irgendeinem Grund wollte er deine Lüge geradezu glauben. Jetzt ist er weg«, sagte sie, und ihre Stimme brach, »und wir werden nie wieder zusammenkommen.«

Es überraschte mich nicht, daß Blanche ihn geliebt hatte: Ich hatte noch nie jemand getroffen, der Orlando nicht mochte. Aber es fiel mir schwer zu glauben, daß Orlando sie geliebt hatte. Er war zwar nicht selbstsüchtig, aber doch sehr selbstgenügsam, sehr introvertiert. Das gab ihm seine Unbefangenheit, es war ihm gleichgültig, was andere von ihm hielten. Seine Bescheidenheit war Teil seiner Anziehungskraft, aber für mich besaßen alle seine Eigenschaften Magie.

Wie leicht war es, sich einzubilden, daß ein derartig glücklicher Mensch einen liebte! Blanche hatte sich selbst betrogen.

Ich hätte mir in meinem Versuch, Orlando davon zu überzeugen, daß unsere Liebe durchaus möglich war, keine bessere List einfallen lassen können. Ohne groß darüber nachzudenken, hatte ich Sandy und Blanche in meinem dramatischen Monolog eine Rolle gegeben und damit eine Menge mehr erreicht, als ich eigentlich wollte. Ich hatte sie ihm ein für allemal vom Hals geschafft. Ein unerwartetes Bild war da entstanden – ich hatte in aller Eile eines entworfen und ihm skizziert, und nun war – wie immer bei meinen besten Arbeiten – in der Entwicklung etwas Unerwartetes, ein Meisterwerk, ans Licht gekommen.

Zwar hatte ich Blanche einkalkuliert und ihr eine Rolle zugewiesen, aber nun stellte sich heraus, daß ich eine andere Blanche vor mir hatte, in einer der Hauptrollen. Meine besseren Bilder hatten meist eine ähnliche Struktur, auch in ihnen zogen häufig zunächst scheinbar nebensächliche Dinge die größte Aufmerksamkeit auf sich. Aber dieses Mal war es geschehen, ohne daß ich eine Kamera berührt hatte. Im Grunde hatte ich die strengen Regeln der Fotografie auf mein Leben angewandt und auch hier den Zufall der Form entdeckt.

Blanche saß immer noch auf ihrem Stuhl. Sie war ruhiger, das Weinen hatte sie entspannt. Sie sah krank aus und saß tief vornübergebeugt da, als hätte man ihr das Herz aus dem Leib gerissen. Mein einziger Trost war, daß es keine Alternative gab. Wäre diese Trennung nicht gekommen, hätte sie Orlando und mir das Leben zur Hölle gemacht.

Sie hätte mir nicht so leid getan, wenn sie das Ende ihrer Beziehung zu Orlando wirklich akzeptiert hätte. Aber sie

klammerte sich an die Wärme ihrer Trauer, es war das einzig Lebendige in ihr. Das war für mich das Schreckliche: Überlebende einer Katastrophe sehen auf Fotos zehnmal schlimmer aus als die Opfer. Als ob sie meine Gedanken gelesen hätte, stand sie auf und versuchte, ihre Fassung wiederzugewinnen: Sie streckte sich, gähnte, berührte ihr Haar mit den Händen.
Ich sagte: »Willst du nicht doch was trinken?«
Sie starrte mich an und sagte: »Wir sind noch nicht fertig.«
»Es ist spät, Blanche. Wir können morgen darüber reden.«
»Ich will dich morgen nicht sehen«, sagte sie. »Und ich rate dir, mir von nun an aus dem Weg zu gehen. Ich kann sonst für nichts garantieren.«
»Na, na«, sagte ich. »Du willst mir doch nicht etwa drohen?«
In der kalten Stimme, mit der sie vorher ihr »Ich könnte dich umbringen« herausgepreßt hatte, sagte sie: »Ich werde dir schaden.«
»Ich fahre in Urlaub«, hörte ich mich sagen, obwohl ich das eigentlich gar nicht vorgehabt hatte.
»Ich hoffe für dich, daß es ein langer Urlaub ist.«
»Ich fahr nach Florida. Ich will da ein bißchen fotografieren, die Alten sind auch unten.«
»Geh mir in Zukunft aus dem Weg, Maude Pratt«, sagte sie. »Deine gemeine Hinterhältigkeit werd ich dir nie verzeihen.«
Damit ging sie hinaus, ihr Schluchzen, ihre Tränen und ihre Drohungen hatte sie in meinem Zimmer zurückgelassen. Ich ging zum Fenster und sah, wie sie den nächtlichen Rasen überquerte. Es war ein Bild, das keine Kamera aufnehmen konnte. Der Mond war unsichtbar, nur ein großes Kissen seines Lichts lag auf den schweren Wolken. Von meinem Fenster aus schien sie um ihr Leben zu laufen, die Dunkelheit nahm sie auf und verwischte ihre Konturen, ein Tintenklecks, wo einst ein Wort gewesen war. Sie war silbrig-schwarz auf dem silbrig-schwarzen Gras, und die Bucht trug harte, weiße Schaumbänder. Sie bewegte sich wie ein aus dem Nest gefallener Vogel, und ich wußte, daß ich es war, die ihr den Flügel gebrochen hatte. »Ich werde dir nie verzeihen«, ist ein bedeutungsloser Satz, aber ihre Drohung war ernstgemeint. Menschen töten aus Liebe – manchmal auch nur, um Liebe zu gewinnen oder weil sie Liebe verloren haben. Und ich war vorsichtig genug, mein Glück nicht allzusehr zu strapazieren.

Bisher war es mir gelungen, den Weg zu Orlando freizuhalten, und obwohl ich froh war, daß er meine Geschichte genutzt hatte, mit Blanche zu brechen – was hatte sie noch gesagt? *Aus irgendeinem Grund wollte er deine Lüge geradezu glauben* –, traf es mich doch, daß er sich überhaupt je mit ihr abgegeben hatte.
Ich beschloß, für eine Weile wegzugehen. Florida lag nahe, weil Papa und Mama dort waren. Ich hatte eine Ahnung, daß mich dort unten etwas erwartete, genau wie ich mir sicher war, daß Orlando mich bei meiner Rückkehr zum Kap erwarten würde, die Arme verschränkt, das Haar glänzend wie eine Krone. Und er würde sagen:
»Ich hab schon überall nach dir gesucht!«
Und doch, schon zu dieser Zeit spürte ich eine unbestimmte Trauer. Mir war so viel begegnet, ich hatte so viel erlebt, aber ich hatte so wenige Bilder davon. Vor meinen Füßen schien sich ein schmaler Spalt zu öffnen, der mein Leben von meiner Arbeit trennte, und nur ich nahm ihn wahr. Auf der einen Seite war alles wundervoll ausgeleuchtet, auf der anderen Seite war der Schatten, in dem ich lebte und von dem es keine Fotos gab. Ich konnte entweder meine Kamera wegwerfen, den Schritt vorwärts tun und beginnen zu leben, nicht mehr Kunst zu schaffen, sondern versuchen, Kunst zu sein. Oder ich konnte von der dünnen Linie zurücktreten, die binnen kurzem zur unüberbrückbaren Schlucht werden würde, um meine Augen im Schatten darin zu üben, das Licht richtig zu sehen. Ich trat zurück und lud meine Kamera.

16 Speed Graphic

Es war allerdings noch nicht meine neue Kamera, auch ein Grund, weshalb ich bis dahin zwar anerkannt, aber nicht berühmt war.
Zu der neuen Kamera kam ich wie zu manchem guten Bild durch einen halben Zufall kurz nach meiner Ankunft in New York. Ich hatte das Gefühl, Orlando befreit und zurückgewonnen zu haben. Das war zwölf Stunden nach dem Schlagabtausch mit Blanche am Kap, und ich wollte eigentlich gleich mit dem nächstbesten Zug nach Florida weiterreisen. Nicht etwa,

weil ich befürchtete, Blanche könnte mich beschatten und hinterrücks abmurksen, weil ich sie bloßgestellt hatte, sondern weil ich mich sehr selbstsicher fühlte und beweisen wollte, daß ich die Guggenheim-Stiftung nicht benötigte, um die niederen Hänge des Parnaß zu ersteigen, und schon gar nicht, um nach Verona in Florida zu kommen. Aber ich verpaßte den Zug und stellte fest, daß ich mir das Wochenende in New York um die Ohren schlagen mußte.

Normalerweise stieg ich immer noch bei den Seltzers ab, wenn ich in New York war, aber ich hatte jetzt keine Lust, unangenehme Fragen zu beantworten. Ich wußte selbst kaum, wie ich ausgerechnet auf Florida gekommen war. Ich wies den Gedanken weit von mir, daß es damit zusammenhängen könnte, daß Mama und Papa gerade jetzt dort unten waren. Die bloße Vorstellung, den eigenen Eltern nachzureisen, lag mir gefährlich nahe an einer Familienform der Guggenheim-Krankheit. Nein, ich war überzeugt, daß mich dort Wichtiges erwartete: Dschungel, Alligatoren, Sümpfe, Indianer, eine neue Umgebung. Stoff für schöne Bilder, die ich Orlando mitbringen und mit denen ich ihn überwältigen konnte. Es war eine Fortsetzung meiner Werbung um ihn, welche an dem Tag vor zwanzig Jahren begonnen hatte, als mir klargeworden war, daß ich ohne ihn dem Leben nicht ins Auge sehen konnte. Ich hatte ihm mit meiner Kamera den Kopf verdreht: die Wirkung der Fotografie auf das Modell. Nun wollte ich berühmt werden und meine Erfolge mit ihm teilen.

Die Fahrt nach Florida sollte dazu beitragen. Reisen ist eine Form der Selbstverwöhnung, die Herausforderung des Fremden belebt, animiert den Körper und die Seele. Man liefert sich dem Unbekannten aus, um darin das Vertraute zu finden; es ist eine Analogie zur Arbeit des Gedächtnisses.

Dies war mein erstes Reiseerlebnis und mit Sicherheit das beste. Ich wußte, daß Amerika den üppigen Körper einer Madonna besaß; die Landschaften des Kontinents waren eine endlose Anatomie, und die Fotografie konnte verwirklichen, was die Literatur immer nur andeutete: die Abbildung eines Landes, mit dem sich kaum ein anderes messen konnte. Diese Anatomie enthielt die Nervenzentren der Großstädte, das Herzland des mittleren Westens, die Wildnis der Flußadern – die endlosen Möglichkeiten eines Landes, in dem jede Gemütslage die ihr entsprechende Landschaft finden konnte. Ein Land

war kein Land, wenn man sich nicht mit der Kamera darin verlieren konnte. In dieser Anatomie Amerikas waren für mich die heißen grünen Ebenen Floridas der Blinddarm.
Aber Florida mußte noch bis Montag warten. Ich ging in ein Hotel, legte mich in meinem abgedunkelten Zimmer aufs Bett und bekam plötzlich Zweifel. Vorher hatte ich an meine Reise keinen Gedanken verschwendet, aber hier, in diesem rechteckigen Raum mit den vergilbten Tapeten und den toten Echos von Liebespärchen, die hier mal abgestiegen waren, in dieser Geisterschachtel gekreuzigter Leidenschaft, hatte ich das Gefühl, nicht zu existieren. Das war nicht das erste Mal; häufig, wenn ich allein war, wurde ich für mich selbst unsichtbar; mein inneres Auge schien sich zu schließen. War das nicht ein bitterer Triumph meiner Kunst? Die einsame Fotografin, die ganz mit ihrer Kamera verschmilzt, die alles registriert, nur sich selbst nicht mehr?
Das war nicht, was ich gewollt hatte. Es war kein Scherz. Allem Gewohnten fern, in einem völlig fremden Zimmer war ich von diesem Gefühl, nicht zu existieren, wie betäubt, brauchte einen Zeugen. Während der Reise selbst war man immer von Menschen umgeben, aber in den leeren Hotelzimmern wurde das zu einem drohenden Problem.
Ich hatte Mühe, mich an meinen Namen zu erinnern, und kämpfte gegen das Gefühl, nur eine unwillkommene Besucherin im Körper einer Fremden zu sein.
Die vertraute Panik hat mich zur Fotografin gemacht. Meine Zweifel trieben mich dazu, Bilder zu machen, um mir mein Dasein zu beweisen, die hektische Welt so lange anzuhalten, daß ich sagen konnte: »Ich sehe.«
In meiner Einsamkeit, in meiner Liebe hatte ich zur Kamera gegriffen, und nun lief ich Gefahr, nur noch ein zweibeiniges Stativ für das dritte Auge zu sein.
Aber an diesem Nachmittag in dem New Yorker Hotelzimmer, als ich nicht mehr war als ein tanzendes Staubkorn in einem schmalen Lichtstreifen, da brauchte ich einen unmittelbaren Beweis. Ich rief Orlando an.
»Adams House«, meldete sich die Rezeption.
»Oh, hallo«, sagte ich wie zu einem Retter und war sofort beruhigt: Hier bin ich, gesund und wohlbehalten.
»Ich hätte gern Orlando Pratt gesprochen.«
»Einen Moment. Ich hol ihn.«

Ich bin's. Du weißt, daß ich dich liebe. Blanche ist fort. Nun gehört uns...

»Tut mir leid, er ist nicht da.«

»Oh.«

»Was soll ich ihm sagen, wer angerufen hat?«

»Seine Geliebte.«

Ein Schlucken kam durch die Leitung, ein freundlicher kleiner Laut des Schocks.

»...und ich erwarte ihn.«

Ich wartete im Regen, wie sich herausstellte. Aus beruflichen Gründen, aber auch, um die Zeit totzuschlagen, verließ ich das Zimmer und machte mich auf, mir eine neue Kamera zu kaufen. Der Regen machte ein klatschendes Geräusch wie Applaus zu meinen Füßen. Ich wanderte zur East Side hinüber, stolpernd wie so viele Besucher in New York – es muß mit den vielen rechten Winkeln dort zusammenhängen.

Für mich war New York eine lebhafte Stadt und nicht die dreckige, übervölkerte Ruine, die die Fotografen aus ihr machten, die Kinder, Asoziale, Tauben, Hydranten in Harlem oder das Lieblingsstück der Guggenheim-Stipendiaten, den zerlumpten Bettler an der Wall Street, aufnahmen. Auf meinen Bildern war New York ein majestätischer Ozeandampfer mit einer herrlichen Buglinie, der auf den Wassern seiner beiden Flüsse seewärts steuerte und die rauchverhangenen Küstenstreifen von New Jersey und Brooklyn hinter sich ließ. Ich beneidete die New Yorker, wie ich Seeleute beneidete, und porträtierte sie als Abenteurer, die den Glanz ihres Lebens ironisch herunterspielten und Besucher wie ängstliche Passagiere behandelten, die bald wieder von Bord gehen würden.

Weston hatte mir einen Laden auf der Second Avenue empfohlen. Er nannte sich »Camera Obscura« und war ein kompromißlos nüchternes Geschäft, das sich, wie Weston sagte, an den »wirklichen Künstler« wandte, wobei ich Zweifel hatte, ob er mich da einschloß.

»Ich möchte mir eine Speed Graphic ansehen«, sagte ich zu dem Verkäufer, der mich mit auf dem Ladentisch gespreizten Fingern fragend ansah.

Er reagierte nicht, sondern grinste schwach.

»So was Ausgefallenes ist doch nichts für Sie«, sagte er dann

und nahm vom Bord hinter ihm eine idiotensichere Box herunter. »Nehmen Sie die hier, Madam. Damit kann jedes Kind umgehen.«
»Klingt, als ob das für Sie genau das Richtige wär«, sagte ich. »Und nun zeigen Sie mir die Graflex.«
Das ärgerte ihn, aber seine Zuversicht, mich in meine Grenzen verweisen zu können, war noch nicht erschüttert. Er ging ins Lager und kam mit einem Sechs-mal-acht-Monstrum auf einem Stativ wieder. An der Vorderseite baumelte ein langer Schlauch mit Gummibirne herab.
»Wenn Sie natürlich die Fotografie ernsthaft betreiben wollen, ist dies das Richtige für Sie.« Er türmte Zubehör auf die Theke – Filter, Filme, Platten, Kassetten – und schürzte dummdreist die Lippen.
»Ich hab Speed Graphic gesagt. Soll ich es buchstabieren?«
»Dies ist das beste Gerät, das wir haben ...«
Er ignorierte meinen eisigen Blick.
»Sie erzielen erstaunliche Resultate mit dieser kleinen Vorrichtung hier.« Er nahm die Gummibirne, sah mich lüstern an und drückte sie genüßlich zusammen. »Ich wette, ein Mädchen wie Sie könnte so was gut gebrauchen.«
»Sehe ich so aus, als ob ich einen Einlauf nötig hätte?«
»Na, hören Sie mal!« sagte er. Der Ärger spannte sein Gesicht. »Fragen Sie wirklich gute Fotografen, wenn Sie mir nicht glauben wollen. Stieglitz hat auch eine. Er empfiehlt sie allen seinen Leuten.«
»Ich gehör nicht zu seinen Leuten«, sagte ich. »Auf jeden Fall sieht sie nicht besonders transportabel aus.«
»Sie sehen auch nicht so aus, als ob Sie viel herumkommen würden.«
Ich nahm eine Kassette, ein metallenes Sandwich mit deutscher Schrift. »Also Stieglitz hat so eine, ja? Der ist ja auch die kulturelle Speerspitze der Fotografie!«
»Das ist nicht witzig. Stieglitz ist nicht irgendein Fotograf, er ist die Fotografie selbst.«
»Wenn Sie das glauben, glauben Sie alles!«
»Wer sind Sie?« rief er.
Ich blieb ganz ruhig, ließ mir die Speed Graphic zeigen und sagte:
»Packen Sie sie ein – und ich nehme ein halbes Dutzend von denen hier«, und zeigte auf die Kassetten. Er dachte, er hätte

mich: »Ich hab 'ne Neuigkeit für Sie«, sagte er böse, »die passen nicht in die Graphic.«
»Ich hab auch 'ne Neuigkeit für Sie, mein Bester, die sind auch nicht für die Graphic gedacht. Also packen Sie ein, und wenn Sie noch mal den Mund aufmachen, werd ich mal 'n paar Worte mit Ihrem Geschäftsführer wechseln.«
Es war Stieglitz gewesen, der verhindert hatte, daß meine Arbeiten in New York gezeigt wurden – die Provincetown-Ausstellung, in die ich solche Hoffnungen gesetzt hatte. Für mich war das so, als versuchte Stieglitz, sich zwischen mich und Orlando zu stellen. Natürlich wußte er nichts von Orlando, aber es war nun mal so, daß ich die Fotografiererei nur deshalb ernsthaft betrieb, um schließlich meinen Bruder davon zu überzeugen, daß sein Platz bei mir in der Dunkelkammer war.
Stieglitz hatte meine Fotografien verschmäht und sich damit gegen mich gestellt.
Wenn Stieglitz etwas nicht gefiel, dann war es keine Fotografie. Obwohl ich ihn für wenig bedeutend hielt – er war lediglich jemand, der einen Haufen devoter Leute mit seiner öligen Freundlichkeit einwickelte –, so wußte ich doch, daß die Welt »cheese« sagte, wenn Stieglitz die Kamera hob. Er hatte in New York seine eigene Galerie *An American Place,* und niemand schien sich Fotograf nennen zu dürfen, der nicht die Anerkennung dieses zweifelhaften Mannes gewonnen hatte. Wahrscheinlich war ich voreingenommen, aber für mich war der beste Beweis dafür, daß er keinerlei Urteilsvermögen oder Geschmack besaß, die Tatsache, daß er meine Arbeiten abgelehnt hatte.
Das lange Ausbleiben von Anerkennung – ich war jetzt einunddreißig – bestärkte mich in meiner Originalität. Ich vermied fotografische Zirkel, und während sich die Jünger der Fotografie in »Schulen« zusammenschlossen und sich vor allem nach »Gruppen« und »Bewegungen« sehnten, hatte ich die Cliquen zu hassen gelernt und sah sie als Brutstätte mörderischer Vereinsmeierei, wo schwache und unsichere Kulturganoven sich für Kritiker und Kunstgeschichtler prostituierten. In meinen Augen war Stieglitz schuld daran. Seine Autorität hatte die anderen Fotografen so sehr geschwächt, daß sie allein nichts mehr wagten – sie fanden sich damit ab, Teil seiner Legende zu sein. Die Schule lebt von der Gruppenmen-

talität; sie ist die Antwort des Möchtegernkünstlers auf seine eigene Unzulänglichkeit. Es mußte irgendwas mit den Prätentionen der Fotografie zu tun haben, dieser unexakten Wissenschaft, die manchmal Kunst, manchmal Handwerk und manchmal nur ein neuformuliertes Klischee war. Die Schulen und Bewegungen bettelten Stiftungen um Geld an, ließen sich Stipendien geben, verliehen sich gegenseitig Preise und veröffentlichten Zeitschriften zum einzigen Zweck der Selbstbeweihräucherung. Eine einträgliche Masche, aber Gift für uns Originale!

Was mich am meisten störte, war die Tatsache, daß viele der von mir respektierten und einige der von mir bewunderten Fotografen schon in einer von Stieglitz' verschiedenen Galerien Ausstellungen gehabt hatten. Sogar Poopy Weston hatte sich seine fünfunddreißigpfündige Bildmaschine auf Stieglitz' Anraten gekauft. Weston hatte mir gezeigt, wie man damit umgeht, und gesagt: »Du wirst nicht weit kommen, wenn du Alfred nicht kennenlernst.«

»Ich bilde mir ein, daß die Arbeit zählen sollte, nicht die Person.«

»Deine Arbeiten kennt er.«

»Sie haben ihm nicht gefallen, also lernt er mich auch nicht kennen«, sagte ich. »Ich bin kein Klinkenputzer, Westy, das kannst du ihm ausrichten.«

Der Stolz ist eine vernarbte Wunde. Ich hatte Angst vor einer weiteren Niederlage, vor einer neuen Verletzung. Ich konnte Stieglitz die kalte Schulter zeigen, aber wer würde das auch nur bemerken? Er bestimmt nicht, er hatte mir schon von sich aus die kalte Schulter gezeigt. Ich hätte den Mann mit Freuden umgebracht, nur um hinterher sagen zu können, warum. Jeder Mörder muß die Hoffnung haben, daß er eines Tages vor Gericht Gelegenheit erhält, zu erläutern, was ihn zu seiner Tat getrieben hat.

Meine Rachegedanken heiterten mich auf, während ich im Hotel meine Schalen und verstöpselten Chemieflaschen auspackte. Ich nahm mir meine neue Speed Graphic vor und zerlegte sie in ihre Einzelteile. Ich spielte mit dem Zubehör herum. Schließlich saß ich ganz still in dem Zimmer, das ich wegen der Filme verdunkelt hatte.

Der Regen fiel immer noch klatschend auf das Pflaster, aber von draußen drängte sich das Licht durch den Schlitz des schadhaften Fensterladens und warf durch diese Unvollkommenheit einen so vollkommenen Kegel an die Wand, daß ich darin versank, bis sich der Tag rot und laut in der Nacht verlor.

»Haben Sie schon mal was von Alfred Stieglitz gehört?« fragte ich am nächsten Tag einen Taxifahrer.

»Von wem? Hör'n Sie zu, Lady...«

»War nur 'n Versuch«, sagte ich und gab ihm befriedigt die Adresse von *An American Place* in der Madison Avenue.

Samstag: Die Galerie war überfüllt. Das Wochenende ist die Zeit der Fotografen, weil die meisten Amateure sind, die die Woche über in irgendwelchen Büros arbeiten, um die Ausrüstung zu bezahlen, die sie wegen der Arbeit nicht ausnutzen können. Die, die hier bei Stieglitz herumhingen, wurden vom Gewicht ihrer Kameras fast zu Boden gezogen, was mir genauso lächerlich vorkam wie Museumsbesucher, die zum Anschauen von Gemälden und Skulpturen schmierige Pinsel, Paletten und Beitel mitnahmen. Von der Ausstellung selber erinnere ich mich nur an ein paar Bilder: Imogen Cumminghams *Magnolienblüten* muß dort gewesen sein – es war überall; ein paar Walker-Evans-Tafeln – wie der Mann das Chaos liebte! –, ein Verkehrsstau von Berenice Abbott, einige von Strands Bauern, vielleicht Steichens Alsenbaum, ein Edward-Weston-Wetterbericht (teils heiter, teils wolkig, von Osten her aufklärend) und einige seiner Paprikaschoten und Muscheln, mehrere typische Käsebier-Damen, Ourslers *Admiral Byrd* (ein Gesicht wie ein Gletscher, eisblaue Augen) und Stieglitz' Weichzeichnerprogramm: behaarte Rosenblätter, Brustwarzenstudien und kalte kleine Akte, deren Bauchnabel wegretuschiert waren. Es gab einige »ohne Titel«, die auch keinen verdient hatten, zu viele Feuerleitern und eine Menge Fotojournalismus aus der Industrie (Nieten, Löffelbagger, Maschinen: ein Ausdruck der Verlegenheit der Fotografie gegenüber der Arbeitswelt). Und natürlich die üblichen Klischees: verlassener Spielplatz, Straße bei Regen, Dame mit komischem Hut, Torso mit Titten, Schuhputzer, besoffener Penner, Prostituierte mit Schlitz im Kleid neben »Zimmer zu vermieten«, Arbeitsloser im Unterhemd, Eskimo, Mutter und Kind, Jazztrompeter, Haus mit zerbrochenen Fensterscheiben – in anderen Worten: keine Pratts.

Man konnte aufregendere Sachen sehen, wenn man aus dem

Fenster guckte. Das war für mich ein in seiner Schlichtheit vernichtendes kunstkritisches Urteil.
Ich verschwendete keine Zeit damit, mich an der Rezeption nach Alfred zu erkundigen, sondern ging geradewegs auf die Tür zu, die die Aufschrift *Privat* trug. Ich ging sehr selbstbewußt durch diese Tür, als sei es eine der letzten, die ich einzurennen hatte, bevor ich endlich anerkannt würde. (Ein Raum nach dem anderen – und im letzten würde Orlando auf mich warten). Ich stand in einem kleinen, abgedunkelten Zimmer. Die Leute, die darin saßen, konnten nur Fotografen sein.
»... schmuddeliges Stilleben, im Dutzend billiger«, hörte ich und sah hinter dem Sprecher, der ein Zwerg von einem Mann mit sehr roten Ohren und untadeligen Overalls war, und hinter einer als Mann verkleideten Frau und einem Mann in Gelb Stieglitz selbst an einem Schreibtisch sitzen, der mit aufgebogenen Stapeln von Fotos bedeckt war. Nicht sein Kopf oder die Faust an der Wange, nur die schwarzen Augen bewegten sich auf mich zu. Der Sprecher machte eine kleine Drehung und klemmte die Daumen in die Träger seines Overalls. Als er merkte, daß ich nicht weiter wichtig war, verzog er das Gesicht und erzählte weiter.
Stieglitz starrte mich an, und bevor er noch den Mund öffnete, konnte ich sehen, was ihm so viel Autorität verlieh. Er hatte ein dunkles, schlechtgelauntes Gesicht, die Bescheidenheit der Millionäre, ein gefährlich aufgeladenes Schweigen und grimmige kleine Tyrannenlippen, denen sein Schnauzer angepaßt war, als ob er sich für sein verächtliches Lächeln eine passende Schablone geschnitten hätte.
Für mich war seine Kamera wie der Zylinder eines Zauberers. Sie paßte zu ihm, weil seine verdrießliche Art an einen schlechtgelaunten Magier erinnerte, der kein Publikum für wert erachtete, ihm bei seinen Tricks zuzusehen.
Aber da war noch etwas: In dem unverhüllten Hochmut dieses Kartenhais und Komödianten lag eine winzige Spur Abwehr, die mir Mut machte. Jedes Anzeichen von Schwäche bei anderen machte mich tapfer. Ich konnte seine Verachtung ertragen, denn sie wurde eingeschränkt durch ein Mißtrauen, das – es konnte nicht anders sein – der Angst entspringen mußte. Das also war der bluffende Feigling, der meine Bilder nicht aufhängen wollte.

»Suchen Sie jemanden?« sagte der Mann mit den roten Ohren, dessen Monolog aus dem Rhythmus geraten war, seit ich vor ihm stand.
»Ich möchte Herrn Stieglitz sprechen.«
»Der ist essen gegangen.«
»Ich habe Grund zu der Annahme, daß er hier im Zimmer ist.«
»Wer sind Sie?« Das kam von der Dame im Nadelstreifenanzug, die mit ihren Männerhosen und dem glatt anliegenden Haar auf verrückte Weise attraktiv aussah.
»Ach Gott, Sie kennen mich bestimmt nicht«, sagte ich und dachte: Wenn Sie mich erkennen, halt ich meine Rede und hau ab.
»Aber ich bin furchtbar interessiert an der Fotografie und habe schon so schrecklich viel von Herrn Stieglitz gehört. Himmel, er ist nicht nur ein Fotograf, er ist die Fotografie selber.«
Das war wie Riechsalz, die Schmeichelei. Der dunkle Mann am Schreibtisch zog die Nase kraus, warf den Kopf zurück und sagte: »Ich bin Stieglitz.«
»Mann!«
»Ich war noch nicht fertig«, sagte der rotohrige Knirps.
Die Frau zündete sich ein Zigarillo an; der Mann in Gelb kreuzte die Beine.
Stieglitz räusperte sich, und schon waren sie still. Ich hatte Zeit, den Raum zu studieren. Zeitungsausschnitte, ältere Ausstellungsplakate – auf den meisten Stieglitz' Name –, ein paar terpentinfarbene Fotos wie Gemälde von Whistler, Frauen mit Federboas, in Erkern hingegossen, ein paar Jungfrauen, die mit dem Lustmolch hinter der Kamera ihr neckisches Spielchen trieben, Stieglitz' berühmtes Bild *Steerage* und außerdem Schnappschüsse, schlecht gemacht, aber trotzdem immer noch besser als alles, was dort sonst zu sehen war.
Der Schnappschuß ist die einzig wahre amerikanische Volkskunst. Ich mochte die aufdringliche Gangway nicht, die *Steerage* in zwei Hälften teilt, und wandte mich den aufgestellten Preisen und Medaillen zu, darunter eine sehr alte, wunderschön gearbeitete Holzkamera, die nach einer Fox Talbot aussah. Rechts, in einer sonst leeren Ecke des Zimmers, stand Stieglitz' Zylinder, eine Sechs-mal-acht-Plattenkamera auf Stativ. Obwohl ich ziemlich weit weg war, konnte ich doch erkennen, daß sie alt war, abgestoßen an den Kanten und

tatsächlich ausgerüstet mit einer Birne, die an einem rosa vergammelten Schlauch hing.
»O Mann!«
»Was wollen Sie?« fragte Stieglitz.
»Ich möchte Sie fotografieren.«
Die Dame mit dem Zigarillo lachte verächtlich auf. Auch die beiden anderen gaben Zeichen der Heiterkeit von sich, aber verkrampft und tonlos, als mühten sie sich, etwas sehr Schweres vom Boden aufzuheben. Aber Stieglitz lachte nicht, und als sie das merkten, hörten sie auf.
»Sie haben Ihre Kamera vergessen«, sagte er barsch. Vielleicht fragte er sich, ob ich ihn auf den Arm nehmen wollte.
»Ich hab sie absichtlich zu Hause gelassen«, sagte ich. »Aber hiervon hab ich jede Menge.« Ich zeigte ihm die vollen Kassetten.
»Sie brauchen was, wo Sie die reinstecken können.«
Ich schenkte ihm mein süßestes Lächeln. »Ich dachte, ich könnte vielleicht Ihre Kamera benutzen, Herr Stieglitz.«
Nach den Mienen der anderen hätte man meinen können, ich hätte den Bischof um seine Unterhosen gebeten. Was für eine Idee! dachten sie, unmöglich!
Aber diesmal – zum erstenmal, seit ich den Raum betreten hatte – sah ich einen Anflug von Lächeln unter Stieglitz' Schnurrbart, dessen Enden sich interessiert hoben. Sein Mund war ein gekritzelter Satz zwischen zögernden, aber eindeutig freundlichen Klammern.
»Das ist eine ziemlich große Kamera.«
»Ich bin ein ziemlich großes Mädchen.«
Er nickte, fuhr sich mit der Hand über den Mund und brachte den Schnauzer wieder in seine alte höhnische Form.
Mir fiel auf, daß er die anderen Leute völlig ignorierte. Es war möglich, dachte ich, daß er sie nicht leiden konnte und ihnen das jetzt zeigen wollte. Er stand auf und schlurfte widerwillig, eine Schulter höher als die andere, zu seiner alten Kamera hinüber, ging um sie herum, sah sie von der Seite mit schnellen Blicken an, als sei er drauf und dran, seine Hand hineinzustekken und ein Kaninchen herauszuziehen.
»Sie interessieren sich für Fotografie, ja? Verstehen Sie auch was davon?«
»Jede Menge«, sagte ich, »ich kann gar nicht genug davon kriegen.«

»Sie kann nicht genug davon kriegen«, sagte er zu dem erstaunten Publikum. »Habt ihr das gehört? Das ist wichtig.« Er hielt mir die Birne entgegen.
»Was ist, können Sie damit umgehen?«
Ich nahm sie, drückte sie hart und hörte den Verschluß klacken. Ein verschmitzter Blick brachte die Klammern in seine Mundwinkel zurück, und er sagte: »Also los, aber fix!«
Er fühlte sich sicher. Wäre ich als Maude Pratt, die Fotografin der Boogie-Männer bei ihm aufgetaucht, hätte er mich hochkantig rausgeworfen. Aber wer war ich? Nur ein farbloses Mädchen mit einer Wollmütze und einer Handvoll Kassetten, die »Ach Gott« und »Mann!« sagte. Ich war eine blutige Anfängerin, keine Bedrohung für den großen Mann. Außerdem war ich nur eine Frau, er hatte nichts zu verlieren. Das war das Geheimnis unseres Erfolgs: Fotografinnen wurden entweder total ignoriert, was nicht unbedingt ein Nachteil war, oder aber als Frauen, nicht als Fotografinnen behandelt. Das Theater mit der Gummibirne: Die plumpe Symbolik darin sollte mir die Schamröte ins Gesicht treiben, das war alles. Mit ganz wenigen Ausnahmen ist die Geschichte der amerikanischen Fotografie die Geschichte eines beherzten Mädchens, das sich einen berühmten Mann aufs Korn nimmt.
Stieglitz war zur Wand gegangen, lehnte sich an und machte ein grimmiges Gesicht, als hätte er gerade entdeckt, daß das Dach leckt, eine Pose wie Steichens *Gordon Craig*.
Das dreckige Fenster warf zitronengelbes Licht über eine Gesichtshälfte und kleckste den Rest mit Schatten zu – schwarze Arme, schwarze Jacke, schwarzes Ohr. Mehr denn je erschien er mir als der eitle Magier, der sich weigert, das unbedeutende Geheimnis seiner Tricks zu enthüllen. Mir wurde bewußt, daß dies der Ausdruck war, den er sich geben wollte, Verachtung für alles und jeden. Das war der Ausdruck, den ich festhalten wollte, seine schwache Bösartigkeit.
»Wackelt«, sagte ich, während ich die Kamera auf ihn richtete.
»Und was ist das hier?«
»Die Linse«, sagte er. »Es ist eine Goerz Dragor, das Beste auf dem Markt.«
»Es ist so verflixt oxydiert, daß ich nichts erkennen kann. Himmel, die Blende ist ganz unleserlich. Ich weiß wirklich nicht, wie Sie das machen.«

Als ich seine Kamera kritisierte, vergaß er sein Gesicht und fing an zu denken. Wenn die Leute nicht dabei denken, kriegt man sie unmöglich so hin, daß sie sich einigermaßen ähnlich sehen. Nun beobachtete ich, wie sich kopfüber auf der Mattscheibe sein unsicherer Mund abzeichnete, den das Nachdenken zu kräuseln begann, und wie seine Augen argwöhnisch wurden. Ich ließ die Kassette einschnappen, stellte mich neben die Kamera, ergriff die Birne, sagte »jetzt kommt's« und drückte zu. Ich hörte das komische Krrr-klack wie von etwas, das in eine kleine Falle gerät.

Peng, dachte ich, *du bist tot.*

»Machen Sie weiter.« Er veränderte seine Haltung nicht, obwohl er mit jedem Schuß den Kopf ein wenig weiter zurücknahm, bis er beim letzten – vielleicht aus Ungeduld, die Sache endlich hinter sich zu haben, vielleicht auch in dem Bewußtsein, daß er wie ein Fisch beim Fischstechen, von der Lampe geblendet, in die Falle gegangen war – ganz kleine Augen bekommen hatte. Aber auf seinem Gesicht hielt sich der harte Ausdruck von Verachtung und Neid. Er hatte den Atem angehalten.

»Na also«, sagte ich. »Hat doch kein bißchen weh getan, oder?«

Ich ließ die belichteten Kassetten in meiner Tasche verschwinden.

Er seufzte und setzte sich, irgendwie verändert. Ich hatte das Gefühl eines entscheidenden Sieges. Er saß gebeugt und erschöpft da, sein höhnischer Ausdruck war verschwunden, er wirkte nackt. Es war, als hätten ihm die Aufnahmen eine Hautschicht vom Gesicht gepellt.

»Wenn Sie fertig sind, Lady, können Sie gehen.« Seine Stimme hatte einen matten Klang.

»Tausend Dank«, sagte ich, und an der Tür: »Hätten Sie gerne die Abzüge gesehen?«

»Ich bezweifle sehr, daß sie das wert sind.«

Falsch! dachte ich. Ich lächelte den Leuten zu, die dabeigewesen waren. Ich hatte Zeugen.

Und das Hotelzimmer, dem ich entflohen war, weil ich mich darin leer und schuldig gefühlt hatte, erschien mir beim Wiedersehen wie ein vertrautes Eckchen meiner Seele. Ich schraubte meine roten Birnen ein, zog die Läden herunter und verstopfte den Lichtschlitz mit Handtüchern. Ich stiefelte in der rosigen Finsternis umher, entkorkte Chemikalienflaschen und ließ Wasser ins Badezimmerbecken laufen. Dann begann ich die einfache, angenehme chemische Arbeit: Ich bewegte die Platten im Entwicklerbad, bis sie reif waren. Das gesprenkelte Ergebnis meiner Arbeit war ein perfektes Ebenbild von Stieglitz, die Schicht, die ich ihm geklaut hatte, aber viel besser als erwartet. Ein Treffer genau zwischen die Augen.

Den Sonntag verbrachte ich damit, drei Sätze Abzüge zu machen, und bedauerte nur, daß Orlando nicht bei mir in der Dunkelkammer war, um meine Trophäen zu bewundern und mich dafür zu umarmen.

Er war auch nicht im Adams House.

»Wer, soll ich sagen, hat angerufen?« sagte die Stimme.

»Seine Schwester«, sagte ich. »Und ich warte immer noch.«

Einen Satz Abzüge schickte ich an Stieglitz, ohne Kommentar, ohne Namen und doch in dem sicheren Glauben, daß meine Originalität aus den Arbeiten sprach. Er war eitel: Er würde sie aufhängen.

Den anderen Satz schickte ich an den Camera Club an Stelle einer Visitenkarte. Bald würde ich mehr vorzuweisen haben, eine Ausstellung und die Art von Ruhm, die Orlando dazu bringen würde, zu sagen: »Du hast es geschafft, Schwesterchen!« Mein Gefühl des Sieges war so überwältigend, weil ich ja wirklich total unbekannt war. Ich genoß diesen Triumph meiner Anonymität, denn ich wußte, sie konnte nicht von Dauer sein. Der fotografische Anschlag auf ein Denkmal, auch von obskurer Hand, überträgt immer ein Stück Ruhm des Opfers auf den Täter, das gehört nun mal dazu. Ich hatte mir diese Trophäe redlich verdient.

17 *Sumpfbewohner*

Der Dienstmann mit dem purpurroten Käppi auf dem Kopf murmelte dunkel die schweren Koffer an, die er zu schleppen hatte, meine Ausrüstung, praktisch meine ganze Dunkelkammer. Ich konnte es ihm nicht verdenken, er kannte mich ja nicht. Und ich war nicht hübsch genug, um von vornherein unfehlbar zu sein. Die Leute schauten gewöhnlich mit ernsten,

unkonzentrierten Augen an mir vorbei, als ginge neben mir eine Doppelgängerin.
Als ich in den Zug kletterte, wandte sich kein Kopf nach mir. Der Mann, der an der Tür zum nächsten Abteil lehnte, sah mich vor meiner Abteiltür lächeln und setzte seinen enttäuschten Blick auf meinem Hut und meinen Knien ab. Der Steward ließ meinen Drink überschwappen und entschuldigte sich nicht. (Ich trank inzwischen regelmäßig, vorzugsweise Gin; den sah ich als mein Fixierbad an, weil er mich stabilisierte.) Ich hätte mich zu Recht elend fühlen können, aber – ganz im Gegenteil – ich war derartig von meinem Erfolg als Fotografin überzeugt, daß ich das Gefühl hatte, inkognito zu reisen wie ein Original, das seine Triumphe hinter sich läßt und in die Anonymität flieht, wohl wissend, daß es mit der Ruhe vorbei ist, wenn man es erkennt. Meine fotografische Tat würde mich einholen. Momentan war sie noch mein Geheimnis, bald würde es die Welt teilen.
Ich hatte einen Fensterplatz und betrachtete meine beiden Gesichter in der Doppelscheibe. Das Entferntere war hübscher, wie eine Maske hinter dem eigentlichen Gesicht.
»Ich liebe Züge.« Das war der Mann vom Abteil nebenan, auf die Ellbogen gestützt, ein schwachsinniges Grinsen auf den Lippen.
Ich sagte: »Ich wünschte, sie wären schneller.«
»Aber das ist gerade das Schöne daran«, sagte er. »Ich hab es nicht eilig.«
»Wenn Sie's nicht eilig haben, warum fahren Sie dann überhaupt?«
Ich verbrachte den Großteil der Fahrt in meinem Abteil und trank und träumte. Es war immer derselbe Traum einer großen Überraschung. Orlando würde am Abend meiner Rückkehr in der Windmühle auf mich warten: Er war allein, er hatte gespürt, daß ich kam. Das Versprechen unserer Kindheit war zu einem Schwur geworden. Der Halbmond hing zwischen den Windmühlenflügeln und badete die Erde in seinem staubigen Licht, das aus der Salzmarsch, dem Ufer, der ganzen grauen Welt eine Vision Orlandos machte. Die Grillen, das Klatschen der Wellen, das Zittern der Blätter im Wind. Und ich sah, daß er da war, weil das Leuchten, das von ihm ausging, die Windmühle flackern ließ wie eine Laterne. Ich schlich durch das Gras und die Stufen hoch, wo er lag. Meine Kleider fielen

irgendwie von mir ab. Er lachte leise und schloß mich in seine Arme. Er bereitete mich zärtlich vor, dann legte er sich auf mich und füllte mich mit Leben. Meine Haut brannte hell. Träume erschöpfen sich in ihrer Vagheit, aber ich wußte, was ich wollte: Er sollte die jungfräuliche Dunkelheit meines Körpers zerreißen. Dann Schluß mit der Fotografie! Adieu, Kamera! Adieu...

»Orlando, Orlando, in wenigen Minuten erreichen wir Orlando, Florida.«

Ich erwachte und zog die Jalousien hoch. Florida, grün wie ein Gewächshaus, mit kleinen schmollenden Büschen und hier und da ein paar Palmen. Es war ein verwilderter Garten voller Farne in einem klargelben Sonnenaufgang. Niedrige Wälder und Überschwemmungen, Wasserfinger, dann ein Ozean von Hyazinthen, in dessen Blatt- und Zweiggewirr die Vögel auf und nieder tauchten.

Es waren weder die schlanken Strandläufer noch die plumpen Seevögel, die ich von zu Hause kannte, sondern Kreaturen, die direkt aus der Morgendämmerung der Schöpfung herübergeflattert zu sein schienen, mit leuchtenden Schwänzen, langen Schnäbeln und dünnen Beinen, die sie beim Aufsteigen anzogen. Wenn sie dann wieder auf dem Wasser niedergingen, schlugen sie die weißen Federn wie einen Fächer weit auseinander. Der Morgen war so heiß, daß sich kein Tau auf den Blättern hielt und alles trotz des vielen Grüns sehr alt aussah. Moosige Parasiten baumelten von den überhängenden Ästen, und was ich an Blumen sah, war lotusähnlich, so zart, daß ein Foto sie versenkt hätte.

An manchen Stellen war das Sumpfwasser schaumig-trüb; schwarze Schößlinge und Baumstümpfe erhoben sich aus der Brühe, einige wie Galgen, andere wie Kleiderständer oder gebrochene Lanzen. Jede der toten Stangen trug einen gestreiften Kragen aus dunklen Tidenzeichen. Wo dieser grüne Schleier aus Fäulnis von der Morgensonne getroffen wurde, explodierte er in düsteren, grauen Nebel. Ich konnte mir nicht vorstellen, daß irgend etwas Warmblütiges hier überleben konnte, nur die Familien eierlegender wäßriger Reptilien, die ihre Schnauzen durch das warme Wasser schoben.

Es roch nach Gefahr, die wilde Vegetation schien unaufhörlich zu wachsen, fleischige Pflanzenarme glitten von Stumpf zu Stumpf, wurden im Schlick immer größer und fetter und

waren zugleich so schlaff, daß der kleinste Vogelflügel sie erzittern ließ. So etwas hatte ich noch nie gesehen. Es war das älteste Leben in Amerika, es war vor allen Kanus hiergewesen, so ganz anders als alles, was ich vom Kap her gewohnt war, wo selbst die entlegensten Dünen voller Fußstapfen waren. Ich hatte nicht gewußt, daß es Orte wie diesen gab.
Der Garten Eden mußte so gewesen sein. Kein manikürter Park aus Obstbäumen, Feigenblättern und gestutzten Hecken, kein alttestamentarischer Garten mit Schildern: Obst pflücken verboten!, sondern diese saftige Wildnis, weglos, abenteuerlich und halb im blubbernden Matsch versunken, mit einem ungeregelten, kindlichen Wachstum, das nie ein Ende nahm. Hier gab es keine Ordnung. Hier waren Bruder und Schwester frei wie die Frösche. Bäume umarmten einander, waren wie Liebespaare ineinander verschlungen, schwollen in der Berührung an.
Einen Nachteil hat die Fotografie: Es gibt kein zweites Mal. Ich versuchte, meine Vision Floridas vom Zug aus zu schießen, aber das rüttelnde Fenster verwackelte die Aufnahmen. Später hatte ich noch einmal Gelegenheit, in dieser Gegend zu fotografieren, aber da war es zu spät. Die Bilder wirkten nicht mehr echt. Meine besten Bilder bildeten mehr ab, als mein Auge wahrnahm, und was diesen fehlte, war die Unmittelbarkeit, die dieses Mehr produziert.
Wir werden unsere Flitterwochen hier verbringen, dachte ich: Flitterwochen im Paradies.
»Hoffentlich findest du hier was zu tun«, sagte Mama sofort nach meiner Ankunft in Verona. Ihr Ton war entmutigend, sie sah mich an, als wollte sie sagen, *du hättest nicht herkommen sollen.*
Papa las vor, was auf Mamas Gesicht geschrieben stand: »Ich weiß beim besten Willen nicht, was du hier willst. Außerdem bezweifle ich, daß Carney dich unterbringen kann.«
»Du hast gesagt, sein Haus hat zwanzig Zimmer.«
»Sein Palast«, sagte Papa. »Fünfundzwanzig, alle belegt.«
»Das ist ja nicht zu fassen.«
Carneys Palast (wir saßen auf Sofas in einem riesigen Aufenthaltsraum) war eine italienische Obsttorte mit Glockenturm und Schießscharten und einem Innenhof voller lüsterner Statuen. Auf der Seeseite stach ein Pier in den Golf von Mexiko. Aber die Jachten, die da lagen, beeindruckten mich

weniger als die Pelikane, deren Landetechnik ich durch das Fenster beobachten konnte. Der Kronleuchter in diesem Raum war lange nicht so schön wie die Pyramide aus Apfelsinen in der Kristallschale direkt unter ihm. Das Gebäude selbst war trotz all seinen Bildern und goldenen Säulen, dem barocken Stuck und den hohen bemalten Decken nur aus der Ferne umwerfend, aber wenig überzeugend, wenn man genauer hinsah. Es war ein roh zusammengehauenes Gebilde, lieblos, aber dick vergoldet: im Stil von Opernkulissen – spektakuläre Albernheiten. Carneys schlechter Geschmack war unersättlich, die schiere Größe hatte alle Sorgfalt überwältigt, und herausgekommen war etwas, das der ursprünglichen Großartigkeit des Sumpfes, den man trockengelegt hatte, weit unterlegen war.
Es machte mich traurig, daß Mama und Papa in diesem Treibhaus der Vulgarität glücklich sein konnten und jedes Jahr wieder hierherkamen. Aber was mir, glaube ich, am meisten Sorge machte, war der Mann, der für dieses Chaos verantwortlich war. Der Palast war eine sinnleere Satire auf Kunst und Grazie – jeder grinsende Cherub, jede blätternde Wand zeugte davon. Es war kein Duplikat eines italienischen Originals, es kam ihm nicht einmal nahe – es war, als hätte der Wilde, der dies aufgetürmt hatte, in seiner Unfähigkeit, etwas zu erschaffen, sein Vorbild mit enormem Aufwand verhöhnt. Jemand, der zu so etwas fähig war, würde vor nichts zurückschrecken.
»Macht euch keine Sorgen um mich«, sagte ich. »Sagt Carney, daß ich ein Zimmer in einer Pension habe, bei Mrs. Fritts. Ein nettes altes Mädchen.«
Mama sagte: »Da sollen Zirkusleute wohnen.«
»Sie ist ja jetzt erwachsen«, sagte Papa. Er sah mich scharf an. »Aber was ist mit deiner Schwester? Was soll die ganz allein da oben anfangen?«
Du hast es nötig! hätte ich beinahe gesagt, aber sein besorgter Gesichtsausdruck warnte mich, ein Ausdruck in doppelter Ausführung übrigens, denn die beiden sahen einander sehr ähnlich, braungebrannt, in blauen Hemden und weißen Anzügen. So weit weg von zu Hause wirkten sie wie ertappte Kinder, beschämt, als hätte ich sie bei etwas Unerlaubtem erwischt und ihnen den Spaß verdorben.
Papa sagte: »Sie dreht sicher nicht nur Däumchen, wie ich meine Phoebe kenne.«

»Phoebe kann auf sich selber aufpassen«, sagte ich.
»Sie ist dumm wie Bohnenstroh«, sagte Papa. »Und Orlando treibt sich wahrscheinlich auch da rum und macht Unsinn. Ich sag dir eins, Maude, wenn was passiert, bist du dafür verantwortlich.«
»Ich bleib nicht lange«, sagte ich. »Ich mach ein paar Fotos, und dann verschwinde ich wieder.«
»Carney will auf seinem Land keine Fotografen sehen!«
»Dann ist er entweder ein Idiot oder ein Verbrecher«, sagte ich.
»Er ist ein Renaissancemensch – amerikanische Renaissance«, sagte Papa. »Und er läßt sich nicht gerne verschaukeln.«
»Dein Mister Carney braucht keine Angst zu haben. Wir interpretieren, was da ist, Papa, wir erfinden nichts.«
»Er ist durchaus ein Mäzen der schönen Künste...«
Ich sah mir Carneys Porträt an, während Papa sprach. Ein rotwangiger, fleischiger Mann mit kleinen Augen, die tief in einem geschwollenen Schweinskopf saßen – ein schwitzendes Mastferkelgesicht mit dickem Hals, Schlachterhänden und weißen Haarbüscheln, die ihm wie Rauch aus den Ohren kamen. Er hockte in dem üppigen Rahmen über dem Kamin, als beobachtete er uns durch ein Fenster.
»Aber in seinem Herzen ist er ein Tänzer«, sagte Papa, »und er ist ein wundervoller Gastgeber. Wenn du klug bist, gehst du ihm aus dem Weg. Und vergiß nicht – keine Fotos, hier nicht.«
»Wer sagt das?« begann ich zu protestieren, denn Papa sprach wie der Boß Carney selbst, aber dann beruhigte ich mich und sagte: »Wer sagt denn, daß ich hier überhaupt fotografieren will? Ich würde ihm diese Freude gar nicht machen.«
»Du kannst die Indianer fotografieren«, sagte Mama. »Die machen Ringkämpfe mit Alligatoren, gar nicht weit von hier. Das wären Bilder, die du verkaufen könntest.«
»Genau«, sagte Papa, »und du solltest die Zitrusbaumhaine sehen, bevor du zum Kap zurückfährst, oder das große Stadion oben in Sarasota oder den Millsaps-Zirkus im Winterquartier und die Küstenstraße.«
»Coral Gables ist malerisch«, sagte Mama.
»Hast du schon mal einen Grapefruitbaum gesehen? Nein? Große, gelbe Dinger, hängen da oben wie Basketbälle. So was nenn ich malerisch.«

»Das Malerische ist nicht mein Stil«, sagte ich.
»Aber das wollen die Leute sehen«, sagte Papa.
»Deshalb vermeide ich es ja.«
»Neger«, sagte Mama, »es gibt Neger unten in Boca Grande. Du magst doch Neger.«
»Und dann kannst du wieder zum Kap zurückfahren«, sagte Papa.
»Wir bringen dich zum Bahnhof«, sagte Mama.
»Und was ist mit den Palmen und den Krabbenfischern und dem Sonnenuntergang über den grünen Wassern des Golfs?« sagte ich. »Die habt ihr noch vergessen. Und dann kann ich doch nicht den weiten Weg zurückfahren, ohne wenigstens die Zugvögel und das Treibholz ohne Titel mitzubringen. Habt ihr noch mehr solche Geheimtips?«
»Werd nicht komisch, Maude«, sagte Papa mit seiner Stockbrokerstimme. »Du hättest uns wenigstens Bescheid geben können, daß du kommst.«
»Was hättet ihr geantwortet?«
»Ich hätte dir gesagt, daß du daheimbleiben sollst. Du hast hier nichts verloren.«
Aber vielleicht finde ich was, dachte ich. Ich sagte: »Ein schönes Willkommen ist das.«
Mama sah Papa müde an, als wollte sie sagen: *Was machen wir bloß mit ihr?*
Papa sagte: »Ich weiß nicht, was du willst, Maude, aber ich hoffe bei Gott, daß du es nicht kriegst!«
In dem Moment wäre ich fast nach Hause gefahren; dann sah ich den ängstlich-verschlagenen Ausdruck in seinem Gesicht, Sorge und Hoffnung zugleich.
Er sagte: »Daß du Phoebe da oben ganz allein lassen konntest, übersteigt mein Begriffsvermögen.«
Ich dachte: Phoebe ist ihm verdammt egal. Mich will er los sein, und ich kriege schon raus, warum.
»Ich mach mich lieber auf den Weg zu Mrs. Fritts«, sagte ich. »Sie erwartet mich zum Abendessen.«
»Tu das«, sagte Papa und führte mich aus dem Palast. Er war leer, aber die Anwesenheit vieler Menschen war zu spüren – die Jachten am Pier, verschiedene Tabakgerüche und noch etwas, das schwerer zu erklären ist, die Atmosphäre von Räumen, in denen bis vor kurzem noch Menschen gewesen sind. Um zum vorderen Vestibül zu kommen, gingen wir durch einen

Flur, dessen Fenster auf den Innenhof blickten. Noch mehr Bilder und Vasen. Durch das Fenster sah ich ein Zelt, das gerade aufgestellt wurde: Arbeiter zogen an einer großen Plane und hieben Pflöcke in die Erde.
»Was ist denn das?«
»Ein Zelt«, sagte Papa.
»Ein Tausendsassa, dieser Carney!« sagte ich.
»Hör auf zu stänkern«, sagte Papa. Er zog mich vom Fenster weg und drängte mich weiter, bevor ich ein Bild machen konnte.

18 Pensionsgäste

Mrs. Fritts' Bungalow lag südlich von Verona hinter einem Palmenhain, der dem Anwesen das Aussehen einer Oase verlieh. In ihrem ordentlichen Garten stand ein knorriger Baum mit länglichen Samenhülsen, den sie ihren Zigarrenbaum nannte. An den Wänden des Hauses hingen religiöse Sprüche wie *Der Herr ist mein Hirte* und *Er ist mein Wehr und Waffen* und außerdem ein Affengesicht, das aus einer Kokosnußschale geschnitzt war. Mrs. Fritts behauptete, es gäbe Skorpione auf ihrem Grundstück. Außerdem hatte sie verschieden große Verschläge – in einem war ein Strauß, in einem anderen ein Känguruh. Diese Tiere und andere, die ich nur in Form von Gestank und nächtlichem Gehuste kennenlernte, hatte der Millsaps-Zirkus, dessen eigentliches Winterquartier sich in Verona befand, bei ihr untergestellt. Sie war ein sauberes, feuchtäugiges Fräulein um die siebzig, das längst aufgehört hatte, sich über die Tiere oder auch die Menschen in ihrer Obhut zu wundern.
Vielleicht waren sie auch gar nicht so komisch, dachte ich am dritten Tag meines Aufenthalts. Nicht sie hatten sich verändert, sondern mein Auge. Ich sah sie überall im Haus. Mr. Biker, den Zwerg, der »Hänschen klein« auf seiner Okarina spielte und beim Essen auf drei Telefonbüchern saß; Orrie, dessen Hände aus seinen Schultern wuchsen; die Fliegenden Faffners, Kenny und Doris, die auf dem Hochseil fahrradfuhren. Dann war da noch ein Mann, genannt »Klaue« Taft, aus Georgia, dessen Spezialität es war, den Finger in das Astloch

eines waagerecht liegenden Bretts zu stecken, Handstand zu machen und dann auf dem Finger zu balancieren; er hatte sich einen Vogel auf die Wange tätowieren lassen, der flatterte, wenn er Kaugummi kaute. Harvey und Hornette waren Kunstreiter. Pferde gab es nicht in Mrs. Fritts' Verschlägen, also lasen Harvey und Hornette Comics. Sie waren allesamt sehr stark. »Klaue« konnte Mr. Bikers Telefonbücher in zwei Hälften reißen, und Hornette, ein hübsches, etwa sechzehnjähriges Mädchen, konnte Coca-Flaschen mit den Zähnen öffnen.

Das Gruppenporträt, das ich von ihnen machte, *Pensionsgäste*, war eins meiner besten – noch ein Zufallstreffer bei Tageslicht, jedes Kind hätte dasselbe Bild mit einer Box zustande bringen können.

Sie sehen feierlich aus, die sieben und Mrs. Fritts. Orrie ist ein alter Mann, Mrs. Fritts trägt ihr gefälteltes Kirchkleid. Sie stehen dicht beieinander; es könnte ein Familienfoto sein, ein Sonntag auf einer Veranda im Süden, ein Treffen des Klans in Sommerkleidern und weißen Anzügen.

Aber man versteht es überhaupt nicht, wenn man sich nicht noch ein wenig Zeit nimmt. Dann, eben weil man es als Familienfoto angesehen hat, ist man schockiert: Der Bengel ist gar keiner, sondern ein Zwerg, der alte Mann hat Hände, aber keine Arme, der Schatten auf der Wange des nächsten Mannes ist ein tätowierter Vogel, und die Mädchen, Doris und Hornette, haben muskulöse Artistenschultern. Hinter Mrs. Fritts, eine Spiegelung im Wohnzimmerfenster, ist das bizarrste Detail: ein Vogel Strauß, aber so schwach, das man ihn erst sieht, wenn man sich auch die Personen genauer anguckt. Das Bild entfaltet nach und nach das Unerwartete, von Person zu Person. Man akzeptiert es zunächst wie etwas, das man oft gesehen hat. Das aber war ein trügerischer Eindruck. Ich wollte den Betrachter nicht bewußt irreführen, sondern ihn langsam in das Bild hineinziehen, ihn dazu bringen, genauer hinzusehen und nach immer mehr Details zu suchen: »Klaues« dicker Finger, Mr. Bikers freundliche Augen, Hornettes Schenkel, die müde Würde auf Mrs. Fritts' Gesicht, vielleicht der Strauß. Dann wird es wieder zur Familie. Das Betrachten des Bildes sollte wie das Lesen eines Buches sein, wie eine verzögerte Belichtung, eine Lektion im Sehen. Der Beschauer geht belehrt von dannen. Nichts sieht danach wie vorher aus. Die Welt hat sich nicht verändert – aber er.

Ich machte Abzüge von dem Bild, schenkte jedem eins und hatte acht neue Freunde. »Du bist die Beste in dem Geschäft«, sagte Hornette. Und Mrs. Fritts sagte: »Ich hoffe, Sie bleiben recht lange bei uns.«
Ich sagte ihnen, daß ich nicht lange in Florida bleiben könne, aber Carney einen Besuch abstatten wollte. Mrs. Fritts' Gesicht bewölkte sich.
»Nein«, sagte sie. »Das ist nichts für Sie. Gehn Sie da nicht hin!«
»Ich will die Pelikane aufnehmen«, sagte ich.
»Sind die Pelikane nicht phantastisch?« sagte sie. »Ich bin neunundzwanzig hier runtergekommen und bin immer noch verrückt nach ihnen. Aber fotografieren Sie mal Ihre Pelikane woanders. Der Carney ist Gift, und seine Freunde sind noch schlimmer.«
Ich sagte ihr nicht, daß meine Eltern dort waren. Ich schämte mich, daß ich mich ihrer schämte.
»Er hat 'ne Geldmaschine im Norden«, sagte Mrs. Fritts. »Aber sonst fehlt ihm alles. Stimmt's, Biker?«
Mr. Biker saß in seinen Kinderunterhosen auf dem Sofa, kickte mit den Füßen und sagte mit hoher Stimme: »Mit dem Jungen stimmt irgendwas nicht.«
»Seid ihr schon mal in seinem Haus gewesen?«
»Einmal im Jahr. Aber ein Haus ist das nicht.«
Orrie kam herein, seine Hände bewegten sich an den Schultern wie flatternde Flügel.
Mr. Biker sagte: »Sie will was über Carney hören.«
Orrie zeigte die Zähne und schnitt eine Grimasse.
»Sehen Sie?« sagte Mrs. Fritts. »Also bleiben Sie da weg!«
Sie warnte mich vor meiner eigenen Sippe. Ich sagte: »Ich dachte, ich könnte auch die Küste runter nach Boca Grande fahren. Ein paar Bilder machen. Die Palmen, Sonnenuntergänge, die Krabbensucher.«
»Was?« sagte Mrs. Fritts und öffnete den Mund, wie immer, wenn ich etwas sagen sollte.
»Die Indianer und so was.«
»Das klingt gut«, sagte Mrs. Fritts. Sie wandte sich wieder an Mr. Biker: »Sie will runter nach Boca Grande.«
»Gut?« kreischte Mr. Biker. »In Boca ist doch nichts los!«
Er hatte natürlich unrecht. Boca war eine schöne, allerdings ziemlich ruinierte Stadt mit Sand auf den Straßen und ver-

fallenden spanischen Gemäuern. Vor einer grandiosen Villa war ein Boogie-Mann dabei, den grünen Umriß einer Urne aus einer Hecke zu schneiden. Es gab Palmen und Hibiskusbüsche und Obst, das in der stillen Luft reifte, und einen Fisch- und Rauchgeruch, den ich unbedingt fotografieren wollte.

»Du mußt dich beeilen«, sagte Harvey, der mich mit Hornette in seinem Nash gefahren hatte. »Sieht nach Regen aus.«

»Wirklich?« sagte ich, weil die Sonne schien. Aber er deutete auf das Gewitter, das dunkel vom Golf hereinglitt wie auf schwarzen Flügeln. »Ich glaub, ich warte, bis es hier ist.«

Harvey lachte und sagte mehrmals zu Hornette, daß er noch keinen Fotografen gesehen hätte, der auf ein verdammtes Gewitter *gewartet* hätte. Als der Regen auf die Blechdächer zu prasseln begann, gegen die Rolläden schlug und die Straße im Nu überflutete, machte ich meine Speed Graphic unter einer Schaufenstermarkise fertig und nahm die Kinder auf der Veranda gegenüber auf, die zusahen, wie die Blitze herunterzuckten.

Innerhalb weniger Minuten war alles vorüber, nur die leuchtenden Bahnen der Tropfen blieben übrig, aber das sah mir zu sehr nach einem Walker Evans aus, also schlug ich vor abzufahren, bevor endgültig ein Ansel Adams daraus wurde.

In der Nähe war ein Pottaschedepot, wo es Boogie-Männer mit Lumpen auf dem Kopf gab. Ich nahm sie auf, ihre hellen Fußabdrücke zeichneten sich in der nassen Asche ab. Der Regen hatte nur die Oberfläche genäßt, und die helle trockene Asche lag gleich unter einer dunklen Kruste. Sie waren ziemlich still, diese Farbigen, und wollten nicht näher kommen, obwohl sie sahen, daß ich fotografierte.

Einige dieser Depotbilder legte ich so an wie das Familienbild bei Mrs. Fritts. Es gab Büsche, Bäume und Schatten auf dem Aschefeld, das, so hoffte ich, wie eine tropische Landschaft erscheinen würde, ein harmlos-hübsches Küstenbild auf den ersten Blick. Dann, wenn der Betrachter anfing, das Bild zu entziffern, und nur dann, würde er die reglosen Schwarzen erkennen, die wie Baumstümpfe aussahen. Dann Hühner, Fußstapfen, Baracken; Unrat, der wie Blumen, Pottaschestaub, der wie Sand aussah. Weder eine Erklärung noch eine Zusammenfassung, sondern Details, die sich zu einem Puzzle zusammenfügten, bis alles, was vertraut ausgesehen hatte, fremd und

neu war. So benutzte ich hübsch-harmlose Arrangements, um etwas zutiefst Beunruhigendes aufzudecken. Das war's dann aber auch. Ich hatte Boca Grande erschöpft: Es war in meiner Kamera.
»Der ist für dich, Maude«, sagte Hornette, als wir ins Auto stiegen. Sie gab mir einen Schokoladenriegel, den sie in der Stadt gekauft hatte.
Harvey wendete, und wir fuhren nun gen Süden auf einer Straße, die direkt durch den Sumpf führte, Schlingpflanzen überwucherten umgestürzte Reklametafeln. Ich sagte: »Ißt du keinen?«
»Ich muß auf meine Zähne aufpassen«, sagte sie. Sie lächelte freundlich. »Für meine Nummer. Ich hänge manchmal dran, weißt du.«
Sie sah ein wenig verlegen aus. Das war das erste Mal, daß sie in meiner Gegenwart auf ihre Zirkusnummer anspielte.
Harvey sagte: »Zirkusleute müssen auf ihren Körper achten. Wer das nicht macht, ist dem Tod sehr nah. Ist nicht leicht hier draußen im Winterquartier, man rostet ein. Aber Hornette hält ihren Körper gut in Schuß, was?«
»Und wie«, sagte ich. Mir war aufgefallen, daß sie bei Mrs. Fritts nie geraucht und nur Coca und Limonade getrunken hatten und immer früh zu Bett gegangen waren. »Was ist, wenn ihr Kinder haben wollt?« sagte ich. »Was passiert dann mit der Nummer?«
Hornette kicherte, und Harvey lachte laut auf.
»Das ist doch meine kleine Schwester hier!« sagte Harvey und zwickte sie in den Hintern.
Als ich das hörte und mich zugleich daran erinnerte, daß sie in einem Zimmer schliefen, wahrscheinlich sogar im gleichen Bett – wieso nicht? –, wurde ich melancholisch und dachte an Orlando. Ich beneidete sie um ihr Glück, bis mir wieder auffiel, daß ich ja seinetwegen hier war. Am Ende aller Bilder stand Orlando.
»Wo fahren wir jetzt hin?« sagte ich.
»Zur Alligatorfarm«, sagte Harvey. »So was hast du noch nicht gesehen.«
Ich sagte: »Es ist phantastisch hier. So wild. Und es gehört niemandem!« Und ich dachte: Die Wasserlilien da werden für ihr Blühen auch nicht von Jack Guggenheim bezahlt, wieso also ich?

»Du kannst deinen Yankees zeigen, was für'n wildes Land das hier ist«, sagte Harvey. »Denen fallen die Augen raus!«
»Es ist schön«, sagte ich.
»*Sieht* schön *aus*«, sagte er, fuhr langsamer und deutete auf den Sumpf. »Aber da ist schon mancher reingegangen, um sich nur 'n bißchen umzusehen, und ist nie wieder zum Vorschein gekommen. Man wird regelrecht runtergeschluckt. Stimmt's nich, Hornette?«
Harvey redete, und Hornette stimmte mit ihrem »aber sicher« und »jaa, Mann!« zu, bis ich das Gespräch auf Carney brachte. Da schwiegen sie beide und warfen einander schnelle Blicke zu.
Schließlich sagte Harvey: »Der Carney ist das Allerletzte.«
»Jeder sagt das, aber warum?«
»Er hat 'n Haufen Aktien. Mehr als Millsaps, ist aber noch 'n ganzes Stück gemeiner.«
Hornette preßte die Knie aneinander und schien zu schmollen.
»Er läßt ein Zelt aufbauen«, sagte ich. »Auf seinem Hof. Ein Riesending von einem Zelt.«
»Das ist für das Schweinedinner«, sagte Harvey, aber sein Gesicht verriet nichts. *Schweinedinner?* Ich hoffte, er würde noch mehr sagen, aber keine Spur. Nach ein paar Meilen fuhr er von der Straße ab und hielt neben einer bemalten Baracke und sagte: »Da wärn wir.«
Der Regen war darüber hinweggegangen und hatte überall Pfützen und eine seidige Nässe zurückgelassen. Ein lehmverschmierter Indianer – er war ein Miccosukee vom Stamm der Creek – platschte zu uns herüber, und während Harvey mit ihm verhandelte, ging ich mit Hornette die Alligatoren anschauen. Es gab große und kleine, von denen nur die langen Rachen aus dem schlammigen, kleinen Teich herausragten. Beaufsichtigt wurden sie von ein paar zerlumpten Indianerkindern, die wegschauten, als ich sie aufnahm. Harvey stieß zu uns und sagte: »Such dir einen aus, Maude – bist eingeladen. Nimm aber einen fetten!«
Ich deutete auf eine dicke Nase, und die Kinder zerrten ihn mit Seilen in eine flache, lehmige Senke, wo ein Miccosukee in Unterhosen stand. Der Alligator sah solide aus, gut gearbeitet sozusagen, mit dicken Nähten, übereinanderliegenden Panzerplatten und einem Drachenschwanz.

»Was macht er jetzt?«
»Er ringt mit ihm«, sagte Harvey. »Guck dir diese Glubschaugen an!«
Der Miccosukee trat dem Alligator in den Bauch und tanzte im Matsch um ihn herum, bis der den Kopf senkte und auf ihn zukam. Der Indianer wich den schnappenden Kiefern aus, hockte sich neben das Tier und warf es herum wie einen Baumstamm: Es leistete noch einen Augenblick Widerstand, dann ging ein Zittern durch seinen Körper, die handschuhartigen Pfoten legten sich sanft um den Arm des Indianers. Sein Rütteln, ja selbst sein Schlagen mit dem fetten Schwanz war kraftlos. Der Indianer grunzte und wählte einen neuen Griff. Er rang gar nicht richtig mit dem Alligator, er bestrafte ihn nur, und genau das wollte ich auf meinem Bild zeigen – den ungleichen Kampf: Der verkrustete Schlamm auf dem Rücken des Indianers ließ ihn selbst wie ein Reptil aussehen, und das gesprungene weiße Bauchfleisch des Alligators und die lose Haut an seinem Hals gaben der wehrlosen Unterseite des Tieres menschliche Züge.
Wenn Harvey mich nicht gedrängt hätte, hätte ich gar keine Aufnahme gemacht. Aber er hatte mir einen Gefallen tun wollen, und ich konnte ihn nicht enttäuschen. Es war schrecklich, diese Bilder zu machen, denn der Indianer bemerkte meine Kamera und begann zu übertreiben, das erschöpfte Tier zu quälen, und ich dachte: Ich bin nicht von so weit hergekommen, um Posen zu fotografieren.
Die Bilder waren frisiert, sie gaben dem Indianer Würde und der Szene das Drama des Drachenkampfes. Ich hatte leider nicht den Nerv, die Flucht des Alligators aufzunehmen, wie er völlig verängstigt kopfüber in die Sicherheit des Teiches zurückglitt, oder den Indianer, wie er seine lehmigen Krallen nach Harveys Fünfdollarnote ausstreckte.
»Was ich wirklich gern mal sehen würde«, sagte Harvey im Wagen, »wär, wenn so 'n alter Alligator einen von den Ringern auffrißt.«
»Das wär schon was andres als diese Ringerei«, sagte ich. »Wie wär's denn mit Carney statt des Indianers?«
»Dann wärn wir unseren Job los«, sagte Harvey.
»Wär ich gern«, sagte Hornette, »den Job los.«
Harvey sah sie scharf an und sagte: »Halt 'n Mund, Süße.«
»Ich hab gehört, er ist 'n Kunstmäzen«, sagte ich.

»Wenn Saufen und Fressen Kunst ist, ist er bei Gott ein Mäzen«, sagte Harvey. Er parkte neben einer Eisbude. »Willst du 'n Eis?«
Hornette und ich blieben im Wagen, während Harvey die Eishörnchen holte. Ich wollte mehr wissen, aber ich wußte nicht, womit ich anfangen sollte. Wie die anderen Gäste von Mrs. Fritts waren die beiden nicht besonders helle, aber bei aller Freundlichkeit und Naivität spürte ich ein Rätsel. Es war, als verbargen sie etwas hinter ihrer gutmütigen Einfältigkeit.
»Niemand mag diesen Carney«, sagte ich, nach einem Ansatz tastend.
Hornette schüttelte den Kopf.
»Das Schweinedinner«, sagte ich. »Was zum Teufel ist das, das Schweinedinner?«
»Ist bald.«
»Warst du schon mal dabei?«
»Baby«, sagte Hornette. »Wir *sind's*!«
»Erzähl mal!«
»So was hast du noch nicht gesehen«, sagte sie. »Es ist einmalig!«
»Das hat Harvey von den Alligatoren auch gesagt, aber ich fand das nicht so wild.«
»Es ist schlimmer. Aber ich kann nix dazu sagen, auch wenn ich wollte. Es gibt keine Wörter dafür, jedenfalls keine, die ich kenn!«
»Unbeschreiblich!«
»Du sagst es.«
»Genau das Richtige für meine Freundin hier«, sagte ich und tätschelte die Speed Graphic in meinem Schoß.
Hornette schloß die Augen und sagte: »O ja.«
»Du kannst mir helfen«, sagte ich. »Und das tust du auch, nicht?«
Aber bevor sie antworten konnte, kam Harvey mit zwei Eishörnchen zurück. Er gab mir eins, und nachdem er das Eis aus dem anderen geleckt hatte, gab er Hornette das leere Hörnchen zum Knabbern.
»Iß du nur, Maude«, sagte er. »Wir müssen auf unsere Körper achten.«

19 *Das Lamar-Carney-Schweinedinner*

Das heiße Auge Floridas schloß sich über dem Gold und überließ uns der dichten Schwärze der Nacht. Wir saßen in der Hollywoodschaukel auf der Veranda und stießen uns mit den Füßen ab. Das regelmäßige Pendeln war wie Denken.

Hornette sagte: »Du weißt nicht, was du da von mir verlangst, Mädchen.«

»Was verlange ich denn? Sag's mir, und ich verlier kein Wort mehr darüber.«

Sie stieß heftig ab. »Carney will nicht, daß es jemand sieht.«

»Das ist es ja!« sagte ich. »Deshalb will ich's ja!«

Hornette dachte nach. Sie sagte: »Ich kann dir nicht helfen.«

Wir schaukelten in der blinden Nacht.

»Also machst du alles, was er sagt.«

»Tu ich nicht«, sagte sie verdrossen und zog die Augenbrauen zusammen.

»Dann hilf mir!« sagte ich. »Schleus mich da rein – oder erzähl mir wenigstens, was ich verpasse.«

»Ich erzähl nix«, sagte sie. Sie bremste die Schaukel, indem sie die Füße auf der Veranda schleifen ließ. Sie sah sich um und flüsterte: »Du mußt es selber sehen. Aber das wird überhaupt nicht einfach sein!«

Am nächsten Morgen klopfte Mr. Biker an die Tür meiner Dunkelkammer. »Maudie!«

»Nicht reinkommen! Ich entwickle!«

»Jemand will dich sprechen. Auf der Veranda.«

Ich machte die Negative fertig. (Boca Grande, Alligatorenringer, Sümpfe und eine nette Kleinigkeit: ein Hund mit grünem Zelluloidschirm über den Augen, der von einem Mann mit genau dem gleichen Schirm an der Leine geführt wurde.) Unten saß Mama auf der Schaukel. »Maude«, sagte sie, »wer war dieser seltsame Mensch eben?«

»Das ist Mr. Biker.«

»Stimmt was nicht mit ihm?«

»Nicht, daß ich wüßte.«

»Er ist furchtbar klein«, sagte sie. Sie betrachtete stirnrunzelnd die Veranda. »Wenn ich gewußt hätte, daß es hier so aussieht, hätte ich dir etwas anderes besorgt.« Die Chefstimme; aber ich ging nicht darauf ein.

»Mir gefällt's«, sagte ich. »Ich hab mir oben unterm Dach eine

Dunkelkammer eingerichtet. Mama, warum bist du denn so großartig gekleidet?«
Sie trug eine dunkle Brille, einen Florentinerhut und Handschuhe. Statt ihrer Handtasche hatte sie einen Strohkorb in der Hand.
»Das ist mein Reisekostüm«, sagte sie. »Ich mache einen Ausflug nach Coral Gables. Deswegen bin ich auch hier – ich dachte, vielleicht hast du Lust, mitzukommen?«
»Und was ist mit Papa?«
»Der fährt nie mit.«
»Warst du denn schon mal dort?«
»Jedes Jahr«, sagte sie. »Papa bleibt hier, wegen des Dinners.«
»Und warum gehst du nicht zum Dinner?«
»Sei nicht albern«, sie fummelte an ihrem Korb herum. »Es ist eine reine Männergesellschaft, es würde mir nicht gefallen, nur Carney und seine Freunde. Außerdem sind wir gar nicht zugelassen, das Schweinedinner ist bekannt dafür.«
»Hab noch nie davon gehört.«
»Es ist eben was Besonderes«, sagte Mama stolz. »Wie ist es? Coral Gables – nur wir zwei?«
Komm, Tochter! sagte sie im Grunde. *Leg die Kamera weg und fang an zu leben!*
Aber ich hatte mich längst entschieden.
»Nein, danke.«
Als sie weg war, sah Mr. Biker ziemlich neugierig aus, als hätte er sich gern nach ihr erkundigt. Ich hoffte, daß er mir ersparen würde, meine Mutter zu verleugnen. Wenn er gefragt hätte, hätte ich gesagt: »Sie ist 'ne Guggenheim-Tante.«
Er fragte nicht. Er war klein, aber er war ein wirklicher Gentleman.
Und er hatte, das konnte ich sehen, andere Dinge im Kopf. Die Pensionsgäste wirkten alle wie verwandelt. Dieses Völkchen, das so freundlich zueinander gewesen war und mich so zuvorkommend aufgenommen hatte, wurde nun von einer Art Spannung gepackt. Sie stritten sich, beschwerten sich bei Mrs. Fritts, knallten die Türen. Gedankenlose Wut: Sie mochten nicht mehr miteinander reden, also knallten sie. Mrs. Fritts sagte nichts. Wann immer es Ärger gab, las sie die Sprüche an ihren Wänden. Beim Mittagessen schüttelte »Klaue« die Ketchupflasche so wild, daß seine Rühreier in einer Flut roter

Soße ertranken. Er fluchte und warf den ganzen Teller aus dem Fenster, das zum Glück offenstand. Dann ging er, türenknallend.

»Einfach zum Fenster rausgeschmissen!« sagte Orrie erstaunt.

»Scheiß auf ihn«, sagte Mr. Biker. Er nahm die Ketchupflasche, sah, daß sie fast leer war, sagte: »Wir haben doch bloß eine.«

»Mach dir nichts draus, Maude«, sagte Mrs. Fritts, die die ganze Zeit *Gott segne dieses Haus* angestarrt hatte. »Es ist dieses Schweinedinner.«

Mr. Biker sah noch kleiner aus, Orrie wie zerfledert, »Klaue« war verdrossen und führte zotige Reden. Die Akrobaten liefen hin und her, setzten sich, sprangen wieder auf. Das war Zirkusnervosität: Ich hatte vergessen, daß sie Darsteller waren. So unter Druck waren sie auf groteske Weise bösartig; sie trugen Gewalttätigkeit in sich; ihr Schweigen war gefährlich. Und sie schlossen mich aus: Es war eine stumme Anklage, als repräsentierte ich jene andere Welt, das Publikum, und als sei ich verantwortlich dafür, daß sie sich selbst zum Narren machten. Abends in meiner Dunkelkammer hörte ich Gebrüll und das Klirren von Porzellan und »Ich mach's nicht!« und »Du mußt« und leises Gewimmer wie von einem Kind, das in einem Schornstein festsitzt.

Um mich zu beruhigen, machte ich Abzüge: Boca Grande, die Boogie-Männer, der Regen, der Hund mit dem Schirm; und wenn ich sie kreischen hörte, drehte ich den Wasserhahn auf, um sie zu übertönen. Es war merkwürdig: die lauten Schritte in meinen Ohren und die friedlichen Fußabdrücke in meinen Bildern. Auch dieser Widerspruch schien darauf zu verweisen, wie weit meine Arbeit sich von meinem Leben entfernt hatte.

»Hast du noch Interesse?« fragte Hornette am nächsten Abend.

Ich sagte ja.

»Weil, ich glaub, ich hab 'ne Möglichkeit gefunden«, sagte sie mit Verschwörerstimme. Sie tat geheimnisvoll und hatte ein Kleiderbündel bei sich. »Probier das mal an!«

Sie gab mir ein Männerjackett, ein Paar gestreifte Hosen, einen Derbyhut. Sie sagte: »Damit sie dich nicht auffressen.«

»Ich erkenne mich selber kaum wieder!«

»Verdammt nützlich, daß du nicht hübsch bist!«
»Ich hoffe, du bist dir im klaren, daß ich Fotos machen werde. Und es kann sein, daß ich sie später ausstelle.«
»Baby«, sagte sie, »zeig sie der ganzen Welt!«
»Du könntest Ärger kriegen.«
»Sicher«, sagte sie. »Oder Carney. Ist doch seine Show oder nicht?« Und in ihrem Lachen erkannte ich das leise Gewimmer vom Abend zuvor.

Das Lamar-Carney-Schweinedinner wurde in dem Zelt gegeben, das ich damals an meinem ersten Tag in Verona im Innenhof des sogenannten Palastes gesehen hatte.
Ich trug den Anzug, aber ich glaube, selbst wenn ich eine Reklametafel um den Hals und Schneestiefel an den Füßen gehabt hätte, wäre ich den anderen nicht aufgefallen. Sie saßen wie betäubt auf den hintersten Sitzen des Autobusses, wie Leute, die zu ihrer Hinrichtung gefahren werden.
Ich roch Bratendunst – Holzrauch und verbranntes Fleisch –, sobald wir auf Carneys Gelände kamen. Nachdem wir geparkt hatten, sah ich durch einen Spalt in das Zelt hinein. Da saßen sie mit roten Gesichtern, brüllend und lachend. Das Essen war fast zu Ende. Es waren ungefähr hundert, nur Männer, alle im Smoking. Sie saßen an Tischen, die um eine Zirkusmanege herum angeordnet waren. In der Ringmitte waren Scheite speichenartig zusammengelegt, das glühende Rad des Holzfeuers; auf einem Spieß die Reste des gebratenen Schweins, zerhackt und zerstückelt, nur noch Schwanz und Hufe intakt. Carney war nicht schwer zu finden. Er hatte den Ehrenplatz, und vor ihm auf einem Teller lag der Schweinskopf, der ihm sehr ähnlich sah, ein fleischiger Schädel über dem anderen, tote Augen über fettglänzenden Hängebacken und der Ausdruck, den nur die Gesichter der ganz Dicken haben: dumpfer, geschwollener Schmerz, als ob das Grinsen in die Haut eingebrannt worden wäre.
Ich wollte dieses Bild.
»Laß dich nur nicht sehen«, sagte Hornette. »Aber keine Angst – die gucken hier nicht rüber. Uns werden sie ansehen.«
»Was machst du hier?« Das war Harvey.
»Sie ist mitgefahren«, sagte Hornette.
Ich sagte: »Das Ganze war meine Idee.«
»Geh nach Hause!« sagte Harvey.

»Kann sie nicht«, sagte Hornette, »weil sie nämlich gesehen wird, wenn sie das Grundstück verläßt, deshalb.«
Es stimmte: Wir waren unterwegs mehrmals kontrolliert worden, und mißmutige Wachtposten hatten uns passieren lassen. Jetzt befanden wir uns in einem kleinen Zelt, eine Art Vorzimmer zu dem großen, in dem die Männer beim Essen saßen.
»In zehn Minuten fängt die Show an«, sagte einer, der als Zirkusdirektor gekleidet war. Er trug einen Frack, Zylinder und hatte eine Peitsche, mit der er planlos in der Gegend herumknallte. »Auf die Plätze«, sagte er, »auf die Plätze.«
»Das ist Millsaps«, sagte Harvey. »Wenn er dich in die Finger kriegt, will ich nichts damit zu tun haben.«
Ich roch Tiere, den Dunst von Pelz und Füßen, aber das kam nicht aus den Käfigen, sondern von den Zirkusleuten, die begannen, ihre Kleidung abzulegen.
»Da rauf«, sagte Hornette. Sie deutete auf einen gerüstartigen Turm am Rande des großen Zelts. »Und vergiß nicht, was ich gesagt hab – der ganzen Welt!«
Ich glitt durch eine Zeltplane in das große Zelt und kletterte über eine steile Leiter auf eine kleine Plattform, wo sich ein Verschlag und eine Scheinwerferbrücke befanden. Kein Ort hätte besser sein können als dieses Krähennest in der Dunkelheit hinter den Scheinwerfern. Ich konnte alles überblicken und blieb selber hinter dem blendenden Scheinwerferlicht unsichtbar. Einen Moment darauf kam der Beleuchter: Baseballmütze, Schraubenzieher im Gürtel. Das Zeltdach hing uns fast auf den Köpfen, und der Rauch und das Sprachgewirr der Unterhaltung stiegen zu uns hoch.
Der Mann sagte: »Haben Sie eine Legitimation? Ohne Erlaubnis können Sie hier nicht bleiben.«
»Dies ist meine Legitimation«, sagte ich. »Bitte recht freundlich!«
Er lächelte, und ich fotografierte ihn. Danach war er freundlich wie ein Karnickel. Sein Name war Monk.
»Rück mal 'n Stück«, sagte er und rückte die Scheinwerfer in Position. »Sieh dir das an, ne Knarre müßte man haben. Sind die nicht das Letzte?«
Ist dies nicht das Letzte? dachte ich, als Monk mit seinen Scheinwerfern weiß in die Essenden hineinschnitt, und ich wußte, daß ich tatsächlich an einem Extrem angekommen war,

daß ich eine Grenze überschritten und die anderen Praktikanten der Fotografie hinter mir gelassen hatte. Die anderen, die sich einen schönen Tag machten und Palmen aufnahmen, Autoreifen, Schaufenster, Skihütten und Schnee, verlassene Spielplätze und immer noch mal den Bettler auf der Wall Street, Torso mit Titten: malerische Kuriositäten für die Nachwelt. Aber das hier war etwas anderes. Es roch anders, es hatte den Schrecken und die Schönheit wirklicher Kunst. Es war die fleischgewordene Zügellosigkeit, Kannibalen im Smoking, eine Szene, die noch nie fotografiert worden war. Glück, Mut und Hartnäckigkeit hatten mich hierhergeführt – ich war die erste Zeugin.

Und zugleich hätte ich über das, was ich sah, weinen können, denn da unten, keine drei Meter von Carney entfernt, sein Essen vor sich und geduckt wie ein futterneidisches Tier den Rücken der Welt zugekehrt, schmatzend wie alle anderen – saß mein ursprünglicher Mäzen, mein Vater. Wäre er nicht dabeigewesen, ich hätte vielleicht die Bedeutung dieses Dinners nicht erkannt, hätte es als bloße Sensation gesehen. Seine Gegenwart ließ mich zögern und dann handeln. Wieviel Zeit hatte ich gebraucht, wie weit war ich gereist, um ihn endlich ins Bild zu bekommen.

Ich fotografierte ihn zuerst. Ich hatte halb erwartet, daß der Schock der Aufnahme ihn umhauen würde, ihn mit dem Stuhl auf den Rücken werfen würde, die Beine in der Luft. Nichts geschah. Aber ich wußte, ich hatte einen Prozeß in Gang gesetzt: Mein drittes Auge sagte mir das. Kein Geplänkel mit dem Malerischen, keine technischen Spielereien – ich arbeitete in der tiefen Überzeugung, daß ich, allein in diesem Zelt, meine Befreiung erkämpfte.

Sie waren mit dem Essen fertig, als die Kapelle hereinmarschierte, Umptata und blaue Uniformen mit goldenen Tressen. MILLSAPS stand, verwischt durch die Vibration, auf der Baßtrommel. Es war das Brandy- und Zigarrenstadium des Mahls, und während die Musik dudelte – die Gäste schlugen mit ihren Löffeln den Takt –, erschienen zwei Neger und schaufelten die Reste des Schweins und die verbrannten Scheite in eine Tonne und karrten sie weg. Die Kapelle marschierte weiter im Kreis. Daneben hörte man einen neuen Klang, ein Pfeifen und Flöten – das war eine Dampforgel, die auf einem von Pferden gezogenen Wagen puffte. Ein wunderschönes

Gerät, Dampf und Flötentöne: Ein Mann saß vor der riesigen, rotgoldenen Palette der Orgelpfeifen und schlug auf die Tasten, während die Pfeifen Dampffontänen von wiehernder Musik ausstießen.

Aber das war nicht mein Bild, denn als die Band unter meinem Gerüst Platz nahm (ich hörte sie nun die Spucke aus ihren Instrumenten blasen), drehte sich die Dampforgel in der Manege herum. Ich konnte einen alten Mann sehen, der am hinteren Ende Kohle schaufelte, den Kessel auf Hochdruck brachte. Er war durch die Flammen rot angehaucht und briet auf seiner Plattform wie ein Spanferkel. Mein *Heizer*, den alle Welt für das Porträt eines Eisenbahners hielt, war in Wirklichkeit Heizer auf einer Dampforgel, ein Mann, der das Feuer nährte, damit Musik entstand – die Unterseite aller Kunst. Ich glaube, daß jeder andere amerikanische Fotograf den Spieler der Dampforgel dem Heizer vorgezogen hätte, ich aber setzte meine ganz persönliche Perspektive gegen die Tyrannei der Kunstkritik – und zweifelte keinen Augenblick daran, daß ich auf diesem Gerüst mein Meisterwerk vollbrachte.

»Guten Abend, Gentlemen!« rief Millsaps, der Zirkusdirektor, und schritt stolz zur Mitte der Manege, während die Orgel vor sich hin piepste. Er hob die Peitsche und sagte: »Auch dieses Jahr wieder schätzt sich Zirkus Millsaps glücklich, im Hause seines Wohltäters und Mäzens, Herrn Lamar Carney, zu gastieren und seine hochverehrten Gäste zu unterhalten. Wie in den vergangenen Jahren betrachten wir es auch diesmal als Privileg, unseren Beitrag zum Schweinedinner . . .«

Er redete in diesem Ton weiter, betonte, welche Freude es wäre, warf grobe Schmeicheleien unter die versammelten Zigarrenraucher, und ich sah, wie Carney bei jedem Kompliment strahlte und wie sich sein Grinsen auf dem Schweinskopf vor ihm wiederholte. Das war aber nicht die einzige Ähnlichkeit. Es gab vielfache Entsprechungen und Sinnbilder: Millsaps war auch eine Version von Carney, und irgend etwas in seiner peitschenknallenden Angeberei erinnerte an Stieglitz – sogar an Papa und die anderen hämischen Hampelmänner in ihren Smokings. Ich dachte plötzlich, daß so Jack Guggenheim selber aussehen mußte, ein schnüffelnd arroganter Alter, der sich einbildete, Zaster sei Macht und Macht ein Freibrief – und der auf seinem fetten Arsch saß und mit Geschmacksurteilen Geschäfte machte.

Carney wurde ungeduldig und unterbrach Millsaps' kriecherische Rede. Er hob seine Stimme nicht. Er nahm die Zigarre schmatzend aus dem Mund und sagte scharf: »Hör mit dem Mist auf, Milly, und fang mit der verdammten Show an.«
»Musik, Maestro!« sagte Millsaps, und das Knallen seiner Peitsche brachte die Clowns purzelnd in den Ring. Unter ihnen war Mr. Biker, der einen Matrosenanzug für Kinder trug; Mr. Biker – der feierlichernste kleine Mann meiner *Pensionsgäste*, der so nett zu mir gewesen war –, nun mit einer grotesken Bemalung auf dem Gesicht; Mr. Biker – den ich auch mit dem großen Kater auf dem Schoß auf Mrs. Fritts' Sofa fotografiert hatte – fuhr nun auf einem Kinderdreirad und hüpfte wie ein Frosch mit den anderen Clowns umher. Seine Beinchen arbeiteten wie verrückt, und er wackelte beim Laufen hin und her. Nichts hier deutete darauf hin, daß dieser Narr auch ein Mensch war.
Das war auch nicht, was die Zuschauer sehen wollten. Angeführt von Carney, buhten sie die Clowns aus; sie buhten den armen Orrie aus, der gekonnt mit fünf Orangen jonglierte – buhten so laut, daß Orrie in Panik geriet und sie fallen ließ; sie buhten »Klaue« aus, sie buhten auch, als Turko, der Gewichtheber, kam, und sie buhten bei einer Hundenummer so wild, daß die kleinen Viecher jappend aus der Manege stürzten.
Die ganze Zeit schoß ich Bilder: Carney, der Schweinskopf, die Betrunkenen im Smoking, die Zwischenrufer und Witzemacher. Und mir wurde klar, daß der eigentliche Sinn des Essens wie der Sinn der Patronage einzig darin lag, Freibriefe für Arroganz, Hohn und Verachtung auszustellen, über Menschen zu Gericht zu sitzen, die das Geld zu Clowns gemacht hatte. Sie sehnten sich danach, buhen zu dürfen, und ich sah, wie Papa mit ihnen lachte. Es machte mir nichts mehr aus, ihn aufzunehmen, denn dies war Wahrheit. Jedes Bild machte mich einsamer: die Fotografie war etwas, das mich durch Bilder von vagen Sinnbildern befreite, ein einsamer Beruf. Ungefähr fünfzehn Minuten später kamen die anderen dran. Trompetenstöße und Trommelwirbel: Ich sah sie eintreten, blickte sicherheitshalber noch einmal durch den Sucher und guckte dann zu Monk hinüber, der ein Spotlight auf sie richtete. Monk knabberte an der Unterlippe, und obwohl ich ihm gar nicht im Weg war, sagte er: »Platz, Platz!«
Ich traute meinen Augen nicht, aber ich glaubte der Kamera.

Zuerst Harvey und Hornette im Galopp auf weißen Pferden; dann die Fliegenden Faffners, Kenny und Doris, die auf dem Hochseil hin und her trippelten; dann ein Mädchen namens Glory, die Millsaps wie die anderen schreiend und peitschenknallend vorstellte. Die Manege war voller Bewegung, in der Luft und unten, Glory schwang an ihrem Trapez über die Köpfe der Männer an den Tischen hinweg.

Die Männer waren still und verdrehten die Hälse nach Glory. Dafür gab's keine Buhrufe; die einzigen Geräusche kamen von den Hufen der Pferde und von der Kapelle. »Die schönste Zeit des Jahres« als Foxtrott und dazu das Knarren der Trapezseile. Der Grund für die Stille waren die Kostüme. Sie fehlten. Sie trugen keine.

Sie waren splitternackt, Harvey und Hornette auf den Pferden hoppelnd, die Faffners oben auf ihrem Seil – ihre weißen Hintern leuchteten in Monks Scheinwerfern auf –, und Glory war eine Stripperin mit geöffneten Beinen am Trapez. Die Nacktheit allein schockierte mich nicht. Aber ihre Bewegungen – sie waren gefährdete weiße Gestalten und sahen schutzlos aus in ihrer nackten Haut. Glory warf sich zurück, begann zu fallen und fing sich mit den Fußgelenken an der Trapezstange auf. Sie hing einen Moment lang wie ein Schinken am Haken und flog dann in einer langen Kurve mit ausgestreckten Armen auf Carney zu, so schnell, daß ihre Brüste angepreßt wurden und ich den Zugwind hören konnte.

Dann die Bodenakrobaten. Sie kamen in einer kleinen Kutsche angefahren und purzelten hinaus, zwölf Jungen und Mädchen mit sehnigen Körpern, machten Handstand, schlugen Räder – solch eine Explosion von Energie und Bewegung, daß kaum auszumachen war, ob sie nackt waren oder nicht, außer durch die Haarbüschel zwischen ihren Beinen. Sie turnten paarweise, verhakt zu einem Spiegelbild, das am Rande der Manege entlang blitzschnelle Räder schlug und wie durch ein Wunder den Hufen der Pferde entging.

Harvey und Hornette brachten ihre Pferde nebeneinander, und Harvey sprang hinter Hornette auf den Pferderücken und kauerte nieder. Die Zuschauer fanden ihre Stimmen wieder und feuerten sie mit lauten Zurufen an. Am Anfang galoppierten Bruder und Schwester nur gemeinsam herum. Als sie in Monks grünes Licht hineinritten, sah ich deutlich ihr Fleisch und das des Pferdes, die Art, wie ihre gespreizten Beine sich in das Fell über den Muskeln drückten, ihre Oberschenkel wirkten dünn und zerbrechlich. Das Gebrüll wurde lauter, das Schmettern der Kapelle auch; Hornette stand auf, hob die Arme, und ihre Brüste hüpften, während Harvey sie an ihren Hüften festhielt. Dann stand er auch auf, und sie galoppierten herum, einer hinter dem anderen, nackt auf dem glatten Pferderücken.

Glory hatte sich zu einem Seil geschwungen. Man sah da, wo die Trapezstange eingeschnitten hatte, einen roten Streifen auf ihren Pobacken. Sie steckte einen Fuß in eine Schlinge und öffnete die Beine – dann zog sie einen langen Strang von Seidentüchern, die miteinander verknotet waren, aus ihrem Mauseloch. Sie legte den Kopf weit zurück, schob die Hüften vor und begann, von Monk mit Licht bemalt, sich in einer wirbelnden Pirouette zu drehen, so schnell, daß sie zu einem verwischten Schemen wurde.

Die jungen Bodenakrobaten bauten eine Pyramide, kippten dann saltoschlagend nach vorne über und rollten unter kurzen gymnastischen Kopulationsbewegungen im Sägemehl. Die Mädchen waren auf allen vieren, das Haar von einer Seite zur anderen werfend, und die Jungen sprangen sie von hinten an. Es klatschte, wenn ihre Körper auf die quietschenden Mädchen trafen.

Körper auf Körper, nackt, paarweise – Doppelbelichtung: immer zwei. Und wie seltsam es anmutete, wenn sie auf Händen gingen und ihre Pimmel und Spalten wie faltige Gesichter inmitten von Haarkrägen zwischen ihren kickenden Beinen zu sehen waren. Aber mich ängstigte das Brüllen der Männer, ihre hämmernden Fäuste auf den Tischen, der Anblick der nackten Akrobaten und die angestrengten Laute, die bis zu mir heraufdrangen, und die Hitze. Was mich am meisten verstörte, war, Leute, die ich kannte, so verändert zu sehen – nicht nur meinen brüllenden Papa, sondern auch Harvey und Hornette Bauch an Bauch auf dem stampfenden Pferd.

Nacktheit spricht deutlicher als jede Stimme – sie spricht von Furcht und Leid und Alter. Aber was ich sah, war gar keine Nacktheit mehr, die Haut erschien mir wie ein dünner Anzug, abgeschabt und fast durchsichtig, so daß ich die Nähte aus Venen fotografieren konnte. Die Körper leuchteten durch den Zigarrenrauch und den Staub. Ihre wehrlose Haut! Kleider

verbergen die Furcht: Alles, was sie in ihrer Nacktheit taten, sah gefährlich aus.
Die Darstellung des nackten Körpers, der Akt, ist normalerweise mit Ruhe oder Liebe verbunden. Aber das hier war gegen alle Spielregeln. Glory hing rotierend nur mit den Zähnen an einem Seil, die Bodenakrobaten purzelten als bizarre Wesen durcheinander; Harvey und Hornette auf dem Pferd. Es war ständige, durch die Nacktheit ins Unvorstellbare gesteigerte Bewegung, untermalt von einem Haufen Beifall brüllender Männer. Ohne meine Kamera hätte ich es nicht geglaubt.
Das, was Harvey und Hornette im Galopp gezeigt hatten, machten die Fliegenden Faffners auf dem Hochseil – ohne Netz. Ich konnte die Kamera kaum stillhalten, als ich sah, wie sie, einander gegenüber, ein Knie langsam senkten und zwanzig Meter über der Erde Liebkosungen austauschten. Das Seil wurde leicht eingedrückt, wo ihre Knie auflagen. Sie hingen dort oben, leise schwankend, in riskanter Balance. Ihre Lippen berührten sich, und ihre Schultern trafen sich: Ich erwartete, daß sie jeden Moment abstürzen und in einem Brei aus gebrochenen Armen und Beinen in der Manege enden würden. Die Gefahr überschattete die Erotik ihrer Bewegungen mit ungeheurer Intensität.
Aber sie blieben auf dem Seil und fuhren mit ihrem simulierten Liebesduett fort. Die Symmetrie hielt sie. Es war, als rettete das Magnetfeld ihrer Körper sie vor dem Absturz. Mann und Frau zusammen bildeten einen Magneten, der nicht auseinanderzubrechen war. Sie setzte sich auf sein Gesicht; sie hing in den Kniekehlen mit dem Kopf nach unten am Seil, und er hockte über ihr und befriedigte sie mit seinem Finger, während sie mit lang hängenden Armen in der Luft hin und herschaukelte; sie waren wie spielende Spinnen.
Hornette machte einen Kopfstand auf Harveys Schädel und ahmte seinen Schneidersitz dabei spiegelbildlich nach. Die Bodenakrobaten hatten die Manege verlassen. Dafür kam nun eine Löwennummer, sechs grollende Biester auf roten Stühlen, die mit schlagenden Pranken das nackte Mädchen mit der Peitsche und dem Stuhl zu bedrohen schienen. Ich brachte es nicht über mich, sie zu fotografieren, als die Tiere sie ableckten, und ich schaute weg, als sie an den Schwänzen der Löwen zog. Aber ich machte sechs Aufnahmen, auf denen sich die Tiere durch die gespreizten Beine des Mädchens

winden, sich geschmeidig an ihren Schenkeln reiben und sie hochheben.

Fleisch war noch nie so verhöhnt worden; Tapferkeit, Phantasie und Können waren mir nie sinnloser erschienen. Das Gelächter war ein teuflisches Anfeuerungsgeheul. Ich sah den von Scheinwerfern zerschnittenen Rauch aus der lärmenden Grube aufsteigen, und ich sah die erniedrigten Artisten und ihr irrsinniges Publikum, brennend vor Schmerz und Vergnügen.

Ich wußte, dies war es, darüber hinaus konnte es nichts geben. Mein letztes Bild zeigte eine Reihe von Männern, Papa mittendrin, die hinter einem Tisch stehen, der noch die Reste des Schweineessens trägt, Krüge und Knochen; die Verdammnis auf ihren Gesichtern und hinter ihren Köpfen auf der Zeltleinwand, schemenhaft wie Rauch, der verzerrte Schatten Harveys, der Hornette aufspießt. Das Foto war zum Teil zufällig: Ich wollte eigentlich meine Klage um Papa zu einem Bild machen.

Und doch war ich ruhig. Bilder sollen angeblich die Gefühle des Fotografen widerspiegeln, aber nichts war meiner düsteren Stimmung ferner als die Hektik unter mir. Obwohl ich mehr als einmal den Atem angehalten hatte, hatte ich keinen Laut von mir gegeben, außer dem kaum hörbaren Verschlußklicken meiner Speed Graphic.

Ich hatte mich noch nie so einsam gefühlt. Ich hatte gefunden, wonach ich gesucht hatte; und was Hornette gesagt hatte, traf zu – es war unbeschreiblich. Beim Sprechen schiebt man nur Vorstellungen herum; die Erzählung vereinfacht die Wahrheit, bis die Einfachheit sie zur Lüge macht: Wörter sind Spielzeug. Aber meine Kamera sah alles, und meine Fotografien waren Erinnerungen. Mit einer Ausrüstung, die unendlich viel plumper ist als das Wort, mit meiner Falle, in der ich das Licht fing, konnte ich das Unsagbare abbilden. Und nun hatte ich das äußerste Bild, eine Vision der Hölle.

Ich konnte sie danach nicht sehen – weder Papa noch die anderen. Mir blieb nur, die Filme zu entwickeln und Abzüge zu machen, sie über meinem Namen aufzuhängen und den Erfolg abzuwarten. Ich fuhr noch am gleichen Abend, bevor die Zirkusleute wieder bei Mrs. Fritts eintrafen: mit einem Taxi nach St. Petersburg und mit dem Zug nach New York.

Ich verbrachte fünf Tage und Nächte in meiner Dunkelkammer

im Hotel, entwickelte die Negative und machte Abzüge. Sie waren sogar noch besser, als ich erwartet hatte. Als ich die Mappe beim Camera Club abgab, wußte ich, daß die Bilder eine Sensation sein würden. Zorn ist das Bewußtsein des eigenen Versagens; ich war glücklich, ruhiger als jemals. Meine Rolle als Fotografin war erfüllt, als ich die Bilder aus den Händen gab – dann gehörten sie der Welt. Das wollte ich, aber ich wollte noch mehr.

20 *Der liebe Spiegel*

Ich war immer noch unschuldig, und ich zitterte vor Kälte. Das Wetter widerlegte meinen Traum: Bedeutete diese Kälte etwas? Ich hatte mir vorgestellt, an einem heißen Abend bei trockenem Mondlicht und flüsterndem Wind zurückzukommen. Aber in meiner Eile, zu Orlando zu kommen, hatte ich in New York den Nachtzug genommen, nachdem ich die Floridafotos dem Camera Club übergeben hatte. Schon die Überquerung des Kanals zwischen Onset und Bourne, eine symbolträchtige Meile, hatte meinen Traum erschüttert, denn die andere Seite empfing mich in düsterem Frühnebel. Das Kap war in einem eisigen Seedunst gefangen. Der Nebel begleitete uns bis nach Sandwich – dicht vor Yarmouthport –, wo er sich langsam über Stoppelfeldern hob und im dünnen Licht der Morgendämmerung eine vorwinterliche Landschaft enthüllte.

Das Kap war kahl und mitgenommen. Es war die Zeit nach dem Fall der Blätter und vor dem ersten Schneefall, die kahle Nacktheit des Spätherbstes. Feuchte Felder in Barnstable, ein schutzloses Farmhaus in Cummaquid, eine hinfällige, durchnäßte Gegend, zerdrücktes Gras auf eingesunkenen Wiesen. Das Jahr schien den Atem anzuhalten, und ohne das dämpfende Blattwerk oder die dichte Schneedecke waren die Bäche lauter, das Krächzen der Krähen schriller. Die Seufzer der Brandung drangen durch die Finger der nackten Bäume weiter als sonst ins Land hinein. Die winterlichen Laute und die abweisende Kälte machten mich zur Fremden.

Zu jener Zeit bestand Hyannis aus einer einzigen Straße: eine weiße Kirche, ein Postamt, eine Tankstelle, zehn Läden. An diesem nassen Morgen außerhalb der Saison sah der Ort aus, als hätte er eine Gänsehaut, er trug die Nebelfetzen wie eine verrückte alte Braut ihren zerrissenen Schleier. Hyannis im Spätherbst verhöhnte mein Heimweh und erinnerte mich daran, daß zu Hause nichts ist als der Trost vertrauter Langweiligkeit: der alte Baum da, der Zaun dort, diese schmale Straße.

Ich war trotzdem glücklich. Als Fotografin fotografiert man aus Gewohnheit weiter, auch wenn man dem Sujet nicht mehr traut. Die Kamera – der privateste Raum – war mein Gedächtnis. Aber ich brauchte sie nicht mehr. Bei meinem Aufenthalt in Florida war ich an die Grenzen des Auges gestoßen, und ich glaubte, daß es für mich nichts mehr zu sehen gab auf dieser Erde. Ich hatte die Elemente fotografiert, Luft, Erde, Feuer, Wasser und das Fleisch, und nun konnte ich mich von alldem abwenden wie von der Fotografie, von Blanche und Papa – von meiner Besessenheit, meiner Rivalin und meinem Mäzen. Was ich von Hyannis sah, war lächerlich und unbedeutend, aber in Orlando lag eine Welt von Möglichkeiten. Ich war entschlossen, von vorne anzufangen. Er brauchte mich nur zu umarmen, denn die Rückkehr nach Hause war die Rückkehr in die Kindheit: ein Beginn.

Ich saß in Wamplers altem Taxi und hielt die Kamera im Schoß, die Hand über ihrem Auge. Wir fuhren an Tafeln mit der Aufschrift *Geschlossen* und *Auf Wiedersehen bis zum nächsten Jahr* vorbei. Eines schien mir sicher: Es gab nicht nur ein Leben, sondern viele, und wenn man die Kraft hatte, konnte man ein zweites oder drittes Mal beginnen. Unzufriedenheit und Trauer ist für die, die von einem Leben zu viel erwarten. Sie erschöpfen seine Möglichkeiten und resignieren, weil sie den Gedanken an ein zweites Leben mit Schizophrenie verwechseln. Mein Leben als Fotografin war vorbei – für mich gab es keine Bilder mehr –, aber ich hatte noch andere Leben in mir, solange ich liebte. War die Liebe nicht die Chance, das Leben eines anderen zu führen und sein Leben durch das eigene zu potenzieren?

Mit Orlando konnte ich alles sein, was ich wünschte. Es war das Gefühl, das ich als Kind gehabt hatte: die durch Hoffnung bestärkte Sehnsucht; und auf der kurzen Fahrt vom Bahnhof bis zum Grand Island fühlte ich mein Herz schlagen und, nun endlich, eine große Wärme, obwohl der Tag so fahl und kalt

war – und Zuversicht, obwohl der Nebel vor den Fenstern zu einem strullenden Regen geworden war. Ein Glücksschauer überlief mich, als wir über die vom nassen Sand verschmutzten Straßen holperten.
Da war der Briefkasten mit dem Namen PRATT, und da war das Haus, in die Küste geschmiegt und von Kiefern umgeben. Hinter ihnen, wo der kahle Obstgarten anfing, stand die hohe Windmühle, deren Flügel festgezurrt waren. Dünne Geranienleichen baumelten aus den Blumenkästen. Und vor dem Haus ein kastanienbrauner Wagen: Orlandos Hudson.
»Das ist weit genug.«
»Kann hier nicht halten«, sagte Wampler. Wampler hatte eine Stimme wie ein Frosch, er kaute Tabak, spuckte gerne, aber ungenau und war als etwas merkwürdig bekannt. Er deutete mit dem Daumen über die Schulter auf meine Ausrüstung hinten im Wagen.
»Kann ich nicht so weit tragen – macht mein Rücken nicht mit.«
»Halten Sie an«, sagte ich, »ich laufe.«
»Zuviel Gepäck.«
»Lassen Sie's hier am Briefkasten stehen.«
»Im Regen?« Er machte sein »merkwürdiges« Gesicht: eine Art glückstrahlende Verständnislosigkeit.
»Ist egal. Ich brauch das Zeug nicht mehr.«
Wampler protestierte immer noch, als ich zahlte. Ich hörte meine Koffer auf den Weg plumpsen, als ich die lange Auffahrt zu Orlando hinaufging. Ich klopfte nicht, sondern schloß auf, meine Hand zitterte. Ich trat ein und wartete auf einen Willkommensgruß – aber alles, was ich hörte, war das ersterbende Motorengeräusch von Wamplers Taxi und das regelmäßige Schlagen der See, die Wellen an unserem Strand.
Schon jetzt wußte ich, daß mein Traum sich nicht erfüllen würde, daß ich mich durch seine Mondscheinromantik hatte täuschen lassen. Ich fror. Es war ein dunkler Morgen, der Wind drückte auf das Haus. Ich korrigierte mich: Hier im Haus, nicht in der mondbeschienenen Windmühle, würde ich ihn finden. Und er war ja auch hier – da stand sein Wagen unter der kahlen Birke.
Ich knallte die Tür zu, ging vom Salon in die Küche. Schmutziges Geschirr und Kaffeeduft: Hoffnung. Ich ging die hintere Treppe hinauf und tastete mich den dunklen Flur entlang,

drückte Klinken, öffnete rechts und links die Türen. Keine Spur von ihm. Der Regen klimperte monoton an die Fensterscheiben, und der Wind schnupperte in den Dachrinnen herum.
Natürlich: er war draußen. Er war aufgestanden, hatte sein Bett gemacht, sich Kaffee gekocht und war dann spazierengegangen in der Hoffnung, daß ich da sein würde, wenn er zurückkam. Orlando liebte rauhes Wetter. Ich ging in den Salon und lachte auf – ein hohler Laut in dem stillen Haus –, als ich merkte, daß ich immer noch meine Kamera trug. Ich hatte mich so an ihr Gewicht gewöhnt, daß ich den Druck gar nicht mehr spürte. Aber ich legte sie nicht ab, ich genoß das Gefühl ihrer Nutzlosigkeit.
Der Spiegel im Salon zeigte mir die tüchtige, zielbewußte Person, an die ich schon nicht mehr glaubte. Und in diesem Moment – mein Spiegelbild verblaßte – sah ich die Reflexion.
Es war eine Bewegung, es war weiß, und es erschien mir wie ein Aufblitzen von der Windmühle her, in den Tiefen des Spiegels. Vielleicht Haare, eine Hand, ein Gesicht; es war nicht zu erkennen. Aber die plötzliche Wärme dieses winzigen Zeichens erweckte das nagende Gefühl der Sehnsucht in mir. Ich starrte in den Spiegel, wartete auf mehr. Mein Traum hatte mich vorsichtig gemacht, aber das hier war ganz so, wie ich es mir vorgestellt hatte: das Signal – er war dort, er wartete auf mich, auf der anderen Seite des Spiegels, in der Windmühle.
Dann erwachte ich wie aus einem Traum und lief durchs Haus, die Hintertür hinaus und über das Gras des durchweichten Rasens. Aber noch während ich lief, zögerte etwas in mir. Ich hatte so lange auf diesen Moment gewartet – hatte mir meine Unschuld so viele Jahre bewahrt –, ich konnte nicht einfach in die Windmühle hineinstürzen. Der Zustand der Unschuld war mir zur Gewohnheit geworden, und Gewohnheiten gibt man nicht überstürzt auf. Auch der nadelfeine Regen aus der niedrigen Wolke hielt mich auf. Ich war wie gelähmt vor Angst, es war, als brannte vor meinen Augen die Lunte ab, die Flamme kroch auf die Bombe zu, und ich stand untätig daneben und wartete mit geschlossenen Augen auf den Knall.
Und zum erstenmal in meinem Leben erfuhr ich, was Furcht wirklich war, eine Säure in meinem Gehirn, die sich blitzschnell zu einem Kern von Panik durchfraß, bis zu einer

kreischenden Stimme in mir: *Nein! Gib auf! Kehr um!* Hektische Hirngespinste von irrsinniger Freude erschreckten mich, Blickfetzen von schweren Gewitterwolken, vom überschwemmten Strand und den in schwindelnde Höhe aufragenden Windmühlenflügeln schossen mir durch den Kopf und schienen zu einem großen Symbol der Gefahr zu verschmelzen. Die Flügel zitterten im Wind, und die Regentropfen simmerten auf den schwarzen Fenstern des Turms wie Spucke auf der Herdplatte. Die Äste rissen an meinem Haar, und Licht blutete aus meinen Augen, als ich mir den Weg zur Wand der Windmühle erkämpfte.

Ich ging nicht hinein, und ich weinte, noch bevor ich mich aufrichtete und durch das regenbespritzte Fenster hineinsah und ihn erblickte. Er kniete, die Adern standen dick auf seiner Stirn, Marmor und Blut, in der Pose einer rasenden Götzenanbetung, der Mund hart und fordernd. Er hatte lange Kratzspuren an den Schultern. Er schien die Besinnung zu verlieren, er schien in einem wilden Anfall zu sterben, und auf seinem Gesicht lag Qual. Unter ihm auf dem Boden sein leuchtendes Spiegelbild, ein weißer, wildbewegter Schatten, ein Doppelgänger, der sich rhythmisch gegen ihn hob und senkte. Es war mein Traum: die zwei verschmelzenden Körper, Licht auf Licht. Ich hob die Knie und schlang die Beine um seine Hüften und warf mich gegen ihn, wir waren fast soweit, in einem Krampf der Vollendung, ein Körper. Ich schlang die Arme um seinen Hals und zog mich hoch, preßte mich gegen ihn, drängte meinen Körper in seinen. Es war besser, wilder, als ich es mir vorgestellt hatte, und es widerlegte meine Überzeugung, daß es nach Florida nichts mehr zu sehen gab. Denn es gab noch viel, viel mehr, eine grenzenlose Vision, die meine Gewißheit verhöhnte. Das Auge war ein Palast und die Welt unerschöpflich schön. Der Anblick demütigte und erschreckte mich, und dann – unwillkürlich einem alten Reflex gehorchend – sah ich alles durch das intensive Licht meines dritten Auges; und nun erst begriff ich, daß nicht ich es war, die sich ihm entgegenstreckte und den Hals zum Küssen darbot – nicht ich, sondern Phoebe.

Sie rief etwas und glitt in ihn hinein, schluchzte auf und verlor sich in ihm: Sie waren eins. Während der ganzen Zeit hielt mich nur das Klicken meiner Kamera aufrecht. Aber jedes Klicken nahm mir Licht, und schließlich verursachten meine letzten schwachen Versuche zu sehen ein letztes Klicken, und ich war blind.

Und dennoch lief ich, als könnte ich sehen, zum Haus zurück, ging auf mein Zimmer und legte die Kamera ab. Ich war nicht gestolpert. Ich wußte kaum, was geschehen war. Alles war in Ordnung. Ich hörte den Regen, das Brechen der Wellen am Strand, mein Keuchen. Aber meine Zweifel starben nicht – etwas war zerstört. Zum Spiegel also. Ich ging die vier Schritte auf die Wand zu und öffnete die Augen. Und versuchte es wieder. Und wieder. Es war hoffnungslos. Ich hatte kein Gesicht.

4. Teil

21 *Blindekuh*

Das Telefon läutete schon wieder, ein schrilles Beben, das mir in die Fingerspitzen ging, in die Nasenspitze, in die Zunge. Meine Augen trugen Trauer. Meine Blindheit hatte meine anderen Sinne geschärft und mir einen hochempfindlichen Schaltkreis nackter Nervenenden als Kompensation gegeben. Die Temperatur las ich mit der Kopfhaut ab; meine Ohren waren Belichtungsmesser; ich folgte meiner Nase. Meine Netzhaut war ein verschwimmendes Nebeneinander gelblichgrüner Schemen, und dahinter, in dem Gelee meiner Augenhöhlen, schwamm ich und versuchte, an die Oberfläche zu kommen. Aber ich schaffte es nicht, und obwohl ich mich im gewohnten Rhythmus der Tageszeit bewegte, fühlte ich mich fern von allem, wie unter Wasser. Ich war voller Energie und litt unter dem ständigen Strom akustischer Wahrnehmung. Wie ein Wurm, der nicht aus seinem Loch heraus kann, eine Muschel, der der Wind die Schalen zuhält, so etwa.

Ich war blind, aber mein Körper war voller Licht.

»Noch ein Telegramm vom Camera Club«, sagte Orlando. Die Post schickte sie schon nicht mehr ins Haus, sie wurden jetzt telefonisch durchgesagt. Quer durchs Zimmer spürte ich, wie der Hörer in Orlandos Hand warm wurde.

»Das sind jetzt zwanzig insgesamt«, sagte Phoebe. »Ist das nicht aufregend?«

»Was soll ich denen denn sagen?« fragte Orlando.

»Wenn sie Geld bieten, sag ja. Wenn sie bloß wieder gratulieren wollen, sag danke. Wenn der Rückruf nicht bezahlt ist, vergiß es.«

Phoebe sagte: »Du hast es geschafft, Maude! Wie werden Papa und Mama sich freuen!«

Die waren immer noch in Florida. Was hielt sie dort so lange?

Ich sagte: »Die fallen tot um, wenn sie mich so sehen.«

Phoebe kam auf mich zu. Ich hörte ihren Petticoat rascheln. Ich konnte ihr Haar fast schmecken. Ein Luftzug ging ihr voraus, der mich traf, als sie noch drei Meter weg war.
Sie sagte: »Das ist doch nur vorübergehend. Du hast deine Augen überanstrengt oder so was. Denk an all die Bilder, die du gemacht hast. Du wirst bald wieder sehen.«
Ihr Ton war zuversichtlich. Aber es war Phoebe gewesen, die mir eine dunkle Brille gekauft und mich gedrängt hatte, sie zu tragen. Ich wußte, sie konnte meinen starren Blick nicht ertragen.
»Klar werd ich das.« Sie hatte keine Ahnung, warum ich erblindet war, was ich gesehen hatte. Mein Erfolg mußte an meinem Zusammenbruch schuld sein: der Ruhm, zu viel Arbeit, Überanstrengung. Das ist ganz natürlich, sagten sie. Sie wußten nichts von meinen zwei Leben und davon, daß das Leben, das für mich zählte, zu Ende war und daß das mit meiner Karriere überhaupt nichts zu tun hatte.
»Sie ist bald wieder gesund, nicht, Ollie?«
Nun ging Orlando auf Phoebe zu. Ich hörte, wie seine Wange ihre berührte, ihren leichten Kuß. Dann sagte er mit gestellter Zuversicht: »Du kommst schon wieder in Ordnung, Süße.«
»Mir geht es gar nicht schlecht«, sagte ich. »Es ist Flut. Die Möwen sitzen auf dem Dach und sonnen sich. Zum Lunch gibt's Muscheln und Kartoffelbrei. Ich finde, dein grünes Kleid steht dir ausgesprochen gut, Phoebe. Und du hast einen neuen Petticoat drunter, der ist ganz steif und knistert.«
Orlando sagte: »Was ist das für ein Gefühl, berühmt zu sein?«
Ich wollte sagen: *Hör auf, mich so anzusehen.* Aber er sollte nicht erfahren, daß ich bei unserem Blindekuhspielen sehen gelernt hatte.
Ich sagte: »Bemerkenswert.«
Die Blindheit machte mich nicht wirklich hilflos – nicht hier, zu Hause. Ich kannte jeden Zoll des Hauses, jeden Stuhl, jeden Tisch, wußte, wo das Radio war, die Aschenbecher, die Uhr. Die Erfahrung machte mich hier sehend, und meine Blindheit schärfte die Empfindung in meinen Fingern und verstärkte die Gerüche des Hauses. Ich konnte von Zimmer zu Zimmer gehen, ohne die Arme auszustrecken und ohne zu stolpern. Und meine Blindheit ließ mich sehen, was mir meine Bilder stets vorenthalten hatten: daß dies ein knarrendes Wrack von

einem Haus war, schäbig, mit modrigen, mottenzerfressenen Winkeln, eine große Schachtel voll der intimen Geheimnisse einer Familie. Nichts hatte sich im Haus verändert, aber erst jetzt verstand ich diese Räume. Auf gewisse Weise war ich bis jetzt blind gewesen. Ich hätte schon vor Jahren sehen müssen, daß Orlando und Phoebe sich liebten. Aber damals hatte ich nur meine Augen gehabt. Alle Bilder, die ich aufgenommen hatte, wurden durch die Erkenntnis der Wahrheit entwertet. Als Fotografin war ich immer noch in den Lehrjahren. Damals, als ich Mrs. Conklin und Slaughter, den Klavierstimmer, die beide blind waren, aufgenommen hatte, war ich der Meinung gewesen, daß Blindheit heiter, friedvoll wäre wie Schlaf. Aber das war es nicht. Es war eine Art endloser Vision, ein Stimmengewirr: Es sprachen die Wände, die Decken, die Pflanzen, die Bücher in ihren Regalen, das Licht der Tageszeiten – die Morgendämmerung war ebenso deutlich hörbar wie Orlandos mitleidiger Blick oder Phoebes Haut. Geschrei und Geflüster; und jedes Geräusch war ein lebendiges Bild, das mich daran erinnerte, wie blind ich gewesen war.

Ich war eingeschlossen in der Dunkelkammer überhaupt, in meinem Körper. Er ist der beste Zufluchtsort, den die verzweifelte Seele finden kann, und die Dunkelheit verlieh ihm erschreckende Ausmaße, die Dimensionen einer Kathedrale und die Eisen- und Steinechos eines Verließes. Mein Körper erschien mir wie eine ungeheure *Camera obscura* – nicht das heiße, kleine Zimmer, in dem ich mich manchmal aufgehalten hatte, sondern ein Riesending mit Raum für alles umfassende Bilder, ein gewaltiges Deckengemälde der Erinnerung in meinem Hinterkopf. Es war aber eine *Camera obscura* ohne Loch, absolut dunkel, lichtlos und undurchdringlich, eine Dunkelkammer im ursprünglichsten Zustand, noch bevor sie der winzigste Lichtstrahl durchbohrt.

In diesem jungfräulichen Dunkel hätte ich eigentlich in Stille vor mich hinleben sollen, voller Reue, eingemauert in meiner erstickten Sinnlichkeit, meiner gescheiterten Liebe. Aber so war es nicht. Ich war ruhig auf meinem Stuhl sitzen geblieben und hatte das ferne Geflüster von *Schock* und *Zusammenbruch* gehört. Die Worte kannte ich, sie fielen meist im Zusammenhang mit dem Wort *Nerven*. Sie brachten einen zum Weinen, sie waren der Familie peinlich, man war zu bedauern, hilflos, man entschuldigte sich. Man sagte: »Ich

weiß auch nicht, was in mich gefahren ist.« Man ertrank – alles war schwarz.
Ich vergoß viele Tränen, bis ich begriff, was mit mir geschehen war. Dann ging es mir besser. Auch die Dunkelheit kann einen erleuchten. Wenn man einen Nervenzusammenbruch hat, ist man hinterher stumm. Das Vokabular der Verzweiflung ist eng begrenzt, ja, die Verzweiflung ist das Ende der Sprache und erschöpft sich in Schluchzen und Babylallen. An dieser Grenze beginnen die Visionen. Die Vorstellungskraft, der Bildpalast des Geistes, hat mit Sprache nichts zu tun, und in meinem Hirn kamen und gingen die Bilder so schnell, daß ich sie kaum erfassen konnte. Mein Auge hatte mich betrogen; meine Blindheit sagte mir die Wahrheit. Alle meine Sinne außer dem einen des Auges wirkten an diesen Bildern. Meine Visionen besaßen die Reinheit und Präzision der Symphonien tauber Komponisten.
Blindheit ist mehr als der Verlust des Augenlichts, mehr als ein Vorhang zwischen dir und der Welt. Blindheit ist Leere. Sie läßt einen verschwinden. Man ist sich selbst unsichtbar. Der Anfang ist Dunkelheit, drinnen und draußen, wie der Beginn des langen Weges aus dem Mutterleib, wo die erstickte Seele ihren Schrecken hinausschreit. Viel schlimmer als die Dunkelheit um einen herum ist die Finsternis im Innern, die einem taub, stumm, unendlich und leblos erscheint. Ich konnte nicht denken. Ich hatte mich in eine Fledermaus verwandelt, und falls ich – was ich mir vorstellen konnte – Selbstmord beging, würde auch mein Blut schwarz sein. Alles Blinde war innen wie außen blind: die Muschel ein Muskel aus Sand und Sehnen; der Wurm eine stumpfe Hülle von Dreck. Ich war Schlamm.
»Was ist los?« hatte Orlando an jenem Morgen gesagt. »Wie siehst du denn aus? Was guckst du so?«
Ich konnte nicht antworten. Ich lag verschlossen und versiegelt auf dem Boden wie ein häßlicher Kasten ohne Loch. So fanden sie mich – in meinem Zimmer, das Gesicht noch naß vom Regen, steif und blind. Ich hatte mich einfach fallen lassen, es war mir egal.
Aber als die ersten Anrufe aus New York kamen, begann ich mich vorsichtig zu regen wie ein Tier in einem Sack. Ich wühlte in meiner Dunkelheit herum und begann Umrisse auszumachen – Schattierungen von Schwärze. Ich wagte Ausflüge auf vertrauten Pfaden, die nun neu und auf wunderbare Weise

aufregend und gefährlich waren. Die Geräusche, die ich hörte, wurden zu einem Fluß, dessen Strömung ich folgte bis zu einer Landschaft aus kristallklaren Stimmen, die sich zu einem süßen Lied vereinten. Es war eine Welt des Erlaubten, ein Königreich ohne Dämonen und Schreckgespenster, besser als das, in dem ich bisher gelebt hatte. Hier spielten Kinder, der Junge und das Mädchen in ihrer Nacktheit; da waren Lämmer; es war die Welt vor dem Sündenfall. Es war eine dunkle Welt, aber die Dunkelheit war nicht bedrohlich. Ich empfand sie als freundlich. Ich hatte mich unter meiner Angst hindurchgegraben, fühlte mich wie neu geboren. Und ich hatte meine Unschuld zurückgewonnen. Meine Blindheit hatte mich gelehrt zu sehen.

Es war kein Wunder. Es war nur wieder ein Spiel, ein anderes als das Versteckspiel mit Orlando, das mich zur Fotografin gemacht hatte. Aber auch in diesem neuen Spiel, Blindekuh, war Orlando der wichtigste Mitspieler.

Blindekuh fing ganz einfach an, nachdem ich eine traurige Woche lang verzweifelt in meiner Finsternis gehockt hatte. Dann klingelte das Telefon – der Camera Club, total aus dem Häuschen wegen meiner Floridafotos –, und Orlando sagte: »Du hast es geschafft, Schwesterchen.« Es war, als würde in mir ein schwarzes Licht entfacht, genug, um mir Hoffnung zu geben. Allmählich ertastete ich mir den dunklen Raum, in dem ich lebte, und was ich dabei erkannte, war wichtiger als alles, was ich bisher gesehen hatte, weil es nicht die wankelmütige Unzuverlässigkeit des konventionellen Lichts hatte. Es war Unterricht im Sehen, die Erkenntnis, daß das Licht lügt. Ich hatte nicht mehr das Gefühl, die sichtbare Welt verloren zu haben – sie war in mir!

Orlandos und Phoebes Schritte, ihre Stimmen, ihre Berührungen: wieviel verräterischer war das als die zufälligen Abbildungen auf meinen Fotos. Ihre Stimmen versuchten, mich zu täuschen, aber ihre Schritte waren eindeutig, leidenschaftlich. Sie bemühten sich verzweifelt, ihr Geheimnis für sich zu behalten, und gerade das Ausmaß ihrer Vorsicht verriet sie. Ich lauschte; meine Sinne waren weit geöffnet. Auf diese spielerische Weise übte ich das Sehen mit dem Körper.

Ich lernte, aus dem, was mir die Luft zutrug, aus Geräuschen, Stimmen, Gerüchen, Gefühlen, Schwingungen, in meiner Phantasie ein Bild zu entwerfen, das häufig der Wirklichkeit entsprach. Je schärfer dieser Sinn wurde, desto besser »sah« ich, sah sogar besser als viele mit den Augen sehende Menschen.

Meine Ohren waren wie befreit: Ich hörte das ruhelose Gras, die Finger des Windes an den Wänden, das trauernde Rieseln der Tannennadeln, die Schritte von Orlando und Phoebe. Sie wußten ja nicht, wie scharf meine Wahrnehmung geworden war. Nichts blieb mir verborgen. Geräusche waren Bewegung; Geräusche verletzten die Luft.

Das Spiel hatte begonnen.

»Ich geh einkaufen, Maude«, sagte Phoebe.

Wump, machte die Eingangstür.

»Ich bring das Auto eben in Ordnung«, sagte Orlando.

Kleng, machte die Hintertür.

Für einen sehenden Menschen wäre die Sache damit erledigt gewesen. Sie hatten gesagt, wohin sie wollten; sie waren weg. Früher wäre ich jetzt in die Dunkelkammer gegangen und hätte mit dem Vergrößerer herumgespielt.

Aber in meiner neuen Dunkelkammer war längst nicht alles erledigt. Da war das Getrampel, zwei sprechende Paar Füße, nicht weit von hier.

Ohne mich zu bewegen, folgte ich ihnen.

Die gedämpften Schritte waren wie eine Erzählung. Ich hatte das Bild des atemlosen Paares vor Augen, wie es um das Haus herumgeht, den durchweichten Pfad entlangquatscht, die Holzstufen zur Windmühle hinaufklappert. Ihre Bewegungen beschrieben nicht nur sie selbst, sondern das Haus, den Pfad, den Garten, den Himmel hinter ihnen und die Windmühle, die ich nie mehr betreten wollte. Sie waren die beiden traditionellen Figuren der Landschaftsmalerei, die das Bild der Natur vollständig und überhaupt erst sichtbar machten.

Der Riegel bewegte sich hinter der Tür. Das Rascheln des Stoffs, die Seufzer abgelegter Kleidungsstücke. Dann das seidig gleitende Geräusch von Haut an Haut, zunächst nur schwach, kaum vernehmbar, dann immer lauter, immer strahlender, bis es wie ein glitzerndes Echo in meinem Kopf widerhallte. Ich war Zeugin ihrer Entdeckung der Freuden des Schmerzes. Ich hörte ihr Gemurmel, die langen Seufzer des Genusses in diesem uralten Tanz bei gedämpfter Trommel.

Dann erzitterte das Haus von den Bewegungen in der Windmühle, und die Hitze wurde unerträglich für mich. Ein

Schluchzer der Anstrengung ging in das Stöhnen der Erleichterung über, und eine enorme Helligkeit lag über der Windmühle.

Ein flüchtiger Schatten ging über mich hinweg. »Ich bin's nur«, sagte Phoebe eine halbe Stunde später, als sei sie gerade nach Hause gekommen.

Dies war eine Form des Spiels. Es gab noch mehr. Eines Tages gab ich Orlando auf dem Weg nach oben einen Vorsprung und folgte ihm auf sein Zimmer. Ich klopfte an. Er ließ mich ein, und ich spürte die Vibrationen einer dritten Gegenwart.

»Maud«, sagte er.

Er trug eine alte Jacke. Sie war nackt und lag auf seinem Bett, die Knie angezogen, die Brüste zwischen ihren gekreuzten Armen, die Hände über dem Gesicht.

»Bist du das, Ollie?«

»Ich hab gelesen.« Er nahm ein Buch vom Regal.

Er stand schützend vor dem Bett. Ich stieß leicht mit ihm zusammen, und er wich nicht zur Seite.

»Lies mir was vor.« Aber ich versuchte nun schon, Zeit zu gewinnen, ich war mir nicht mehr sicher, ob Phoebe wirklich da war. Darin bestand das Spiel: Ich mußte sie finden, nachweisen, daß sie zusammen waren. Aber nach dem ersten klaren Eindruck trübte sich die Vision ein – ich war mir jetzt nicht mehr sicher, daß sie da war.

Er sagte: »Ich komme gleich runter.«

Er stieß die Worte dick heraus, schwer atmend. Er trat einen Schritt beiseite und verriet sie – ihr Duft strömte an ihm vorbei, auf mich zu.

»Kann ich mich 'n Moment setzen?«

»Ich muß unbedingt mal arbeiten, Süße!«

Er schützte sie. Sie lag auf einer dicken Wolldecke. Ich spürte den rauhen Stoff an ihrer Haut, ich spürte sogar die Wärme der Stellen, die seine Küsse gerötet hatten.

»Wo ist Phoebe?«

»Weggegangen«, sagte er, zu schnell. »Keine Ahnung.«

Dort lag sie, zusammengerollt wie ein gefallenes Blatt.

Ich hatte gewonnen. Ich empfand keine Siegesfreude. Blindekuh: Welch ein Reichtum an Bildern! Aber er durfte eigentlich nicht spielen, er mußte in Harvard studieren. Er nutzte die Abwesenheit der Alten aus. Er wußte nichts von meiner Art des Sehens. Am deutlichsten sah ich die beiden vor mir, wenn

sie nackt waren; ihre Umarmung konnte ich durch drei Türen hindurch hören; selbst die diamantene Schärfe ihrer Blicke nahm ich wahr wie Blitzschläge bei geschlossenen Lidern. Und manchmal, wenn ich allein dasaß und Radio hörte, empfand ich plötzlich Wärme, als ob die Wolken vor der Sonne sich unerwartet geteilt hätten.
Dann wußte ich, daß sie einander in den Armen lagen, eng umschlungen, als wollten sie einander retten.
Dann ging ich leise die Treppe hinauf und den Gang entlang bis zu seiner Zimmertür. Es war ein Winterabend, aber dunkel nur für sie. Ich bewegte mich in meinem eigenen Licht. Die Dunkelheit betrog sie, sie fühlten sich sicher.
»Ollie?«
Die Stille war so greifbar, ich hätte sie streicheln können.
»Phoebe?«
Die Stille schnurrte wie eine Katze.
Ich öffnete die Tür und blieb auf der Schwelle stehen. Hätte ich jetzt Augen gehabt, ich hätte sie in der Dunkelheit nicht gesehen. Aber sie waren da und hofften, daß ich wieder weggehen würde. Er lag über ihr, sein Mund auf ihrer Brustwarze, seine Zunge liebkoste sie. Es war wie ein Rettungsmanöver, bei dem ich vom Ufer aus zusah. Ihre Liebe erschütterte mich, und ich bewunderte die Vollkommenheit, mit der sie ihre Glieder, ihr Fleisch, ihr Haar teilten.
»Ist hier jemand?«
Die Stille schlummerte mit der Schnauze zwischen den Pfoten. Und doch – wie klar sah ich sie: ihre weiche Wange, seine Rippen, die Kratzer auf seiner Schulter, das angepreßte runde Fleisch, wo ihre Körper vereint waren. Sie waren zart und zerbrechlich, aneinandergeklammert wie im Fallen. Vielleicht machte ich ihnen Angst, vielleicht genossen sie das Spiel. Ich beneidete sie zu sehr, um sie bemitleiden zu können.
Hatte ich sie zusammengebracht? Es spielte keine Rolle – sie hatten mich aus meiner besonderen Dunkelheit erlöst. Ich fiel nicht länger auf Sonnenuntergänge herein, auf das dunkle Rauschen der Kiefern, die endlose Wanderung der Wogen zum Ufer, den magischen Trommelwirbel des Malerischen. Hinter dem Sonnenuntergang sah ich nun die kalte Zone des farblosen Himmels und unter dem wogenden Ozean die ungeheure Öde alten Schleims. Ich schämte mich dafür, daß ich geglaubt hatte, die Kunst könne je ein Ende haben.

Früher, als ich noch Augen hatte, glaubte ich, es gäbe nichts mehr zu sehen. Nun wurde ich von meinen Wahrnehmungen erdrückt. Die Natur öffnete sich mir, und ihre Geheimnisse waren klar wie der helle Tag. Ich hatte geglaubt, alles fotografiert und damit erfaßt zu haben: den Obstgarten, den Strand, das Haus, den Weg, Orlando und Phoebe. Aber das war ein Irrtum gewesen, dessen Tiefe mich jetzt demütigte. All diese Dinge waren auf neue Weise von innen her erleuchtet. Ich sah bis in ihren Kern, und was ich bislang für den friedlichsten aller Gegenstände gehalten hatte – einen Stuhl oder eine Planke etwa –, war nun eine wirbelnde, helle Masse aus einzelnen Splittern. Auch ich war nur ein Teilchen in dieser Welt, die mir ähnelte – ich sah Leidenschaft in einem Stein, Hunger in einem Abflußrohr, meine eigene Unsterblichkeit in dem zerbrechlichsten Schmetterling.
Irgendwo tief in meinem Innern kniete ein Engel über einer flackernden Kerze und malte hinreißende Visionen in die Dunkelkammer meines Körpers.

22 *Feuerteufel*

Meine Fotos waren eine Sensation. Man kann in solch einer Situation berühmt werden, wenn man sich zeigt, aber noch effektiver ist eine auffallende Unsichtbarkeit. Ich war überall, weil ich nirgends war. Das war die Essenz der Wahrnehmungen, das tiefste Geheimnis der Fotografie. Und es war Teil des Paradoxons, daß ich die Wahrheit über Orlando und Phoebe erst in dem Moment erkannte, der mich blind machte: Sie waren wie hinter einer Nebelwand verborgen gewesen, als sie mir am nächsten gewesen waren.
In New York kannte niemand mein Gesicht. Den kurzen Aufenthalt während der Rückreise von Florida zum Kap hatte ich in einem abgedunkelten Hotelzimmer verbracht, um die Fotos zu entwickeln. Dann hatte ich meine Arbeit einfach in den Briefkasten des Camera Club geschoben und den Zug bestiegen. Ich wollte mehr; ich bekam es. Und nach meinem Schock und der darauffolgenden Blindheit hatte ich mich geweigert, ans Telefon zu gehen. Orlando hatte der Einzelausstellung für mich im Club zugestimmt. Die Veranstalter hatten

mich mehrfach gebeten zu kommen, aber ich wollte nicht. Die Ausstellung schlug ein wie ein Blitz. Die Kritiker schrieben sich ihre komplizierte Begeisterung vom Hals, und die Zeitungen baten um ein Bild von mir. Aber von mir gab es keine Fotos. Ich hatte mir geschworen, mich nicht fotografieren zu lassen. Diesen Schwur hielt ich, mich konnte keiner fotografieren außer mir selbst. Der einzige Mensch, der das verstand, war interessanterweise kein Fotograf, sondern der amerikanische Abenteurer, Jäger und Erzähler Ernest Hemingway. Er sagte, das sei ein verdammt edler Schwur, ähnlich dem eines Kriegers, der sich lieber selbst tötet, als in die Hände seiner Feinde zu fallen. Ernest hat sich eine Kugel in den Kopf gejagt, weil, wie er sagte, das FBI hinter ihm her war. Von seinen Biographen kann man das mit Sicherheit behaupten, und ich glaube, sein Selbstmord war eine Version dieses verrückten, stolzen Samuraiprinzips.

Niemand hatte mich gesehen, niemand kannte mein Gesicht. Diese Anonymität wurde zu einem wichtigen Teil meines Ruhms. Ich hatte immer ein großes Feuer entzünden wollen, aber nun, da es brannte, wärmte ich mich nicht daran. Mein Mysterium eilte mir voraus, während ich mir daheim die Hände rieb. Als sie es aufgaben, um ein Porträt von mir zu bitten, wurde ich selbst eingeladen. Man würde mir zu Ehren eine kleine Feier arrangieren. Wo war ich zu erreichen? Orlando gab meine Antwort weiter: unauffindbar.

Denn in diesem Moment des Ruhms, als meine Bilder mit Bewunderung betrachtet wurden und ich für die Schärfe meines Blicks von den Kritikern gelobt wurde, war ich blind wie ein Regenwurm und an meinem tiefsten Punkt, taub wie ein Stein und ebenso stumm, in der ersten und schwärzesten Phase meines sogenannten Zusammenbruchs.

Dann fing ich an, das Spiel zu spielen, und als ich durch meine Siege beim Blindekuh die Dunkelheit überwand, merkte ich, daß ich mich langsam erholte. Ich hatte Orlando endlich durchschaut, und ich hatte ihn verloren; aber ich hatte auch eine neue Welt gefunden. Und ich selbst war entdeckt worden. Ich wachte auf und merkte, daß ich gefragt war. Agenten, Verleger, Auktionäre und Aussteller riefen Tag und Nacht an, um mich zu bitten, mit ihnen zusammenzuarbeiten. Wäre ich bereit, nach Europa zu fahren, wo gerade ein Krieg begann? Sie wollten mich um die Erde schicken, wenn ich dabei ab und zu

eine Aufnahme machte. Sie boten mir Freiheit und zugleich Sicherheit an: Ich konnte machen, was immer ich wollte, solange sie nur die Rechte an meinen Arbeiten hatten.
Aber ich brauchte sie nicht. Die Ausstellung selbst war der Beweis. Sie brauchten sich nur meine Bilder anzusehen, um zu wissen, wie sehr ich die ganze Kunstpatronage verachtete und daß diese ganze Schweinedinnerserie eine einzige große Attakke auf die Zuhälterei war, die sich Mäzenatentum nannte. Ich hatte sie nicht gebraucht, als ich unbekannt war – wieso sollte ich sie jetzt brauchen, wo ich ganz oben war? Die nackte Wahrheit war, daß sie wie alle Zuhälter sich in meine Arbeit einmischen wollten – nicht um ihr förderlich zu sein, sondern um ihre Stellung zu rechtfertigen. Sie versuchten hartnäckig weiter, mich zu engagieren.
Das war aber noch nicht alles. Meine Berühmtheit hatte auch ihre bizarren Seiten. Obwohl alle meine Bilder die Eigenschaft besaßen, die ich das Ertrinken des Betrachters im Bildlichen nannte, den »Unterwasserquotienten«, der sie erst zu echten »Pratts« machte, wurde ich nun von Leuten belästigt, die mich zu völlig anderen Arbeiten überreden wollten, zu irrwitzigen, sinnlosen, trivialen, herabwürdigenden, vulgären oder ganz einfach albernen Dingen.
Dagegen war Jack Guggenheim der reinste Engel. Jeder Mensch, der etwas erreicht hat, bekommt solche Angebote: Madame Curie muß mindestens hundertmal gefragt worden sein, ob sie nicht eine Drogerie aufmachen oder ihren Namen für ein paar Sorten Aspirin hergeben wollte; Albert Schweitzer, ob er nicht für ein Antimückenspray werben, und William Faulkner, ob er nicht Bourbonanzeigen schreiben wollte. Ich weiß zufällig, daß die Whiskyleute immer hinter Ernest her waren: Er sollte sich mit einer Flasche von ihrem Saft in der Hand fotografieren lassen. Die meisten Leute von heute sind zu jung, um noch zu wissen, wie Eleanor Roosevelt damals im Fernsehen für Blue-Bonnet-Margarine geworben hat, aber der Shakespearedarsteller, der sich dafür hergibt, eine Nummer für die Polaroid-Sofortbildkamera abzuziehen – die fotografische Entsprechung von Tiefkühlpizza –, ist ein gutes Beispiel für das, was ich meine. Die Schlimmsten dieser Typen wollten mich ins Geschäft einspannen, mich zur offenen Komplizin ihres erpresserischen Verkaufsmechanismus machen: Bilder von Autos, von Frauen mit falschen Wimpern, Männern in

teuren Pyjamas, Leuten, die Zigaretten rauchten, waren noch das harmloseste. Ich hatte meinen ersten künstlerischen Erfolg in der Tasche, und mein Genie wurde eindrucksvoll bestätigt, als mir ein Damenunterwäschefabrikant 5000 Dollar versprach, wenn ich die neueste Kollektion seiner BHs und Mieder fotografierte.
»Niemals!« sagte ich.
Die anonyme Lohnarbeit der Fotojournalisten wurde mir angetragen – Sport und Nachrichten, Reiseimpressionen, Mode, Familienporträts – Junior im Matrosenanzug, Buddy mit kurzen Hosen, Mutti und Pappi strahlend vor Glück. Nein danke. Ein Millionär aus Hyannisport verlangte tatsächlich, ich sollte die Hochzeitsbilder seiner Tochter machen – er hatte reichlich Kleingeld, ich hatte die Kamera, was war mit mir los? Sie dachten, sie könnten mich ausleihen, einkaufen. Diese intensive Prostitution der Kunst, die ihren Ursprung in der Patronage hat, ist aus dem kulturellen Leben Amerikas nicht mehr wegzudenken: sie ist verwandt mit der Subvention, dem Stipendium, der Stiftung und jeder anderen Form von kultureller Beschlagnahme, die ins Reich der Geldonkelkreativität gehört. In ihrer stumpfen Unverschämtheit glaubten sie, meine Phantasie kaufen zu können. Ich antwortete ihnen nicht einmal. Sie wußten nicht, mit wem sie es zu tun hatten. Außerdem war ich blind!
Und fast täglich rief der Camera Club an und erkundigte sich, wann ich nach New York kommen könnte.
»Du solltest da wirklich runterfahren«, sagte Orlando, der, wie ich wußte, mit den besten Absichten der Welt versuchte, mich loszuwerden.
»So, wie ich bin?« Ich wandte ihm mein Gesicht zu, nahm meine dunkle Brille ab und zeigte ihm meine blinden, starrenden Augen.
»Warum nicht?« sagte er. »Du könntest in deinem Ruhm baden!«
»Ich würde mir den Kopf einrennen!«
»Erzähl mir doch nichts«, sagte er. »Ich hab dich beobachtet, Süße. Du kennst alle Tricks.«
Phoebe sagte: »Ich weiß wirklich nicht, wie sie es macht!«
Statt direkt zu antworten, sagte ich: »Dein Unterrock guckt raus, Phoebe.«
Ich hörte, wie sie ihn zurechtzog.

All dies geschah in den nebligen Novemberwochen, als Orlando eigentlich in Harvard hätte sein müssen. Aber er blieb; Mama und Papa waren immer noch in Florida, ahnungslos – soviel ich wußte –, und Orlando und Phoebe liebten sich mindestens einmal am Tag in der Windmühle. Obwohl es mich erregte, ihnen so nahe zu sein, lag etwas Melancholisches darin, daß wir drei immer noch das Haus unserer Eltern bewohnten, als könnten wir die Geister unserer Kindheit nicht abschütteln. Weil wir unser Heim nicht verlassen hatten, blieben wir weiterhin Kinder füreinander. Das war auch der Grund, warum jene Anrufe aus New York mir als ein solcher Einbruch in unsere Sphäre erschienen. Je mehr Orlando mich wegen meines fotografischen Volltreffers und seiner Folgen durch den Kakao zog, desto weniger ließ ich ihn vergessen, daß er ein Schulschwänzer war und sein Juraexamen verpennen würde.

»Ich kann hier besser arbeiten«, sagte er. »Und, keine Angst, ich halte mich genau an mein Programm.«

»Ich sorg schon dafür, daß er am Ball bleibt«, sagte Phoebe.

»Das glaub ich«, sagte ich.

Und obwohl es nieselte, die Regentropfen das welke Gras seufzend trafen und der Nebel von der See hereinrollte und seine nassen Fetzen um das Haus trieb und die Stare sich in den Bäumen sammelten, gab es doch in diesem Leichentuch von Feuchtigkeit Fäden brillanten Lichts; und überall um mich herum war der Zauber des Neuen.

Aber eines Morgens spürte ich eine erdrückende Vorahnung, die an Hysterie grenzte, ein Gefühl von Bedrohung, das sich kalt auf meine Seele legte.

Ich wußte, als ich zum Frühstück herunterkam, daß Orlando nicht mehr da war.

Wie üblich zeigte ich nicht, was ich fühlte.

»Du bist aber früh auf«, sagte ich.

Phoebe, die am Tisch saß, hatte nichts gesagt, und sie hatte sich so an meinen sechsten Sinn gewöhnt, daß sie nicht einmal fragte, woher ich wußte, daß sie im Raum war. Aber ich wußte noch mehr: Sie war allein, in ihrem Nachthemd, das Haar noch geflochten, und sie biß auf einem ihrer Zöpfe herum. »Kaffee?« sagte sie.

Sie hatte geweint. Die Tränen waren getrocknet, aber Trauer ging von ihr aus, ich spürte ihre Niedergeschlagenheit. Sie war

wie ein kleines, ausgesetztes Kind, das im grauen Morgen zitterte.
Sie versuchte, lustig und frisch zu sein. Sie sagte: »Du hast wirklich Glück, daß du nicht sehen kannst, was für ein mieser Tag das ist.«
»Gar nicht so schlecht«, sagte ich. »Gestern abend hatten wir ein Schneegestöber. Im Garten sieht das hübsch aus, wie Mondlicht auf geflecktem Hermelinpelz. Und die Eisblumen am Fenster, wie eingeätzt. Aber keine Angst – die Sonne kommt raus, ich spür's in den Knochen.«
Sie sah mich erstaunt an. »Gott«, sagte sie, »du bist wirklich phantastisch, Maude.«
Sie erwähnte Orlando nicht. Aber ihre Trauer sprach aus der lustlosen Art, in der sie auf ihrem Toast herumkaute, und in der Mühe, die sie mit dem Schlucken hatte.
Um Viertel nach neun klingelte das Telefon.
»Das sind wieder diese Leute«, sagte sie und preßte den Hörer gegen ihren Bauch, damit man sie nicht hörte.
»Wenn es die vom Camera Club sind, gib rüber. Sonst häng auf.«
»Moment bitte«, sagte sie in den Apparat. Sie gab mir den Hörer mit gerunzelter Stirn, erstaunt.
Ein hellwacher Mann am anderen Ende sagte: »Wir hätten gern gewußt, ob wir sie hier irgendwann erwarten können. Es würde uns außerordentlich freuen.«
»Hören Sie gut zu«, sagte ich. »Ich fahre heut früh nach New York ab...«
Phoebe sagte: »Maude, das kannst du doch nicht machen!«
»... und werde im Algonquin absteigen. Ich schlage vor, wir treffen uns morgen früh um neun in der Lobby, und ich komme in die Ausstellung. Aber bitte keine Publicity, keine Fotos, keine Autogramme, keine Reden.«
»Wenn Sie uns ein bißchen mehr Zeit lassen, können wir etwas daraus machen.«
»Das Geld können Sie sparen«, sagte ich und legte auf.
Phoebe sah mich starr an. Da sie wußte, daß ich blind war, versuchte sie nicht, ihren Schreck zu verbergen. Das machte es mir leicht, ihn zu erkennen.
»Komm, Phoebe, mach dir keine Sorgen.«
»Bitte fahr nicht.«
»Orlando wird sich um dich kümmern.«

Tapferes Mädchen: Sie sagte nicht, daß er weg war. Sie hielt den Atem an und lief in die Küche, die Hände auf den Mund gepreßt, um ihr Weinen zu ersticken.
Wampler brachte mich mit seinem alten Schlitten zum Bahnhof.
Noch etwas lernte ich: Es war gut, in New York sehen zu können, aber nicht notwendig. Der Strom der Zuggäste zog mich aus der Grand Central Station hinaus und auf die Straße. Da ich nicht viel Gepäck hatte – keine Kamera, keine Ausrüstung –, entschloß ich mich, zum Algonquin zu Fuß zu gehen.
Aber ohne es eigentlich zu wollen, ließ ich mich dann doch von einem plappernden Taxifahrer überreden und wurde zum Hotel gefahren. Dort war mein Geheimnis sicher – alle Hotelgäste werden behandelt, als seien sie blind: Unterzeichnen Sie bitte hier unten; da entlang, Madam, stolpern sie nicht; hier hinein; wenn wir irgend etwas für Sie tun können, klingeln Sie bitte; der Lichtschalter ist hier, das Bad da drüben, der Schlüssel steckt.
Es liegt in der Natur der Räume, das, was in ihnen vorgeht, festzuhalten. Ein leeres Zimmer gibt es nicht. Es besitzt ein Gedächtnis. In diesem war ich auch nicht allein; der Lärm des Straßenverkehrs kam herauf und füllte meinen Kopf mit Bildern, in den Wänden heulte und grollte es leise, und in den Rohren im Bad zischte es. Es war mehr, als ich ertragen konnte; und ich beschloß auszugehen, nicht aus Einsamkeit, sondern weil es im Zimmer einfach zu voll war. Draußen, in dem Versuch, mich zurechtzufinden, hatte ich das ständige Gefühl, etwas vergessen zu haben, als hätte ich einen Teil meiner selbst in dem Zimmer zurückgelassen. Die Bürgersteige waren kein Problem. Die ganze Stadt war mir so vertraut, als wäre ich daheim. New York war wie für blinde Menschen gebaut: ein Meisterwerk aus rechten Winkeln, nichts als Wände und Quadrate auf dem Straßengitter – ein Labyrinth ohne Ungeheuer. Als es mir an einer Ecke zu dumm wurde, die Ampel abzuwarten, lief ich einfach bei Rot los. Ein schwerer Mann kam auf mich zu, und ich hörte einen sarkastischen Seufzer. Er blieb vor mir stehen, ich hörte das trockene Knarren von Leder auf Leder und das strenge Klacken von Metallketten.
Er sagte: »Sind Sie neu hier, Lady, oder was?«
»Tut mir leid, Officer.«

»Warten Sie gefälligst auf Grün, Lady!«
Ich sollte auf das richtige Licht warten! Ich sagte ihm nicht, daß ich lange gewartet hatte und daß sich das Licht als unerheblich herausgestellt hatte; daß die Energie woanders war. Ich runzelte beschämt die Brauen, um mein Schuldgefühl deutlich zu machen, und als er mich mit einem erneuten Seufzer der Verzweiflung gehen ließ, nicht ohne sein Leder nochmals kräftig knirschen zu lassen, wanderte ich langsam weiter. In westlicher Richtung. Ich hatte das alte New Yorker Gefühl, auf einem Ozeanriesen mitzufahren.
Die Sonne ging unter, und in der Kühle, die den Einbruch der Nacht begleitete, hörte ich Stimmen, die von Not und Trauer redeten. Ohne einen Laut kenterte das Schiff und sank. Ich sah, was ich nie zuvor gesehen hatte, Säulen aus Luft, die hohen, in die Stille ragenden Wachttürme. Die Stadt war plötzlich leer. Sie war ohne Substanz. Ich war allein, ich konnte mich ihr hingeben, tief und ruhig schlafen und sie morgens nach dem Frühstück wieder aufbauen, nach meinen Plänen.
Es tat mir ein wenig leid, keine Kamera dabei zu haben, denn am nächsten Morgen, als ich mich aus dem Fenster beugte, hörte ich einen Streit zweier Männer mit an. Ich im neunten Stock; die Straße ein Verkehrsgewühl, die Bürgersteige ein Gewimmel, und niemand verschwendet auch nur einen Blick an die beiden. Es hätte eine dieser seltenen Kompositionen gewesen sein können, die der Zufall schafft: Eine scheinbare Ordnung, die Prozession der Autodächer, die regelmäßige Struktur von Fenstern und Wänden, der einheitliche Strom der Fußgänger nur an einer Stelle gebrochen von den beiden Männern, die still stehen und kurz davor sind, einander an die Kehle zu gehen. Ein idealer Blickwinkel: Ein Stück Times Square, eine Straßenschlucht dahinter und im Hintergrund New Jersey, ein Streifen wolkenloser Himmel, der als Gegengewicht zu den Grobianen da unten wirken könnte. Die schräg einfallende Morgensonne ist ein zusätzliches Geschenk, sie läßt die Betonwände aufstrahlen und wird von den Autodächern reflektiert. Die Fußgänger werfen lange, scharfkonturierte, diagonale Schatten, die im eigenartigen Gegensatz zu ihren durch die Perspektive verkürzten Körpern stehen.
Ich schloß das Fenster und begoß mein tolles Bild mit Kaffee. Dann ging ich hinunter, um auf den Mann vom Camera Club zu warten. Die Hotellobby schien mir der ideale Treffpunkt,

wenn ich meine Blindheit so lange wie möglich verheimlichen wollte. Mir fiel ein, daß er gar nicht wußte, wie ich aussah, und ich kannte nicht mal seinen Namen. Ich setzte mich vor die Trennwand, die die Sitzgruppen vom Empfang trennte. Ich hatte schon Wochen zuvor das Glas von meiner Uhr entfernt. Ich berührte die Zeiger mit den Fingerspitzen: zehn vor neun. Ich war sicher, daß er in seiner Ungeduld, mich in New York zu treffen, pünktlich sein würde.
Er kam, genauer gesagt, sie kamen sogar zu früh. Ich hörte sie in einiger Entfernung miteinander flüstern und dann das unmißverständliche Klicken einer Platte, die in eine Speed Graphic eingeführt wurde.
Ich sagte laut: »Tun Sie das Ding weg!«
Dann das Kleidungsgeraschel und Räuspern, das einer Vorstellung vorausgeht, und: »Miß Pratt!«
»Keine Fotos bitte!«
»Ich wollte Sie nicht aufnehmen!« sagte eine zweite Stimme.
»Erzählen Sie doch nichts!«
»Ich freue mich sehr, Sie endlich kennenzulernen«, sagte der erste Mann, und es klang ehrlich.
Sie stellten sich als Randy Stranks und Fred Umlah vor. Randy, der mit der Kamera, war noch jung; Umlah war die graue Eminenz, mit der ich am Telefon gesprochen hatte. Wir brachen auf, und ich benutzte die beiden als Blindenhunde, sie führten mich höflich am Ellenbogen, warnten vor Stufen und wiesen auf interessante Dinge hin – das Gebäude hier, die Bar dort.
»Aktenschränke«, sagte Randy. »Diese Gebäude sind Aktenschränke für menschliche Akten. Schaun Sie sich die Leute an, die da reingehn. Alles Akten. Da läuft ›Eilig‹, und die da sind alle ›Streng Vertraulich‹. Und der da – das ist 'ne ›Wiedervorlage‹, ganz klar.«
»Randys Lieblingsspiel«, sagte Umlah.
Randy war nicht zu bremsen. Er redete mich schwindlig. Die ständige Geräuschkulisse machte mich hilflos. Ich dachte: Vielleicht wird jeder, nicht nur der Hotelgast, behandelt, als wäre er blind. Wir lassen es zu, daß andere das Sehen für uns besorgen, und lernen deshalb nie, unseren Augen zu vertrauen. Die Leute versuchten ständig, einem ihre Sicht aufzuzwingen. Wenn die Fotografie überhaupt eine

Bedeutung hatte, dann nur deshalb, weil so viele Menschen nicht sehen gelernt hatten. Randys New York war nicht meines.

»Sind Sie jetzt damit durch?« sagte ich schließlich.

Umlah bemerkte den Ärger in meiner Stimme und begann, mir zu schmeicheln. Er sagte: »Was ist es für ein Gefühl, wenn man plötzlich berühmt ist?«

Das hatte Orlando mich auch gefragt. »Bemerkenswert«, hatte ich gesagt. Aber Umlah wollte ich etwas zu kauen geben und sagte:

»Wie ich mich fühle? Sehr exponiert. Ich fühle mich inkompetent und häßlich – häßlicher, als ich bin. Es ist ein Lehrgang in Bescheidenheit, es ist einsamer als das Versagen. Es ist – sagen Sie, die Stadt ist heute ziemlich geladen, oder bilde ich mir das nur ein?«

»Wahrscheinlich«, sagte Umlah. »Ein ganz normaler New Yorker Alltag – hektisch wie immer.«

»Nein«, sagte ich, »hören Sie nicht dieses Geräusch?«

»Welches denn?« sagte Randy und lachte.

»Das. Ein Prasseln, ein Brand. Riechen Sie's? Und das Rufen der Leute. Hören Sie's?«

»Es ist ein ganz normaler ...«

»Moment«, sagte ich. »Feuerwehrsirenen – kommen hierher!«

»Was hab ich dir gesagt?« sagte Umlah in der gönnerhaften, selbstzufriedenen Art, in der herablassende Menschen ihre Bewunderung ausdrücken. »Sie hat eine erstaunliche Phantasie.«

»Ich phantasiere nicht«, sagte ich. »Ich hör sie ganz deutlich. Und das Feuer muß hier irgendwo sein.«

Meiner Schätzung nach waren wir etwa Ecke Fifth Avenue und Fünfundvierzigste Straße, und da wir mitten auf dem Bürgersteig stehengeblieben waren, fielen wir auf. Eine kleine Gruppe sammelte sich um uns. Ich hörte sie murmeln: »Die spinnt doch!« und »Was ist denn los?« und »Frag mich nicht!«

»Wollen wir nicht lieber weitergehen?« sagte Umlah mir ins Ohr, deutlich besorgt.

»Ich sage Ihnen, ich rieche Rauch.«

Jemand sagte: »Die da mit der dunklen Brille. Sie riecht Rauch.«

Und dann hörte ich aus der Menge ein einzelnes irres Gekicher,

ganz leise, in der Kehle verhalten: der Wahnsinn des Brandstifters.
Die Feuerwehren wurden lauter, aber weder Umlah noch Randy noch irgend jemand aus der Menge schienen sie zu hören. Ich spürte ihre forschenden Blicke, sie beobachteten mich, als würde ich im nächsten Moment einen Anfall kriegen. Ich stand im Mittelpunkt des Interesses; niemand hörte oder sah das Chaos in unserer Nähe. Umlah sagte: »Wir kommen zu spät.«
Aber ich wich nicht von der Stelle. Mein Gesicht wurde warm, ich hatte öligen Rauch in der Nase und panische Schreie in den Ohren. Ich wirbelte herum und deutete mit ausgestrecktem Arm: *»Feuer!«* Stille, ein Moment gespannter Neugierde – und dann hörte ich:
»Tatsächlich, da drüben!« und »Sie hat recht!«, und Randy sagte »Verdammt noch mal« und fummelte hektisch an seiner Kamera herum.
»Die Feuerwehr!« rief jemand. Die Motoren und die Sirenen waren nur noch einen Block entfernt.
Und mittendrin dieses irre Gekicher.
»Das muß ich fotografieren«, sagte Randy.
»Beeil dich«, sagte Umlah.
Rauch strömte nun aus den Fenstern des Gebäudes gegenüber, er füllte den Himmel und verwandelte die Sonne in eine verschwommene Blutorange. Ich hörte das Splittern von Glas und die erregten Schreie, aber am deutlichsten war das Gekicher des Verrückten in der Menge. Ich lauschte, kriegte mit, wie er schnüffelte, den Schleim in seiner Nase hochzog und hinunterschluckte. Das unterschied sich so deutlich von dem aufgeregten Aufstöhnen um mich herum, daß es wie durch einen Verstärker zu mir herüberkam. Ich versuchte, ihn mir vorzustellen: eine alte, schwarze, nach Kerosin stinkende Jacke, ein bärtiges Gesicht mit schwarzen Zähnen, die wilden Augen hinter dicken Brillengläsern: ein Feuerteufel.
»Mach schnell, um Gottes willen!« sagte Umlah.
Randy fotografierte die Ankunft der Feuerwehr, das Verkehrschaos und dann, als die Leiterwagen in Position gekarrt wurden, die behelmten Männer in ihren Öljacken und langen Stiefeln, die die Fenster mit Äxten einschlugen. Die Ströme von Wasser hatten keine Wirkung auf die Flammenfontänen, das ergab ein hervorragendes Bild.

»Da sind noch Leute oben!« sagte der Mann neben Umlah.
»Wo?« sagte Randy, der eine Platte nach der anderen in die Kamera schob.
»Dritter Stock«, sagte ich.
Der Feuerteufel kicherte und schnorchelte noch immer, und er drängte sich jetzt vor zu dem Seil, das die Menge zurückhalten sollte.
»Geben Sie her«, sagte ich und schnappte mir Randys Kamera.
Randy sagte: »Ich halte Ihre Brille.«
Ich hatte vergessen, daß ich meine dunkle Sonnenbrille trug. Ich stieß ihn beiseite, bevor er nach ihr greifen konnte.
»Die brauch ich«, sagte ich. »Gehn Sie aus dem Weg.«
»Was macht sie denn da?« sagte Umlah.
Randy sagte: »Sie schießt in die falsche Richtung, soviel ist klar.«
Der Pyromane war kaum zwei Meter weg und so vom Feuer fasziniert, daß ich mir beinahe sicher war, daß er es gelegt hatte. Er atmete schwer vor Vergnügen; er sah mich sicher nicht. Sein Mund stand offen, er war total versunken. Ich wußte genau, was er empfand: Dieses war sein Erfolg, sein Ruhm. Er hatte es geschafft, den Verkehr anzuhalten und fünf Feuerwehrwagen herbeizuholen; Menschen schrien und fielen in Ohnmacht; und die Stadt war dunkel – er hatte die Sonne ausgelöscht! Es machte nichts, daß niemand seinen Namen kannte – wenn überhaupt, dann war die Anonymität ein Teil seiner Leistung. Sein Gesicht war vom Feuer gesprenkelt, sein Haar stand in Flammen, und in seinen Brillengläsern spiegelten sich kreuzende Leitern und schwankende Männer in Gummijacken, die zu den glutroten Fenstern hinaufkletterten. Dieses lachende Gesicht inmitten der verbissenen Menge war mein Bild.
Ich nahm den Feuerteufel dreimal auf, und jedesmal sah ich im Moment des Auslösens buchstäblich das ganze leuchtende Bild, ein kurzes Aufblitzen, als hätten die Pupillen meiner toten Augen sich kurz geöffnet und dann wieder geschlossen und einen Lichtstrahl eingelassen, der mein Hirn versengte und dort einen schwarzen Brandfleck zurückließ. In diesem flüchtigen Moment des Lichts sah ich den kichernden Mann, dem die Landkarte des Feuers auf das Gesicht gemalt war. Es erschreckte mich, und ich wiederholte es noch zweimal, bis drei schwarze Sterne in meinen Augen tanzten. Es war so, wie ich

die Dinge gesehen hatte, als ich noch mein Augenlicht besaß, unvollkommene Bilder wie das Gekritzel eines Kindes, den Visionen meiner Blindheit so weit unterlegen, daß ich mich danach nicht zurücksehnte und es sofort wieder vergaß.

23 *Bloßstellung*

»Gibt's hier was umsonst?« sagte ich, als wir beim Camera Club angekommen waren. Schon auf der Treppe hingen Menschentrauben, und drinnen waren noch mehr. Die Leute drängten und schoben sich in dem Raum herum, in dem die Bilder hingen. Ich hörte das Geblätter in den Katalogen. Ich wußte von früher, wie das übliche Galerievolk aussah – ältere Typen mit Baskenmützen, die tragisch-hübsche junge Mädchen im Arm hatten, Studenten, Hausfrauen, Einkaufsbummler, Vergnügungssüchtige und die Profis, die Kulturgangster. Und die Luft war voll vom freundlichen Lärm der vielfachen Unterhaltung, den man von Parties her kennt, ein Ton, der eine Art von Hitze zu sein scheint.

»Die sind alle wegen Ihrer Ausstellung hier«, sagte Umlah. »So geht das schon seit der Eröffnung.«

»Kommt auch Geld rein?«

»Wir nehmen keinen Eintritt«, sagte er.

»Ich meine, werden die Bilder auch gekauft?«

Umlah sagte: »Glaub schon, wenn sie verkäuflich wären.«

»Natürlich sind sie das!« sagte ich scharf. »Sie wollen mir doch nicht etwa erzählen, daß Sie sie nicht anbieten?«

»Ich hatte keine Ahnung«, sagte er leicht angewidert, »wirklich keine Ahnung, daß Sie das für Geld tun!«

»Ich tu's für meine Gesundheit, und die ist teuer.«

»Ich hatte vorausgesetzt, daß Sie die Fotografie an sich lieben.«

»Hör'n Sie auf«, sagte ich, »das ist der älteste Trick, der im Buch steht. So beutet man Künstler aus – man schlägt aus ihrer Liebe zur Sache Kapital. Was hat das mit Miete, Material und sonstigen Unkosten zu tun?«

Randy sagte: »Wir dachten, Sie hätten ein Guggenheim-Stipendium.«

»Ich mach's nicht mit Jack – er ist mir zu gönnerhaft.«

»Bitte«, sagte Umlah. »Was wollen Sie also?«
»Sie«, sagte ich und deutete mit dem Finger auf Randy, »Sie gehen jetzt los und sehen zu, daß Preisschilder an die Bilder kommen.«
»Ich besorge das schon«, sagte Umlah. Er schien durch meinen Ausbruch ziemlich erschüttert.
»Ja«, sagte Randy, »ich würd gerne hochgehen und die Platten vom Brand entwickeln.«
»Wir sollten die Preise lieber gemeinsam festlegen«, sagte Umlah.
»Nichts einfacher als das«, sagte ich.
»Es sind aber 'ne Menge Bilder.«
»Ich sag immer, wenn man so vulgär ist, Preise an die Dinger zu hängen, dann kann man auch so vulgär sein, sie nach Größe zu verkaufen. Ich für meinen Teil gehe nach Quadratzentimetern. Die Vierzig-mal-Fünfziger kosten einen Hunderter pro Stück, alles, was kleiner ist, sechzig. Da sind noch 'n paar Große – dafür können wir wohl einhundertfünfzig nehmen.«
Umlah atmete schwer vor Empörung und Gier zugleich, die hitzig-widersprüchliche Wollust des Zölibaten – offensichtlich erregte ihn das kommerzielle Potential meiner Bilder.
»Und was guckt für den Club dabei raus?«
»Zehn Prozent für euch.«
»Zwanzig ist Standard.«
»Okay, ich teile die Differenz, also fünfzehn. Ich bin kein Araber«, sagte ich. »Aber, alle Achtung, Sie lernen schnell, Mr. Umlah. Ich wußte gleich, daß Sie ein realistischer Mann sind. Jetzt kleben Sie aber die Schilder dran, bevor hier alles wieder verschwindet.«
»Kommen Sie bitte mit, damit ich keine Fehler mache«, sagte er. »Wir können gleich hier am Eingang beginnen. Hier – das ist ein perfektes Foto – diese Verandaszene.«
Was für eine Verandaszene? Ich beugte mich vor und schaute hin, und obwohl mir die Wand mein Gemurmel zurückwarf und ich mir einer Gruppe begeisterter Betrachter in meiner Nähe bewußt war, konnte ich nicht feststellen, welches Bild dies war. Die Stadt, mein Hotelzimmer, die zwei Männer, die neun Stockwerke unter mir rauften, das Feuer in dem Gebäude und auch den Brandstifter hatte ich ohne Schwierigkeiten wahrnehmen können. Aber die Fotos waren etwas anderes: Sie blieben unsichtbar. Was mich betraf, so waren sie vom ge-

sichtslosen Getöse der Wand überhaupt nicht zu unterscheiden.
»Was meinen Sie, Miß Pratt?«
Die Wand war blaßgrün, ein schmaler Riß ging durch den Putz, in der Nähe der Tür waren dreckige Fingerabdrücke. Aber das Bild? Ich hätte nicht sagen können, ob es groß oder klein war, hell oder dunkel. War es *Pensionsgäste?* Oder Hornette auf der Schaukel bei Mrs. Fritts? Oder was? Ich sagte: »Sollten wir es nicht lieber mal ausmessen?«
»Fred«, sagte ein Mann links neben mir, »dürfen wir uns anschließen? Wir schreiben einen Artikel über Miß Pratts Ausstellung.«
»Fragt Miß Pratt«, sagte Umlah.
»Aber bitte«, sagte ich. Mir war schleierhaft, wie ich mich durch die ganze Ausstellung kämpfen sollte, ohne meine Blindheit preiszugeben. Bis jetzt hatte ich Glück gehabt; aber meine Bilder waren ein Rätsel für mich und konnten mich verraten. Ich sah sie einfach nicht.
Umlah sagte: »Ich möchte Sie mit Iris Clinch und Dick Shuggery bekannt machen, Journalisten.«
»Kritiker, genauer gesagt«, sagte Iris. »Wir sind von *Time-Life. Life* macht eine Geschichte über Sie – wir werden einen ganzen Stapel Ihrer Bilder ins Heft bringen.
»Das hör ich zum erstenmal«, sagte ich.
»Freut es Sie denn nicht?«
»Ehrt mich«, sagte ich. »Aber da ist noch die kleine Frage des Copyrights.«
»Wir werden uns schon einig«, sagte Shuggery in schöner Zuversicht.
»Moment – bei meinen Fotos laß ich mich auf keinen Kuhhandel ein. Das ist meine Entscheidung, klar? Wenn Sie die Sache anders sehen als ich« – was ironisch war, da ich überhaupt nichts sehen konnte –, »ist der Handel geplatzt.«
Iris wurde steif vor Entsetzen: Kann sie denn den Hals nicht vollkriegen? dachte sie wahrscheinlich. *Life* bringt eine Geschichte über sie!
Sie sagte: »Wir hatten gehofft, einiges direkt kaufen zu können.«
»Wollen Sie 'n Geschäft aufmachen?« sagte ich. »Kommt nicht in Frage. Diese Abzüge hier können Sie kaufen – sie aufhängen, bewundern, die Risse in Ihren Wänden damit zudecken. Aber

ich behalte die Negative und sämtliche Nachdruckrechte. Ich muß meine Interessen wahren, Baby.«
»Heißt das, daß wir sie nicht bringen können?«
»Sicher, auf der Basis eines einmaligen Abdruckrechts, wenn Sie genug auf den Tisch legen. Aber heben wir uns die Feilscherei für später auf. Wir müssen mit dem Auszeichnen hier weitermachen.«
»Wie Sie meinen«, sagte sie.
Shuggery sagte: »Diese Ausstellung ist wahrhaft sensationell. Sie ist ein Skandal und zugleich unzweifelhaft künstlerisch. Das ist eine unschlagbare Kombination – das künstlerische Genie erhebt das fast Verbrecherische zu seinem Gegenstand. Die Virtuosität dieser Naturbilder, diese prähistorischen Sümpfe und toten Bäume und dann dagegen die totale Unfruchtbarkeit und Nacktheit bei diesem Bankett, eine Art stilisierter Barbarei ...«
»Sagen wir hundert für die Verandaszene hier?« sagte Umlah.
»Einverstanden«, sagte ich.
»In gewissem Sinne«, sagte Iris, »aber korrigieren Sie mich, wenn ich mich täusche, haben die Bilder etwas zutiefst Europäisches an sich, die Alte Welt, etwas, eh, Heidnisches. Ich meine diese Intensität, glaube ich – so was ist selten in der amerikanischen Fotografie, die hat sich immer nur mit großen Räumen abgegeben, so naiv naturalistisch. Ihre Landschaften hingegen haben etwas faszinierend Innenarchitektonisches – ich mein, das Blattwerk hier sieht wie Wohnzimmervorhänge aus und die Büsche wie Möbelstücke, und Sie haben die Menschen irgendwie darin versteckt, nicht wahr? Und, wie Dick schon sagte, das Bankett ist atemberaubend, und, ja, es ist römisch ..., und man spürt natürlich die Wut in diesen Aufnahmen. Vielleicht, weil ich so sehr von Brassai überzeugt bin, hätte ich nie gedacht, daß wir etwas Gleichwertiges fertigbringen könnten, solche dekadenten Hauttöne, die Wirkung schmutzigen Vergnügens. Man muß natürlich zugeben, Florida ist nicht Frankreich, wir können uns mit deren altmodischen Ritualen nicht messen, aber Ihre Fotografien können vor den höchsten Anforderungen der Kunst bestehen ...«
»Sechzig?« fragte Umlah. Wir gingen langsam weiter.
»Ist mir recht«, sagte ich.
»... ich mein, das härteste Kriterium ist: Sie sind *neu* – wie

Nachrichten, Dick und ich finden, daß sie auf Krieg hindeuten.«
»Und sechzig das da«, sagte Umlah, »und noch mal sechzig und zwei Hunderter.«
»Immer drauf mit den Schildchen«, sagte ich.
Shuggery sagte mir ins Ohr: »Walker Evans war neulich hier – *der* Walker Evans. Wissen Sie, was er gesagt hat? Sag du's ihr, Iris.«
»Nein, Du.«
»Er sagte: Diese Bilder sind Klassiker. Mir egal, wer sie gemacht hat oder wie es dazu kam, aber das hier ist Kunst – es ist Erfahrung. Dieser Fotograf hat den Kode gebrochen, und statt ihn zu vereinfachen, hat er das, was er zu sagen hat, in die Schönschrift der Kunst übersetzt. Formen und unter den Formen eine intelligente Struktur und darunter – Fleisch und Blut. Und hinter allem: die Wahrheit. Es ist die Sprache der Bilder, der Spiegel, durch den wir alle hindurch müssen, um die Welt zu sehen, wie sie ist. Ich gehe hier als ein anderer Mensch hinaus. Jeder, der das hier sieht, wird betroffen sein. Es ist höchste Kunst, die, die das Leben verändert. Nichts wird mehr wie vorher aussehen – die Welt wird in einem Licht erscheinen, das vorher nicht da war. Ein Licht und natürlich auch ein Schatten. Es hilft mir, religiöse Kunst zu verstehen, man möchte davor auf die Knie fallen! Genau das hat er gesagt. Walker Evans.«
Das war Musik in meinen Ohren, genau, was ich beabsichtigt hatte, wenn auch ein wenig blumig nacherzählt. Aber ich sagte nur: »Klingt mir mehr nach einem Herzanfall!«
Umlah sagte: »Hundert pro Stück für die vier hier?«
»Sie sagen es.« Und zu Shuggery: »Ich glaub, Walker hat sie auf 'n Arm genommen.«
»Sie glaubt, Walker hat mich auf 'n Arm genommen!« sagte er.
»Die ganzen Künste, Kunstblumen, Kunsthonig, Kunstseelen. Die Welt ist immer noch mehr oder minder die alte«, sagte ich. »Oder nicht? Außerdem ist Walker Evans bei der Landwirtschaftlichen Versicherungsgesellschaft angestellt, er kriegt Geld dafür, daß er solche Sachen sagt.«
Umlah sagte: »Von hier bis zu dem Feuerlöscher dort alles Sechziger.«
»Sie sind der Boß«, sagte ich. Ich hörte, wie er gierig an den Schildchen leckte.

»Sie sind zeitlos wie Gemälde«, sagte Iris. »Das war es, was er eigentlich sagen wollte.«
»Das ist ein armseliger Vergleich«, sagte ich. »Die Leute kommen mir unentwegt damit, aber was ist denn so Tolles an Gemälden? Für mich sehen Gemälde immer so verdammt naß aus, als ob klebriges Zeug an den Fingern hängenbliebe, wenn man sie anfassen würde – Ketchup, Schmieröl, Marmelade und Honig. Ich rede nicht von Van Gogh und Rembrandt, obwohl manche Van Goghs vor Feuchtigkeit geradezu tropfen, und ich hab schon Rembrandts gesehen, die wie geschmolzener Käse aussahen. Ich rede von dem modernen Zeug! Farben wie verrottetes Marzipan, auseinandergenommene Menschen, die Kubisten mit ihren Linealen! Das ist doch die reine Dekoration, oder? Sollen farblich zur Frühstücksecke in der Küche passen. Jetzt kommen Sie mir nur nicht mit Steichen – ich weiß, der fotografiert und malt auch, aber ich wette meinen letzten Dollar: Wenn sein Haus abbrennt, kommt er mit einem Stapel Negativen und nicht mit Gemälden unterm Arm rausgerannt. Gemälde sind für Museen – und Museen sind nichts als Kirchen, die Leute gehen auf Zehenspitzen und flüstern. Oder sie sind eben Dekoration – ›Lassen Sie uns die Ecke dort mit einem hübschen blauen Winslow Homer aufhellen‹ –, das ist 'ne Abteilung für sich!«
»Wer zieht jetzt wen durch den Kakao?« sagte Shuggery.
»Nichts da, Shuggery, ich mein es ernst«, sagte ich. »Oh, sicher, Museen sind ziemlich harmlos. Wenn man sich für ausgestopfte Kunst interessiert, soll man hingehen, aber eins sag ich euch: Wenn meine Fotos irgendwann in ein Museum wandern, erschieße ich mich. Haben diese Bilder hier was mit Dekoration zu tun? Bei Gott nicht! Man kann sie aufrollen, Fisch drin einwickeln, sie in die Tasche stecken, man kann sie auch auf den Fußboden legen, hineinspringen wie ins Wasser und darin herumpaddeln. Aber laßt euch nicht erwischen, sie schön zu finden – ihr findet ja auch keine Sturmfluten oder Sümpfe oder einen Zirkus schön, oder? Das ist wie mit dem Typ auf dem Trapez. Diese Bilder sind zu sehr Bewegung, als daß man dasitzen und sie anglotzen könnte. Ich habe sie kaum zum Trocknen an die Leine gekriegt, so zappelig waren sie! Das hier ist keine Kunst, das ist Leben. Mann, diese Bilder sind Fenster!« Jemand – Iris vielleicht, – schrieb mit. Ich hörte, wie der Stift über den Block kratzte.

»... und ein Hunderter, noch ein Hunderter und wieder hundert«, sagte Umlah, der uns zu weit voraus war, um meine spontane Lektion mitzukriegen. »Fast fertig.«
»Wissen Sie überhaupt, welchen Impakt diese Bilder schon jetzt haben?« sagte Iris.
»Das kann ich erst sagen, wenn ich meine Kontoauszüge gesehen habe.«
Sie ließ nicht locker: »Die Franzosen halten die Bilder für französisch, die Deutschen für deutsch. Die Kommunistische Partei in New York glaubt, Sie seien eine Gesellschaftskritikerin, der *Daily Worker* will Sie interviewen. Aber das ist noch nicht alles – auch am anderen Ende, bei den Dekadenten, sind sie groß eingeschlagen. Die nackte Löwenbändigerin, Seiltänzer im Evaskostüm und Ihre Lady Godiva. Den Sammlern läuft das Wasser im Mund zusammen, die Christen glauben, Sie sind eine Moralistin, und die Bohemiens halten Sie für eine heidnische Hedonistin.«
»Sagen wir das hier sechzig und das da hundert«, sagte Umlah.
»Okay«, sagte ich. »In anderen Worten, meine Arbeiten gefallen allen.«
»Und aus jeweils verschiedenen Gründen«, sagte Iris. »Ich kann's nicht erklären.«
Ich wollte eigentlich noch meine Theorie vom »Ertrinken in Bildern« beisteuern, aber ich hatte das Gefühl, es reichte. Außerdem ergriff Shuggery das Wort. »Einige Leute werden Ihre Sachen überhaupt nicht mögen!«
»Wer mag das sein?« sagte ich.
»Die Leute auf den Bildern.«
»Ich bin doch auf ihrer Seite. Zirkusartisten sind immer hungriger als ihre Zuschauer, aber das gute Essen kriegen die Zuschauer, die Zirkusleute den Abfall. Es sind die Schwachen, die vor den Starken auftreten. Artistik mit leerem Magen: Das ist doch der Punkt, den die Nacktheit ausdrückt.«
»Ich rede von den Zuschauern«, sagte Shuggery.
Umlah sagte: »Und hundertfünfzig für das letzte, Stieglitz. Das wär's dann.«
Iris sagte: »Würden Sie mir ein paar persönliche Fragen beantworten?«
»Alle Fragen sind persönlich«, sagte ich.
»Was ist Ihr Familienhintergrund?«

»Lassen Sie meine Familie aus dem Spiel.«
»Sie will nicht darüber reden«, sagte Shuggery.
»Wenn ich reden könnte, oder zu irgendwas anderem Talent hätte, meinen Sie, ich würde meine Zeit mit der Fotografie verschwenden? Die hier sagen alles, was ich zu sagen habe«, sagte ich und zeigte dahin, wo hoffentlich meine Bilder hingen. »Wieso erwartet man von Fotografen, daß sie reden können? Die Fotografie ist die Kunst, die sich am wenigsten artikuliert – wahrscheinlich ist sie nicht mal Kunst.«
»Jede Art von Fotografie?«
»Sehen Sie, die meisten Fotografien sind subversiv.«
»Weil es zu schwierig ist, darüber zu reden, deswegen?« sagte Iris.
Ich schüttelte den Kopf. »Zu leicht. Die Sprache vereinfacht die Dinge immer. Aber was soll's ...«
»Es ist wichtig. Schließlich sind das Ihre Bilder.«
»Nein, da täuschen Sie sich.«
»Aber Sie haben sie aufgenommen.«
»Ich war zufällig da, wo sie waren«, sagte ich. »Das hätten auch Sie sein können. Allgegenwärtigkeit – das ist das Geheimnis der Fotografie. Beweglichkeit, nicht denken, sondern handeln. Wissen Sie, warum ich mich für die Fotografie zu interessieren begann? Eine Freundin meiner Mutter hat mir eine Kamera geschenkt, weil sie meinte, daß ich zuwenig an der frischen Luft war.«
Shuggery sagte: »Sie will uns verkohlen.«
»Ich hatte einfach Glück«, sagte ich.
»Aber Sie haben diese Bilder geschaffen.«
»Seien Sie doch kein Narr! Ich hab sie gefunden.«
»Sie hat sie *gefunden*!« Kritzel, kritzel: Jemand schrieb das auf. Und ich spürte, daß sich eine ganze Anzahl von Leuten um uns gesammelt hatte und zuhörte. Aber ich war müde.
Ich wollte mich setzen. Als ich gerade sagen wollte, sie möchten mich allein lassen, entstand plötzlich eine kleine Unruhe.
»Aber sicher, ich hab sie gefunden«, sagte ich. »Es hat grade keiner hingeguckt, da hab ich sie mitgenommen.«
Umlah sagte: »Da kommt Randy.«
»Miß Pratt«, sagte Randy aufgeregt, »ich hab hier Ihre Bilder.«
»Behalten Sie sie – sie gehören Ihnen«, sagte ich. »Es war Ihre Kamera.«

Randy sagte: »Nein. Jetzt weiß ich, was Genie ist. Wir waren beide da. Ich hatte die Kamera, meine Chancen waren so gut wie Ihre. Aber sehen Sie, was dabei rausgekommen ist.«
Er drückte mir die Bilder in die Hand. Ich spürte den Atem der Leute in meinem Nacken und hörte interessiertes Gemurmel.
»Sehr nett«, sagte ich. Sie waren noch schlaff vom Entwickeln. Ich versuchte, sie ihm zurückzugeben.
»Was meinen Sie denn zu diesem hier?« fragte er und kam dicht an mich heran.
»Ich meine überhaupt nichts dazu«, sagte ich, und das war die Wahrheit: Ich sah nämlich nichts. »Entschuldigung, ich muß mich setzen. Ich fühl mich 'n bißchen schwach.«
»Das Gesicht«, sagte er. »Der Mann.«
Ich hielt das Bild hoch: Schwärze. Es hätte völlig leer sein können. »Oh ja, den hab ich gefunden«, sagte ich. »Der Feuerteufel. Ich hab sein Räuspern gehört, hab mich rumgedreht und ihn aus dem Handgelenk erwischt. Sauber was? Er mochte das Feuer – man sieht's auf seinem Gesicht. Ehrlich gesagt, ich glaub, er hat es gelegt.«
»Wer hat das Feuer gelegt?« sagte Iris
»Der da«, sagte ich, nahm das Bild vom Stapel, hielt es ihr hin.
»Ich sehe niemanden«, sagte sie. »Nur ein Feuerwehrauto.«
»Das ist meins«, sagte Randy.
»Ich mein ja auch das hier«, sagte ich und nahm das nächste. Irgendwo mußte es ja sein. »Dieser Mann – er ist wahnsinnig. Der liebt Brände – ein richtiger Irrer.«
»Das ist ein brennendes Gebäude«, sagte Iris.
Nun drängten sich alle heran. Und sie sahen nicht mehr auf die Bilder – sie sahen mich an, fragten sich wahrscheinlich, warum ich hier drinnen eine dunkle Brille trug. Ihre Augen bohrten mir Löcher ins Gesicht.
»Dies hier«, sagte Iris und nahm ein anderes Bild. »Ist das von Ihnen?«
»Ich bin nicht ganz sicher.«
»Das ziemlich verwirrte Gesicht, auf dem der Widerschein des Feuers liegt, und das wilde Haar – ja?«
»Das ist es«, sagte ich.
»Und nun nehmen Sie die Brille ab!«

»Nein.« Ich versuchte wegzukommen, aber die Leute standen dicht um mich herum. Iris machte weiter.
»Das ist gar nicht das Bild«, sagte sie. Sie genoß die Szene. Ihre gönnerhaften Bemerkungen waren bei mir nicht angekommen; sie fühlte sich offensichtlich zurückgesetzt und wollte es mir nun zeigen. Ich hätte sie erwürgen können. »Gucken Sie noch mal genau hin.«
»Sie können mich mal«, sagte ich.
Umlah sagte: »Was ist eigentlich das Problem?«
»Sie weicht mal wieder aus!« sagte Iris
»Ich ausweichen?« schrie ich. »Sehn Sie sich die Ausstellung hier an – wovor sollte ich noch ausweichen? Machen Sie die Augen auf!«
»Ich spreche nicht von der Ausstellung«, sagte sie. »Ich spreche von Ihnen.«
»Lassen Sie mich doch endlich aus dem Spiel – ich bin nicht wichtig. Und außerdem bin ich nicht hergekommen, um mir eine Zensur zu verdienen. Werdet ihr das denn nie lernen?«
Ich ließ die Bilder fallen und versuchte abzuhauen. Ich war tapsig und unbeholfen wie ein Tanzbär, dem es zu heiß unter den Füßen wird. Ich hörte die Leute zischen, und in meiner Verwirrung konnte ich sie nicht ausmachen, nur den Geruch schaler Zigaretten und den kratzigen Stoff der Wintermäntel. Ich kriegte einen Ellenbogen zwischen die Rippen, und als ich mit einer überhasteten Handbewegung meine Brille festhalten wollte, schlug ich sie mir herunter. Als ich mich bückte, um sie aufzuheben, hörte ich, wie jemand darauf trat, ein Knirschen wie Eis unter Schlittschuhen, aber mit der Endgültigkeit, die nur zerbrechendes Glas an sich hat. »Aus dem Weg!«
»Das hättest du nicht tun sollen, Iris.«
Ich versuchte, meine starren Augen mit dem Arm zu verbergen. Murmeln und Flüstern. Ich streckte meinen freien Arm aus und stolperte vorwärts.
»Miß Pratt?«
»Keine Fragen mehr!« sagte ich. Aber ich kam nicht weiter. Ich lief gegen eine Wand, und ein Bild fiel herunter.
»Bitte«, sagte Mr. Umlah.
»Sehen Sie denn nicht, daß ich hier raus will?«
Sie wichen zurück, machten einen Gang für mich frei. Ich hörte das Echo des Bodens, aber er schien sich zu heben, so daß ich bergauf gehen mußte. Unsicher schob ich mich vorwärts,

benutzte meine Hände wie ein Schwimmer. Ich hätte nie herkommen sollen, dachte ich. Warum hatte ich das nur getan! Da war ich eingeklemmt in eine Menschenmenge, eine Idiotin, ich war völlig bloßgestellt. Stille lag über dem Raum.

Nein, sagte jemand.

»Es geht mir gleich wieder besser«, sagte ich. »Ich brauch nur etwas Ellbogenfreiheit.«

O Gott.

»Lassen Sie mich helfen«, sagte Mr. Umlah.

Tut doch etwas.

»Gehen Sie weg«, sagte ich. Aber ich war aus dem Gleichgewicht geraten und fing an zu taumeln. Das Deck schaukelte, schmiß mich fast um. Ich hörte Brandung, schwere See – das war ein Sturm. Ich kämpfte mich weiter.

Sehr deutlich sagte eine besorgte Stimme – es war gleichzeitig ein Flüstern und ein Ruf –: *Sie ist blind!*

Das ist ein schreckliches Wort. Es stoppte mich auf der Stelle. Sie redeten alle auf einmal auf mich ein. Laut. Die meisten Leute glauben, wenn man blind ist, ist man auch taub (und gutmütig, freundlich, wohltätig und nicht an Geld interessiert). Alles rief durcheinander und eilte mir zu Hilfe, und, wie konnte es bei Fotofans anders sein, sie hatten ihre Kameras dabei. Ich hörte, wie sie ihre Apparate aus den Taschen nahmen, das Abnehmen der Objektivdeckel, das Einrasten einer Platte.

»Keine Fotos!« sagte ich. »Nehmt die Dinger runter!«

Und sie gehorchten, sie machten mir Platz. Aber ich war am Ende. Der Schluchzer begann in meiner Brust. Ich kämpfte dagegen an, und dann gab ich es auf und heulte vor all diesen Leuten los.

24 *Untergangsstimmung*

Phoebe sagte: »Schon wieder 'n Telegramm.«

»Nicht!« Ich hielt mir die Ohren zu. Ich hatte genug. Ich konnte meine Entschuldigungen nicht mehr hören und das Mitleid der Leute nicht mehr ertragen. Das Mitleid war noch schlimmer als das Lob. Es war nicht einfach, berühmt zu sein; aber es war unerträglich, als so etwas wie ein faszinierendes Kuriosum zu gelten. Meine Fotos, die ich in einer Stimmung

von Abenteuerlust und Übermut gefunden und aufgenommen hatte, waren auf groteske und verletzende Weise prophetisch: Ich war nun selbst so wie einer der verwachsenen Clowns des Millsaps-Zirkus – ein sensationeller Krüppel, ein Spektakel.
Es hatte keinen Zweck, ihnen zu erklären, daß ich vollkommen gesund gewesen war, als ich die Bilder in Florida gemacht hatte. Man machte aus mir eine tragische Heldin, eine Vorkämpferin aller Behinderten. Niemand kannte den wahren Grund meiner besonderen Art von Blindheit. Ich hätte ihnen meine Lieblingsverse aus Orlandos Anthologie zitieren können: »Ich Tiresias, blind, zwischen zwei Leben...« (»Eliot war 'ne Zeitlang in Harvard«, sagte Orlando, als er mir die Gedichte vorlas, um mich zu bilden.) Aber ich ließ es. Für die Fotoclique war ich eins mit meinen Bildern. Die Amerikaner lieben nichts so sehr wie den Triumph des Willens über jede Art von Behinderung, vor allem die körperliche. Die »Blinde Fotografin vom Kap«, so hieß ihre neue Entdeckung. Es erschöpfte mich, derart im Mittelpunkt zu stehen. Ich litt unter der Tyrannei der Bewunderung. Deshalb war ich allem entflohen und wünschte mir nichts so sehr, wie nicht nur blind, sondern auch unsichtbar zu sein.
»Hör zu«, sagte Phoebe, und ich hörte sie trotz der Finger in meinen Ohren. »Es ist von Papa. Sie sind auf dem Wege nach Hause, sie...« Sie unterbrach sich und holte tief Luft.
»Was ist denn?«
»Nichts.«
»Lies vor!«
Mit flacher Stimme las sie: »*Fahren heute ab.*«
»Das ist doch nicht alles.«
»Doch.«
»Lies den Rest, Phoebe.«
»Woher weißt du immer soviel?« sagte sie und las mit dumpfer, resignierter Stimme: »*Fahren heute ab, danke bestens. Papa.*«
»Danke bestens«, wiederholte ich. »Ist das auf mich gemünzt?«
»Auf uns offensichtlich. Kein Name dabei.«
»Klingt sarkastisch, was?«
Sie schüttelte den Kopf, und ihre Stimme klang hilflos: »Keine Ahnung.«
Ich sagte: »Er ist wütend.«

»Ich wüßte nicht, warum. Du?«
»Klingt, als ob es ernsthafte Schwierigkeiten gäbe.«
Sie fuhr überraschend hitzig auf: »Du spinnst ja! Es ist überhaupt nichts los. Er versucht, witzig zu sein – das ist seine Vorstellung von Humor.«
Sie war in der Defensive, und sie hatte ihre Gründe. Von mir, glaubte sie, war nichts zu befürchten, aber wir hatten Nachbarn, und die hatten Augen. Was, wenn einer dieser Ungläubigen eine Ahnung hatte von dem, was zwischen ihr und Orlando vorging – sie zum Beispiel von einem Boot aus beobachtet hatte? Oder wenn einer von ihnen das *Kein Zutritt*-Schild mißachtet und die Abkürzung durch unseren Garten genommen – das kam öfter vor, wenn sie auf Muschelsuche gingen – und etwas mitgekriegt hatte? Wenn sie etwas gesehen und Papa alarmiert hätten (dazu waren sie fähig: Es war ein verstockter Haufen), dann würde hier bald die Hölle los sein.
Ich sagte: »Vielleicht sind es nicht gerade ernste Schwierigkeiten, vielleicht kommt ihm nur irgendwas eigenartig vor.«
»Eigenartig?«
»Nicht normal«, sagte ich, bereute den Ausdruck aber sofort.
»Was weißt du denn eigentlich?« sagte sie. »Du tust so mächtig überlegen, dabei kannst du nicht die Hand vor Augen sehen. Du schleichst im Haus herum und tust so, als ob alles normal wäre, und platzt überall rein, wo du nichts zu suchen hast – glaub ja nicht, daß ich das nicht merke –, aber das heißt noch lange nicht, daß du sehen kannst. Das ist der Dank dafür, daß ich dir vorlese und darauf achte, daß deine Strumpfnaht gerade sitzt – Andeutungen und Anklagen!«
»Niemand klagt dich an, Phoebe«, sagte ich ruhig.
»Von wegen ›nicht normal‹! Du mußt gerade den Mund aufmachen!« sagte sie. »Wenn hier jemand nicht normal ist, dann du! Du bist eigenartig. Ja, Maude, ich glaub, du bist nicht ganz richtig im Oberstübchen – tut mir leid, aber das ist meine Meinung.« Nicht ganz richtig im Oberstübchen – und das aus ihrem Munde. Aber ich sagte nichts dazu.
»So kommen wir nicht weiter«, sagte ich. »Tatsache ist, daß die Alten auf dem Weg nach Hause sind. Und irgendwas stimmt nicht. Wir müssen jetzt erst mal das Haus auf Vordermann bringen.«
»Es *ist* auf Vordermann«, sagte sie, immer noch böse. »Wenn du nicht blind wärst, könntest du's selber sehen.«

»Es ist voller Staub«, sagte ich. »Seit Orlando nach Harvard zurückgefahren ist, ist hier nicht saubergemacht worden. Schmutziges Geschirr im Ausguß, Krümel auf dem Teppich. Wenn Papa das sieht, bricht er zusammen.
Da sagte Phoebe mit einer Stimme, die ich kaum wiedererkannte: »Ich kann ihm nicht unter die Augen treten.«
»Klar kannst du das. Das bringen wir doch im Handumdrehen in Ordnung.«
Phoebe war aufgestanden. Sie ging halb in den Salon hinein und sah durch das Fenster auf die Bucht. Und ich wußte, was sie dachte: Wenn er es weiß, ist es aus, dann bin ich erledigt. Entdeckt zu werden fürchtete sie mehr als alles andere. Und ich nahm an, daß sie außerdem Angst hatte vor Orlandos Reaktion – vor seinem Trotz und seiner Auflehnung. Ihre Angst war gewachsen, weil ihr selbst im nachhinein das Schlafen mit Orlando so erschien, wie es Papa sehen mußte: Als eine Art Wahnsinn. *Was ist bloß in dich gefahren?* würde Papa sagen; und sie würde weinen. Die Erklärung war Liebe, aber das war keine gute Erklärung, denn dem Außenstehenden erscheint Liebe als Selbstsucht, als Trägheit und Sich-gehen-lassen. In den Augen der Welt ist der Liebende ein Völlerer: schamlos und ein wenig absurd in seinem endlosen Appetit. Was auch immer Phoebe zu ihrer Verteidigung vorbringen würde, Papa würde sich vornüber beugen und sagen: »*Was* hast du gemacht, mit ihm *geschlafen*?«
Während der nächsten beiden Tage schien ihr Papas Frage immer wieder einzufallen. Ab und zu stieß der Gedanke ihr auf, und sie unterdrückte ihn mit schmerzlich verzogenem Gesichtsausdruck. Ich hoffte, daß sie um Orlando kämpfen würde. Aber sie wurde still, sie schien mutlos wie eine Ertrinkende. Und ihr Versinken – ähnlich dem, das Betrachter meiner Fotos erleben, die Hingabe an die Erinnerung – war ein einsames Schweben in die Tiefe, wo ihre Liebe zerbrochen am Meeresgrund lag wie ein untergegangenes Schiff, seine Schätze überwuchert von Tang und Korallen, bewohnt von schnellen kleinen Fischen, die durch die wogenden Algen und die gebrochenen Spanten schossen. Aber es gab einen Unterschied zwischen ihr und den Betrachtern meiner Bilder: Es war, als wollte sie unten bleiben und nie wieder an die Oberfläche kommen, als wollte sie einen dunklen, feuchten Tod sterben und in dem Wrack ihrer Liebe

liegenbleiben, bis ihr weißer Körper sich in eine Koralle verwandelte.
Sie antwortete nicht, als ich sagte: »Phoebe?«
Sie war in Gedanken versunken, und die Angst, die sie nachdenklich machte, verlieh ihr einen Anflug von müder Intelligenz. Ich hatte sie immer für ziemlich oberflächlich gehalten – aber jetzt erschreckte mich ihr Ausdruck von Frömmigkeit und Panik. Zuerst hatte sie sich noch gewehrt, hatte versucht, die Schuld auf mich zu schieben: »Wenn hier jemand nicht normal ist, dann du!« Aber das war vorbei: Jetzt ignorierte sie mich. Sie träumte herum, wanderte am einsamen Strand entlang zum Gammon Point hinauf, als versuchte sie, sich zu entscheiden: Sollte sie springen oder nicht? Und wenn sie sich wirklich umbrachte, waren wir alle schuld! Selbstmord ist der radikalste Weg, das letzte Wort zu behalten: *Das habt ihr nun davon!*
»Sie sah einfach nicht, daß das, was sie mit Orlando verband, das Ideal der Liebe war, die Vereinigung der Ebenbilder. Aber ich sah es, und ich schwor mir, sie zu verteidigen. Mehrere Male, während ich sie am Strand verfolgte, wäre ich um ein Haar auf sie zugelaufen und hätte gerufen: *Ich weiß alles über euch! Gib ihn nicht auf! Ich bin auf eurer Seite!*
Denn ich war ihr natürlich dankbar. Wenn ich ihn nicht haben konnte, war es nur recht und billig, daß sie ihn bekam. Sie war meine Schwester, meine Doppelgängerin, und ich teilte ihre Leidenschaft, wenn auch aus dem Abstand, der der Fotografin zukommt. Mein Blick für die Wahrheit hatte seinen Ursprung in ihrer Liebe.
Damals hatte ich erkannt, wie mein Leben aussah und was meine Arbeit sein mußte. Meine Fotos drückten das nicht aus, sie waren nichtssagend. Es hatte keine Verbindung gegeben zwischen dem, was ich war, und dem, was ich sah. Auf einem Bild, das ich nie gemacht habe, *Bildnis des Künstlers*, hockt ein bärtiger Goldsucher an einem Rinnsal und wäscht Sand, ein uralter dürrer Mann auf der Suche nach Metall. Ein Schatten liegt auf seinem Gesicht, aber in seinem rostigen Sieb leuchtet ein nußgroßes Goldnugget zwischen den stumpfen Kieseln hervor. Es kann sein, daß er es im nächsten Moment sieht, es kann aber auch sein, daß er schon dabei ist, das Ganze in den Fluß zurückzuschütten. Die Bewegungen sind nicht zu unterscheiden. Der Betrachter jedenfalls sieht das Gold – er ist hier

der Künstler. Ich beschrieb Phoebe dieses Bild, um ihr zu sagen. wie sehr ich sie brauchte.
Sie ließ sich nicht aus der Reserve locken. Ich hoffte, daß sie an dem Tag der Entdeckung »na und?« sagen und weiterlieben würde.
Sie starrte auf das Dezembermeer, das gepflügte Feld bewegter Furchen unter einem Mammuthimmel.
Papa traf ohne Vorwarnung an einem frostigen Nachmittag kurz vor Weihnachten ein. Wir hörten Wamplers Wagen in der Auffahrt und sahen Papa – braungebrannt und in seinem langen Mantel mit Pelzkragen – den Weg zum Haus heraufkommen. Hinter ihm überwachte Mama das Ausladen der Koffer. Mama sah beunruhigt aus, Papa entschlossen. Er war in seiner energischen Nägel-mit-Köpfen-Stimmung, schlug die Hände zusammen, um sie warm zu machen.
Phoebe sagte: »Dieser verdammte Ollie. Er hat gesagt, er würde hier sein.«
»Der kommt schon«, sagte ich. »Er wird dich nicht im Stich lassen.«
»Das war unvorsichtig (eigentlich hatte ich mich verraten), aber sie nickte. Sie zitterte vor Angst und Sorge.
»Wenn man vom Teufel spricht ...«, sagte Papa in der Diele und schüttelte sich den Mantel ab. »Ich hätte nicht gedacht, daß du den Mumm hättest, mir unter die Augen zu kommen.«
Dann ging er einfach an uns vorbei, lief durchs Haus, sah seine Post durch und sagte kein Wort mehr bis sechs Uhr abends, als er sich umgezogen und das Holz im Kamin angezündet hatte. Eins mußte man Papa lassen: Er hatte Sinn für Dramatik. Er stand da in seinem Smoking mit dem Rücken zum Kamin, einen doppelten Drink in einer Hand und eine dicke Zigarre in der anderen. Er sah aus, als hätte man ihn gerade zum Bürgermeister gewählt.
Wir setzten uns – Phoebe und ich auf das Sofa, Mama auf ihren Schaukelstuhl.
Papa sagte: »Ist es dir zu hell hier drin, Maudie?«
»Nein überhaupt nicht«, sagte ich.
»Dann macht es dir sicher nichts aus, diese seltsame Brille abzusetzen. Sie macht mich nervös.«
»Tut mir leid«, sagte ich, »aber ich behalte sie lieber auf.«
»Darf ich fragen, warum?«
»Phoebe hat sie mir gekauft. Sie meint, sie steht mir.«

»Nur weil Phoebe 'ne verrückte Idee hat«, sagte er, »heißt das noch lange nicht, daß das richtig ist.«
Phoebe stöhnte auf, voller Angst vor dem, was kommen mußte. Mama sagte: »Du siehst etwas seltsam damit aus.«
»Nun lassen wir das«, sagte Papa. »Ich habe eine Frage und verlange eine klare Antwort. Habe ich euch je unrecht getan – euch im Stich gelassen oder euch Anlaß zur Beschwerde gegeben?«
»Nein, Sir«, sagte ich.
»Phoebe?«
Sie schüttelte schuldbewußt den Kopf. »'türlich nicht.«
»Seht mich an, beide. Was seht ihr?«
»Papa!« sagte Phoebe und war schon nahe dran, mit allem herauszuplatzen.
Ich sagte: »Irgendwas ist nicht in Ordnung, nicht wahr?«
»Es ist wahrhaftig einiges nicht in Ordnung. Und wenn du die lächerliche Brille abnehmen würdest, könntest du sehen, was es ist.«
»Ich will nichts hören«, sagte Phoebe, aber ich hakte sie ein und ließ sie nicht vom Sofa runter. Ich konnte das nicht allein durchstehen.
Papa sagte: »Es ist nämlich nicht euer Vater, den ihr vor euch seht. Wißt ihr, was ich bin?« Er zeigte die Zähne.
»Ich bin ein Narr, ein Clown.«
»Sei nicht albern«, sagte ich.
»Natürlich bin ich albern, ich bin ein Narr!« sagte er. »Wollt ihr wissen, was ich mich den ganzen Weg von Florida bis hierher gefragt habe? Warum – so habe ich mich gefragt –, warum tut meine Tochter, die ich geliebt und respektiert habe, seit sie ein Dreikäsehoch war, warum tut diese Tochter alles, um aus mir einen kompletten Narren zu machen?« Und als riefe er Zeugen auf, sagte er: »Mutter?«
Mama schaute Phoebe und mich an. Dann sagte sie: »Das wirst du nie erfahren.«
So kamen wir nicht weiter. Das war Theater. Wenn man mit dem Rücken zur Wand steht, werden einem alle Sünden aufgezählt.
»Gerade die Menschen, die man liebt, lassen sich alle Zeit der Welt, um ihren Groll darzustellen, wenn sie das Gefühl haben, enttäuscht worden zu sein. Anstatt einem sofort den Todesstoß zu verpassen, inszenieren sie eine Aufführung. Sie spielen mit

einem, fangen mit den kleinen Dingen an, graben uralte Geschichten aus und schlagen einem ihre kleinlichen Erinnerungen alten Unrechts und verletzten Stolzes um die Ohren. Und man ist schwach ihnen gegenüber, man kann sich nicht wehren, das macht diese Szenen so schmerzlich. Andere Leute können einen verletzen, aber nur die, die man liebt, können einen wirklich leiden lassen.
»Mein Gott«, keuchte Papa, während er vor dem Kamin auf und ab lief – an dem Mann war ein Schauspieler verlorengegangen –, »ich kann mich an Zeiten erinnern, als alles noch anders war. Ihr Mädchen wart noch winzig, eure Mutter und ich haben euch oft mit dem Boot...«
Ich litt für Phoebe. Sie saß neben mir, starr vor Scham, als stürbe sie einen langsamen Tod. Und ich wurde wütend. Wie konnte er es wagen? dachte ich. Aber er war immer noch nicht fertig.
»... nie gedacht, daß eine meiner Töchter mich bewußt und willentlich demütigen würde. Das ist unnatürlich!«
Phoebe saß einfach da wie ein Stein, sie zitterte nicht, und sie bewegte sich nicht. Tränen rollten ihr die Wangen hinunter, und die Tränenspuren glitzerten im Feuersschein.
»... euch ein gutes Zuhause gegeben und habe bis jetzt keinen Grund zur Klage gehabt. Ich war zu Recht stolz auf euch. Ich habe euch eine Menge Freiheit gelassen, aber ihr mußtet sie mißbrauchen.«
Trotz seiner Wut schien Papa merkwürdig glücklich. Eine Banalität folgte der anderen, und ich dachte: Ja, dies ist seine Rache, und er genießt sie. Was er über Orlando und Phoebe entdeckt hatte, mußte ihn sicher verletzt haben aber nun verschafft er sich Genugtuung, indem er sie langsam über dem Feuer röstet, vor den Flammen auf und ab marschiert und seinen röchelnden Schatten über die Wände springen läßt.
»... es ist nicht gerade angenehm, wenn man sich zweiundsechzig Jahre lang für einen Mann hält und eines Morgens aufwacht und feststellen muß, daß man zum Gespött der Leute geworden ist.«
Ich sagte: »Niemand verspottet dich, Papa.«
Er lächelte. Mama war ernst, Phoebe weinte immer noch leise vor sich hin, und wahrscheinlich sah mein Gesicht hinter den dunklen Brillengläsern ziemlich grimmig aus.
»Hör genau hin«, sagte er leise, legte den Kopf schief und

atmete eine Wolke Zigarrenrauch aus. »Wenn du genau hinhörst, kannst du sie hören. Die krümmen sich vor Lachen! Hörst du's? ›Pratts eigene Tochter hat ihn zum Narren gehalten‹, sagen sie. Oh, sicher, der Tochter verzeihen sie, aber ein alter Mann hat keine Gnade zu erwarten.«

Ich sagte: »Ich hör absolut nichts.«

»Du hörst nicht richtig hin«, sagte er. »Sonst würdest du jede einzelne Stimme wahrnehmen. ›Seht euch den Clown an‹, sagen sie. Haha, haha. Ich kenne eine Menge Leute, die mich unten sehen wollten, und ich habe gekämpft. Nicht, Mutter?«

»Du hast gekämpft.«

»Ich habe hart gekämpft, aber nie unfair, ich habe Regeln nie gebrochen, hatte es nicht nötig. Ich habe fair gekämpft. Und ich hatte Freunde. Aber ich hätte nie gedacht, daß man mich von hinten angreifen würde, daß meine eigene Tochter mich hinterrücks angreifen würde!«

Er schnippte ein Stück Zigarrenasche ins Feuer und wiederholte: »Meine eigene Tochter.«

Ich spürte, daß Phoebe schon aufgegeben hatte, sie würde weder sich noch Orlando verteidigen. Sie würde sich von diesem alten Komödianten ins Bockshorn jagen und zu einem vollen Geständnis treiben lassen. Ich sagte: »Hör auf Papa.«

Denn dies war auch meine Krise. Ich würde niemals mehr ein Foto machen können, ohne zu bluffen wie bei *Feuerteufel.*

»Meine Blindheit hinderte mich nicht daran, die Umwelt wahrzunehmen, aber ich konnte keine Bilder mehr sehen – weder meine eigenen noch die anderer Leute. Ich konnte weder lesen noch schreiben. Also war es mit meiner Karriere vorbei, und das war auch gut so. Aber eins wollte ich noch: Ich wollte, daß Phoebe an meiner Stelle ihrer Liebe zu Orlando leben sollte, daß sie das tun sollte, was ich nicht konnte. Wenn man kein eigenes Leben hat, dachte ich, dann ist es das zweitbeste, sich an das Leben eines anderen zu halten. Meine Blindheit war offensichtlich eine Reaktion. Sie war nicht einfach nur der Schock – sie war Resignation. Wenn ich Orlando nicht haben konnte, wollte ich keinen anderen. Aber die beiden hatten mich gelehrt, Liebe zu sehen, und das war Grund genug, weiterzuleben.

»Willst du nicht mal Phoebe etwas aus ihrer Sicht dazu sagen lassen?« fragte ich.

»Ich weiß schon, was sie sagen wird, es interessiert mich nicht, ich will es nicht hören.«
»Dann gib mir wenigstens eine Chance.«
»Spiel dich nicht auf«, sagte er und begann, trocken und freudlos zu lachen. Er spielte seine Rolle aus, er nahm sich Zeit. Ich hatte ihn noch nie in so verzweifelter Heiterkeit sprechen hören. Etwas Endgültiges lag in diesem komischen Bemühen, eine große Geste des Abschieds, seine letzte Verbeugung.
Mama sagte: »Phoebe weint«, aber Papa ignorierte die Bemerkung.
»Ich wette, ihr meint, ich bin heute abend eingeladen«, sagte er und zupfte unternehmungslustig an seinem Kummerbund. »Und wie werd ich mich amüsieren in dieser Affenjacke, was? Keineswegs werd ich das. Und wißt ihr, warum? Weil es keine Parties mehr geben wird. Dieser Whisky«, sagte er und ließ ihn in seinem Glas kreisen, bevor er es an die Lippen setzte, »die beste Flasche im Haus, Vorkriegsware – ich hab sie nicht mal während der Prohibition angerührt. Wißt ihr, warum ich sie jetzt trinke? Weil es keinen Whisky mehr geben wird, deshalb.« Er richtete sich auf und hob seine Zigarre, um sie zu bewundern. »Und was haben wir hier? Keine Fünf-Cent-El-Ropo aus dem Kramladen in Hyannis – dies hier ist eine Havanna, wie sie der König von England zu rauchen pflegte. Aromatisch, keine Adern im Deckblatt, man möchte den Rauch in der Nase behalten, bis man platzt. Ein Zug, und man ist Kongreßmitglied, zwei Züge, und man ist Präsident. Als ich sie vor einer Stunde anzündete, war sie einen halben Meter lang. Wollt ihr wissen, warum ich diese große Zigarre hier rauche?«
»Weil's keine dicken Zigarren mehr geben wird«, sagte ich. »Ist nicht so schwer zu verstehen.«
Er kam dicht an mich heran und sagte: »Und auch sonst nichts mehr. Die Party ist zu Ende. Verstehst du?«
Ich sagte: »Sag was, Phoebe. Um Himmels willen, sitz nicht einfach da wie ein Klotz.«
»Sie schämt sich zu sehr, und ich kann's ihr nicht verdenken. Ich schäme mich auch, Mutter?«
Mama sagte: »Mir ist ganz schlecht.«
»Damals, neunundzwanzig, da fielen sie um wie die Fliegen«, sagte Papa. »Zwangsversteigerungen, Liquidierungen, Konkurse, wie die Sintflut. Die Zeiten waren schlecht, der Markt

hatte Durchfall, das Land kam auf den Hund. Leute mit Universitätsabschluß verkauften Äpfel. Aber ich nicht ...«
Er war bei seinem Lieblingsthema angelangt. Weltwirtschaftskrise, Roosevelt, die gierigen Iren, die sich ihr Geld zusammenklauten, Leute, die ihr Geld zum Fenster hinauswarfen, und die wenigen, wahren Freunde, die man in solchen Zeiten hat. Pathetische Phrasen.
Er schenkte sich neu ein, den Rest der Flasche, und sagte: »Jetzt habe ich keinen Freund mehr. Mein Name ist ruiniert, er ist Dreck.«
Ich sagte: »Warum?«
Er versuchte zu lachen, aber seine Stimme war heiser und merkwürdig hohl. Er schauspielerte nicht mehr. Er sagte: »Kinder, das war's. Ihr seht eine Leiche vor euch. Ihr habt geschafft, was weder Wall Street noch der Kongreß noch alle Iren dieses Staates zusammen geschafft haben. Also, hiermit ist jetzt Schluß ...« – er warf den Zigarrenstummel ins Feuer – »... und hiermit auch« – er schüttete den Whisky hinunter und verschluckte sich. »Ich bin ruiniert, und alles was mir noch zu sagen bleibt, ist: Hoffentlich eßt ihr gerne Äpfel.«
Ich sagte: »Ich kann das einfach nicht glauben.«
»Mutter?«
»Er sagt die Wahrheit«, sagte sie. »Wir haben die schlechten Nachrichten noch in Florida bekommen. Seine Klienten haben ihre Konten geschlossen, ihr Geld zurückgezogen oder wie das heißt. Er hat keine Chance mehr, jedenfalls nicht als Broker.«
»Sicher«, sagte er, »ich kann immer noch eine Hühnerfarm aufmachen oder Postkarten von Haus zu Haus verkaufen.«
»Ich verstehe nicht, wieso«, sagte ich.
»Ich bin ein Aussätziger, deshalb! Keiner will was mit einem Aussätzigen zu tun haben.« Dann richtete er sich abrupt auf und brüllte von oben auf uns herunter: »Und ich will jetzt wissen, was um alles in der Welt ist in dich gefahren, Schwester?«
Phoebe brach zusammen. Sie würgte, warf sich vor Papas Füße auf den Fußboden und schluchzte mit brechender Stimme: »Wir haben es nicht gewollt, wir wußten nicht, daß du dahinterkommen würdest, wir werden es nie wieder tun ...«
»Stopp!« sagte ich in einem letzten Versuch, sie zum Schwei-

gen zu bringen. Ich blitzte Papa an. »Da hast Du's. Bist du jetzt zufrieden? Siehst du, was du angerichtet hast?«
Papa war einen Moment verwirrt. Ich half Phoebe zurück aufs Sofa, und er sagte: »Ich wußte, sie würde dir beistehen, aber ich werde nicht auf sie hören. Um sie geht es hier nicht – ich rede mit dir, Maude. Du hast mich ruiniert, verdammt noch mal.«
Und in einem dieser Momente, in denen einem die eigene Schuld schlagartig klar wird, begriff ich. Ich konnte dazu nichts sagen.
»Diese Bilder! Wie konntest du mir das antun? Und nicht nur mir, sondern allen anderen, die da waren. Du hast eine Menge guter Männer ruiniert, Schwester. Du wirst nie erfahren, wie viele Leute du ins Armenhaus getrieben hast. Carney ist wie von Sinnen vor Wut. Er hat uns rausgeworfen – ich wiederhole seine letzten Worte lieber nicht. Mutter?«
»Er hat uns mit Schimpf und Schande aus dem Haus getrieben«, sagte sie. »Er hat diese schrecklichen Worte benutzt.«
Phoebe bewegte sich, sie war aus ihrer Erstarrung erwacht. Ihre Krise war vorüber – sie war der Selbstentlarvung nahe gewesen, aber sie war noch einmal davongekommen und sagte kühl: »Maudes Bilder? Um die geht es?«
»Hättest du nicht gedacht, daß ich dir auf die Schliche kommen würde, wie? Man sollte dich auspeitschen«, sagte er, sein rotes Gesicht zentimeterdicht vor meinem. »Aber damit wäre es noch nicht getan. Du hast gedacht, du hättest mich erledigt, aber du wirst sehen – wir gehen alle zusammen unter.«
»Maude geht überhaupt nicht unter«, sagte Phoebe. »Im Gegenteil, sie ist berühmt. Sie kriegt dauernd Anrufe aus New York City.«
»Ich nehme an, du hast dort unterwegs haltgemacht«, sagte ich.
»Ich habe in New York keinen Moment haltgemacht. Sie hätten mir dort den Kopf abgerissen. Carneys Leute waren informiert. Ich hoffe nur, daß du mit deinen Bildern ein bißchen Geld machst, Schwester, denn du wirst es brauchen!«
Phoebe sagte: »Maude hat das nicht mit Absicht gemacht, nicht Maude?«
Ich sah ihr ins Gesicht und sagte: »Doch. Ich habe die Fotos mit

voller Absicht gemacht. Es tut mir leid, daß sie solche Folgen haben, aber vielleicht mußte es so kommen.«
»Sie weiß nicht, was sie redet«, sagte Phoebe. »Sie ist nicht in Ordnung, seit sie von da zurückgekommen ist.«
Papa sagte: »Sie war noch nie ganz in Ordnung.«
»Ich bin vollkommen in Ordnung. Und ich weiß sehr wohl, was ich sage. Ich wollte diese Fotos. Es ist dumm, daß Papa da mit reingezogen worden ist, aber was hatte er dort auch zu suchen?«
»Du siehst also keinen Anlaß, dich zu entschuldigen«, sagte er.
Ich sagte – und sah dabei immer noch Phoebe an –: »Man braucht sich nicht für das zu entschuldigen, was man tun muß!«
»Hörst du das, Mutter? Sie hat nur ihre Pflicht getan.«
»Meine ganz persönliche Pflicht«, sagte ich. »Ich habe keinen Grund mich zu schämen.«
»Dann mach so weiter«, sagte er. »Du bist ja jetzt so berühmt. Aber niemand weiß, was du mir angetan hast, um dein Ziel zu erreichen. Das solltest du ihnen doch auch zeigen, oder?«
»Ich kann nicht ganz folgen.«
»Du hast mich bei Carneys Schweinedinner aufgenommen, als ich diesen Leuten bei ihren Darbietungen zusah. Wäre es jetzt nicht auch angebracht, das Nachspiel dieser harmlosen Herrengesellschaft zu zeigen – nämlich das, was du jetzt vor dir siehst, einen gebrochenen alten Mann ohne Lebenskraft, ohne Whisky, ohne Zigarren und ohne Zukunft? Also los, hol deine Kamera und nimm mich auf. Ich will, daß die Welt sieht, was du aus mir gemacht hast.«
Phoebe sagte: »Bitte, Papa!«
»Was ist?« sagte er mit schrillem Sarkasmus. »Hast du keinen Film mehr? Alles in Florida verbraucht? Oder springt nicht genug dabei raus? Bin ich jetzt auf einmal nicht mehr abstoßend genug?«
»Maude macht keine Bilder mehr«, sagte Phoebe.
»Wie schade!« sagte er. »Dieses hier macht sie trotzdem noch.«
Mama sagte: »Das hat er im Zug schon gesagt, immer wieder.«
»Ich mach es«, sagte ich und ging nach oben, um meine Kamera zu holen. Ich konnte ihn aufnehmen – schließlich hatte ich ja

auch *Feuerteufel* blind geschossen; auf meine Weise konnte ich sehen. Ich lud die Kamera und dachte: Das zumindest bin ich ihm schuldig. Und ich malte mir genau aus, was für ein gutes Bild es werden würde, im letzten Feuerschein der schroffe, alte Mann, der einen gebrochenen Schatten wirft, Untergangsstimmung im Smoking, das Melodrama des Ruins. Sein Gesicht und auch der Raum würden durch die Hell-Dunkel-Kontraste die steife Würde einer Beerdigung gewinnen, eine Stimmung, wie ich sie von den Fotografien der Cameron kannte.

Aber als ich ins Wohnzimmer zurückkam, war die Situation wie verwandelt. Mama weinte, Phoebe schluchzte, und Papa obwohl immer noch niedergeschlagen, war wieder er selbst.

»Du hast mich reden lassen«, sagte er. »Du hättest mich bremsen sollen. Warum hast du es mir denn nicht gleich gesagt?«

Das war eins von den Bildern, die ich nicht aufnahm. Wenn ich es geknipst hätte, hätte ich es *Vor den Kopf geschlagen* genannt. Es wäre nicht halb so gut gewesen wie das, worauf ich vorbereitet gewesen war: *Untergangsstimmung im Smoking.*

Orlando kam am Heiligen Abend nach Hause und hörte die Geschichte von Phoebe. Es waren traurige Feiertage, nur wenige, aber teure Geschenke (»Weil es keine Feste mehr geben wird«), und wir tranken die letzten Flaschen von Papas gutem Wein. Mama weinte viel, Papa war erschöpft. Mich behandelten sie wie eine Invalide: Ich war blind, ich war zu nichts fähig, sie setzten mich auf einen Stuhl. Phoebe und Orlando machten lange Spaziergänge. Es war ganz und gar eine Familienangelegenheit.

25 *Eindringlinge*

So ging das Jahr damit zu Ende, daß mein Vater einen Feind im eigenen Lager entdeckte. Dann begann das große Schweigen. Das einzige Ereignis, auf das sich das neue Jahr zubewegte, war Orlandos Juraexamen. Die Dekade ging zu Ende: das unterentwickelte Grau der dreißiger Jahre, auf die jeder im Zorn zurücksah, lag hinter uns. Die Zeit schoß an mir vorbei, aber da

kein Ereignis sie formte, waren die Tage endlos. Ich lebte in einem Zustand angespannter Stumpfheit, in dem ich jedes Ticken der Uhr hörte. Aber die Anspannung war ziellos: Da nichts geschah, schmolzen die Monate im Rückblick zu einem einzigen langweiligen Nachmittag zusammen.
Ein ereignisreiches Leben hat seine Daten, die Höhepunkte und retardierenden Momente eines Dramas. Aber dies war eine ungebrochene Zeitspanne, ein endloses, perfekt geknüpftes Seil. Ich kannte jede seiner Fasern, es glitt ohne Knoten durch meine Hände, und aus bloßer Langeweile war ich mehrfach versucht, eine Schlinge daraus zu machen. Es war alles eine Sache von Wochen gewesen: von meinem Stieglitz-Porträt über die Bilder, die mich berühmt machten, bis zu meiner Kraftprobe mit Papa waren gerade zwei Monate vergangen.
Und dann – nichts mehr. Es war die absolute Leere in mir und um mich herum. Meine Arbeit war getan, mein Leben vorbei. Und doch kann ich mit Recht behaupten, daß die folgenden vier Jahre – die Kriegszeit, in der ich kein einziges Bild aufnahm, sondern nur herumsaß, Radio hörte, Schecks ausschrieb, Sokken stopfte und die Entwicklung der Fotografie völlig aus den Augen verlor, als ich mich selbst älter machte, als ich war, und mich nur mit sinnlosen Dingen beschäftigte –, daß diese fruchtlose, untätige Zeit der Höhepunkt meiner Karriere als Fotografin war.
Meine Bilder erschienen überall. Die Ausstellung reiste durch die Städte, die Fotos erschienen in Zeitschriften, meine früheren Arbeiten wurden wiederentdeckt und gefördert. Man sah in mir eine Vorreiterin der künstlerischen Fotografie in den zwanzigern, einen der wenigen amerikanischen Fotografen, die nicht nach Europa gegangen waren. (Ich hatte damals nicht daran gedacht, aber ich wäre auch, wenn ich die Möglichkeit gehabt hätte, nicht gefahren, denn für mich war Europa – der billige Franc, die Künstlercliquen mit ihrer Scharlatanerie – gleichbedeutend mit der schlimmsten Form von Patronage.) Schwarze waren in Mode gekommen, und natürlich hatte ich Hunderte von ihnen fotografiert. Zur trostlosesten Zeit meines Lebens hatte ich meine komischsten und hoffnungsvollsten Bilder gemacht; und als es mir gut ging, hatte ich verzweifelte und gequälte Menschen aufgenommen. Als ich Arbeit suchte, hatte man mich ignoriert, und nun, da ich mich ganz zurückgezogen hatte, umwarb man mich. Mein Ruhm war unerschüt-

terlich. Viele Leute mußten mich für unglaublich beschäftigt halten bei all den Ausstellungen und Nachfragen, aber ich war es nicht. Papa erledigte den Papierkram. Ich rührte keinen Finger.

Und, wie so oft, der Ruhm anderer verband sich mit meinem Namen, ich wurde in der Öffentlichkeit mit anderen Fotografinnen meiner Generation verwechselt: mit Margaret Bourke-White, Imogen Cunningham, Ann Brigman, Berenice Abbott, Dorothea Lange und sogar mit älteren Damen wie Gertrud Käsebier.

Ich war dem Ganzen zu fern, als daß mich das hätte stören können. Ich betrachtete diese Maude Pratt mit einer Mischung aus Hochachtung, Skepsis und Amüsement. Was war sie für ein Ausbund an Kreativität! Welche Tiefe, was für ein Scharfblick! Ich konnte mich mit ihr nicht messen (ihre Bilder waren *wirklich* sehenswert), also versuchte ich es erst gar nicht. Mir wurden immer noch jede Menge Angebote gemacht – das hatte mit dem Krieg in Europa zu tun, mit diesem zwanghaften Impuls, die Gegenwart auf Film festzuhalten, eine Art Souvenirjagd, denn, dessen war man sich sicher, die Welt würde bald nicht wiederzuerkennen sein. Dieser Hunger nach Bildern entsprang dem trügerischen Aberglauben, daß die Fotografie ein historisches Dokument sein könnte, der Schnappschuß für die Nachwelt, so wie bei einer chinesischen Hochzeit das Foto genauso zum Zeremoniell gehört wie das Teetrinken. Ich sollte die Sorte von Bildern machen, die nur der Erinnerung dienten, von Gebäuden zum Beispiel, die bald zerbombt sein würden, von korrupten Politikern, die die nächste Wahl verlieren oder sich im Gefängnis wiederfinden würden. Aber ich lehnte alle Angebote ab, und langsam sprach es sich herum: Es war kein Bluff, ich war wirklich blind; und obwohl ich immer noch eine junge Frau war, begann man, mich für sehr alt und ehrwürdig zu halten, für eine weise Einsiedlerin, unzugänglich und mürrisch. Bald würde es heißen: »Maude Pratt, Himmel, ich dachte, die wäre schon seit Jahren tot!«

Vielleicht war ich das. Auf jeden Fall sah ich nicht mehr so gut wie vorher. Papa, der jetzt ständig zu Hause war, übernahm mich. Er behandelte mich wie eine Invalide und bestand darauf, daß ich nie alleine gelassen wurde.

»Da rüber«, sagte er. Er war mein Blindenhund; er hielt meine Hand und zog mich in diese oder jene Richtung, warnte mich vor Stufen und redete manchmal über das Wetter, um mich aufzuheitern. »Wieder ein herrlicher Tag – du solltest die Krokusse sehn.« Einst vor Jahren, war er ein lustiger Vogel gewesen, hatte davon gesprochen, zur »Firmama« zu gehen oder an anderen Tagen in das »Inferno«. Nun waren ihm die Späße vergangen. Er erwähnte den Tod: »Jawoll«, sagte er, »ich werd diesen Bau bald verlassen.«

»Guck dir das an!« keuchte er und hielt mich an. Ich sah gar nichts. Seine Gegenwart bedrückte mich, und mit seiner ständigen Aufmerksamkeit half er mir nicht, sondern schränkte nur meine Wahrnehmung ein. Er widersprach mir, er hielt mich auf, er war mir im Weg und brachte mich zum Stolpern. Nur wenn ich allein war, in konzentrierter Einsamkeit, konnte ich klar sehen; aber ich war so selten allein, daß ich langsam die Fähigkeit verlor, Bilder zu spüren. Die innere Helligkeit, an die ich gewöhnt war, reduzierte sich auf ein schwaches Schattenspiel. Meine Unsicherheit machte mich zunehmend von seiner Führung abhängig, obwohl mir gleichzeitig bewußt war, daß seine einschüchternde Sorge mich schwächte. Er demoralisierte mich mit seiner wohltätigen Güte.

»Laß mich das machen«, sagte er. Und ich ließ ihn. Es war leichter für mich, von ihm gestützt zu werden, weniger anstrengend, ihm zu überlassen, was von meinem Leben noch übriggeblieben war, als es selbst zu leben. Der Gönner, der Mäzen der Künste! Es wiederholte sich eine Form der Abhängigkeit, deren uralte Methodik ich längst durchschaut hatte. Ich lag an Ketten, war wieder Kind. Er war zugleich allmächtig und gerechtfertigt in seiner Vaterrolle. Jedesmal, wenn ich die Gnade seiner Hilfe akzeptierte, jedesmal, wenn ich mich von seiner warmen, haarigen Hand führen ließ, hatte ich eine weitere Schlacht in meinem Krieg gegen die Patronage verloren. Er hatte meine Angriffe abgewiesen, war vorgerückt, hatte mir den Rückzug abgeschnitten, war einmarschiert, hatte mich eingenommen und hielt mich besetzt. Er war mein wahnsinniger Diktator, der die Welt in seine Gewalt bringen wollte. Es kam so weit, daß ich ohne ihn nicht mehr weiter wußte. Er hatte bewiesen, daß ich im Unrecht gewesen war. Ich kämpfte nicht mehr, ich betrachtete seine Anschläge auf meine Freiheit als Schutzmaßnahmen. Es war, als hätte er mir die Augen herausgerissen, denn mir ging es viel schlechter als am Anfang

meiner Blindheit: Ich war ein Nichts, ein Niemand, ich hatte keinen Namen.
Er brachte mich zu einem Spezialisten nach Boston. Der Quacksalber untersuchte mich, richtete aber seine Bemerkungen an Papa, sprach mich nie direkt an. »Wenn sie mal hierhin schauen könnte«, und: »Sie sollte versuchen, sich zu entspannen.«
»Ich kann an ihren Augen nichts feststellen«, sagte er schließlich. »Die Retina ist in Ordnung, und die Pupillen reagieren normal. Ich will es mal so ausdrücken – das Auge funktioniert wie eine Kamera...«
»Vielleicht ist in meiner kein Film drin«, sagte ich.
»Ihre Augen sind also vollkommen in Ordnung«, sagte Papa, »außer, daß sie nicht sehen kann.«
»Kann sein, daß sie nicht sehen will«, sagte der Quacksalber. »Das Bewußtsein ist ein trickreiches Ding...«
Trickreich? Das war die arrogante Gleichgültigkeit eines sehenden Menschen.
Ich kam nicht in Behandlung: Mit meinen Augen war alles in Ordnung, es gab nichts zu behandeln! Ich glaube, Papa war erleichtert, auch wenn er es sich nicht nehmen ließ, für mich einen »Wunderheiler« von der Christian Science aufzutun, der von Osterville zu uns herüberkam, lange Passagen aus *Wissenschaft und Gesundheit* zitierte und schließlich in zorniger Verzweiflung sagte: »Du willst einfach nicht!«
»Ich konnte weder sehen, noch war ich in zumutbarer Verfassung, gesehen zu werden. Orlandos Examensfeier war ich ferngeblieben. Orlando und Phoebe verbündeten sich mit Papa und behandelten mich ebenfalls wie eine Behinderte. War diese übertriebene Fürsorge ein Mittel, ihr eigenes Geheimnis im Dunkeln zu halten? Das war nicht wahrscheinlich. Ich glaubte nicht, daß sie überhaupt ein Geheimnis hatten. Im Dunkel meiner neuen Blindheit – dunkler als je zuvor – hatte ich zu zweifeln begonnen, ob sie überhaupt etwas miteinander hatten. Vielleicht hatte ich mir alles nur eingebildet, um eine Entschuldigung dafür zu haben, daß ich die Fotografie aufgegeben hatte. Ich hatte mich dieser Bilder in Florida geschämt; ich war zu weit gegangen und hatte den Morgen an der Windmühle benutzt, mich selbst dafür zu strafen. Gab es denn für eine Fotografin eine größere Strafe, als die Augen zu schließen?

Ich hatte mir das Ganze selbst zuzuschreiben, ich war schuldig. Die anderen waren alle schuldlos – ich hatte ihnen unrecht getan, hatte Papa ruiniert, und weil ich von Orlando abgewiesen worden war, hatte ich aus seiner unschuldigen Zuneigung zu Phoebe einen heimlichen Inzest gemacht. Meine Wut hatte mir eingeflüstert, daß sie sich vor mir verstecken wollten. Es war alles meine Erfindung, und in der tiefen Dunkelheit, in der ich lebte, war es unmöglich, sich an irgend etwas zu erinnern, was ich mal gesehen hatte. Die Lichter waren aus. Ich hatte mich in die Irre führen lassen, ich war verrückt und enttäuscht gewesen, und ich hatte aus den zweideutigen Geräuschen dieses Haushalts ein Phantasiebild entworfen. Ich hatte keine Beweise, keine Bilder. Ich hatte die Floridafotos getürkt und frisiert, alle mit meinem Kunstanspruch bedroht, und nun – da Phoebe in Wirklichkeit keine Rivalin war – verzehrte ich mich nach Orlando.

Ich hatte verdient, was dann geschah. Er fiel in Massachusetts durch das Staatsexamen und nahm eine Lehrerstelle an einer High School in Woonsocket an. Das zeigte einen Mangel an Kühnheit, den ich nicht von ihm erwartet hatte. Es schien ein Provisorium zu sein, ein Akt der Unentschlossenheit – es war nicht nahe genug bei uns, als daß es sich für ihn gelohnt hätte, täglich nach Hause zu kommen. Aber es war auch nicht weit genug weg, um es als dramatischen Bruch mit der Familie gelten zu lassen. Es war keine Entfernung zum Briefeschreiben, es war aber auch nicht nahe genug, um ohne weiteres bei uns hereinschauen zu können. Diese mittlere Distanz machte ihn unscharf, ein verschwommener Schemen, ganz anders als das lebhafte Gesicht, das er mal gewesen war. Er schien Zeit schinden zu wollen. Und das taten wir ja andererseits alle. Der Krieg kroch langsam über Europa, und wir schauderten wie Leute, die mitbekommen, daß das Nachbarhaus ausgeraubt wird.

Phoebe hatte nun auch einen Job. Aufgrund einiger meiner frühen Fotos von ihr – und die waren inzwischen weit verbreitet – bekam sie ein Angebot von *Vogue*, als Modell zu arbeiten. Ich wußte, daß dies zum Teil damit zusammenhing, daß ich selbst unzugänglich blieb, mich weigerte, von mir Fotos machen zu lassen. (Es überraschte mich, daß sich überhaupt ein Modell freiwillig einem Fotografen stellte. Unsterblichkeit? Aber wer wollte schon in solchen Kleidern in die Ewigkeit eingehen?) In mehr als einer Hinsicht war Phoebe mein Double. Ein großer Teil der Aufmerksamkeit, die eigentlich auf mich gerichtet war, strahlte auf sie ab. Ich hatte nichts dagegen, daß sie das ausnutzte, sie war hübsch und lebenslustig. Man hielt mich für genauso attraktiv wie Phoebe, und da ich kamerascheu, unerreichbar und schwierig war, schätzte man sich glücklich, daß man sie gekapert hatte, um für die populären Schlapphüte und die breitschultrigen Mäntel Modell zu stehen. Sie verkörperte die öffentliche Seite meiner Persönlichkeit und trieb meine Karriere voran, während ich nur herumsaß.

Es gab noch eine weitere Ironie: Papa wurde mein Agent. Am Anfang hatte er meine Angelegenheiten in die Hand genommen, um nach seinem unvermeidlichen Bankrott nicht ganz untätig zu sein, und dann witterte er Profit – er spürte die finanziellen Möglichkeiten in meinen Fotos. Er trat an meine Stelle, hielt mir die Leute vom Hals, schloß die Verträge, machte die Buchhaltung und sprach nicht mehr davon, den Bau zu verlassen. Er bewilligte Ausstellungen, verhandelte mit Herausgebern, setzte sich mit Kuratoren an einen Tisch und machte ein gutgehendes Geschäft aus dem, was ich aufgegeben hatte. Es war, als nähme er Eintritt für die Besichtigung von Ruinen. Wenn es ihm etwas ausmachte, daß einige der von ihm verwalteten Bilder ihn als einen Mann darstellten, der beim Lamar-Carney-Schweinedinner auf einer fetten Zigarre kaut und begeistert brüllt, während nackte Trapezkünstler über ihm Kapriolen schlagen, so hat er jedenfalls nie davon gesprochen. Dies war rein geschäftlich, und ich war froh, daß sowohl Phoebe als auch Papa durch mich gewinnbringend beschäftigt waren. Und beide taten viel für meinen Ruf.

Dieser Ruf. Er war anscheinend etwas, das mit mir nichts zu tun hatte, eine Seifenblase, die anderen in den Blick geschwebt war und von ihnen weitaus höher bewertet wurde als von mir. Sie war inzwischen zu beträchtlicher Größe angeschwollen, und Papa ließ keine Gelegenheit aus, auf sie hinzuweisen. Aber da sie mir entglitten und davongesegelt war – ich hatte keinerlei Kontrolle mehr über sie –, konnte ich sie nicht recht ernst nehmen. Und sie war nur eine Seifenblase, nichts weiter. Sie segelte auf heißer Luft einher, schillernd und schmeichelnd; wenn man durch sie hindurchblickte, war alles verändert. Die Leute sahen in ihr, was sie darin sehen wollten, aber

deshalb war sie doch keine Kristallkugel, sondern nur ein wabbelnder Globus aus Spucke. Wenn man ihn anstach, würde er ganz leicht platzen und sich in Luft auflösen.
Papa, den ich mit meinen Fotos ruiniert hatte und der wieder auf die Beine kam, indem er genau diese Fotos an den Mann brachte – Papa, der den Spieß umdrehte und seine Blamage zu Geld machte – Papa, angefeuert von dem Erfolg, den er mir gebracht hatte, berauscht von dem, was er als seinen großen Coup ansah (deshalb nahm er sich auch einen viel größeren Anteil an den Einkünften, als angemessen war) – Papa, nun Schirmherr, Agent, Verkäufer, Sprachrohr und Ausbeuter in einem, der Mann, der mich zu meinem eigenen Besten gefangenhielt –, Papa erkannte, daß die Nachfrage nach meinen Fotos größer war als das Angebot, und begann, das ganze Haus nach Bildern zu durchstöbern, die er als Original-Pratts verhökern konnte. Er tat dies sozusagen vor meinen Augen.
Früher waren die Fotos im ganzen Haus verstreut gewesen, gerahmt, in Alben geklebt, in Schubladen gezwängt. Er hatte alles, was greifbar war, beschlagnahmt, taxiert und zum Verkauf freigegeben.
Aus diesen Bildern baute er für mich eine Karriere zusammen. Er hing ihnen Daten und farbige Ereignisse an – fast alle dunkler Herkunft – und erfand mich neu als eine hingebungsvolle Fotografin, die mit allem, was ich jemals gewesen war, kaum Ähnlichkeit aufwies. Anhand dieser alten Bilder erweckte er sogar den Eindruck, als arbeitete ich noch, als produzierte ich trotz meiner Blindheit noch ab und zu das perfekte Foto.
Ich entmutigte ihn nicht. Die Maude Pratt, deren Arbeiten so unkritisch aufgenommen wurden, bedeutete mir nichts. Sie war nur ein weiteres Double, dabei aber als Abenteuer-Künstlerin emsiger und energischer in ihrer Öffentlichkeitsarbeit, als ich in meiner Dunkelkammer je gewesen war. Obwohl sie Spuren der wahren Pratt trug, war sie lediglich das erste der vielen verschiedenen und manchmal widersprüchlichen weiblichen Wesen, die über Jahre zu Unrecht mit meinem Namen und meinen Bildern in Verbindung gebracht wurden.
Die Vorräte reichten nicht ewig. Mir wurde das auf sehr ärgerliche Weise klar. Obwohl ich Papa jede Freiheit ließ, hatte ich bis jetzt meine Privatsphäre verteidigen können – genauer gesagt, mein Zimmer. »Such dir ein Eckchen«, hatte Papa immer gesagt. Ich hatte es gefunden, und das Zimmer war

genau das, eine Art Nische, in dem ich das unterbrachte, woran mein Herz hing. Es war klein und ordentlich, voller Truhen und Fotoausrüstung. Es hatte kitschig geraffte Vorhänge, und es trug meinen Geruch. Es war mein Trost und meine Zuflucht, dort war ich allein und konnte nachdenken. In gewissem Sinne hatte ich Papas Machtübernahme so passiv hingenommen, um es behalten zu können. Ich konnte mir von diesem kleinen Raum aus keine größere Freiheit erkämpfen, er war nicht dazu geschaffen, Papa zu befehden, aber er war der Ort, an dem ich glücklich sein konnte. Solange er unversehrt war, blieb mir die Illusion der Freiheit. Meine Bindung an mein Zimmer war tief, so zählebig und animalisch wie Patriotismus. Wenn es ein Käfig war, dann wenigstens meiner.
Einen Rest von Instinkt mußte ich mir bewahrt haben: Wie hätte ich sonst die Gefahr gerochen? Ich hörte ihn von seinem Lehnstuhl im Wohnzimmer aus; er hatte mich dahin gesetzt und mir befohlen, ich solle mich entspannen (entspannen! die Deutschen waren in Frankreich einmarschiert, brachten Juden um, raubten Kirchen aus und schmolzen goldene Kruzifixe ein). Kurz vor einer seiner Fahrten nach New York war er in mein Zimmer eingefallen, um es auszuplündern. Ich fühlte seine wühlenden Hände so deutlich, als operierte er ohne Narkose an mir herum. Ich sprang vom Stuhl, eilte nach oben und stürzte ins Zimmer.
»Maude was machst du hier? Geh wieder nach unten.«
Boing. Er ließ ein Gummiband um ein Bündel Fotos schnipsen.
»Rühr die Bilder nicht an!« sagte ich. Ich konnte mich täuschen, aber ich spürte keine Andeutung von Unordnung im Zimmer. Wahrscheinlich hatte er mit seiner Suche gerade erst begonnen. Ich knallte den offenen Truhendeckel herunter und wunderte mich, daß ich seine Finger nicht guillotiniert hatte.
»Da sind ja noch mehr«, sagte er verwundert und stolz zugleich. »Warum hast du mir das nie gesagt? Das ist genau das, was sie wollen – das ist doch eine ganze Ausstellung.«
»Es taugt nichts«, sagte ich. »Und es ist privat, also hör auf, in dem Müll rumzuwühlen!«
»Ich will dir doch helfen, Maude. Ich hab nur mal einen Blick drauf geworfen.«
»Du wolltest klauen!«
»Hier liegt ein ganzer Schubkarren voll Zeug – ich wette, du hast es längst vergessen!«

»Von wegen vergessen!« Aber natürlich hatte ich im ganzen über zwanzig Jahre lang fotografiert. Die Ansammlung von Fotos war riesig und unsortiert. Eine der ersten Aufgaben, die ich mir zu Beginn meiner erleuchteten Blindheit gestellt hatte (damals, als mich jedes einzelne Bild gereut hatte), war es gewesen, die Fotos mit starken Kordeln zu bündeln und sie wie Pflastersteine in meiner Truhe zu stapeln. Ich dachte, ich hätte sie damit begraben, aber offensichtlich nicht tief genug, denn nun war Papa hier und begehrte sie heiß, weil ihr Verkaufswert gestiegen war.

»Bist du dir darüber im klaren«, sagte er fast so feurig wie in alten Brokerzeiten, »daß hier genug Bilder liegen, um damit eine Firma aufzumachen? ›Maude Pratt, Inc.‹ Wie klingt das? Das hier könnte uns allesamt für die nächsten fünf Jahre auf Trab halten. Ich fresse einen Besen, wenn nicht ein paar ganz rare alte Sachen in diesem Haufen stecken!«

Typisch Papa, eine Industrie daraus zu machen, eine Bilderfabrik.

»Das hier geht dich nichts an«, sagte ich. »Du hast genug. Jetzt verschwinde, und wenn ich dich noch mal hier erwische, wird's dir leid tun.«

Aber ich war gar nicht in der Lage, ihm ernstlich zu drohen. Wahrscheinlich war es gerade meine Wehrlosigkeit, die ihn beschämte und aus dem Zimmer trieb.

»Undank ist der Welt Lohn«, sagte er an der Tür. »Du könntest mit all den Bildern da ein Vermögen machen. Aber du hast noch nie viel Sinn fürs Geschäft gehabt.«

»Das ist mein Problem!«

»Dein Problem ist, Töchterchen«, sagte er in der brüsken Art, die er an sich hatte, wenn sein Stolz verletzt war, »daß du ausgesprochen kurzsichtig handelst, seit du blind bist.«

Und er ließ mich in meinem Zimmer allein. Daraufhin kaufte ich mir das größte Vorhängeschloß, das zu haben war. Ich stöberte alles an Platten und Filmen auf, was noch herumlag, leerte auch meine Kamera. (»Ich werd verrückt«, murmelte ich, als ich eine belichtete Filmrolle aus meiner Speed Graphic zog.) Ich entwickelte sie. Ich lernte wieder das Hantieren mit den Wannen, das Wässern. Und hier in meiner Dunkelkammer, wo ich unter dem heiteren Geplätscher des Wasserhahns arbeitete und Ruhe genug hatte, mich auf meine Bewegungen zu konzentrieren, spürte ich, wie sich meine Blindheit hob.

Allein und hinter verschlossener Tür, ohne Licht, nahm ich schaumige Umrisse wahr, das Glimmen an der Skala meines Vergrößerers, und ich konnte auf den Negativen Köpfe von Menschen erkennen, allerdings diffus und verhangen, wie in Schleim getaucht. Nichts war eigentlich scharf, nichts mit Sicherheit definierbar, nur ein recht lebhafter Bilderbrei. Ein Bild sah aus wie ein abgehängtes Stück Fleisch, das gerade genug Licht bekam, daß man die Streifen seiner Sehnen erkannte. Ein Rosendorn, ein Pilz, ein helmförmiger Turm; Haare, die aber auch Grasbüschel sein konnten.

Das gab mir Mut. Von dem Moment an hatte ich die Hoffnung, irgendwann wieder sehen zu können. Dann warf ich die Abzüge in meine Truhe und sicherte sie mit dem Vorhängeschloß gegen alle weiteren Eindringlinge, die ihre Nasen in meine Angelegenheiten stecken wollten.

Ein Eindringling tauchte etwa ein Jahr später auf. Mama war in die Stadt gefahren, Phoebe ließ sich für ein *Vogue*-Cover fotografieren, Orlando war in Woonsocket, und Papa hielt irgendwo meine Seifenblasen in der Luft. »Halt die Stellung«, hatte er gesagt.

Es war Dezember, aber sonnig und trocken, die Windstöße splitterscharf. Ich suchte mir eine geschützte Stelle auf der Veranda, zog mir die Wollmütze über die Augen und hörte der Brandung zu. Ich dämmerte in meinem schweren, warmen Mantel vor mich hin, im Halbschlaf, wie die Parodie einer alten Frau. Unten warf sich die See in idiotischer Eintönigkeit an den Strand, jede dritte oder vierte Welle ein richtiger Kaventsmann, der den trockenen Sand in Pudding verwandelte.

»Entschuldigen Sie, ich kam zufällig vorbei und...«

Ich schüttelte mich wach, tat so, als ob ich durch meine dunkle Brille spähte, und sagte: »Wie sind Sie hier hereingekommen?«

»Über den Zaun.«

»Warum?«

»Das Tor war zu.«

»Sie können gleich wieder zurückklettern. Das hier ist Privatbesitz.«

Ich glaubte, ein ängstliches Schlucken zu hören. Es war eine jüngere Frau, und ich hörte ihre schmalen Stiefel in den eisverkrusteten Schnee einbrechen.

Sie sagte: »Man hat mich gewarnt, daß Sie so etwas sagen

würden. Ich habe eine kleine Bitte. Ich hatte gehofft, daß Sie mich wenigstens anhören würden.«

»Ich wüßte nicht, was Sie davon abhalten sollte.«

»Ich möchte Sie bitten, mich zu fotografieren.«

»Und das nennen Sie eine kleine Bitte?«

»Kein Porträt oder so was«, fügte sie schnell hinzu. »Mehr so etwas wie eine Studie – Sie wissen schon.«

»Sie verschwenden Ihre Zeit. Ich mache keine Bilder mehr.«

»Das hat man mir gesagt, aber ...«

»Sie hätten darauf hören sollen, dann hätten Sie sich die Mühe sparen können.«

»Ich wollte es von Ihnen hören.«

»Sie haben's gehört. Die Antwort ist nein.«

»Es würde doch ganz schnell gehen«, sagte sie mit solch einer sanften Dickköpfigkeit, daß ich schwach wurde und beinahe wünschte, ich könnte ihr verdammtes Foto machen, damit sie mich in Frieden ließ. »Wenn wir ins Haus gehen könnten, wär's im Handumdrehen gemacht.«

Das schien mir ziemlich unverschämt. Ich sagte: »Ins Haus?«

»Drinnen ist es warm genug für das, was ich mir, äh, vorgestellt hatte. Das Licht ist gut heute. Am Fenster, ich dachte, vielleicht auf einem Sofa, aber einem neutralen, das die Zeit nicht verrät.«

»Sie haben es gründlich geplant. Sie brauchen mich nicht.«

»Doch«, sagte sie. »Sie haben keine Ahnung, wie hoch ich Ihre Arbeit schätze.«

Ich sagte: »Meine Kamera ist kaputt. Also, guten Tag!«

»Ich hab eine mitgebracht«, sagte sie und legte sie mir in die Hände. Der angenehme Klang ihrer Stimme sagte mir, daß sie attraktiv sein mußte. »Ich hab sie extra gekauft.«

»So eine hab ich noch nie gesehen.«

»Es ist eine japanische.«

»Was Sie nicht sagen«, sagte ich. »Okay, sagen Sie ›cheese‹.«

Ich machte klick, und in dem Bruchteil einer Lichtsekunde sah ich sie wirklich. Sie war nicht größer als einssechzig, trug einen dunklen Mantel und eine Baskenmütze, und sie hatte ein breites Gesicht. Sie war eine Orientalin, wahrscheinlich ebenso japanisch wie ihre Kamera.

»Nein«, sagte sie. »Nicht hier, drinnen.«

»Off limits«, sagte ich.

»Sie verstehen mich nicht! Ich möchte, daß Sie ein Aktfoto von mir machen.«
»Moment mal«, sagte ich. »Warum haben Sie das nicht gleich gesagt? Sie wollen eine Studie des nackten Lebens – im ursprünglichen Geburtstagskostüm. Tut mir leid, ich bin im Ruhestand. Keine Fotos.«
»Ich bezahle Sie.«
»Nicht für eine halbe Million. Ich weiß nicht, ob man Ihnen das auch gesagt hat, aber ich bin blind, meine Süße. Blind wie eine Fledermaus. Sagen Sie nicht, wie sehr es Ihnen leid tut – ich bin nicht auf der Suche nach Mitleid.«
Sie sagte leise: »Sie sind der einzige Mensch, der mir helfen kann.«
»Ich kann nicht mal mir selber helfen.«
Sie sagte: »Ich bin nicht verheiratet. Ich bin sehr schüchtern. Ich habe noch nie jemandem meinen Körper gezeigt. Er ist nicht häßlich – und deshalb bin ich hier. Noch bin ich jung und hübsch. Ich möchte ein Bild von dem, was ich jetzt bin, bevor es zu spät ist. In ein paar Jahren bin ich alt und habe nichts mehr.«
Es war etwas Ergreifendes darin. Es war die traurigste Bitte, die ich je gehört hatte. Dabei war es gar nicht so außergewöhnlich: Sie sehnte sich nach ein wenig Unsterblichkeit für ihre Schönheit, nach einer sichtbaren Erinnerung, die sie zu diesem Tag und in dieses Jahr zurückbrachte. Es wäre ein Beweis, daß sie einst wunderschön war. Das Foto wäre alterslos und voll prallen Lichtes, wenn sie schon längst ein vertrockneter alter Stecken war. Die fotografische Wahrheit war unauslöschlich und so einzigartig wie ein Fingerabdruck. Aber es lag auch etwas Melancholisches darin, als sei die Fotografie, um die sie bat, eine Sommerblume, vor dem Welken gepflückt und für eine andere Jahreszeit zwischen zwei Buchseiten gepreßt.
»Bitte, würden Sie das für mich tun?«
Sie hatte Angst; etwas ging zu Ende; sie fürchtete die Zerstörung. Warum gerade jetzt?
»Es gibt doch eine Menge Leute, die mit Kameras umgehen können. Wie sind Sie gerade auf mich gekommen?«
»Sie sind eine große Fotografin.«
»Jeder Fotograf ist groß. Wer kann sie schon auseinanderhalten? Ich jedenfalls nicht. Das ist so, als redete man von einem großartigen Straßenkehrer – also entweder macht der seine

Häufchen oder nicht, und wenn nicht, dann ist er eben kein Straßenkehrer. Kein Zweifel möglich.«
Sie hatte versucht, mich zu unterbrechen. Als ich fertig war, sagte sie: »Aber sie sind die einzige, die blind ist.«
Also das war es! Sie wollte alles auf einmal. *Ich habe noch nie jemandem meinen Körper gezeigt:* Selbst in ihrer Nacktheit würde sie ihr Geheimnis für sich behalten können.
Wie ganz und gar orientalisch!
»Verschwinden Sie«, sagte ich. »Was Sie brauchen, ist ein Liebhaber und kein Fotograf. Seien Sie nicht feige, suchen Sie sich einen Mann, geben Sie sich ihm hin ...«
Während ich hitzig auf sie einredete, hörte ich ihre Schritte auf dem Schnee. Dann Stille, keine Antwort, kein Abschied. Hatte ich mir das Ganze nur eingebildet?
Es war ein weiteres Bild, das ich nicht gemacht hatte, und ein in hohem Maße prophetisches dazu. Und es machte mich verrückt: Weil ich es nicht gemacht hatte, zweifelte ich daran, daß sie überhaupt dagewesen war. Ob sie einer Angsthalluzination entsprungen war oder nicht, habe ich niemals herausgefunden; aber wenig später verstand ich. Also so fängt so etwas an, dachte ich, und wenn ich nur halb soviel Phantasie gehabt hätte, wie die Leute mir zuschrieben, hätte ich ihnen sagen können, was die Japaner mit uns vorhatten. Keine zwei Wochen später wurde Pearl Harbor angegriffen. Ich wünschte, ich hätte das Bild gemacht. Wir traten in den Krieg ein, und nichts war jemals wieder wie früher.

26 Morgendämmerung

Große Rückschläge öffentlicher Natur bewirken, daß die Leben der Menschen einander gleich werden. Es ist die Kameradschaft der Katastrophen. Für mich war es ein Trost, zu wissen, daß ich nicht allein im Dunklen saß – die Lichter waren für alle ausgegangen. Es war mehr als die Nachrichten im Radio, das Horten von Schinkenspeck und Pfirsichkernen oder die Übungen: Die Feuerwehrsirene kündigte einen Luftangriff auf das Kap an, und Luftschutzhelfer patrouillierten in den friedlichen Straßen von Hyannis und South Yarmouth.
Es war vor allem der gemeinsam empfundene, lang andauernde

Spannungszustand: Wir lagen alle wach in derselben Dunkelheit, warteten auf die Entwarnung und hofften, daß, wenn alles vorbei war, kein grinsender kleiner Orientale oder fleischiger Kraut vor der Tür stehen und uns im Gleichschritt ans Tageslicht treiben würde.
Der Krieg bestätigte meine Überzeugung, daß Europa eine Schlangengrube war, ein feudaler Morast, voll von schmierigen Politikern, Säufern, Säbelraßlern und kriegslüsternen Aristokraten. Europa war korrupt, im besten Fall ein Bordell, im schlimmsten ein verrottendes Museum, rückwärtsgewandt, hinterhältig, arrogant, klerikal, unregierbar, zusammengehalten von schierem Bluff und dem neidischen Haß auf Amerika. Seine heruntergekommene Kultur war Patronage in Lumpen. Es hatte seine Genies zum Schweigen gebracht oder vertrieben und seine Wahnsinnigen zu Diktatoren gemacht. Ich hatte die Liebe der amerikanischen Schriftsteller und Künstler zu Europa nie verstanden. Sie schien einem tiefen Gefühl der Unterlegenheit und dem Mißtrauen gegen unsere eigene freizügige Vulgarität zu entstammen. Europa war das billige Essen, das leichte Mädchen, der Ort, wo man leben konnte! Was hieß es dann schon, daß man dort die Juden verfolgte und die Intellektuellen aushungerte, die Künstler zensierte und aus jeder Grenze einen Festungsgraben machte? Es war doch alles so schön historisch!
Aber Geschichte – wieso wußte das keiner? – ist genau das, worum sich der Künstler nicht kümmern darf. Ich war für diesen Krieg. Sie hatten ihn angefangen; wir würden ihn beenden, in Europa und im Pazifik. Wir mußten England retten. Sobald wir uns durch die Schlachten zu schlagen begannen, fühlte ich mich besser. Licht! Dies war auch mein Krieg: Es war der Kampf, den ich gegen Papa verloren hatte. Vor einem Jahr hatte ich in ihm eine diktatorische Ader entdeckt und in ihm den Zerstörer meiner Freiheit gesehen. Nun war der Feind umfassender und zugleich klarer, aber auch ich hatte jetzt eine ganze Armee hinter mir. Papas Tyrannei wurde durch den Krieg gemildert. Er stellte sich auf meine Seite; er lockerte seinen Griff und hörte auf, mich wie eine Blinde zu behandeln. Obwohl ich mein Augenlicht noch nicht wiedergefunden hatte, gewann ich meinen sechsten Sinn zurück, jene visionäre Sicht, die er durch sein dominierendes Verhalten unterdrückt hatte. Ich konnte wieder atmen.

Orlando ging zu den *Marines*. Ich konnte erkennen, daß ihm die Uniform sehr gut stand. Seine letzten Worte waren: »Wenn ich zurückkomme, wird sich alles ändern. Ich werde dir die Augen öffnen.«

Das gab mir Hoffnung. Vielleicht hatte ich mich geirrt, vielleicht war er nicht Phoebes Mann. Er konnte noch mein werden, und wenn er es erst war, würde ich sehen können. Er schrieb lange witzige Briefe aus dem Grundausbildungslager und aus Kalifornien, und dann verschwand er in Richtung Pazifik. Von da an kamen keine Briefe mehr. Aber ich hatte keine Sorge. Er würde zurückkommen.

An einem Abend der Woche während der Kriegszeit gab es im Radio immer »Schatten«, eine Kriminalserie. An einem solchen Abend sagte mein Vater zu Mama: »Guck dir die beiden an. Da sitzen sie nun wie zwei Kriegerwitwen.«

Orlando war weg: Er gehörte uns beiden. Ich träumte oft von ihm, und meine alte Liebe zu ihm erwachte wieder, ein Regenbogen des Verlangens. Ich lag nachts wach und dachte an ihn. Ich stellte mir vor, wie er meine Augen berührte und mir meine Blindheit nahm.

Die andere Maude Pratt wurde weiter in Magazinen und Ausstellungen gefeiert, während ich auf der Veranda in South Yarmouth in der Hollywoodschaukel saß. Meine Untätigkeit, dessen bin ich sicher, half mir, da weitere Fotos die Kritiker nur verwirrt und ihre Theorien über den Haufen geworfen hätten. Ich beobachtete, wie Maude Pratt eine bedeutende Figur wurde: Sie war der Fels, auf dem die amerikanische Fotografie ruhte, und da sie nichts Neues mehr machte, waren auch keine Neueinschätzungen nötig. Ich hatte auch gar keine Lust, zu fotografieren. Ich war auf intensive, ganz unmodische Weise glücklich.

Phoebe war niedergeschlagen. Sie, die so lebhaft gewesen war und der die Trauer sogar den Anschein von Intelligenz und Sensibilität gegeben hatte, die Karriere gemacht hatte und von *Vogue* entdeckt worden war – mit der Arbeit als Modell war es aus. Wie so viele ehemalige Fotomodelle sprach sie davon, Kleider zu entwerfen oder Einkäuferin für eine Modefirma zu werden. Aber sie tat nichts, und obwohl ihre Untätigkeit mir wie ein Vorwurf gegenüber meinem eigenen Müßiggang erschien, hatte sie etwas von einer verlassenen Geliebten an sich. Es war der gleiche Ausdruck, den ich an ihr gespürt hatte, als wir das vieldeutige Telegramm aus Florida erhalten hatten – als sie der totalen Unterwerfung nahe gewesen war und mit dem Gedanken an Selbstmord gespielt hatte. Nun konnte ich fast glauben – so tief war ihre Trauer –, daß sie einander geliebt hatten und daß sie befürchtete, es sei für immer vorbei. Sie konnte ihr Geheimnis mit niemandem teilen, niemand durfte es wissen; es war Liebe oder Tod.

Das waren natürlich nur Vermutungen. Trotz allem hoffte ich immer noch, Orlando zurückzubekommen und wieder sehen zu können. Ich verfolgte den Verlauf des Krieges genau. Das hatte mit Kriegslüsternheit nichts zu tun, ich hoffte auf ein schnelles Ende – jeder Erfolg gab mir neuen Mut; in Afrika kam die Sache ins Rollen, wir marschierten in Italien ein, die pazifischen Inseln wurden zurückerobert, und in gleichem Maße, wie wir Schlachten gewannen, hob sich meine Stimmung. Es war eine Entwicklung wie die Morgendämmerung, die Ekstase des Sonnenaufgangs war nicht mehr fern.

Und ich erhielt einen Beweis für die langsame Rückkehr des Lichts in meine Augen. Irgendwann im Frühling des Jahres 1943 entschloß sich Mama, das Klavier stimmen zu lassen. Der Mann, den sie damit beauftragte, war Mr. Slaughter, dessen Bild ich in den zwanziger Jahren mal gemacht hatte und der am Kap aufgrund dieses Fotos als Klavierstimmer sehr gefragt war. Er war blind. Ich hatte Angst vor seiner Dankbarkeit und sah dem Besuch ziemlich nervös entgegen. Aber ich blieb doch zu Hause und wartete zusammen mit Phoebe auf ihn. Die Alten waren in der Stadt, und da sie uns für völlig unfähig hielten, hatten sie einen Umschlag mit Instruktionen und ein paar Dollars dagelassen.

Mr. Slaughter erschien um Punkt drei Uhr in Wamplers Wagen. Sein Gehstock klopfte leise über die Veranda.

»Hallo.«

»Sind Sie das, Maude?«

Dann war er im Haus, schweratmend und über seine Tasche gebeugt.

»Das Klavier ist hier drin«, sagte ich.

»Ich belästige Sie ungern damit, aber könnten Sie noch ein Foto von mir machen? Das letzte war sehr schön, nur hatte ich da meinen alten Anzug an. Heute hab ich mir 'ne neue Krawatte umgebunden, und beim Friseur war ich auch. Hier, ich hab die

Kamera in meiner Tasche. Ist auch ein Film drin. Sie brauchen bloß abzudrücken.«

»Ich kann nicht.«

»Warum denn nicht? Es ist 'ne Brownie. Ganz einfach.«

»Phoebe kann das machen.«

»Das wär nicht dasselbe.« Er ließ eine Dollarnote knistern. »Ich bezahle bar.«

Oh, verdammt noch mal, dachte ich. »Stellen Sie sich ans Fenster.«

»Moment, muß nur meine Krawatte geraderücken ...«

Ich zielte auf seine Stimme und ließ es klicken.

»Mister Slaughter, ich ...« Aber ich brachte es nicht heraus, ich wollte es selbst kaum glauben – ich konnte ihn sehen! Er sah sehr gealtert aus, wie er dastand und seine Stoffmütze in den Händen drehte, den weißen Stock und einen Ranzen zu seinen Füßen. Er hatte ein Gesicht wie ein Fisch, den Mund gespitzt, als schnüffelte er nach etwas. Und ob es nun an dem grauen Licht dieses Nachmittags lag oder daran, daß er das Fenster teilweise abdeckte – ich war tief enttäuscht von dem, was ich sah: der schreckliche Salon, die Zeitungsstapel, die Gemälde an den Wänden, die so viel weniger lebendig waren als in meiner Erinnerung, die Grabesstimmung im Zimmer, Slaughters abgetragene Schuhe auf dem abgetretenen Teppich. Alles war gealtert, geschrumpft, ganz unscheinbar. Wenn ich schockiert war, so nicht, weil ich plötzlich wieder sehen konnte, sondern weil die Dinge, die ich sah, so stumpf und langweilig waren, blasses Licht, ein Blinder in einem schäbigen Zimmer.

»Es ist gleich hier drüben, Mister Slaughter«, sagte Phoebe, die aus der Küche hereinkam. »Was macht ihr denn hier?« Als ich die Kamera absetzte, gingen die Vorhänge vor meinen Augen wieder herunter, und Slaughter, der zuletzt so weiß und zerbrechlich wie Asche ausgesehen hatte, verschwand. Er sagte: »Dieser Krieg. Vielleicht ist es ein Segen, daß ich nicht sehen kann, was da geschieht. Diese ganze Kämpferei. Trotzdem, ich hoffe, das Bild wird was.«

Als er ging, nahm er das Licht mit. Mir hatte nicht gefallen, was ich gesehen hatte. Vielleicht war das ein echtes Kriegserlebnis, eine Vision von der Trostlosigkeit und Leere selbst des Sieges; ich begann, Siege dieser Art zu fürchten.

Heimlich fing ich an, mit meiner Speed Graphic zu experimentieren, und ich fand heraus, daß ich, wenn ich ruhig blieb und den Apparat auf eine bestimmte Weise hielt – und wenn ich allein war –, für den Moment, den der Verschluß brauchte, um sich zu öffnen und wieder zu schließen, ein vollständiges, stilles Bild sehen konnte, das sich auf meiner Retina hielt wie eine rechteckige Fotografie.

Ich sagte das keiner Seele. Es hatte mit Sehen im normalen Sinn nichts zu tun, aber es weckte Hoffnung auf mehr. Ich wußte, daß ich nicht nur eine Kamera brauchte, um mein Augenlicht zurückzugewinnen.

Die ersten Soldaten – die, die sich am Anfang des Krieges freiwillig gemeldet hatten –'kamen heim. Im Juni 1944 klingelte bei uns das Telefon: R-Gespräch aus Kalifornien. Orlando war auf dem Weg nach Hause. Die nächsten paar Tage waren eine Qual, und jedesmal, wenn das Telefon läutete, schrie es von irgendwoher: »Ich geh ran!« Aber es verging noch eine volle Woche, bis wir ihn wiedersahen, und er kam nicht allein.

Er hatte seinen »Buddy« dabei. Damals hatte jeder Soldat einen »Buddy«. Orlandos Freund war ein knochiges Individuum namens Woodrow Leathers und stammte aus Stillwater in Maine. Orlando hatte ihm versprochen, ihn nach seiner eigenen Heimkehrfeier am Kap dort hinzufahren.

»Süße«, sagte Orlando, als er mich auf die zärtlich-vertraute Weise küßte und einen Bruchteil mit einem vielversprechenden Kuß auf meinen Lippen verweilte. Phoebe gegenüber benahm er sich merkwürdig. Er küßte ihr kurz mit distanzierter Freundlichkeit die Wange und zog dann Leathers zum Fenster, um ihm die Windmühle hinten im Garten zu zeigen. Ich vermutete, daß sich einiges zwischen den beiden geändert hatte, falls überhaupt jemals etwas zwischen ihnen gewesen war.

Leathers – oder »Woody«, wie Orlando ihn nannte – schoß sich sofort auf Phoebe ein. »Sind Sie verheiratet?« fragte er ohne Umschweife. Offensichtlich von ihrer Antwort ermutigt, fuhr er fort: »Würde selbst gern ein Heim gründen, wenn dieser Krieg vorbei ist.«

»Fühlen Sie sich hier nur wie zu Hause«, sagte sie. »Ich zeig Ihnen unseren Strand.«

So hatte ich Orlando für mich. Er war genau das, was ich brauchte. Er war meine Krankheit gewesen, und er konnte meine Heilung sein, denn Liebe ist Krankheit und Kur zu-

gleich. Ich dachte an sein Versprechen: *Ich werde dir die Augen öffnen.* Da war er nun. Wir gingen am Strand entlang, er ließ Steine über das Wasser tanzen und sagte: »Hiervon habe ich geträumt.«
Vor uns konnte ich Phoebe mit Woody flirten hören.
Beim Abendessen sagte Papa: »Wir wollen eure Rückkehr feiern.«
»Sie sind alle sehr nett«, sagte Woody.
Mama hatte einen Truthahn gebraten, Papa entkorkte seinen New Yorker Chablis. Woody saß neben Phoebe, und ich hatte Orlando.
»Schmeckt ein wenig schwefelig«, sagte Papa nach dem ersten Schluck und goß ein. »Ich hoffe, er ruiniert Ihren Gaumen nicht, Woody.«
»Schmeckt doch prima«, sagte Woody, und nach zwei Gläsern war er wie umgewandelt. Er setzte die Ellbogen auf den Tisch, wieherte vor Lachen und erzählte von den Albatrossen auf Midway Island: »Da saß doch tatsächlich ein Typ die ganze Zeit auf einem Stuhl und glotzte die Vögel an, und ich sag: ›Was machst du denn so den ganzen Tag‹, und er sagt: ›Ich guck.‹ *Ich guck!* Guckt die dämlichen Vögel an!« Bei seiner Beschreibung des Angriffs auf die Marshallinseln wurde er malerisch: »Das verdammte Landungsboot wär bei Jesus fast umgekippt, und wir ham gesehen, wie die kleinen Dreckskerle über den ganzen Strand schwärmten. Aber ich nix wie hin, reingewatet und hab dann mit dem guten alten Karabiner mitten reingehalten in die Japse. Fielen um wie die Fliegen, was Ollie?«
Die Alten nahmen das ungewöhnlich gelassen auf. Man verzieh ihm: Es war Krieg.
Orlando sagte: »Woody ist ein phantastischer Schütze.«
»Bist selbst ziemlich auf Draht«, sagte Woody. »Der alte MacArthur hat nur Scheiße erzählt, aber als wir die Marshalls hatten, haben wir beide 'nen Streifen gekriegt.«
»Sie müssen froh sein, das alles hinter sich zu haben«, sagte Mama. »Hinter uns?« sagte Woody. »Haben wir nicht. Wir sind bloß auf Urlaub.«
»Ollie?« sagte Papa.
Orlando sagte: »Es stimmt. Wir haben einen Monat.«
Mama sagte: »Ich will nicht, daß du zurückgehst. Ich lasse es nicht zu.«

»Verdirb ihm den Monat nicht, Mutter«, sagte Papa. »Woody bekommt sonst einen schlechten Eindruck von uns.«
»Ist schon in Ordnung, Sir. Aber was wär der Haufen ohne mich und Ollie? In die Hose würden die sich machen, Sir. Wir werden Japan versenken – das will ich nicht verpassen.«
»Könntet ihr jetzt nicht eure Entlassung beantragen?« sagte Phoebe.
»Wenn Sie mich drum bitten, mach ich's!« sagte Woody. »Nee, im Ernst, so schlecht ist es gar nicht. Wir kriegen da besseres Zeug zu essen als das hier, ob Sie's glauben oder nicht.«
Stille, dann das irre Zirpen einer Grille.
Woody sagte: »Ich sag aber auch immer was Falsches.«
Papa sagte: »Wir wissen schon, wie es gemeint ist, mein Sohn. Wir möchten, daß Sie sich wie zu Hause fühlen.«
»Ich find es prima hier«, sagte Woody, und der Tisch wackelte, als er Phoebe in die Rippen stieß.
»Ich wette, Sie sind ein viel besserer Schütze als mein Bruder«, sagte Phoebe.
»Vielleicht hab ich 'ne bessere Waffe«, sagte Woody.
Orlando ignorierte die beiden. Er legte mir den Arm um die Schulter und sagte: »Du siehst toll aus, Süße. Ich hab dich wirklich vermißt.«
Ich spürte seine Berührungen am ganzen Körper wie Stromstöße.
»Wir gehen jetzt schlafen«, sagte Papa später im Salon und setzte sein Cognacglas ab. »Morgen ist auch noch ein Tag. Ihr jungen Leute solltet auch in die Falle gehen.« Und er ging mit Mama nach oben.
»Erzählen Sie doch mal«, sagte Phoebe zu Woody und strahlte vor koketter Neugierde, »haben Sie mal richtig Angst gehabt?«
»Richtig Schiß? Himmel, keine Ahnung. Vielleicht bei der Landung auf den Marshalls. Ich mein, die hätten mich da glatt erwischen können. Ich war in der ersten Landungswelle, müßt ihr wissen, und wir waren schwer unter Feuer. Aber dann war es mir egal.« Er brachte ein lautes, unbekümmertes Lachen heraus. Aus seiner Art zu sprechen konnte ich schließen, daß er weiße Socken trug, rote Ohren, Igelhaare und auseinanderstehende Zähne hatte. Ich verstand nicht, was Phoebe in ihm sah.

»Aber Ollie war auch dabei, nicht?« sagte sie.
»Nee, der war verdammt weit hinten. Die Fotografen waren als letzte am Strand.«
»Die Fotografen?« sagte Phoebe.
Orlando sagte: »Als sie hörten, daß ich Pratt heiße, haben sie mir 'ne Kamera in die Hand gedrückt.«
»Das ist ja nicht grade was Besonderes«, sagte Phoebe und zu Woody: »Sie sind richtig süß.«
Orlando sagte zu mir: »Du hast mir das Leben gerettet, Süße. Wirst schon sehen, es kommt noch alles in Ordnung.«
»Ist das ein Versprechen?«
»Aber sicher!« Er stand auf und gähnte. »Ist schon spät, wir müßten längst im Bett sein. Komm, Woody – Zapfenstreich. Ich zeig dir das Zimmer.«
»Gehn Sie noch nicht«, sagte Phoebe. »Sie brauchen ihm nicht zu gehorchen.«
Woody sagte: »Ich find's wirklich nett hier, das sollt ihr wissen. So was bedeutet einem Mann was.«
Phoebe sagte: »Schlaf gut, Soldat. Gute Nacht, Ollie.«
Als sie weg waren, sagte ich zu Phoebe: »Was ist denn mit dir los? Ich glaub tatsächlich, du magst ihn.«
»Wen?«

Ich hatte immer gewußt, daß nur Orlando mich retten konnte. Ich gab dem Haus eine Stunde, sich zu beruhigen, lag im Bett und dachte, wie einfach meine Kunst gewesen war, wenn man sie mit der unendlichen Kompliziertheit meines Lebens verglich. Meine Fotografien bildeten das windstille Zentrum des Sturms ab, das Auge des Hurrikans. Der Sturm selbst war eine zu große und widersprüchliche Sache, als daß man ihn in einem einzigen oder auch in tausend Bildern hätte erfassen können. Und sowieso: Ein Wort wog tausend Bilder auf.
Ich sah immer nur einen kleinen Teil der Dinge. Mehr konnte ich allein nicht schaffen. Ich brauchte Orlandos Hilfe, seine Liebe, um alles sehen zu können. Liebe ist Licht, und die Abwesenheit von Liebe macht blinde Fledermäuse aus uns allen. Ich hatte mich aufgegeben und selbst geblendet. Er gab mir den Glauben wieder; er wollte mich: *Du wirst sehen.*
Ein wenig sah ich schon – mein Bett, mein Zimmer, die Truhe. Ich zog meinen Bademantel über, und die Dunkelheit war nicht in mir, es war nur die Nacht – die verhangene, mondlose

Mitternacht im Frühsommer. Ich bewegte mich leicht und sicher. Ich wußte, wohin ich ging, und rauschte aus meinem Zimmer hinaus und den Korridor entlang, so voller Selbstvertrauen, als wäre das ganze Haus erleuchtet. Ich war nicht nervös, und doch war ich außer Atem, bevor ich noch zehn Schritte gegangen war. Mein Herz schlug freudig. Meine Finger waren taub, und in meinen Ohren knirschte es, in halluzinatorischer Klarheit schienen sich die Wände an mir vorbeizuschieben, bis Orlandos Zimmer bei mir ankam. Sehr viel früher, auf jüngeren Beinen, war ich diesen Weg schon einmal gegangen. Ich kam mir vor wie eine Erwachsene, die ein übermütiges kleines Kind beschützt und ihm auf dem Fuße folgt. Ich ließ mich von dieser geisterhaften Gestalt führen und überholte sie erst an der Tür, wo sie stehenblieb. Drinnen im Zimmer öffnete ich meinen Bademantel und ließ ihn zu Boden fallen.

Er schlief, aber sobald ich in sein Bett geschlüpft war, wachte er auf, umarmte mich, zog mein Nachthemd hoch, kniete über mir und küßte und biß mich. All das war neu und fast brutal, und während der ersten Minuten – bevor ich sein ganzes Gewicht auf mir fühlte – dachte ich *Nein, ich kann nicht* und wollte, daß er aufhörte. Er faßte mich hart an, stieß mich rauh bis an den Rand eines Abgrunds. Aber ich war hilflos in seinen wilden Händen, und seine Entschlossenheit besiegte mich. Er zwang meine Beine auseinander wie ein Ertrinkender, der um Luft ringt. Ich hatte das Gefühl, als steckte er eine Stange Dynamit in mich hinein, um mich in die Luft zu sprengen. Er war groß, ungeduldig und ich war noch nicht soweit. Schneller, als ich es wollte, begann der Schmerz, und der Schmerz war in seiner Intensität sein eigenes Betäubungsmittel.

Es war anders als alle Bilder, die ich je gesehen hatte. Palasthallen der Morgendämmerung, der blutrote Dom der Sonne, der aus dem fernen See hervorbrach und dort in der Krone seiner eigenen Flammen kochte. Licht ging von ihm aus durch die gelben Furchen der Wogen bis zum Ufer hin, bis auch die kleinste Welle der Brandung, die müde den Sand leckte, vor Hitze glühte. Mein Herz stand still. Sein Gesicht lag auf meinem, aber ich fühlte nur den Stern, der in mir stieg und mir die Augäpfel versengte, bis ich blutige Tränen weinte. Ich war in meinem eigenen Körper gefangen und doch befreit, als hätte man mir bei lebendigem Leibe das Fell über die Ohren gezogen.

Ich schrie und wußte nicht, ob ich wollte, daß er aufhörte oder weitermachte. Er nahm meinen Schrei als Ermutigung und arbeitete noch härter. Der Schmerz stieß in mich hinein und riß mich in Stücke. Ich empfand es als eine Auflösung in flüssigem Licht, wie einen glücklichen Tod. Ich lag völlig still; ich wollte mehr, ich hatte Angst vor mehr. Das Licht sickerte in eine Nadelspitze – nicht mehr, als hätte er mich gefangen wie einen flatternden Schmetterling und mich an der empfindlichsten Stelle mit einer Nadel aufgespießt. Er sprach kein Wort. Mit einem Seufzer ließ er sich neben mich gleiten, ich merkte daß meine Augen voller Licht waren, obwohl ich sie geschlossen hatte.

Ich erwachte in meinem Zimmer. Es war mein erster Sonnenaufgang. Er war unhörbar. Ich ließ ihm Zeit – aber er war trotzdem ziemlich enttäuschend. Ich sah jeden Baum mit seinen Zweigen und jede zitternde Knospe, die Tapetenblümchen, die karierte Bettdecke, die selbstgefällige Truhe. Ich freute mich an den Details, aber der Maßstab beunruhigte mich: War das Zimmer immer so klein gewesen? Die Weißtöne so von Grau durchsetzt? Ich öffnete meine Augen auf eine engere, schäbigere Welt, die gleichzeitig vergänglich und ewig erschien, und auf der Bucht wurde ein Segelboot hierhin und dorthin gepustet wie ein verlorenes Taschentuch.

Ein Krampf lag verschlungen in meinem Unterleib, ich spürte den Schmerz der Wunde zwischen meinen Beinen. Blaue Flecken machten mein Fleisch empfindlich, und dann sah ich die schwarzroten Blutspuren auf meinen Schenkeln und lief ins Badezimmer.

»Rühreier«, sagte Phoebe und behielt unseren altmodischen Toaster fest im Auge. »Papa macht Rühreier für alle.«

Ich sagte: »Genau, wonach ich mich fühl.«

Woody saß breit am Tisch, die Hände hinterm Kopf verschlungen. Sein Gesicht war vor Müdigkeit aufgedunsen. Er gähnte, ohne die Hand vor den Mund zu halten. Er wühlte geradezu in seinem Gähnen herum und zeigte seine Zahnlücken. »Von mir aus braucht es nie wieder zurückzugehen«, sagte er.

Papa sagte: »Hilf Maude doch mal.«

»Ich komm schon zurecht«, sagte ich. Ich trug die dunkle Brille immer noch, zum Teil, weil sie das Licht, das ich als bedrückend empfand, milderte. Ich hatte meine Dunkelkam-

mer verlassen. Diese Helligkeit hatte eine schier unerträgliche Wattstärke, aber bei aller Leuchtkraft zeigte sie mir nichts Neues.
Mama sagte: »Es müßte mal jemand Orlando rufen.«
Sie war klein und braun und sah verstört und aufgeplustert aus wie eine Henne.
Papa trug die Pfanne mit den Eiern zum Fuß der Treppe und brüllte: »Ollie!« Dann sagte er: »Schläft wie ein Brett. Na, er wird wohl gleich kommen.«
Er kam nicht.
Phoebe sagte: »Wir können ohne ihn anfangen.« Sie sah müde aus, der flirtende Glanz des vergangenen Abends war matt geworden. Es war nicht Abgespanntheit, sondern gelassene Ruhe, sie hatte ein Geheimnis. Ich fragte mich, ob sie während der Nacht was mit Woody angefangen hatte. Er jedenfalls sah durchtrieben glücklich aus, als genieße er eine Art Sodbrennen nach einer Liebesnacht.
»Sie sehen aber heute hübsch aus«, sagte er und berührte den gefältelten Ärmel von Phoebes Leinenbluse.
»Danke«, sagte sie und zog ihren Arm zurück.
Mama gab Woody einen Becher Kaffee. »Wo unser Sohn bloß bleibt ...«
Ich konnte meine Augen nicht vom Fenster abwenden, von der Aussicht auf Garten und Meer, das an diesem kühlen Morgen aussah wie aufgeweichte Pappe, feucht und verwittert.
Dann sprang es in den Hintergrund zurück: Orlando tauchte zwischen zwei Fliederbüschen auf, er ging mit bloßen Füßen über das taunasse blaue Gras, ein muskulöser Kobold, das Haar von der Sonne gebleicht und das khakifarbene Hemd über der Hose. Er wirkte frisch und verlegen, einen Schuh in jeder Hand.
»Da ist er ja«, sagte ich. Ich stand auf, während er am Küchenfenster haltmachte. Er winkte mit einem Schuh und zog ein Gesicht.
Ich winkte zurück und bemerkte die Stille nicht, bis ich mich wieder gesetzt hatte. Alle sahen auf meine Augen.
Papa sagte: »Maude!«
Und Mama fing an zu weinen.
»Tut mir leid, daß ich zu spät komme«, sagte Orlando. »Ich hab in der Windmühle geschlafen.«
»Gute Idee«, grunzte Papa. Er hatte seinen Kaffee hingestellt

und kam um den Tisch herum auf mich zu. Er sagte: »Sieh mich an, Liebling.«
Orlando sagte: »Davon hab ich geträumt, als ich in Übersee war. Hab die ganze Zeit nur daran gedacht. Dort eine Nacht zu verbringen, auf dem Boden zu schlafen und – he, was habt ihr denn alle ...?«
»Maudie«, sagte Papa und machte mit den Fingern das Siegeszeichen, V. »Wie viele Finger? Laß dir Zeit.«
»Zwei – ein Dutzend, ist doch egal«, sagte ich. Ich sah Woody an, seinen geschorenen Kopf und das aufgedunsene, pockennarbige Gesicht, die Art, wie er Phoebe lüstern anstierte. Und sie blickte liebevoll auf Orlando, der immer noch lahm dabei war, den Alten seine Übernachtung draußen zu erklären. In der Windmühle! Schließlich waren sich alle einig, daß das Orlando ähnlich sah.
Aber ich stand im Mittelpunkt, und obwohl ich jahrelang ans Haus gebunden gewesen war, wurde ich behandelt, als sei ich nach langer Abwesenheit zurückgekehrt. In ihrem Eifer, meine neuen Eindrücke von ihnen herauszufinden, kam niemand auf die Idee, mich zu fragen, wie das Wunder geschehen war.
Orlando legte seine Verräterhand auf meine Schulter und sagte: »Es ist wie in alten Tagen.«
Er brachte Woody nach Maine, Phoebe wartete; ich wunderte mich nicht länger über ihre Geduld – ich wußte, worauf sie wartete.

27 Übersee

Gebrochenen Herzens tat ich das einzige, wozu ich fähig war, ich pustete den Staub von meinem Guckkasten und fing wieder da an, wo ich aufgehört hatte. Anstatt mich aufzuhängen, nahm ich die sonnigsten Bilder auf, die ich finden konnte, *Zweiundzwanzig weiße Pferde, Abschlußfeier: Woonsocket High School* und *Heimkehr nach Martha's Vineyard.* Ich liebte nicht mehr; ich war elendiglich frei. Woody hatte mich nicht geschwängert – er hatte nur meinen blinden Körper angebohrt und meine Dunkelheit mit Licht vergewaltigt. Die Jungfräulichkeit war eine fensterlose Kammer gewesen. Und ich fotografierte *Mutter und Kind,* den Säugling, dessen Kopf wie eine

Zweihundertwattbirne aussieht, an der Mutterbrust – das Bild wurde oft als »South Yarmouth Madonna« bezeichnet.
In diesem Abschnitt meiner Karriere fühlte ich mich zu Schriftstellern hingezogen. Der erste davon und zugleich das größte Ungeheuer, das mir je vor das Objektiv kam, war der Dichter Robert Frost. Ich hatte ihn in Edmund Wilsons Haus oben in Wellfleet kennengelernt (Bunny war im Besitz mehrerer meiner Fotos und mochte besonders meine Rückansicht von Lawrences Kopf, die über seinem Schreibtisch hing). Frost brachte den ganzen Abend damit zu, vor einer Gruppe von Bewunderern Monologe zu halten, triefende Tiraden und Anklagen gegen seine Familie – ich war noch nie jemandem begegnet, der seine eigenen Kinder so schlechtmachte wie dieser Mann. Es war schwer, das mit dem Ruf rustikaler Gemütlichkeit, der ihm vorausging, zu vereinbaren. Er hatte die dörflich-idyllische Lyrik geschrieben, aber dieser heisere, whiskysaufende Nörgler, der da die menschliche Rasse verfluchte, war alles andere als ein Bauer.
Er sah zwar so aus mit seinen ausgebeulten Hosen und den in die Hosenträger gehakten Daumen, aber sollte es in dem Geschäft je einen widerlicheren, egoistischeren Geizhals als ihn gegeben haben, so ist er mir jedenfalls nicht begegnet.
»Ich frage mich, ob Mr. Frost etwas dagegen einzuwenden hätte, von mir fotografiert zu werden«, sagte ich.
»Was dagegen hätte?« sagte Bunny Wilson mit der schrillen Stimme, die so ganz im Widerspruch zu seiner grollenden Prosa stand. Er warf den Kopf zurück und sagte: »Er wird Ihnen keine Ruhe lassen, bis Sie es tun! Aber erwarten Sie keinen Dank.« Zu der Zeit traf ich Vorbereitungen für eine Reise nach Übersee, wo ich unseren Sieg fotografieren wollte. Aber Wilson, der große Arrangeur, gab meinen Namen an eine inzwischen eingegangene Familienzeitschrift weiter, die mich prompt nach Amherst schickte, um Frost zu fotografieren. Ich wußte, daß ich Frost in meine Pläne nicht einweihen durfte, weil er dann darauf bestehen würde, in anspruchsvollen Posen aufgenommen zu werden. Also bezog ich ein Zimmer im Hotel »Lord Jeff« und ließ mir Zeit. Ich kaufte die neueste Ausgabe seiner *Gesammelten Gedichte*, las sie und dachte viel über ihn nach. Das Bild: Ich wollte ihn im Lebensmittelladen im Ort überraschen, wie er gerade einen halben Liter Milch und eine Dose Fertigspaghetti kaufte. Aber obwohl ich ihn nicht aus den

Augen ließ, führte ihn sein täglicher Spazierweg – er ging am Park entlang, wo er die Vögel erschreckte – immer nur zur Jones-Bibliothek, in der ein Freund von ihm arbeitete.

Dort habe ich ihn schließlich gestellt. Ich hörte seine quengelnde, laute Stimme schon, als ich eintrat. Er war eine Treppe hoch, schnaubend und schimpfend, und als er mich kommen sah, wandte er mir den Rücken zu.

»Mister Frost?« sagte ich. Ich hielt ihm sein Buch hin.

»Warum verfolgen Sie mich?« Er hob die Ellbogen und drückte sich flach gegen das Bücherregal. »Gehn Sie weg!«

Der andere Mann, der von Frosts Ausbruch offensichtlich erschreckt war, griff ein und sagte höflich: »Ich glaube, sie möchte nur, daß Sie Ihr Buch signieren, Sir.«

»Davon habe ich gerade fünfhundert in New York signiert, und man kann sie für sechs Dollar das Stück kaufen.«

»Es würde mich wirklich freuen...«

»Sie möchte...« »Ich weiß, was sie möchte«, sagte Frost und dann: »Oh, also gut, geben Sie schon her. Wie heißen Sie?«

In großer, zittrig-steiler Schrift kritzelte er *Robert Frost für Maude Pratt, 1944.* Bevor er es mir zurückgab, blätterte er liebevoll in dem Buch herum, es war das Streicheln des Vaters, der seine Hand über den Kopf seines Kindes gleiten läßt. Ich habe nie einen Autor gekannt, der seinem Buch beim Signieren nicht diesen zweiten Blick geschenkt hätte, aber bei Frost dauerte er länger als bei den meisten.

»Da wäre noch etwas«, sagte ich. »Dürfte ich wohl ein Bild von Ihnen machen?«

»Wer schickt Sie?«

Ich sagte es ihm.

»Was ist das Honorar im allgemeinen?«

»Fünfzig Dollar und ein Jahresabonnement.«

»Aus dem Weg«, sagte er zu dem höflichen Mann und zeigte sich mir von der Seite. Er wußte, daß er ein gutes Profil hatte, doch sein Schädel war schmal wie ein Beil, und ich wollte ihn von vorn mit seinen eng beieinanderliegenden Augen, dem ungemähten Haar und den Runzeln auf der Stirn, seine ganze Eitelkeit und sein Mißtrauen auf dem Gesicht über dem Trog seines Mundes. Ich wollte seine Leinenschuhe mit auf dem Bild haben und die komplizierte Apparatur, die seine Hosen hochhielt – Hosenträger und Ledergürtel –, und seine großen, fleckigen Hände, die sein Buch umklammerten.

»Irgendwas stimmt nicht«, sagte ich. »Ich kann sie nicht sehen.«
Natürlich drehte er sich sofort herum und gerade, als er »Gottverdammt« sagte, knipste ich und hatte das griesgrämige Gesicht auf der Platte. Er wandte mir wieder sein Profil zu, und ich machte noch ein rundes Dutzend Bilder, aber mir war klar, daß das erste das beste war.
Ich dankte ihm für sein Autogramm und entschuldigte mich für die Belästigung.
Er sagte: »Wann krieg ich meine fünfzig Dollar?«

Ich verschob meine Europareise noch einmal. Ich hatte einen Auftrag angenommen, in Kalifornien eine Bildreportage über die Propagandafilme zu machen.
Ich fand, daß ich es Orlando schuldig war, meinen Teil zur Kriegsanstrengung beizutragen – er war zur Truppe zurückgekehrt und nach den letzten Nachrichten auf den Philippinen. Die Filme waren ziemlich schrecklich, aber das schien keinen zu stören außer die talentierten Autoren, deren wenig dankbare Aufgabe es war, die Drehbücher herzustellen. Das Gerücht lief um, daß John Steinbeck das Buch für einen Hitchcock-Durchhaltefilm mit dem Titel *Rettungsboot* geschrieben hatte und daß der Propagandaeintopf, der dabei herausgekommen war, ihn zur Verzweiflung getrieben hatte. Es war mein Lieblingsthema: der Künstler im Fleischwolf der Patronage. Und die Messer dieses Fleischwolfes waren es wert, genau untersucht zu werden: Patriotismus, Eitelkeit, Habsucht, der Krieg. Ich wollte Hitchcock und Steinbeck zusammen, den Dicken und den Dürren im Hinterhof des Studiogebäudes, je unliterarischer, desto besser.
Steinbeck war verschwunden, keiner wußte, wo er war, manche sagten New York, manche sagten Mexiko. Sicher war, daß er in die Luft gegangen war.
Ich blieb am Ball. Hollywood war voller Genies – invertierte Alchimisten, wie Huxley sie nannte, weil sie dafür bezahlt wurden, Gold in Blei zu verwandeln. Ich zog von Studio zu Studio und fand überall Schauspieler, die gerne bereit waren, vor meiner Kamera Gesichter zu schneiden. Und ich machte meine zweite Serie von Boogie-Männern. Ein Schwarzer, der hier Nebenrollen spielte, erinnerte sich an meine Ausstellung im Camera Club. Er nahm mich begeistert in die Arme, der

Schock auf den Gesichtern der Anwesenden war sehenswert. Er war um die Fünfzig und auf Negerart gealtert mit einem stumpfen Grauschleier auf seiner Haut und dunklen Ringen unter den Augen, die Hände schuppig. Er trug die Uniform der US-Armee.
»Salutieren Sie doch mal«, sagte ich.
Aber er wollte nicht. »Bin kein Soldat, und das hier is kein Krieg. Is 'n Film des weißen Manns.«
Die Uniform stammte aus dem Fundus der Universal-Studios. Während ich ihn aufnahm, sprach er von alten Zeiten und erzählte mir, wie froh er gewesen sei, sein »Volk« in meinen Ausstellungen zu sehen. Er meinte Robeson und die Negativabzüge von Doolum, Pigga, Teets und meinen *Neger, auf ein Floß zuschwimmend.* Schließlich begann er zu weinen, und sein Gesicht wurde offen und nackt. Die Tränen liefen ihm über die Wangen, er war eine sentimentale Seele. Schauspieler kennen keine Verlegenheit und können vor der Kamera heulen, aber das Weinen ist etwas Besonderes, es ist kaum zu kontrollieren, und wenn man erstmal anfängt, wird es schnell echt – was dann folgt, ist so wenig gesteuert und so verräterisch wie Wut oder Lust. Das brachte mich auf eine Idee. Nachdem er mich mit anderen Schauspielern bekannt gemacht hatte – von denen sich die meisten gerne fotografieren ließen –, bat ich sie jeweils am Ende der Sitzung, für mich zu weinen. Alan Ladd, Loretta Young, Charles Laughton, Henry Fonda: Sie alle weinten, und zwar sehr effektvoll. Das war lange, bevor Halsman auf die Idee kam, die Leute, die er aufnehmen wollte, auf und ab springen zu lassen. Bogart war der einzige, der sich weigerte zu weinen; ich wußte, wenn er angefangen wäre, hätte er nicht wieder aufhören können. Er sagte nur: »Schafft sie hier raus!«
Raymond Chandler sagte etwas Ähnliches, aber er hatte mehr Grund dazu. Ich war von Aldous Huxley zum Essen eingeladen worden. Die *Saturday Evening Post* plante einen Artikel über Huxleys *Die Kunst des Sehens* und hatte mich gebeten, ein paar Fotos dazu zu machen. Das Buch war schrecklich verrissen und teilweise sogar lächerlich gemacht worden, aber nach meiner Blindheit konnte ich es ganz gut beurteilen, und ich sah viel Wahres und Richtiges darin. Huxley war sehr interessiert, als er hörte, daß ich D. H. Lawrence fotografiert hatte, und sagte, er stände immer noch mit der »hysterischen Rübe«

Frieda in Verbindung. Huxley las die Speisekarte des mexikanischen Restaurants fast mit der Wange am Papier, ein schielendes Auge seitlich auf das Blatt gerichtet.

»Geben Sie mir bitte das Salz«, sagte er, als wir unsere »Enchiladas« bekamen. Ich gab ihm mit Absicht den Pfefferstreuer. Er merkte nichts, bis er zu schütteln begann. Er schnüffelte, stellte ihn auf den Tisch und sagte: »Das ist Pfeffer. Ich hoffe wirklich sehr, daß Sie das nicht absichtlich getan haben.«

»Um Gottes willen, nein!«

Mit einem blinzelnden und einem hervortretenden Auge, alle beide bewölkt und mißgestaltet, beschrieb er die Bates-Methode, eine neue Form des Sehens. Er sagte: »Das Auge muß völlig umerzogen werden. Schauen Sie mal hinter mich und erzählen Sie mir, was Sie sehen.«

»Einen Mann – winzig, ganz in Tweed und betrunken – mit einer kleinen alten Dame. Er ist adrett, so um die Fünfzig, aber, bei Gott, die Frau hat mindestens ihre fünfundsiebzig auf dem Buckel. Sie hält sich sehr steif, als hätte sie Angst, daß ihr die Perücke runterrutscht. Jetzt setzen sie sich, und der Mann schnipst nach dem Kellner.«

Huxley hatte sich nicht herumgedreht. Er sagte: »Das ist Chandler.«

»Sie haben hinten also auch Augen. Diese Bates-Methode scheint ja ein Knüller zu sein!«

Huxley lachte. Ich entschuldigte mich, stand auf, die Kamera in der Hand, und tat so, als ob ich zur Toilette wollte. Ich sah mich nach einem Standort um, von dem aus ich das ungleiche Paar schießen konnte. Ich fand Deckung zwischen einer Säule und einer Palme nicht weit vom Tisch der Chandlers und machte einige Probeschüsse. Dann schraubte ich das Blitzgerät auf und marschierte auf sie zu. Wenn es schnell gehen mußte, stellte ich immer die Kamera schon vorher ein. Meistens auf eine Entfernung von zweieinhalb Metern, denn das ist ein leicht zu schätzender Abstand – man kann sich unmöglich im Ernstfall auch noch um die Tiefenschärfe kümmern.

»Apfelmus!« rief ich. Sie blickten auf und froren ein wie fast alle, die plötzlich eine Kamera auf sich gerichtet sehen, und ich drückte ab. Chandler, der ins Licht blinzelte, sah aus wie in einer Verbrecherkartei. Seine Frau Cissy reagierte ihrem Alter entsprechend langsamer. Sie hatte schon vorher ein Gesicht wie aus Gips gehabt, und nun machte es der Blitz noch weißer: Sie hatte keine Lippen, keinerlei Schatten, nur staubpuderfeine Schreckenslinien wie Risse in Porzellan. Nach dem Blitz kehrte das alte Licht langsam zurück, und ihr Gesicht erschlaffte, sie sah hundert Jahre älter aus, eine Gestalt aus ferner Vergangenheit.

»Herrgott, was bilden Sie sich ein!« fauchte Chandler.

»Tut mir leid«, sagte ich, »ich hab Sie verwechselt, ich dachte, sie wären Jiggs und Maggie von nebenan.«

Cissy, die hölzern vor Wut war, berührte ihr Gesicht, als wollte sie sich vergewissern, daß es noch da war; dann begann sie zu wimmern. Chandler verfluchte mich und legte seinen Arm um sie. Sie ließ sich ein klein wenig in seine Umarmung fallen, wie ohnmächtig, es war eine so groteske *Pietá*-Konstellation, daß ich mir den Schuß nicht verkneifen konnte.

»Ober!«

Selbst in dem Moment bereute ich schon, die Bilder gemacht zu haben. Sie waren vielleicht die grausamsten, die ich je aufgenommen hatte, herzlos und mit eiskaltem Timing, die Motivation: reine Bösartigkeit.

»Ich treff Sie draußen«, rief ich Huxley zu und stürzte hinaus.

»Was war denn das für'n Aufruhr?« fragte er im Taxi und untergrub damit meine Hochachtung vor der Bates-Methode.

»Ein Fall von Personenverwechslung«, sagte ich. Ich blickte aus dem Fenster, und als ich sah, daß wir auf dem Hollywood-Boulevard waren, sagte ich: »Macht es Ihnen was aus, wenn wir hier aussteigen?«

»Nicht im geringsten.« Huxley liebte den leichtlebigen Glanz von Hollywood. Als ein Intellektueller konnte er auf zwei Hochzeiten tanzen, er konnte sich über den billigen Flitter lustig machen und sich trotzdem ohne Gewissensbisse darin aalen, denn er hatte ja erkannt, daß das alles eitel war. Der vulgäre Zug in ihm war jedenfalls meilenlang: Insgeheim lechzte er danach, der großen Hure Ruhm in die Arme zu fallen, weil er sie nur von dort aus überzeugend verachten konnte. Aber der Erfolg, auch der vulgäre Erfolg, kommt nicht zu denen, die sich über ihn mokieren, während sie sich heimlich danach sehnen.

Wir stiegen aus dem Taxi, und ich machte meine Huxleyporträts gleich dort auf dem Bürgersteig. Huxley zwischen den schreienden Kinoanzeigen, den Nepplokalen, den Spielhöllen und den Neonschnörkeln. Er sah da geradezu exotisch aus, der hochnäsige Engländer mit seinem verkrumpelten Anzug, der unförmigen Wollkrawatte, dem im russischen Stil zurückgekämmten Haar und den abstehenden Ohren; im Hintergrund ein Dutzend der wildesten Gestalten vom Hollywood-Boulevard. Er sah aus wie eine Eule. So wollte er fotografiert werden, wie ein Ausländer, der denen zu Hause mal zeigen wollte, wo er sich überall rumgetrieben hatte.

Aber ich wußte, daß seine Augen auf dem Bild wie blind erscheinen würden und daß er – lächelnd, wie er da auf dem Hollywood-Boulevard stand – aussehen würde, als hätte er sich verirrt. Der Titel des Bildes war *Huxley*, aber für mich war es *Geblendet in Gaza*. Wenn mein Foto etwas zeigte, dann einen Menschen, der sich selbst zum Narren hält.

»Sie sollten ein wenig in Los Angeles bleiben«, sagte er. »Es ist eine der großen Städte dieser Welt, eine Mischung aus Babylon, Wien und...«

»Cleveland?«

»Ich wollte Chichen Itzá sagen, aber wie Sie meinen.«

»Ich muß nach Europa.«

»Europa ist hier«, sagte er. »Ich meine damit, daß die Denker hier sind, und die allein zählen. Aber nicht nur die – auch Leute wie Schönberg, Einstein...«

»Der lebt in New Jersey.«

»Thomas Mann.«

»*Der* ist hier? Den würde ich zu gerne fotografieren.«

»Sie würden eine Empfehlung brauchen«, sagte Huxley. »Aber vielleicht kann ich etwas für Sie tun.«

Zwei Tage später rollte mein Taxi den San Remo Drive hinauf, Manns Straße in Pacific Palisades. Ich ging unter den Palmen im Vorgarten hindurch und läutete die Glocke.

»Er erwartet Sie«, sagte das deutsche Mädchen an der Tür. »Er wird gleich herunterkommen.«

Es war eines von diesen ehrfürchtig nach europäischem Stil eingerichteten Häusern, in denen man die Anwesenheit eines großen Geistes zu spüren meinte. Das deutsche Mädchen hatte geflüstert; ein anderes kam auf Zehenspitzen herein und lächelte mir zu. Das Haus war ein privates Refugium, gedrängt voll mit bürgerlichen Möbelstücken und allen Anzeichen des Familienlebens, von Staubwedeln und Möbelpolitur gepflegt.

Irgendwo in einem der oberen Zimmer bereitete der große Mann konzentriert seinen Eintritt vor.
Als es dann geschah, war der Bann gebrochen. Er schlurfte ins Zimmer, ein gebeugter, schnurrbärtiger Mann um die Siebzig, das Gesicht in nachdenklichen Falten. Er sprach mit geschäftsmäßiger Freundlichkeit, er hätte ein Herrenausstatter sein können.
»Es freut mich sehr«, sagte er. Er schüttelte mir die Hand und warf einen Blick auf seine Taschenuhr.
»Lassen Sie mich Sie mit dem Federhalter in der Hand fotografieren.«
Er zeigte mir den Gegenstand, den er zwischen den Fingern hielt, und machte eine Zigarre daraus: Zauberei. Er lächelte und setzte sie liebevoll in Brand. Kaffee und Schokoladenkuchen wurden hereingebracht, und nach und nach stießen immer mehr Menschen zu uns: seine Frau, die Kinder, junge Männer und Frauen, die nicht vorgestellt wurden. Sie beobachteten ihn aufmerksam und beugten sich vor, wenn er sprach.
Ich sagte: »Sie müssen sich hier sehr wohl fühlen. Huxley findet, die Stadt hat Ähnlichkeit mit Wien.«
»Ich frage mich, ob er Wien kennt«, sagte Mann. »Es ist unterschiedlich in dieser Stadt. Plastik. Aber solche Vergleiche stelle ich nicht an.«
»Ich werde bald nach Europa fahren.«
Sein Blick verlor sich gedankenvoll. Er sagte: »Der Kampfplatz.« Dann: »Und Ihre Familie?«
Bevor ich mir selbst darüber klar wurde (vielleicht, weil er so korrekt und kultiviert war und mir zu meiner Verteidigung nichts blieb, als auf ihn einzugehen, zu versuchen, ihm zu gefallen), erzählte ich ihm, wie meine Eltern mich zur Oper mitgenommen hatten und uns dazu erziehen wollten, die Musik zu lieben. Ich suchte in meinem Gedächtnis nach erzählbaren Episoden, und als ich verschiedene wiedergab, fiel mir auf, daß er eine Episode besonders zu mögen schien, nämlich die, in der Orlando und ich in der Bostoner Symphonie auf die Feuerleiter hinausgegangen waren und der Mann, der unten vorbeiging, uns angeschaut und uns auf mystische Weise verschmolzen hatte, nicht als Bruder und Schwester, sondern tiefer, eine Vereinigung der Seelen.
»Ich glaube, man kann sagen, daß er uns gesegnet hat« – was sagte ich da? Ich hatte doch über Musik gesprochen, oder? –,

»die Art, wie der Fremde zu uns aufschaute und uns beiden zulächelte.«

»Ich kenne diesen jungen Mann«, sagte er. »Ich könnte Ihnen seinen Namen nennen.«

Noch mehr Magie! Zwinkerte er dabei mit den Augen? Es sah ganz so aus.

Natürlich wußte ich überhaupt nicht, wovon er sprach, aber ich fühlte mich jetzt sicherer, denn genau wie Huxley von meinen Erinnerungen an Lawrence angetan gewesen war, reagierte Mann lebhaft auf dieses Kindheitserlebnis. Ich war froh, daß ich noch genug von meiner Vergangenheit wußte. Sie schien die Menschen, die ich porträtieren wollte, zu interessieren.

»Wenn Sie einfach so bleiben könnten«, sagte ich zu ihm, »dann können sich die anderen vielleicht irgendwie um Sie herumgruppieren.«

Ich stellte es mir als nettes Hof-Foto vor, die Freunde und Verwandten um den großen Mann geschart. Aber er wollte nicht. Er bestand darauf, im Stehen fotografiert zu werden, halb abgewandt, eine Hand in der Jackettasche, die Zigarre in der anderen, und die übrigen zwischen zwei Fransenstehlampen vor den Gardinen aufgereiht – ein abgedroschenes Arrangement, als wartete alles auf den Bus.

»Erika ist in London«, sagte er, als ich fertig war. »Sie werden ihr Abzüge schicken?«

Ich versprach es, und er holte seine Taschenuhr hervor: Es war Zeit, zu gehen.

Ich mußte danach nur noch ein Porträt machen. Die Zeitschrift *Life* hatte mich beauftragt, ihr Archiv auf den neuesten Stand zu bringen. Das Bild, das sie von William Faulkner hatten, war im Studio gemacht und offensichtlich retuschiert worden, damit er aussah wie ein Oberst der Südstaaten. »Ich möchte ein menschliches Bild«, hatte der Bildredakteur gesagt. Es fiel mir ein, daß Orlando Faulkner erwähnt hatte und einige seiner Bücher bewunderte; eines spielte offenbar in Harvard. Daraus hatte er mir in der Zeit meiner Blindheit vorzulesen begonnen, bis er plötzlich aufhörte und sagte: »Das verstehst du nicht.« Ich hatte den Verdacht, daß er es danach Phoebe zu lesen gab, denn die nächsten paar Tage war sie unansprechbar, völlig in ein Buch vertieft, schnurrend wie eine Katze.

Faulkner, erfuhr ich, wohnte im Highland-Hotel in Hollywood, eine halbwegs respektable Hotelpension mit viel Stuck.

An dem Tag, als ich dort aufkreuzte, war kein Mensch an der Rezeption, also ging ich – seinen Namen und die Zimmernummer hatte ich am Schlüsselbrett gefunden – geradewegs hinauf zu seinem Zimmer. Ich klopfte an, wartete, und als ich keine Antwort hörte, drückte ich die Klinke herunter.

Die Tür war unverschlossen – ich stahl mich hinein. Die Vorhänge waren halb aufgezogen, und ich sah durch die französischen Fenster einen sonnigen Balkon mit einem Lehnstuhl. Auf einem Tischchen in meiner Nähe lagen maschinengeschriebene Manuskriptseiten, eine alte Zeitung und zwei Manuskripte von *Gott ist mein Kopilot*. In der Luft hing süßer Whiskygestank wie von verrotteten Walnüssen, und außer dem Verkehrsbrodeln und dem Simmern des kalifornischen Sonnenlichtes war der Raum still. Ich warf einen Blick in das Zimmer nebenan – ein leeres, ungemachtes Bett – und wollte gerade gehen, als ich neben dem Telefon ein halbvolles Glas, eine Flasche und einen Eisbehälter sah. Es wirkte wie ein eben unterbrochenes Besäufnis, als sei er gerade erst zur Tür hinaus. Das Zimmer hatte die lebendige Atmosphäre eines warmen, zerwühlten Nestes, die Unordnung gespannter Erwartung, eine gewisse nervöse Vorahnung.

Ich dachte daran, das Zimmer so zu fotografieren, sozusagen als Frage: wessen Zimmer? Das wäre eine neue Rätselserie: Man finde den Bewohner anhand der Einrichtung heraus, des durchgesessenen Sofas, anhand der Gläser und Aschenbecher und Bücher. Ich hatte gerade den Deckel vom Objektiv genommen, um diesem Impuls zu gehorchen, als ich ihn sah.

Er lag mit dem Gesicht nach oben auf dem Fußboden, eine Hand über der Brust, die andere unter dem Kopf; seine Beine bildeten einen Winkel, als sei er bei einem Tanzschritt gestorben. Mein erster Eindruck war, daß er tot war – er hatte zuviel getrunken oder war überfallen und ermordet worden. Aber ich sah kein Blut. Ich ging näher heran und hörte ihn atmen. Noch vor Sekunden war alles still gewesen; jetzt füllte sein Schnarchen den Raum, das Sägen eines Volltrunkenen. Wie er da lag, sah ich, wie klein er war – winzige Füße, winziger Schnurrbart, hübsche Hände und haarige kleine Beine in den Shorts. Er hatte kräftige Schultern, und obwohl er flach auf dem Rücken lag, schlafend, hatte er eine gewisse Ausstrahlung, die unschuldige Würde des Opfers.

Dieser in seinem Hollywoodhotelzimmer ausgestreckte Mann,

soviel war mir klar, würde mir für immer als Sinnbild der Kunst im Gedächtnis bleiben. Immer, wenn ich das Wort »Literatur« hörte, mußte ich an Lawrences sauren Atem oder an O'Neills Schuppen denken, genauso wie das Wort »Fotografie« die Bilder heraufbeschwor, die ich nicht gemacht hatte wie zum Beispiel unsere Windmühle im Regen. Man tat immer so, als sei Kunst eine Einheit für sich, aber sie hatte eine verborgene, menschliche Kehrseite, die weinte und stank und schnarchte und starb; und ich habe mich oft gefragt, ob diese Seite nicht vielleicht die wahrere war, wahrer als das Gerede vom Schöpfertum.

Wenn Faulkner tot gewesen wäre, hätte ich ihn fotografiert. Aber er war nur betrunken, der arme Mann, und ich konnte mir denken, warum. Ich ging hinaus und schloß hinter mir die Tür, und ich habe es nie bereut, daß ich dieses Foto nicht gemacht habe. Ich war froh, daß ich es war, die Faulkner damals fand, und nicht etwa ein Fotograf, der darauf aus war, sich einen Namen zu machen.

Bevor ich nach Europa fuhr, machte ich eine Stippvisite am Kap, aber ich sagte gleich, daß ich nicht lange bleiben würde. Eine Kleinigkeit hatte ich noch zu erledigen. Ich mußte aufräumen und sämtliche alten Bilder, die ich noch hatte, sicher unterbringen.

»Was ist das?« fragte Phoebe, die mehr denn je wie eine Kriegsbraut aussah.

»Dafür haftest du mir mit deinem Leben«, sagte ich. Es war die Truhe, eine sogenannte Seemannskiste mit Messingbeschlägen und vergammelten Aufklebern. Sie trug das Vorhängeschloß, das ich gekauft hatte; und die Aufnahmen, die ich sicher unterdrückt wissen wollte – Schlechtes, Amateurhaftes, die Bilder, die ich in meiner Kamera gefunden und blind entwickelt hatte –, waren in ihrem hohlen Bauch. Ich hatte nicht die Augen gehabt, mir das alles anzusehen, und nun, da ich wieder Augen hatte, hatte ich nicht mehr das Herz. Es waren blinde Bilder, sie gehörten der Dunkelheit, und weil ich nicht vorhatte, sie je wieder anzusehen, brachte ich die Truhe in die Windmühle – eine Erinnerung, in die ich, das schwor ich mir, nie wieder eintreten wollte. Ich ließ mein Zimmer leer zurück. Es war meine Art, ihnen mitzuteilen, daß ich nun endgültig fortging, auch wenn ich nur sagte: »Möglich, daß ich eine ganze Weile wegbleibe.«

Ich ließ das Datum meiner Rückkehr im dunkeln: Ich hatte nicht die Absicht, zurückzukommen. Ich hatte meine Fotografie, und ich war frei von Sehnsucht. Es war ein nützlicher, wurzelloser Beruf, und wenn man ihn wie Eisenstadt sah, konnte man in der Welt herumzigeunern, hier und da ein bißchen arbeiten und weiterziehen. Ich beherrschte mein Handwerk, ich hatte bewiesen, daß ich Aufträge erfüllen konnte, und ich war den Leuten, die ich fotografierte, zumindest an Ruhm, wenn auch nicht an Leistung, ebenbürtig. Und das war vielleicht das Allerwesentlichste an der Fotografie, in der das Sujet alles und die Technik nur etwas ist, was man unauffällig verbirgt.

Papa sagte: »Übrigens fällt mir gerade ein, unser Freund Woody ist tot. Er ist im Oktober auf Leyte gefallen.«

Niemand verstand, warum ich in Tränen ausbrach.

»Aber Ollie geht es gut«, sagte Mama. »Er ist jetzt zum Leiter der Kampfberichterstattung gemacht worden. Erzähl uns doch mal von Kalifornien.«

»Ollie war begeistert von Kalifornien«, sagte Phoebe.

Papa stieß mich an und sagte: »Ihr fehlt das Bruderherz.«

»Und wie«, sagte Mama.

Phoebe schüttelte den Kopf und seufzte; aber in dem Seufzer war ein Sturm von Gefühlen.

Eine Woche danach brachten Papa und Mama mich an Bord der *Georges Clemenceau*. Sie sahen klein und alt aus in ihren hilflosen Abschiedsgesten. Aber so sind Abschiede immer; die Menschen, die man zurückläßt, versinken am Horizont, noch während sie winken. Die *Clemenceau* war ein französisches Schiff, das den Atlantik in einem Konvoi überquert hatte und sich nun auf der sicherer gewordenen See auf den Rückweg machte, eine Ladung Weizen und ungefähr hundert Passagiere an Bord, fast alles akkreditierte Journalisten und Fotografen, die über den letzten Akt des Krieges berichten wollten. Ich hielt mich abseits, ging ihren Parties aus dem Weg und entwickelte eine Angst vor dem Ertrinken. In meiner stickigen Kabine konnte ich nicht schlafen, also verdämmerte ich die Tage im Liegestuhl auf dem Deck und blieb nachts wach und durchstreifte das Schiff. Auf dieser Reise, in den mondhellen Nächten, entstand meine *Geisterschiff*-Serie, das menschenleere Schiff, das in der rauhen See trieb. War es Angst vorm Ertrinken oder die Sehnsucht danach? Mein ganzes Leben hatte ich in der Nähe des Ozeans verbracht, und immer schien er ungeduldig gegen das Ufer zu schlagen und mich daran zu erinnern, wie leicht es war, in ihm zu verschwinden. Tod durch Ertrinken war gar kein Tod, sondern der Übergang in ein wässeriges Nachleben in den Kammern des Meeres.

In der zweiten Märzhälfte des Jahres 1945 machten wir in Southampton fest. Ich fuhr geradewegs nach London. Die Kampfmoral der Leute war nicht zu überbieten. Zum erstenmal lernte ich die Lust der Briten an Katastrophen kennen, sie waren besessen von ihrer eigenen Tapferkeit, sie machten eine Tugend aus ihrem nationalen Laster – ihrer Vorliebe für schneidige Niederlagen. London sah vergewaltigt aus, als hätte der Feind die Stadt geplündert und dann einfach liegengelassen, aber selbst in ihrer Zerstörung gab sie sich nicht geschlagen. Das versuchte ich auf meinen Fotos zu zeigen – nicht die Stadt selbst, sondern die übermüdeten, triumphierenden Durchhaltegesichter, Menschen, die alle aussahen, als pfiffen sie im Dunkeln, um sich Mut zu machen. Die Anstrengungen des Krieges, die Entsagungen des Alltags waren ihnen anzusehen. Um ihnen gerecht zu werden und um die Fotos zu zeitlosen Dokumenten zu machen, schnitt ich sie so, daß nur die Gesichter vom Kinn bis zur Stirn übrigblieben. Es gibt keine Hüte, keine Krawatten, keine Frisuren oder Ohren in meiner Serie *Englische* Gesichter. Und obwohl ein Bischof dabei ist, ein Lord und mindestens ein Millionär, neben einer Bayswaternutte, einem Blumenverkäufer und einigen Landstreichern und Damen beim Tee, so war ich doch der Ansicht, daß man sie unmöglich voneinander unterscheiden konnte.

Mit Hilfe von Miß Dromgoole, die ich besuchte und fotografierte (es erschien mir sehr seltsam, daß diese langweilige alte Dame Phoebe und mich erzogen hatte), fand ich eine Einzimmerwohnung im *Star-and-Garter-Mansion* in Putney, direkt am Fluß. Mehr brauchte ich nicht, sie war Dunkelkammer, Schlafzimmer und Wohnzimmer in einem. Im Zwielicht verwandelte sich der Raum in eine Camera obscura, das Licht vom Fluß fiel durch das Fenster auf die Wand und bildete dort Wasser und Ruderer ab. Ich lebte dort glücklich vor mich hin wie eine Puppe in der Puppe, warf Schillinge in den Elektrozähler und röstete Weißbrot auf der einzigen Gasflamme. London gab mir das Gefühl, ältlich und vornehm zu sein, ein tapferes altes Mädchen im wollseidenen Kleid, sicher im zeitlosen

Greisenalter. So lebte ich damals, allein und unbehelligt, unter lauter Hundefreunden.
Meine Arbeit war etwas anderes. Gleich nach dem VE-Day, nach der Kapitulation der Deutschen, bestieg ich einen Zug nach Paris und fotografierte Georgie Patton. Ich glaube, man kann das Bedauern auf seinem Gesicht erkennen, Falten der Enttäuschung, frustrierte Aggressivität; sein Krieg war vorbei, und er starb noch im selben Jahr. Nicht bei einem seiner Himmelfahrtskommandos, wie das jeder von ihm erwartet hätte, sondern bei einem ziemlich unspektakulären Autounfall. Er war wie viele Fanatiker, denen ich begegnet bin, recht schüchtern, und er redete die ganze Sitzung hindurch nervös vor sich hin, fluchte und entschuldigte sich dann dafür.
Zum Schluß sagte er: »Haben Sie auch die Pistolen mit drauf? Die Leute behaupten, sie hätten Perlmuttgriffe – das ist eine gottverdammte Lüge. Es ist Elfenbein von einem Elefanten. Das können Sie denen mal erzählen. Von einem Elefanten.«
Mein Porträt von Gertrude Stein, auf dem sie wie ein Kneipenwirt aussah (»Pussy laß ich Sie aber nicht fotografieren«, sagte sie und deutete mit ihrem kurz geschorenen Kopf auf die unglückliche Miß Toklas) wurde ebenfalls auf dieser Reise gemacht, aber kurz danach verließ ich Paris wieder. Die Versuchung, Cartier-Bresson-Bilder von Liebespaaren und alten Männern in Baskenmützen und entschlossenen Flittchen in langen Kleidern zu machen, war zu groß.
Als ich nach London zurückkehrte, spielte ich mit der Idee, eine Biographie über Julia Margaret Cameron zu schreiben, die erste große Fotografin. Ich dachte, daß ich meine eigenen Erfahrungen und meine allgemeinen Ansichten über die Fotografie loswerden könnte, indem ich über sie schrieb. In einigen Punkten ähnelten sich unsere Lebensläufe, wir waren beide Schöpfer von Ikonen – in ihrem Fall war es *Der schmutzige Mönch*, in meinem *Der Nörgler von Amherst*. Ich hätte mich aus dem Buch heraushalten und doch gleichzeitig aufrichtig sein können, wenn ich meine Gefühle Mrs. Cameron zugeschrieben und mich mit ihr auf die Art identifiziert hätte, wie das in der ängstlichen Zunft der Biographen häufig der Fall ist. Ich wollte mir das Zeug von der Seele schreiben. Und indem ich mein Leben mit ihrem vermischte, ihr meine Gedanken unterlegte, konnte ich mir die eingebildete Genugtuung verschaffen, sie und mich in einem Buch zu beschreiben. Aber obwohl ich

mehrere Tage im Britischen Museum zubrachte und sogar einige Eröffnungsseiten über ihre Originalität schrieb, ließ ich das Vorhaben wieder fallen. Morgan Forster, den ich in Cambridge aufnahm (ich hatte ihn durch meinen Nachbarn und Hundefreund Joe Ackerley kennengelernt), ermutigte mich, weiterzuschreiben. Aber als ich ihm mitteilte, ich hätte das Schreiben aufgegeben, sagte er: »Dann sind wir schon zwei. Es ist eine Plage, nicht wahr?«

Ackerley war es auch, der mein Treffen mit Evelyn Waugh im Dorchester arrangierte. Ich schrieb Waugh einen Brief; er adressierte seine Antwort an »Mr. Pratt«, und dann überfiel ich ihn einfach. Er war gerade aus Jugoslawien zurückgekehrt und sah mit seinen rosigen Wangen wie ein wütender Puttenengel aus. Es ging gleich am Anfang daneben, weil ich den Fehler machte, Edmund Wilson zu erwähnen, den er offenbar haßte – obwohl Bunny immer sehr respektvoll von ihm gesprochen hatte. Und dann sagte ich anschließend auch noch, daß ich ganz in der Nähe wohnte, in Putney.

»Putney ist nicht entfernt in der Nähe der Park Lane«, sagte er.

»Nach amerikanischen Maßstäben ist es nicht weit.«

»Ihr Amerikaner und eure Maßstäbe«, sagte er. »Außerdem, in Putney wohnt man doch nicht.«

Er trug einen karierten Anzug und rauchte eine dicke Zigarre.

Als ich meine Ausrüstung aufstellte, sagte er: »Weiß Ihr Mann eigentlich, daß Sie fremde Männer in Hotelzimmern behelligen?«

»Ich habe Ihnen schon gesagt, daß ich nicht verheiratet bin«, sagte ich. Ich machte ungefähr acht Fotos von Waugh im Sitzen, und dann fiel mir die gute Perspektive am Fenster auf. Hyde Park in der Nachmittagssonne. »Könnten wir ein paar am Fenster machen, Mister Waugh?«

»Ich heiße nicht Waff.«

»Entschuldigen Sie, aber ich habe Waugh gesagt.«

»Ich habe Sie sehr deutlich Waff sagen hören.«

»Bitte ...«

»Sie verlassen jetzt sofort das Zimmer, oder ich sehe mich gezwungen, den Portier zu rufen. Sie dürften ihm einiges an Erklärungen schuldig sein. In jedem Fall wird er ein substantielles Trinkgeld erwarten, da er Sie hereingelassen hat. Ist das nicht üblich bei Frauen in Ihrer Position?«

Ackerley sagte, ich sollte das nicht persönlich nehmen – das sei Mr. Waughs Art, sich zu verabschieden. Und ich hatte trotzdem ein paar gute Bilder im Kasten.
Die Erinnerung an das Faulkner-Bild, das ich aus Taktgefühl nicht gemacht hatte, brachte mich wieder auf die Idee, die Serie *Wessen Zimmer?* zu verwirklichen. Ich zog also los und fotografierte die Zimmer von bekannten Autoren. Zuerst nahm ich den Salon von Tedworth Square Nummer 23 auf, in dem der alte Sam Clemens eines seiner Reisebücher geschrieben hatte, dann James' Arbeitszimmer in Lamb House, Stephen Cranes Krankenhauszimmer und Hemingways teure Hotelsuite. An Hemingway in Fleisch und Blut wagte ich mich nicht heran, aber ich hatte Gelegenheit, ihn eingehend zu betrachten. Er war akkreditierter Mitarbeiter der Zeitschrift *Collier's* und trug, Gott weiß, warum, eine Uniform der Royal Air Force. Er hatte ein breites Reiches-Kind-Gesicht, einen großen Bart und kräftige Zähne. Seine Augen waren hart und verletzt zugleich. Ich hatte panische Angst vor ihm. Eine lärmende Familie wohnte in dem Zimmer, das Ezra Pound bewohnt hatte, aber es war noch viel von Ezras Hinterlassenschaft darin. Ich fotografierte auch, ohne es im Titel des Bildes zu verraten, mein eigenes Zimmer im *Star-and-Garter-Mansion* – näher bin ich nie an ein Selbstporträt herangekommen. Die Titel zu den Fotos bestanden lediglich aus Straßennamen und Nummern; einige Kritiker haben in ihnen meine gespenstischsten Bilder gesehen. Ein Zimmer ist wie ein abgelegter Schuh, der sich dem Fuß des ehemaligen Besitzers angepaßt hat und seine Form bewahrt. Die Räume dieser Emigranten verrieten sogar noch mehr als Schuhe. In Pounds Zimmer sprachen die Vierecke an den Wänden von abgehängten Gemälden. Ich glaubte, daß man von einer Fotografie, sagen wir eines nicht abgeräumten Frühstückstischs oder eines ungemachten Bettes die ganze verwickelte Geschichte einer Ehe ablesen konnte.
Es gab soviel von Amerika in London, daß ich mich dort wohl fühlen konnte. (»Gegen die Amerikaner hab ich ja nichts«, hieß es in einem der englischen Witze, »aber die Weißen, die sie mitgebracht haben, stören mich.«) Ich blieb, lange nachdem die Anglophilen das Land ernüchtert verlassen hatten; ich sah keinen Sinn darin, zurückzugehen. Die Arbeit war an die Stelle meines Lebens getreten, und ich war bekannt bei Nachrichten- und Bildagenturen. Ich nahm weiterhin Aufträge an, solange

sie meine Theorie vom notwendigen »Ertrinkensquotienten« des Bildes zuließen. Manches davon hätte auch von jedem anderen sein können, manches aber konnte ich zu echten »Pratts« machen – ein »Pratt« war von der Wahrheit nicht zu unterscheiden und enthielt Vergangenheit und Zukunft. Ich hatte mein Zimmer in Putney, meine Karriere, meine Kontakte. Meine Arbeit verschaffte mir überall Zugang, und so führte ich, was von außen wie ein Leben ausgesehen haben mag. Aber es war nichts dergleichen.

Ich beschloß, in meine Serie »*Wessen Zimmer?* T. S. Eliot aufzunehmen. Ich schrieb ihm einen Brief über Faber's, in dem ich ihm meinen Plan erklärte und mich vorstellte. Seine Antwort war förmlich, aber entgegenkommend: »*Ihre Idee fasziniert mich, und doch muß ich meine herbe Enttäuschung darüber ausdrücken, daß Sie beabsichtigen, mich aus dem Porträt meines Zimmers auszuschließen.*«

Als ich an einem regnerischen Sonntagnachmittag in sein Haus kam, sagte er: »Soll ich jetzt gehen? Ich habe das Gefühl, bei Ihrem Vorhaben ganz überflüssig zu sein.«

»Sie kommen später dran«, sagte ich.

Er führte mich in sein Arbeitszimmer und sagte: »Es ist ein ordentliches kleines Zimmer – vielleicht zu ordentlich, was meinen Sie? Es würde ihm gut anstehen, wenn dort in der Ecke ein provokatives Durcheinander herrschte oder wenn vielleicht ein Buch nicht an seinem Platz wäre, oder wie wäre es mit einer interessanten Konstellation von Blutflecken an der Wand? Aber ich bin im Weg. Bitte fangen Sie ruhig an. Machen Sie Ihre Arbeit, und dann trinken wir Tee.«

Dieses gespielt-ernste Geplauder überraschte mich. Er benahm sich wie ein schrulliger Onkel, der eine Wasserpistole aus der Tasche zieht, sie belustigt betrachtet und einem dann ins Auge spritzt. Und daß er so tat, als wäre er ein ordnungsliebender Spießer, machte ihn noch komischer.

Auf dem Schreibtisch lagen Schreibzeug, ein leerer blauer Block und ein Buch in einer fremden Sprache, es könnte Latein oder Griechisch gewesen sein. Auf dem Kaminsims lag ein Stück Marmor, daneben stand ein Foto von Yeats, und an der Wand hingen ein kleines Aquarell von Turner und ein schlechter impressionistischer Schinken, der nach Grütze aussah. Das Zimmer war wie er, hatte aber nichts von seinem Humor.

»Ich befürchte sehr, daß ich einen Schatten auf Ihr Bild werfe.«
»Bewegen Sie sich bitte nicht«, sagte ich. Er hatte recht: In dem grauen Herbstlicht lehnte sein Schatten sich schräg in den Raum und brach sich traurig an den Bücherborden. Es war das perfekte Bild eines Schriftstellerzimmers, vertieft durch ausdruckstarke Details – das Papiermesser, der Spiegel, in dem der Garderobenständer im Flur mit der Melone und die Urne mit den Spazierstöcken zu sehen waren, die ungeduldige Uhr und die Vase mit den weißen Rosen. Ich machte nur eine Änderung: Ich ging hinüber und schlug leicht gegen den Podest, auf dem die Vase stand, ein Schauer von Blütenblättern ging auf den Teppich nieder.
»Ja«, sagte er, »das war notwendig.«
Ich fotografierte, bis ich sicher war, das Bild zu haben, das mir vorschwebte, eines, in dem sich jemand eine Stunde oder länger verlieren konnte, und dann sagte ich: »Wenn Sie sich an den Kamin stellen, mache ich Ihnen eins fürs Album.« Stehend, nicht sitzend – ich wollte seinen gebeugten Rücken auf dem Foto, die Last der Verantwortung. Zunächst weigerte er sich, doch dann ließ er sich willig herumkommandieren. Er ließ sich gebeugt im Profil aufnehmen; sein Gesicht erfror in strenger Nachdenklichkeit über den gefallenen Rosenblüten. Es war ein verkniffenes, hakennasiges Gesicht, das in einen feierlichen, flach abfallenden Schädel eingepaßt war, mit dünnem, angeklebtem Haar, einem engen, gestärkten Kragen und einem grimmig einsilbigen Mund, sehr staatsmännisch gebieterisch, aber gleichzeitig wie ein Mann, der noch um den Preis eines Sarges handeln würde. Er atmete flach, um seinen Ausdruck nicht zu stören, und ohne mit der Wimper zu zucken, sagte er: »Wie seh ich aus?«
»Wie ein Käsehändler.«
Fast hätte er gelächelt, aber er unterdrückte es, bis seine Augen vor Selbstbeherrschung feucht wurden. Den Blick immer noch düster auf die Blütenblätter geheftet, sagte er: »Mrs. Quormby – sie führt mir den Haushalt – hat gestern den Markt nach Käse durchsucht. Ich liebe reifen Stilton, und ich glaube nicht, daß ich irgendwo auf der Welt leben könnte, wo kein Double Gloucester zu haben ist. Die ausgereiften Cheddarsorten sind wunderbar, sofern sie richtig gelb sind, frisch sind sie so sehr fade. Man nehme Cheshire, wenn er krümelt, Caerphilly,

wenn er feucht wird, oder jeden alten Wensleydale. Ich schätze keine Weichkäse außer Brie und Camembert – von denen werden wir jetzt, da der Krieg vorüber ist, mehr sehen. Die Leicesterkäse sind am besten, wenn sie eine gesunde Röte haben. Früher kaufte man sie am Rad – kennen Sie diese Redewendung? Man hat sich jetzt so lange von der Mausefallensorte ernährt, daß man sich fast selbst schon wie eine Maus vorkommt. Sagen Sie, verwirre ich Sie vielleicht?«

Sein blasses Klerikergesicht sah tief nachdenklich aus, er schien in die Unendlichkeit zu blicken, aber er plauderte weiter über Käse, bis mein Film zu Ende war.

Beim Tee hatte ich meine Unsicherheit ihm gegenüber so weit besiegt, daß ich sagen konnte: »Übrigens, Ihr *Waste Land* gefällt mir.«

»Ganz so«, sagte er, »ist mir das noch nie gesagt worden. Ich fühle mich sehr geschmeichelt.«

So erging es mir in meiner Londoner Zeit. Ich machte Fotos, und wenn sie niemand in Auftrag gegeben hatte, hortete ich sie eben. Im Winter des Jahres 1946 hatte ich in einer Galerie in Mayfair eine Ausstellung, die ein großer Erfolg wurde. Ich war in Putney seßhaft geworden und hatte viele Pläne. Papa schrieb, daß Orlando, der inzwischen schon ein Jahr zu Hause war, das Staatsexamen von Massachusetts nachgeholt hatte und jetzt in Hyannis als Rechtsanwalt arbeitete. Ich antwortete ihm, daß ich mitten in den Vorbereitungen zu einer langen Reise war: Indien stand kurz vor der Unabhängigkeit, und ich wollte gerne eine Serie von modernen Bourne- und Shepherd-Aufnahmen zusammenstellen, Bilder von einem Kolonialreich, das nach und nach den Laden dichtmachte. *Life* hatte mir eine Option auf diesen Auftrag angeboten und auch gleich mitgeteilt, daß Margaret Bourke-White es machen würde, wenn ich ablehnte. Ich würde nicht in Indien bleiben, sondern plante, von dort aus weiterzureisen. Ich wollte ein *Wessen Zimmer?*-Foto bei Julia Margaret Cameron in Ceylon machen, dann Burma und Japan, wo ich die Kriegsfolgen aufzunehmen gedachte. Im Grunde konnte ich ewig so weiterreisen, denn ich hatte gemerkt, daß jedes Zimmer zur Heimat werden konnte, wenn es nur ruhig genug war.

Ich hatte kein Leben mehr, ich hatte nur meine Arbeit. Meine Bilder verschafften mir Zugang zu Menschen, aber ich machte mir nichts daraus, ich ging jeder näheren Bekanntschaft aus dem Weg: »Ich bedaure sehr, nicht kommen zu können«, schrieb ich an Eliot, »tut mir schrecklich leid« an Forster und »entschuldigen Sie mich bitte« an Bill Astor. Ich beschäftigte mich mit Reisevorbereitungen, kaufte Tropenkleidung und gab eine wasserfeste Verkleidung für meine Speed Graphic in Auftrag. Wenn ich mich einsam fühlte, setzte ich mich hin und überlegte, von wem ich ein Porträt machen konnte, und dann ging ich einfach hin und versuchte es. Es tröstete mich, einen General, einen großen Dichter, einen Chirurgen oder einfach einen Leidensgenossen zu fotografieren. Damals machte ich die Porträts von Edward Steichen, Angus McBean und Cecil Beaton.

So brachte ich den Segen meiner Fotografien unter die Leute, und ein bißchen fiel dabei auch für mich ab. Zwar machte ich immer das Bild, das ich haben wollte, aber es war doch oft auch so, daß ich zustimmte, das Bild zu machen, das der Betreffende von sich selber hatte, und ich war versiert genug, um aus Narren Weise und aus dem Durchschnitt das Interessante zu machen. Wenn es ein Schauspieler war, sagte ich am Schluß der Sitzung immer: »Nun noch ein paar Tränen bitte.«

Nach meiner Reise in den Fernen Osten wollte ich mir ein unauffälliges Zimmer in Mexiko oder Kalifornien suchen. Orlando und Phoebe waren kein Teil meines Lebens mehr, auch wenn sie oft in meine Gedanken schwammen wie Frösche, einer auf dem Rücken des anderen, die Beine gespreizt – und wenn ich näher hinsah, stellte ich fest, daß sie sich liebten. Die Jahre würden vorbeiplätschern und mein Leben auswaschen, und wenn meine Arbeit gut war, würde sie meine Zeit überleben. Die Fotografie war in gewissem Sinne zeitlos, denn eine enttäuschende Aufnahme konnte wiederholt, Fehler konnten korrigiert und Irrtümer herausgeschnitten werden. Es war eine Welt, die ich mir selbst geschaffen hatte – und für mich war sie wundervoll. Die Vorzüge dieses Handwerks, das ich einmal mit dem Straßenkehren verglichen hatte, konnte ich nun nicht oft genug preisen. Die Arbeit war leise, sie war nicht schwierig, man konnte sie machen, wenn man betrunken oder todmüde war. Und innerhalb der Grenzen, die ich mir gesteckt hatte, konnte ich tun und lassen, was ich wollte.

Nichts davon hatte ich wirklich verdient. Wie alle Leute mit Glück graute mir vor dem Tag, an dem mir die Rechnung präsentiert werden würde.

Ich hatte das Gefühl, unendlich viel Glück gehabt zu haben. Ich war jetzt vierzig und trieb auf der Oberfläche meines Lebens dahin, ohne Sehnsucht, ohne Bindungen. Damals, in meiner einsamen Blindheit, war ich älter gewesen und hatte auch das genossen. Ich sah mit Freuden dem Tag entgegen, an dem ich alt und meine Haut wie Leder sein würde, an dem ich einen Damenbart tragen und rülpsen würde und all das alberne Zeug sagen könnte, das mir in den Sinn kam. Dann würde ich die Autorität haben, die einem zusammen mit weißem Haar und dem Altersstarrsinn geschenkt wird.
In meinem kleinen Zimmer in London träumte ich den Traum aller Berühmten vom kleinen Mann: Ich hatte die Illusion, daß ich unter all dem Glanz und Erfolg eine einfache Seele geblieben war, ein Mensch, der »Ach du lieber Himmel« und »Verflixt« sagt und am liebsten Pfannkuchen ißt. Ich schuf keine Bilder – ich fand sie nur. Es war Glück, weiter nichts! Jeder andere mit einer vernünftigen Kamera hätte an einem freien Nachmittag Gleiches oder Besseres zustande gebracht. Ich nannte die Dinger »Pratts«, weil die Kritiker damit angefangen hatten, aber ein »Pratt« war nichts anderes als das Stück Welt im Sucher. Ich konnte nach Indien oder sonstwohin fahren, und es wäre überall dasselbe.
Als ich aufbrechen wollte, kam das Telegramm.
Um ein Haar hätte ich es weggeworfen, ohne es zu lesen. Ich hatte für ein Leben genug Telegramme bekommen und dachte, daß es wieder nur eines von der Sorte war, die mir den Mond für ein Bild versprach oder mir bekanntgab, daß ich gut sei. Aber dann dachte ich, daß es auch eine Änderung meines Reisefahrplans sein könnte, und riß den Umschlag auf.
Die Nachricht, auf dünnen Streifen, war kurz und brutal auf das dünne Papier geklebt. Ich verstand sie zuerst nicht, bis ich sie dreimal gelesen hatte und die Worte voneinander trennen konnte. Selbst dann noch fiel es mir schwer, sie in mein Bewußtsein zu übersetzen: ein Bootsunfall, Orlando und Phoebe ertrunken, ich sollte sofort nach Hause ... *Bootsunfall? Ertrunken?* Ich hatte Fragen, aber ein Telegramm hat keine Nuancen; es ist eine Fremdsprache, rätselhaft und kalt.
Das Stück Papier, das ich in meiner Hand hielt, war dumm, unschuldig, zu unbedeutend für die schreckliche Nachricht, die es mir brachte. Ich sah mich im Zimmer nach etwas um, das mir Halt geben konnte, und in meiner hysterischen Verzweiflung

fiel mein Blick auf die kleinen Vierecke der eben abgezogenen Bilder – so trivial und höhnisch, daß ich sie anschrie. Meine Stimme war entsetzlich. Sie schien von außerhalb zu kommen, von dort, wo ich mein Leben zurückgelassen hatte, und ihr Echo war eine Folge anderer Töne wie das rauhe Husten einer Katze.

5. Teil

28 *Doppelgänger*

»Alle Verrückten haben einen Doppelgänger«, sagte ich zu Frank. »Und beileibe nicht nur Verrückte!«

Der Guggenheim-Stipendiat wühlte immer noch in der Windmühle herum. Obwohl ich mich bemüht hatte, mit ihm Schritt zu halten, und mir die Umstände, unter denen die Fotos entstanden waren, ins Gedächtnis zu rufen suchte, hinkte doch meine eigene Retrospektive hinter der bildlichen her, die er nach und nach ausgrub und zusammenstellte. Zu oft hatte ich haltgemacht und in Gedanken diese merkwürdigen Ereignisse rekonstruiert. Ich war wie ein Kind, das an der Hand der Mutter hängt und nicht ganz mitkommt, weil es ständig zurückschaut, um sich zu erinnern. Im Geiste war ich in London und las das schreckliche Telegramm: Davon hatte ich kein Bild. Was geschah dann? Ich blieb in meiner Trauer stecken, während Frank mir schon runde zehn Jahre voraus war und die Bilder einer ganz anderen Europareise sortierte. In der Hand hielt er das Porträt von Ezra Pound, das eben der Anlaß zu meiner Bemerkung über Verrückte gewesen war.

Es war das Bild eines alten Mannes mit wirren Haaren, Ezra, der Wahnsinnige, der mit geschlossenen Augen verrückte Weisen singt:

Die Rohosen blühüen, sahag mir dohoch ...

»Was ich nicht verstehe«, sagte Frank und wedelte mit dem Foto herum – er hatte noch mehr unterm Arm, die morgendliche Ausbeute –, »ist, wieso du nicht schon vor zehn Jahren eine Retrospektive gemacht hast.«

»Weil das bedeutet hätte ...«, sagte ich und unterbrach mich. Ich blickte in sein albernes, forschendes Gesicht: Wenn ich ihm das sagte, mußte ich ihm alles sagen.

»Vor zehn Jahren konnte ich nicht in die Windmühle gehen.«

»Du gehst doch jetzt auch nie rein.«

»Du sahagst es«, sagte ich mit Blick auf Ezra. Auch vor zwanzig Jahren, als ich diesen Stapel europäischer Bilder gemacht hatte, war ich schon nicht mehr hineingegangen und auch nicht vor dreißig, als ich nach dem langen Flug von London zu Hause ankam – zu spät für Orlandos und Phoebes Beerdigung. Was sollte die Wühlerei in der Vergangenheit? Die Windmühle, der Bildpalast – diese holländische Fälschung auf unserer Cap-Cod-Wiese – war zu einem Vorzimmer meines Gedächtnisses geworden, zu einem Speicher für meine Bilder, zu einem Schrein. Sie war für meine Arbeit das, was das Stück Hirn, das die Erinnerungen sammelt, für mein Leben war. Meine Vergangenheit war darin. Als Schöpferin von Bildern hatte ich die Gegenstände regiert, in dieser Retrospektive aber wollte ich, sollte mein Leben der Gegenstand sein.

Ich war immer ein ordentlicher Mensch gewesen: Ich warf nie etwas weg. Die Windmühle enthielt meine Fotos – und meine Phantasie eine Bildserie meiner Vergangenheit. Ich hatte geglaubt, eines Tages den Mut zu haben, in die Windmühle zu gehen und alles genau anzusehen. Aber ich hatte es nicht gewagt: Gespenster wälzten sich da auf dem Boden, das Doppelbild der Liebenden, die nicht wußten, was ich in jenen blendenden Sekunden vor dem Krieg gesehen hatte. Die Windmühle hatte mir nie gehört, genauso wenig, wie Orlando je mein gewesen war. Ich konnte sie als Speicher benutzen, aber es war ein Raum, in dem ich nicht leben konnte. Ich würde mich selbst nicht länger betrügen, und ich würde den Gespenstern ihre Ruhe lassen.

Das einzige, was Papa gesagt hatte, war: »Sie haben sich zu weit treiben lassen.« Natürlich: Deshalb waren sie ja so glücklich gewesen, und deshalb waren sie auch gestorben. Ich konnte mit dieser Erklärung leben, sie tröstete mich, weil der Tod eines Menschen leichter hinzunehmen ist, wenn er eine große Leidenschaft erlebt hat. Nur der Tod von Kindern, von unerfahrenen und unwissenden Menschen ist wirklich tragisch, denn sie haben nicht gelebt. Ich konnte es mir einfach nicht anders vorstellen, als daß die beiden weit draußen und im Bewußtsein der Gefahr gekentert waren und eng umschlungen in den Wellen gelegen hatten. Ihr Geheimnis war das Erlebnis der Ekstase.

Mit mir hatte das nichts zu tun. Sie hatten ohne mich gelebt und geliebt, und sie waren ohne mich gestorben. Keiner von beiden hatte mich gesehen. Das hatte mich einsam gemacht, die Grundbedingung der Fotografie. Ich war, was ich immer gewesen war, allein, nur eine beobachtende Bildermacherin. Kümmert euch nicht um mich – tut so, als wäre ich nicht da! Und die Windmühle mit ihren verankerten Flügeln, einst der strahlende Schauplatz ihrer Liebe, war das einzige, was blieb. Ich konnte hineinsehen, und ich konnte meine Bilder darin zurücklassen, aber ich hatte kein Recht, mich darin aufzuhalten. Sie hatten jede Ecke geweiht. Die Mühle war ein Schrein – meine Bilder die Opfergaben.

Angesichts dieser Vergangenheit war Franks Frage, warum ich die Windmühle nie selber betreten und eine Retrospektive zusammengestellt hatte, fast schon amüsant. Ignoranten stellen die schwierigsten Fragen.

Aber ich konnte ihm nicht böse sein. Er leistete die grobe Vorarbeit. Mit seinem Interesse an meinen Bildern hatte er mein Interesse an meinem Leben geweckt, und seine Kramerei und Sortiererei hatte es mir erlaubt, in meine Vergangenheit zurückzukehren, ohne die Windmühle zu betreten. Er ging voraus, gab mir die Stichworte, die Erinnerungen auslösten; er war das Medium, durch das ich in den Bildpalast meiner Vergangenheit zurückblicken konnte. Aber meine Arbeit – das hatte ich ihm gesagt – war das Unwichtigste in meinem Leben. Nicht die Fotografie, das andere war in seiner Unbeständigkeit die Quelle einer unablässigen, lebenslangen Verwunderung.

Der Mann hatte ja keine Ahnung. Nicht einmal Orlandos Namen kannte er. Für Frank war ich identisch mit meiner Arbeit, und ich hätte schon eine Autobiographie schreiben müssen, um ihn davon zu überzeugen, daß meine Geschichte nicht die meiner Bilder war. Aber ich brauchte Frank, um mich an diesen Widerspruch von Leben und Werk zu erinnern.

»Das hier hat mir immer besonders gefallen«, sagte er und schaute immer noch voller Bewunderung auf das verkniffene Gesicht von Ezra Pound, die zerknitterte Landkarte seiner Falten.

»Das ist genau, was ich meine«, sagte ich im Zusammenhang meiner Gedanken. Ich fragte mich, ob ich ihm das Geheimnis verraten sollte. »Das Bild hat eine ziemlich interessante Geschichte.«

Er sah mich mit geduckter Aufmerksamkeit an, der typische Ausdruck des Stipendiaten, der etwas Neues hört – die Angst,

nicht richtig zu reagieren. Er könnte ja zu früh lachen oder zu sehr oder gar nicht, das Geld lag schwer auf seiner Spontaneität.
»Ich muß arbeiten«, sagte Frank immer – aber da ich es schon schwierig genug fand, meine eigene Arbeit ernst zu nehmen, wie sollte ich über seine nicht lächeln?
»Ich weiß noch, was los war, als das Ding hier erschien«, sagte er und hielt Ezra hoch. »Es war eine Sensation.«
»Etwas Staub hat es schon aufgewirbelt«, sagte ich und sah mir Frank an. In den letzten Monaten, während ich mit meinem Leben und Frank mit meiner Arbeit beschäftigt gewesen war, hatte sich sein Aussehen deutlich verändert. War es ein Anflug von Selbstvertrauen? Die Guggenheim-Moneten? Er hatte sich das Haar über die Ohren wachsen lassen, trug enge Hosen mit zehn Zentimeter breiten Aufschlägen und rotbraune Cowboystiefel mit riesigen Absätzen. Sein rosa Hemd stand bis zum Nabel offen, so daß ich auf seiner mageren Kuratorenbrust zwei Ketten sehen konnte. Glasperlen! Sie paßten zu dem Armband, das er jetzt statt seiner Armbanduhr trug. Sehr modisch, aber er schaffte es nicht ganz, das überzeugend darzustellen. Er sah in dem Aufzug sehr unglücklich aus, ja, mehr als das, wie ein verdammter Narr, der zu weit gegangen war und nun Angst hatte, daß ich mich über ihn lustig machen würde. Aber seine Verkleidung entmutigte mich nur. Sobald ich diese Perlen und die hohen Hacken zu Gesicht bekam, wußte ich, daß ich mich unmöglich auf ihn verlassen konnte.
»War das nicht das erste Bild, das von Pound erschien, nachdem sie ihn aus der Klapsmühle entlassen hatten?«
Ich sagte: »Irgendwann war ich mal in dem Redaktionsbüro einer Zeitschrift in New York, und der Herausgeber sagte zu mir: ›Sehen Sie sich das mal an, haben Sie so was schon mal gesehen?‹ Es war ein Foto von einem Steinadler, der auf eine Schlange herabstößt – drei Fotos, um genau zu sein, der Anflug, der Kampf, der erfolgreiche Abzug. ›Atemberaubend, nicht?‹ meinte er. Das fand ich auch. Aber es war zu atemberaubend – so perfekt, daß ich Zweifel bekam. Ich finde Tierfotografie sowieso albern. Ich sagte also: ›Irgendwas stimmt nicht mit der Schlange da. Finden Sie nicht auch, daß sie ziemlich schlaff aussieht?‹ Das ärgerte ihn. ›Sie meinen, die wär nicht echt?‹
›Ich mein nur, daß sie tot ist‹, sag ich. Er versuchte, das Bild zu

retten. ›Aber es ist ein wunderbarer Steinadler‹, sagte er. ›Welcher Steinadler‹, sag ich, ›würde eine tote Schlange fressen?‹ Wir sahen uns den Steinadler genauer an, ein getürkter Vogel mit krummen Flügeln. Ich sag: ›Ausgestopft. Und der Berg sieht mir auch ziemlich verdächtig aus.‹ Ich dachte, gleich fängt der Mann an zu heulen.«
»Moment mal«, sagte Frank. »Hat das was mit dem Foto von Pound hier zu tun?«
»Alles«, sagte ich. »Nur ist dies kein Adler, sondern eine Ente.«
Frank sagte: »Du bist immer so kritisch deinen eigenen Arbeiten gegenüber.«
»Du wärst auch kritisch, wenn du in meiner Haut stecktest...«
»Das sind großartige Bilder.«
»Das sind Leichen«, sagte ich. »Die sind nicht wichtig. Wenn du einen Funken Verstand hättest, wüßtest du das.«
»Weißt du«, sagte er und fingerte an seinen Perlenketten herum, »ich bin froh, daß ich diese Retrospektive hier mache. Wie ich die Sache sehe, rette ich dich gewissermaßen vor dir selbst.«
»Hör zu, Fusco. Das Bild hab ich in Italien so um neunundfünfzig herum gemacht. Ich war mit dem Auftrag angereist, einen fotografischen Essay über Cocteau und Picasso zu machen, aber Venedig war nicht weit von Cannes, und mein Redakteur schrie nach einem Bild von Pound, den sie gerade erst aus der Gummizelle rausgelassen hatten. Das Dumme war nur, daß er mich nicht sehen wollte. Sein Itakerdiener schlägt mir die Tür vor der Nase zu: ›Wir nichts wollen!‹ T. S. Eliot hält ganze Monologe für mich und lädt mich zum Tee ein, und Pound will mir nicht mal sagen, wie spät es ist. Jedenfalls sitze ich ein paar Tage später in Rimini und esse Spaghetti, und wer geht da am Restaurant vorbei? Ezra! Ich hab meine Nudeln stehengelassen, bezahlt und dann nichts wie hinterher. Ezra schlendert ganz einfach die Straße entlang, klappert mit seinem Spazierstock und singt vor sich hin. Kein Zweifel, daß er es war, bärtig und alt, in einem Schlapphut und 'ner Jacke. ›Moment mal‹, sag ich, ›sind Sie nicht Ezra Pound?‹ Er grinst komisch und sagt: ›Na, na, wenn das man gutgeht‹, und läßt mich seine spitzen Zähne sehen. Wir reden über Lyrik – Eliot, Cummings, Frost, ich weiß nicht mehr. Jedesmal, wenn er einen nennt, sag ich:

›Den hab ich fotografiert.‹ ›Wie wär's mit einer Tasse Tee bei mir?‹ sagt er, und ich kann es kaum fassen. Mein Foto hab ich schon so gut wie in der Tasche.
Ein Stück weiter gehen wir in den Innenhof eines heruntergekommenen Palazzos. Er führt mich in sein Studio, ein komisches kleines Zimmer – er hat ein Bücherregal, in dem nur drei Bücher stehen. ›Die größten Bücher der Weltliteratur‹, sagt er. *Vom Winde verweht, Die Pisaner Gesänge* und *Orlando* von einem gewissen R. G. Perdew. ›Von den ersten beiden hab ich gehört, und der Titel des dritten gefällt mir ja sehr‹, sag ich, ›aber wer ist dieser R. G. Perdew?‹ Er sagt: ›Nun, das bin ich.‹ ›Sie sind nicht Ezra Pound?‹ frag ich. ›Gelegentlich‹, sagt er.
Gelegentlich? Es stellt sich heraus, daß der Mann so tut, als wär er Pound – er will, daß man ihn für den Dichter hält, und schreibt ihm sogar Briefe. ›Tun Sie mir einen Gefallen‹, sag ich, ›fragen Sie Ihren Freund Pound doch mal, ob er sich nicht von mir fotografieren lassen will. Ich kann einfach nicht nach Hause fahren, ohne ein Bild von dem Mann zu machen.‹ Perdew wieherte wie Pound und blinzelte mich irre an: ›Da kannst du lange warten, Liebling‹, sagte er. ›Ezra läßt sich nicht fotografieren.‹ ›Quatsch‹, sag ich, ›Picasso oben in Cap Ferrat hat einen Luftsprung gemacht, als ich mit meiner Kamera angekommen bin.‹ ›Ezra macht keine Sprünge mehr. Und noch was‹, sagte dieser Mister Perdew, ›selbst wenn du ihn dir vornimmst, kein Mensch würde ihn erkennen. Sie würden dir nicht glauben. Er sieht nicht so aus wie Ezra Pound. Er ist furchtbar dünn, ganz verschrumpelt und sieht aus wie'n Landstreicher. Ich weiß das, ich hab ihn gesehen. Früher hat er ausgesehen wie ich, mit so 'nem buschigen kleinen Bart und 'nem Sombrero. Aber jetzt nicht mehr.‹ ›Okay‹, sag ich, ›dann fotografier ich eben Sie.‹ Was ich dann auch getan hab. Er war so erfreut, daß er dabei gesungen hat. Er war Maler und zeigte mir seine Bilder. Sie waren ein ganzes Stück besser als Ezras Gedichte, und mein Porträt war das auch.«
Frank sagte: »Willst du damit sagen, daß das nicht Pound ist?«
»Ja, aber der Mann war sein perfektes Ebenbild. Glaubst du jetzt immer noch, daß du ›mein Werk retten‹ kannst?«
Ich legte eine wirkungsvolle Pause ein und sagte dann: »Meine Bilder sind wertlos, Frank. Aber es steckt eine Moral in der

Geschichte. Jeder Verrückte hat einen Zwillingsbruder. Wessen Doppelgänger bist du, Frank?«
»Vielleicht deiner.«
»Daß ich nicht lache. Ich bin ein Original.« Aber ich war mir gar nicht so sicher. War die Klette Frank mein drittes Auge, die Kamera, der ich abgeschworen hatte? Vielleicht brauchte ich ihn – trotz Glasperlenketten und hohen Hacken.
»Dein Picasso – ist der auch getürkt?«
Man hätte es tatsächlich für eine Trickaufnahme halten können, der berühmte Froschaugenkopf auf einen nackten Körper montiert. »Nein. Das ist Picasso als solcher. Er war ganz verrückt danach, mit nacktem Arsch zu posieren.«
»Das hier von Somerset Maugham ist einfach phantastisch.«
»Die alte Kaiserin? Er hatte mehr Falten als selbst Auden, dieser andere erstaunliche Rosinenkopf. Der arme alte Willie. Er war damals auch an der Riviera. Die Briten lassen sich so leicht umtopfen. Hab ihn an einem schlechten Tag erwischt. Er litt unter Verstopfung, aber als ich das Bild sah, wußte ich, daß die Leute glauben würden, er denke über die Zukunft der Menschheit nach. Ist das nicht immer so?«
»Und damals hast du auch Cocteau fotografiert, nicht wahr?«
»Genau. Sieht aus wie 'ne Sardine, was? Er sagte damals: ›Je sui sang dut le poät le plü inconnü e le plü selebre!‹ Ich sag: ›Mä ön poät – sä la schoos emportang.‹ ›Inconnu‹, sagt er mit dieser weinerlichen Würde der Franzosen. ›Mä komm il fo‹, sag ich und versuchte, ihn jedenfalls so lange zum Schweigen zu bringen, bis ich genug Schüsse im Kasten hatte.«
»Ich liebe diese Bilder aus den fünfziger Jahren«, sagte Frank. »Diese Gesichter.«
»Die Landschaften da unten fand ich nicht doll. Venedig war überschwemmt, die Kanäle voller Minestrone. Und Südfrankreich, das doch angeblich das Paradies sein soll, sah mehr wie einer der schäbigen Vororte von Miami aus, nur daß man nie einen Parkplatz finden konnte. Den ganzen Touristenkram dort kriegt man für die Hälfte am Cape Cod. Was ist Europa schon? Museen, Säufer, Spielzeugautos, Kirchen, alte Männer, die einem in den Hintern kneifen, Ruinen, wertloses Geld – kein Wunder, daß sie nichts zustande bringen. Geschichte und Religion. Es ödet einen an.«
»Nun versteh ich, warum dir Kuba so gut gefallen hat!«

»Kuba mochte ich, die Revolution mochte ich – ein Tritt in den Hintern der Geschichte«, sagte ich. »Ich hab das José-Marti-Stipendium abgelehnt, aber ich bin trotzdem hingefahren und mit Ché Guevara und ein paar amerikanischen Studenten sogar im Fernsehen aufgetreten. All diese Bärte! Ungefähr eine Woche später hab ich Hemingway fotografiert. Während des Krieges hatte ich Angst vor ihm – bin ihm bewußt nicht in die Quere gekommen. Aber in Kuba war er nur einer von vielen Fischern, wenn auch ein verdammt unheimlicher. Er wollte, daß ich ihn möglichst athletisch erscheinen ließ, also machte ich einen zweiten Joe Palooka aus ihm. Das ging ihm runter wie Honig. Man kann mit Fug und Recht behaupten, daß ich aus dieser Reise 'ne Menge rausgeholt habe, denk an den Guevara-Boom in den sechzigern!«

»Ich muß jetzt wieder an die Arbeit«, sagte Frank.

»Es ist nicht mehr soviel«, sagte ich. »In den sechzigern hab ich nicht mehr viel gemacht. Ein, zwei Wochen Vietnam, vor allem Flüchtlinge, ein kurzer Aufenthalt in Hongkong. Ein paar Gruppenbilder. Halt die fest – die sollen zusammen mit meiner Woonsocket-Abschlußfeier eine Serie bilden. Die ganze Firma John Hancock, Versicherungen – sämtliche Angestellten auf der Copley Plaza –, ich hab's vom Dach der Bostoner Bibliothek aus geschossen. Ich hab noch mehr Menschenmengen fotografiert – es gibt ein Bild von den Fans der Boston Red Sox auf den Rängen des Fenway-Park-Stadions. Wunderschön – dreitausend Gesichter, man könnte eine Woche damit zubringen, ohne sich zu langweilen.«

»Ich leg sie beiseite.«

»Kaum zu glauben, daß du fast fertig bist.«

»Es nimmt langsam Gestalt an. Die Ausstellung muß in einem Monat fertig sein, Maude.«

»Aber es muß doch noch 'ne Menge mehr geben, viele, die du mir überhaupt noch nicht gezeigt hast.«

Und ich versuchte, mich zu erinnern, was ich noch nicht gesehen hatte – die, die ich für den *National Geographic* fotografiert hatte, die Nacktaufnahme, in die ich den Hintern des jungen Mannes eingeschmuggelt hatte, ein paar der dampfigeren Schweinedinner-Fotos.

Frank sagte: »Ich hab nichts versteckt.«

»Wer sagt denn das?«

Er sah beleidigt aus – mehr als das: getroffen von meiner

einfachen Bemerkung und ganz aus der Fassung, als hätte ich ihn bei einem schmutzigen Trick ertappt.

»Es ist alles geordnet«, sagte er und nickte mit dem Kopf in Richtung Windmühle. »Überzeug dich selbst.«

»Ich geh da nicht rein.«

Er sagte – und ich konnte mir nicht helfen, ich hatte das Gefühl, er wollte das Thema wechseln –: »Schreibst du denn nun etwas Persönliches für den Katalog?«

»Ich überleg's mir.«

»Nur einen kurzen Absatz.«

»Wofür hältst du mich denn – Ralph Eugene Meatyard? Den unsagbaren Stieglitz? Cecil Beaton? Ich bin keine Schriftstellerin.«

»Es würde die Leute interessieren.«

»Es gibt nur eins, was die Leute interessiert. Und das sind Sensationen. Wenn ich eine Menge irrer Weegee-Bilder von Leuten, die ich hasse, machen und anschließend Rattengift schlucken würde – wie Diane Arbus, das wär was. Dann kämen sie in Scharen. Selbstmord erklärt alles.«

»Arme Diane«, sagte er (wie er es liebte, mit Vornamen um sich zu werfen: Alfred, Yousuf, Maggie, Jill, Nancy – ich konnte geradezu hören, wie er in New York »Maude« sagte), aber er sah in seinen bizarren Klamotten aus wie ein trauernder Clown, wie mein Bild von Emmett Kelly, das traurige Gesicht unter der Schminke. Frank zwirbelte eine seiner Halsketten.

»Wenn dir das Schreiben schwerfällt, dann mach's doch wie ich. Ich häng Zettel an die Wände, und wenn mir etwas einfällt, kritzel ich es irgendwohin – ein Wort, einen Satz, was auch immer. Hier ein Gedankenfetzen, da einer, und zum Schluß kann ich das zu einem Gedankengebäude zusammensetzen und in die Maschine hauen.«

»Das klingt etwas ...«, blödsinnig, wollte ich sagen.

»Klar, kompliziert ist es schon. Aber es lockert den Denkprozeß auf.«

»Ich glaub, ich mach es lieber aus dem Handgelenk«, sagte ich. »Inzwischen mach du nur weiter mit der Buddelei, und wenn du auf irgendwas Ungewöhnliches stößt, sag mir Bescheid.«

An den darauffolgenden Tagen erinnerten mich die Bilder, die er mir brachte, an die Zeitschriften, die mir die ersten Aufträge gegeben hatten und die schon vor langer Zeit eingegangen waren – das liebe alte *Collier's*, die freundliche *Saturday*

Evening Post, das Allroundmagazin, *Look* und das lebhafte Blatt für Analphabeten, die *Life*. Ich war den großformatigen Magazinen immer zugetan gewesen, in denen ein Bild manchmal eine ganze Doppelseite füllte, so daß man sich das Foto praktisch ums Gesicht wickeln konnte, wenn man die Nase tief genug ins Heft steckte. Als das Fernsehen diese Zeitschriften vom Markt trieb, wurden so große Fotos nicht mehr gedruckt. Bilder zählten nur noch, wenn sie Neuigkeitswert hatten, und künstlerisch ambitionierte Aufnahmen wie meine Gruppenfotos *John Hancock* und *Red Sox Fans* wurden ein Ding der Unmöglichkeit.

Ungefähr damals, als *Life* dichtmachte, gab ich auch meine Idee eines großen fotografischen Schwenks auf, mit dem ich eine gesamte Ausgabe füllen wollte: eine Bildersequenz, die von South Yarmouth, Massachusetts, bis nach San Diego, Kalifornien, führen sollte. *Querfeldein* hatte ich sie nennen wollen, ein riesiges Gitternetz zentimetergroßer Fotos. Und wenn das geklappt hätte, dann hätte ich das Äußerste an einem Schwenk gemacht, was man sich vorstellen konnte, die ganze Welt in Fotos.

Ich hörte auf, für Zeitschriften zu arbeiten. Ich brachte es einfach nicht fertig, den leichenschänderischen Fotojournalismus mitzumachen, der jetzt so gefragt war – zwei Kinder, die von einem brennenden Balkon im zehnten Stockwerk stürzen, die Sekunden-vor-dem-Tod-Bilder von Hinrichtungen und Überfällen und Zugkatastrophen; Todesschüsse wurden sie genannt. Mehrere Verlage boten mir Verträge für Bildbände an, die ich in Zusammenarbeit mit berühmten Autoren machen sollte, ich lieferte die Bilder, sie den Text. Agee und Evans hatten so eins über die armen Weißen im Süden der Staaten gemacht. Ich hätte wahrscheinlich eingewilligt, wenn es sich nur um die Fotos gehandelt hätte, aber ich sah nicht ein, wieso vierzig Seiten gequälter Prosa etwa eines Jim Agee meinen Bildern irgendwie hätten zuträglich sein sollen. Er wollte, daß die Leser die Bilder ansahen, also beschrieb er sie bis ins kleinste Detail, und eh ich mich versah, stand ich im dunkeln, hatte mich in Nebensätzen verirrt und stolperte über Semikola, wobei jedes Wort tausend Bilder heraufbeschwor, wie ich zu sagen pflegte.

Das Schöne an der Fotografie, ließ ich diese Verleger wissen, ist ja gerade, daß sie keine Vorstellungskraft erfordert. Fotos verschlagen einem den Atem, ziehen einen in die Tiefe und halten einen dort. Das geschriebene Wort lenkte nur ab, und jeder, der sich schriftlich über Fotos ausließ, war nur ein Angeber. Es machte einen nicht fett, Kochrezepte zu lesen – man kriegte nur Hunger. Aber mein *Cheeseburger* war so gut wie eine Mahlzeit. Viele Leute rülpsten, nachdem sie ihn angesehen hatten.

»Fast fertig«, sagte Frank ein paar Tage nach der Geschichte mit Pound. Er zeigte mir eine Innenaufnahme meines eigenen Hauses.

»*Wessen Zimmer?*« sagte ich.

»Das wollte ich auch gerade sagen.«

»Es stammt aus einer Serie«, sagte ich. »Dinge haben ein Gedächtnis. Räume haben ein Seelenleben.«

»Darüber würd ich gerne mehr hören«, sagte er, »aber ich muß nach New York runter, um die Audiosachen für die Ausstellung zu prüfen.«

»Audio? Ich dachte, das sei eine Fotoausstellung.«

»Ich hab dir doch von den Bandaufnahmen erzählt. Mit den Möwen und Wellen drauf. Verkehrslärm. Das ist ein neues Konzept, an dem ich da arbeite – Atmosphäre.«

»Wenn du nach New York fahren willst, Frank«, sagte ich und sah auf die Glasperlen und die hochhackigen Stiefel, »dann mach dich vorher noch 'n bißchen hübsch.«

Er ließ mir das Bild da. Unser Salon. Ich sah genauer hin. Da waren der Zigarrenstummel im Aschenbecher, das Strickzeug auf dem Stuhl, die Kuhlen und abgeschabten Stellen in den Sesseln, Papas Lesebrille, Mamas Handtasche – ohne die ging sie nirgendwo hin. Und weiter: zwei Blumenstiele in einer Vase, die Blütenblätter abgefallen, und durch das Fenster sieht man einen Fischer, der über unser Grundstück zum Strand hinuntergeht. Ebbe. Das Bild ist ein Gedicht. Zwei Menschen haben es gerade verlassen.

Papa starb zuerst, an einer Thrombose, die erst eine Ader blockierte, dann eine andere, bis zuletzt sein ganzes Gefäßsystem versagte. Es war nicht der Abgang, den er sich vorgestellt hatte, er hatte sich immer einen schnellen Tod gewünscht, wollte plötzlich »den Bau verlassen«. Aber der Tod ließ ihn warten, und das machte ihm sehr zu schaffen. Bei den wenigen Treffen danach waren Mama und ich Fremde füreinander; sie wußte, daß sie nun an der Reihe war. Sie brach sich die Hüfte,

bekam eine Lungenentzündung und gab schließlich nach. Ihre letzten Worte waren: »Zieh die Jalousien hoch.«
Der Tod Orlandos und Phoebes, der Verlust meiner Eltern schmerzte mich jetzt nur noch an kalten Regentagen wie eine alte Knieverletzung.
Obwohl ich immer noch Bilder machte und die jungen Leute mich besuchten – ungefähr alle zwei Jahre brach eine Fotoepidemie aus, und ich wurde wiederentdeckt –, machte ich nichts Bedeutendes mehr. Die großen Fotozeitschriften existierten nicht mehr, die Galerien waren voller dämlicher Konzeptkunst (*Sechs Ziegel, Doris' Titten, Ohne Titel Nr. 82*) und Supernahaufnahmen und Spiegelungen. Ich begann zu zweifeln, ob Fotografie überhaupt eine Kunst war. Es war mehr ein Lebensstil, der beste Beruf, den ein junges Mädchen haben konnte, um unter Leute zu kommen, einen Mann zu finden, sich ein paar Groschen zu verdienen. »Ich will Fotografin werden« ist ein Schrei nach Liebe.
Ich war zynisch, aber das war nur Oberfläche. Die Fotografie hatte mich sehen gelehrt. Das war im Grunde harmlos, war aber auch erst der Anfang; die Blindheit hatte mir viel mehr über das Sehen beigebracht. Mein Leben war interessant gewesen, ich hatte Glück gehabt, und bis Frank im Sommer aufgetaucht war, hatte ich geglaubt, daß ein zufriedenes Leben hinter mir lag und ich keiner Seele etwas zuleide getan hatte.
Etwas Kurzes, Persönliches hatte er gesagt, als ich im Sommer aus London zurückgekehrt war und der Tatsache ins Auge sah, daß Bilder logen, und als meine Herzattacke – wie die von Papa – mich schreckte und mir deutlich machte, daß ich vielleicht nicht mehr viel Zeit hatte, die Wahrheit zu sagen. Aber selbst jetzt, nach so langer Zeit, wußte ich immer noch nicht, was die Wahrheit war.

29 *Gedankenfetzen*

Es mußten doch noch mehr Bilder da sein, aber wo? Frank konnte mir die Frage nicht beantworten, er war weg. Ich war niedergeschlagen, das Kap verlassen, die Touristen fort: *Zimmer frei, Winterpreise* las ich auf einem Schild und *Auf Wiedersehen bis zum nächsten Jahr* auf einem anderen, und

Geschlossen hing an den Fenstern der Kupferkate, des Reinigungssalons und des »Schiefen Turms von Pizza«; leere Strände, klares Wasser, hordenweise winzige Krebse und jedes Hotel so erbärmlich leer, wie ich mich fühlte. *Zimmer frei.* Ein Touristenkaff im Winter ist eine Wüste, es gibt keinen melancholischeren Anblick als Nieselregen und Wind, der an bunten, billigen Plastikfähnchen zerrt.

Ich erinnerte mich an Titel – die Bilder, die dazu gehörten, hatte ich lange nicht gesehen. Die Titel waren geblieben, die Bilder waren verschwunden, also hatten die Titel ihren Sinn verloren. Der Pavian, den ich einst – unter Protest – für den *National Geographic* gemacht hatte, blieb mir als »Genitalien beseitigen« im Gedächtnis haften. Ich hatte mich geweigert, die Marilyn-Monroe-Fotos aus der Windmühle herauszuholen, obwohl ein Verleger gestöhnt hatte: »Mailer braucht sie für sein Buch.« Das jährliche Winterschwimmen der L-Street-Pfadfinder fehlte ebenso wie das von Walker in Connecticut, von dem Einkaufszentrum an Route 28, von der hübschen Polizistin mit der Pistole und dem Schlagstock in Hyannis (betitelt: *Macht, daß ihr weiterkommt!*); die Nahaufnahme von den alten Tütenschleppern im Angelo-Supermarkt in South Yarmouth – »Die dachten, ich gehöre schon zum alten Eisen«, hatte einer dieser Alten zu mir gesagt, als er mir meine Lebensmitteltüten in den Kofferraum meines Chevy wuchtete und sich die Hände an der Schürze abwischte. Daran erinnerte ich mich genau, aber wo war das Bild? Das hatte Frank mir nicht gezeigt und auch die anderen nicht.

Bildete ich mir nur ein, daß ich mal Bilder mit den Titeln *Briefträgerschuhe, Metzgerschürze* und *Harry Truman* gemacht hatte? Ich war damals von surrealistischen Doppelbildern fasziniert gewesen. Wo waren die Gay-Head-Indianer auf Martha's Vineyard? Wo war Kennedy in seiner kleinen Segeljolle?

Oder die Fotos von der staatlich verordneten Rassenintegration, als die weißen Kinder in South Boston mit Bussen in farbige Schulen gekarrt wurden, Negativabzüge einmal anders herum: Die protestierenden Iren erschienen als schwarze Affen, die weiße Neger beschimpften. Auch weg.

Und wo waren die sogenannten erotischen Bilder, die ich für das halbseidene Magazin gemacht hatte? Ich schämte mich ihrer, aber ich wußte, ich würde mich an das Wetter erinnern,

an das Licht, die Umstände, wenn ich sie zu Gesicht bekam. Ich brauchte nur einen Anhaltspunkt, nur eine Silbe von damals, um die Erinnerungen aus ihrem dunklen Loch heraufzuziehen. An den Bildern, die ich aufgenommen hatte und nun wiedersah, interessierte mich nicht der Vordergrund, nicht das eigentliche Sujet, sondern alles, was im Hintergrund war. Es war merkwürdig. Mein Auge verlor sich in den leicht unscharfen Zäunen und Bauten oder schweifte ab zu kleinen, weit entfernt stehenden Menschen, die mir bei der Arbeit zusahen. Ich fand eine neue Ordnung in diesen Bildern, eine Umkehrung der Gewichtung von hinten und vorne. Je tiefer ich in die Bilder eindrang, desto überraschender war, was ich entdeckte. Jemand, der aus dem Fenster herübersah; Wäsche, die auf einer Leine flatterte, die ich leer in Erinnerung hatte; oder der Mann in der *Geisterschiff*-Serie – war er damals wirklich schon auf dem Bild gewesen, oder hatte er sich später eingeschlichen? Boote erschienen auf Gewässern, die, wie ich glaubte, leer gewesen waren, als ich sie fotografiert hatte: Gesichter erschienen, wo vorher nur Schatten gewesen waren; Knospen waren zu Blüten und Blättern gereift, und über die Jahre waren einige der von mir fotografierten Bäume gestorben. Der Gesichtsausdruck der meisten Menschen auf meinen Bildern hatte sich verändert, Grinsen war zu Stirnrunzeln geworden, Grübchen waren weggewischt, Augen hatten einen unzuverlässigen Ausdruck bekommen, und Leute, die einst weise gewirkt hatten, erschienen mir jetzt böse oder oberflächlich.
Vielleicht gab es gar keine Bilder mehr, jedenfalls keine geheimnisvollen, nur noch starre Abbildungen ohne Vorder- und Hintergrund, die Oberfläche wie ein eisiger Spiegel, der mein Gesicht reflektierte und mein Ertrinken in den Bildern verhinderte. Vielleicht war es auch alles egal. Ich hatte ja die Erinnerung an die wenigen bedeutenden Dinge in meinem Leben – an meine Mädchenzeit, meine Liebe, meine Blindheit und die wenigen Abenteuer, die – bis ich sie genauer betrachtete – wie unkomplizierte Vergnügungen ausgesehen hatten.
In jener Zeit nach dem Krieg fühlte ich mich häufig wie eine Versagerin, so als hätte ich nie etwas Besonderes gesehen und als wäre alles, was ich gemacht hatte, rein privat gewesen, bedeutungslos für die andern. Ich spürte in meiner Einsamkeit die Selbstsüchtigkeit, mit der ich meine Zeit verschwendet

hatte, und ich versuchte, meinem eigenen Leben gegenüber Gleichgültigkeit zu lernen. Aber fast immer in solchen Zeiten der Verzweiflung tauchte jemand auf, meistens ein Mädchen mit einer Kamera, das mich daran erinnerte, daß ich einmal originell und witzig gewesen war, und das meine Arbeiten kannte. Dann war ich froh und hätte ihr am liebsten fünfzig Dollar in die Hand gedrückt.

Ähnlich ging es mir mit Frank, obwohl ich mich über ihn lustig machte. Ich konnte ihn im Grunde nicht verachten, ohne mich selbst dabei lächerlich zu machen. Insgeheim wußte ich, daß er für mich wertvoll war: Ich brauchte seine Achtung. Er verkörperte das junge, dreiste Selbstvertrauen, das ich einst selbst besessen hatte, einseitig, dominierend und uneingeschränkt davon überzeugt, daß die Fotografie wichtig war. Ich war zu seinem Sujet geworden: Er verewigte mich.

Frank hatte Spleens, Altweibergeheimnisse wie ich. Er war allergisch gegen Aufdringlichkeiten und hielt seine Privatsphäre privat. Er kannte mich nicht, und ich wußte nicht viel über ihn, aber was ich von ihm gesehen hatte, glich dem Teil meines Ichs, das ich unbedingt verborgen halten wollte. Ich brauchte seine Achtung, aber noch mehr brauchte ich seine albernen Fragen. Ohne ihn hätte ich den Mythos übernommen, den andere um mich herum aufgebaut hatten, und wenn dann die Zeit gekommen wäre, die Vergangenheit wieder zusammenzusetzen, dann wäre das die Version gewesen, die ich angeboten hätte. Aber die Wahrheit war anderswo, und im nachhinein sah ich, daß das Leben, das ich als so glücklich angesehen hatte, in Wirklichkeit unvollkommen und widersprüchlich war. Frank hatte mir geholfen, das zu sehen, weil seine blinde Neugierde ihn dazu brachte, sich auf mich zu werfen und nicht lockerzulassen. Er war immer noch ein Schmarotzer, aber er stopfte ein Leck und hielt mich über Wasser. Nun war er weg. Er fehlte mir, der kleine Bastard. Wann immer ich seine Auffassung der Fotografie anzweifelte – die Bilder, denen ich nicht mehr traute –, wollte ich, daß er sich zur Wehr setzte. Gewöhnlich hatte er das getan, und ich war ihm dankbar dafür. Ich brauchte seine Gegenwart, um sicher zu sein, daß ich wirklich die Maude Pratt war, die er sich vorstellte. Ich wollte ihn fragen, ob er von mir enttäuscht war, ob ich in meiner Arbeit irgend etwas falsch gemacht hatte. Und heute wollte ich außerdem von ihm wissen, was aus jenen Fotos geworden war. Existierten sie nur

in meiner Phantasie? Wenn ja, worin hatte ich mich noch getäuscht?
Ich blickte aus dem Fenster und sah, wie die Zedernbüsche die Arme anlegten, damit der Seewind vorbei konnte. Eine Reihe trockener Blumen nickte, ein Schauder fuhr über den ungeschnittenen Rasen. Und ein Licht leuchtete aus der Bucht herein, ein helles Medaillon, das auftauchte und genauso schnell wieder versank. Es war wie damals nach Mamas Tod, als ich im selben Zimmer gestanden hatte und das Bild der beiden Sessel meiner Eltern fand und es aufnahm. Als ich das Bild wegwarf, hatte ich wieder eine Vision aus meiner Welt verbannt.
Ich war allein. Kein schönes Gefühl. Franks Abwesenheit ließ die Tür zu meinem Leben einen Spalt offen. Es war höchste Zeit, daß irgendein Mädchen mit einer Kamera hereingestolpert kam. »Entschuldigen Sie, sind Sie Maude Pratt?« Das fragten sie alle; niemand kannte mein Gesicht. Aber sie würde mir von einem Bild erzählen, das ich vergessen hatte, und mich durch ihre Schmeicheleien daran erinnern, daß ich gelebt hatte. An diesem Herbsttag hatte ich, als ich am Fenster stand, das Gefühl einer großen Leere – das Gähnen des vertrauten Himmels und das alte, immer gleiche Wetter. Wind war Wind, Himmel Himmel, Nieselregen Nieselregen – aber meine Bilder nicht meine Bilder. *Sie müssen nur aus dem Fenster sehen,* rieten die fotografischen Handbücher. *Da liegt Ihr Bild vor Ihnen. Dort, wo Sie es am wenigsten erwartet haben. Es wartet nur darauf, aufgenommen zu werden.* Das war eine Lüge, an die nur Anfänger glaubten.
Ich sah die Windmühle an und sagte scharf: »Frank Fusco! Was hast du mit meinen Fotos angestellt?«
Die Erinnerung an meine Blindheit hatte mich immer von der Windmühle ferngehalten. Aber heute, in meiner einsamen Verzweiflung, nahm ich meinen ganzen Mut zusammen und ging den Pfad hinauf zu dem schmalen Fenster. Auf Zehenspitzen schaute ich hinein und war erstaunt, wie sauber es drinnen war. Sie war blank gefegt – ein paar Bänke standen auf dem Holzfußboden, eine große, offene Truhe –, ich sah die dicke, senkrechte Schraube und die Zahnräder des Mühlwerks: erstarrt wie das stillgestellte Schwungrad der Erinnerung in mir. Ich blickte hinein wie in meinen leeren Schädel. Frank hatte ganze Arbeit geleistet. Als ich den konischen Raum so bloß und

nackt sah, hatte ich das Gefühl, als gäbe es meine Bilder nicht wirklich, als seien sie Produkte meiner Phantasie.
Die Vergangenheit, diese Dunkelkammer, war Illusion. Ich war so nah daran, das zu glauben, weil sie verschwunden war, als hätte sie nie existiert. Ich war nur ein Lichtfunke in der Nacht, hinter mir blieb keine Spur. Frank hatte mir meine Fotos und damit meine Vergangenheit genommen, alle Indizien waren verschwunden. Ich hatte kein Leben mehr – vielleicht hatte ich nie eins gehabt. Das Gefühl, nicht zu existieren, das ich in Hotelzimmern hatte, überfiel mich hier mitten auf unserem Rasen.
Er hatte mich von meinen Fotos getrennt. In meinen Bildern hatte ich eine Doppelexistenz als Fotografin und als Mensch. Ohne sie war ich niemand.
Panik trieb mich zurück ins Haus. Ich fühlte mich ausgesetzt, als hätte jemand mich auf einem fremden Grundstück angeschrien: *Sie da!*, und in meiner Unsicherheit brauchte ich die beruhigenden Geräusche meines Hauses, das Knarren der Dielen und das Glucksen in den Wasserrohren.
Ohne zu zögern, ging ich in Franks Zimmer.
Vor Monaten hatte ich aus Langeweile und Neugierde in seinem Zimmer herumgestöbert und hatte mich im Recht gefühlt. Machte er nicht dasselbe mit meinen Sachen? Heute suchte ich nichts als Zuflucht. Ich wollte – was eigentlich? – noch einen Brief seiner Mutter lesen, meinen Namen geschrieben sehen, mich vergewissern, daß ich wirklich existierte. Und meine Entschuldigung und zum Teil auch wirklich mein Anliegen war es, daß es noch Bilder geben mußte, die ich nicht gesehen hatte, von Ereignissen, die von der Erinnerung ausgebleicht waren und die mir in meiner Autobiographie fehlten. Die Bilder mußten irgendwo sein: *Marilyn, Macht, daß ihr weiterkommt!*, *Briefträgerschuhe* und andere; wenn ich die sah, würde ich mich erinnern.
Die Tür war offen. Nach meinem ersten Einbruch, seinen Drohungen, meinen Versprechungen traute er mir nun. Dem Himmel sei Dank dafür. Wenn er mir nicht vertraut hätte, hätte ich sein Vertrauen nicht brechen können. Wieso überhaupt Vertrauensbruch? Mein Bett, mein Tisch und meine Lampe, seine Schuhe in meinem Schrank, sein Kamm auf meiner Frisierkommode, sein schaler Junggesellengeruch in meinen Schubladen, seine Kalender …

Nein, keine Kalender, sondern Zettel, die an die Wand geheftet waren, genau, wie er es mir erklärt hatte. Es waren sechs, mit Filzstift geschrieben, »Gedankenfetzen«.

Man muß die Leute, die man porträtieren will, zum Nachdenken bringen, sonst ist es unmöglich, sie so zu treffen, wie sie sind.

Maude sagt, jedes Bild enthalte seine ganze Geschichte, Vergangenheit und Zukunft. Das majestätische Echo des Bildlichen.

Tonband, Schablonen, Möwenschreie, Haken, Tragetaschen, steifer Karton, Wechselrahmen, Busfahrkarte, Bank, Post, Aspirin.

Zuerst extrem grobes Korn, hohe Kontrastabstimmung, Schleierbildung, Negativabzüge, natürliches Licht. Hörte sofort auf, wenn andere nachzogen.

»Die Bibel irrt – am Anfang war das Bild oder Sinnbild.«

Fotografie: »Sieg der Materie über den Geist.«

In fünfzig Jahren fotografischer Arbeit kein Selbstporträt. Warum nicht?

Der Anblick dieser Notizen und Sprüche heiterte mich auf, und ich hatte Lust, mir den Filzstift zu nehmen und diese Gedankenfetzen zu erweitern, mich in meinen Nekrolog einzumischen. Aber ich widerstand der Versuchung. Statt dessen ging ich zu seinem – meinem – Bett hinüber und setzte mich. Ein komisches Gefühl kroch durch meinen Körper, als bewahrte das Bett noch etwas vom ruhelosen Schlaf seines Benutzers. Ein Rest von Hitze, seine traurige Geschichte, schien durch die Decken zu sickern. Er war schwach und einsam, erstickt von seiner eigenen Gegenwart.

Der Nachttisch bot sich geradezu an. Ich dachte an meine erste Forschungsexpedition, die mich zu den Fotos von Kenny und Doris geführt hatte. Ich wollte noch mal nachsehen, schließlich mußte man sich auf dem laufenden halten. Wurden Pornofans es je müde, sich immer wieder dieselben Bilder anzusehen, suchten sie sich neue, so wie Don Juans immer neue Eroberungen brauchten? Es war eine schmale Schublade. Ein paar Fotozeitschriften obenauf wie damals. Ihr Anblick erinnerte mich daran, daß diese Fachblätter jahrelang Nackedeis abgedruckt hatten mit dem ganzen feierlichen Kamerajargon (1/125 sec., Blende 11, Weichzeichner) unter einem Paar Titten oder einem Hintern mit Grübchen. Ganz hinten in der Schublade war ein Packen Abzüge mit Eselsohren: Doris kniend, Hintern hoch; Kenny in Doris eingeklinkt; Doris in Stiefeln; Doris, die ihren Körper nach etwas absucht; Doris mit Kennys Schwanz in der Hand; Kenny beim Schlecken; Doris, die in seine Klarinette bläst; Kenny in Schwerarbeit; Kenny rittlings auf Doris; Doris mit Kenny verkehrt herum; Doris bespritzt. Pfui Teufel.

Und *Marilyn* und zwei vom Schweinedinner und mein halbes Dutzend Erotika, die ich – auf einmal fiel es mir wieder ein – nicht für eine »Männerzeitschrift«, sondern für ein Fotomagazin gemacht hatte, das, weil es ja für Profis bestimmt war, sich schon damals eine Menge erlauben konnte. Es waren meine Bilder. Der Mund mit der Erdbeere, der Cello-Körper, das Mädchen auf der Kühlerhaube, die Hockende, das Mädchen, das seine Brust ansieht, und die langbeinige nackte Gestalt, die eine Stange hinaufklettert, der Junge mit dem schönen Hintern.

Da war noch ein Bild, eins von zwei Menschen, die weder Kenny noch Doris waren. Und es war auch kein bewußt erotisches Foto. Ich versuchte, es wegzulegen. Ich hielt es dicht vor meine Augen, und es stieg in mir auf wie die Flut, eine Flut aus Licht.

Er kniete, die Adern standen dick auf seiner Stirn, Marmor und Blut, in der Pose einer rasenden Götzenanbetung, der Mund hart und fordernd. Er hatte lange Kratzspuren an den Schultern. Er schien die Besinnung zu verlieren, er schien in einem wilden Anfall zu sterben, und auf seinem Gesicht lag Qual. Unter ihm auf dem Boden sein leuchtendes Spiegelbild, ein weißer, wildbewegter Schatten, ein Doppelgänger, der sich rhythmisch gegen ihn hob und senkte.

Die Fotografie stimmte bis ins Detail mit einem Bild in meiner Erinnerung überein, aber wie konnte das sein?

Der Tag stand hell im gegenüberliegenden Fenster, es war nicht dunkel in dem kleinen Raum, obwohl das schwere Schwungrad der Mühle in das Licht des Fensters hineinrückte wie die Andeutung einer Sonnenfinsternis. Mein Gott, sie sahen so jung aus! Eile stand in ihren Gesichtern, aber sie waren in einer durchdringenden Umarmung gefangen, in Körper und Gedanken für immer gepaart wie ein Liebespaar auf dem algigen Meeresgrund, zu dem sie hinabgesunken waren.

Nein, gurgelte ich. Aber es war schon zu spät, ich versank.

Nach dem ersten Schock des Eintauchens in die luftlose Materie, die mir den Mund und die Augen verschloß, hörte ich auf, nach Atem zu ringen, und stieg noch einmal an die Oberfläche. Dann aber fiel ich hinab. Ich sank schnell, und das Rauschen des Wassers klang wie Gelächter, ich fühlte mich leichter werden, und das Licht um mich herum wurde leuchtender und ausdrucksvoller. Es gab keinen Zweifel: Ich ertrank.

Als ich meinen Widerstand aufgab, sank ich langsamer. Es war leicht für mich, die Ströme blubbernder Nullen zu sehen, die an meinem Gesicht vorbei nach oben stiegen. Das milchig-trübe Wasser verwandelte sich in Schaum, dann in Farbschleier, die grün und gelb-blau waren wie Seidentücher, die dicht an mir vorbeitrudelten. Ich machte eine Bewegung wie ein Fisch, und der formlose Druck des Wassers riß mich in kleine Schuppen auseinander, und ich glitt in glitzernden Teilchen hinab wie Pailletten eines zerrissenen Kleides.

Wenn ich es nicht besser gewußt hätte, hätte ich gesagt, ich fliege. Aber ich war schon einmal hier gewesen, war schon einmal in dem eigenwilligen Zauber des Auges ertrunken, von der Schönheit erschüttert – das war lange her, als ich noch an die Macht der Fotografie geglaubt hatte, ihr Opfer in ihre Tiefen zu ziehen.

Nun schämte ich mich meiner Hilflosigkeit, schämte mich, daß ich kopfüber in eines meiner eigenen Bilder gefallen war. Ich versuchte, zum schwachen Licht der Oberfläche zurückzukommen.

Es war eine trunkene Todeserfahrung – Loslösung und das Gefühl einer saugenden Endgültigkeit. Umrisse zeichneten sich jetzt klarer unter mir ab, aber ich war mir bewußt, daß die Vision, die mich da hinabzog, mich zerstören würde – ich wurde zu Tode gekitzelt. Ich wußte, daß es zu spät war, umzukehren, ich mußte es jetzt auf mich nehmen. Eine zweite Chance würde es nicht geben.

Das Foto (ich wußte kaum mehr, was eigentlich darauf war) hatte es geschafft. Es hatte mich eines Besseren belehrt und mich ertränkt, und in den ersten Momenten der Panik dachte ich *verdammt*, denn ich lernte etwas auf die harte Tour, was ich eigentlich schon immer gewußt hatte. Und je tiefer ich sank,

desto überzeugter war ich: Jenseits dieses Lichts war nur Dunkelheit ohne Rückkehr.
Meine Ohren hallten wider vom brüllenden Gelächter des strömenden Wassers. Es wurde langsam leiser, aber ich hörte es immer noch rauschen, ein immer schwächeres Rauschen, als würde ich langsam taub. Schließlich war Stille. Hier unten war ein Raum, waren Körper und Stimmen – Meeresgeflüster.

Maude hat gesagt, ich hafte dafür mit meinem Leben.
Sie ist in London. Sie wird es nie erfahren.
Ich versuchte zu antworten, aber nichts geschah. Ich war nicht da – mein Körper war nicht da. Ich war zu einem Funken zusammengeschrumpft, der sich mit der Zeit im Kreise drehte.
Schau dir bloß die hübschen Bilder an.
Längliche Stimmen, die Echobänder hinter sich herzogen: *ilder an, ilder an.* Das konische Echo jenes Raumes.
Die hab ich alle schon gesehen.
Schwesterchen hat alles aufgehoben. Das ist ein Zeichen von Einsamkeit.
Leg sie weg.
Nein. Da bist du. Dein weißes Kleid. Dein Hut.
Und du, wie du angibst.
Da ist Papa.
Das wär's dann.
Moment noch. Ihre Boogie-Männer. Und das hier müssen die von Florida sein.
Sie waren Kinder in Gefahr. Ich wollte, daß sie aufhörten, weggingen, zu ihrem eigenen Besten. Aber sie spielten hartnäckig weiter mit dem Feuer, als wäre es ein Spielzeug. Ich dachte: Die Vergangenheit ist nicht Illusion, sie ist Unwissenheit, und den Gefahren können wir nur ausweichen, wenn wir nichts tun. Aber die beiden gingen nicht weg. Sie wühlten weiter die Bildertruhe durch, getrieben von ihrer Neugier und mit der Tollkühnheit der Liebenden.
O Gott, sieh doch!
In diesem Moment waren sie verloren. Das Wasser um mich her rieb mir ihr Stöhnen in die Ohren.
Wie ist das möglich?
Das können wir doch nicht sein.
Doch. – Ich will es nicht sehen.
Wir müssen etwas tun.

Steck es weg. Wir müssen einfach so tun, als hätten wir es nie gesehen.
Es ist zu spät. Sie weiß es. Sie hat es immer gewußt.
Leg es zurück!
Sie wollte, daß wir es sehen.
Der Funke, in dem ich war, erzitterte, als er auf den Grund stieß.
Wir sind erledigt.
Ich gebe dich nicht auf.
Es ist unmöglich.
Es ist mir egal, ob sie's wissen oder nicht.
Sie wissen es.
Sie müssen uns verzeihen.
Nein. Es gibt nur einen Weg, damit sie es verstehen.
Sag mir, welchen.
Ich kann es nicht sagen.
Eine Strömung störte den gerippten Meeresgrund auf und trug ihre Stimmen davon. Ich hörte immer noch zu, aber ihre Stimmen waren fort. Ich hörte nur etwas, das wie das Gemurmel eines Aquariums klang. Ich sah einen Schatten, Zeit, die sich blau färbte; Tag; Nacht; hell; dunkel; das Licht wechselte, sonst nichts.
Du irrst dich. Wir haben keine andere Wahl. Es ist das einzige.
Aber so bald. Du! Wein nicht.
Aber sie weinten beide, und mir war klar, daß dieses Meer, in dem ich verloren war und aus dem ich nie mehr auftauchen würde, von ihren Tränen gespeist wurde. Ihre Trauer war der Mond, der die Tiden, in denen ich trieb, bewegte.
Ich kann ohne dich nicht leben. Deshalb hab ich keine Angst vor dem Tod.
Was sie wissen, wird nicht sterben.
Ich will, daß sie alles wissen.
Dann lassen wir das Bild hier und gehen.
Mit dir gehe ich überallhin.
Für uns gibt es nur einen Platz. Dort.
Ein kleines Hitzeflackern in dem Ozean der Tränen, ein trügerisches Blinken aus einer Tiefe, in der es nichts Festes mehr gab – nur das Licht, das von oben einfiel und an den Grenzen dieser Tiefe versickerte. Ich war gestorben. Ich wußte, was sie nicht wußten. Aber ich konnte sie nicht retten.

Sein Mut war zum Teil gespielt – aber er war schon zu weit gegangen, er konnte nicht mehr zurück. Und sie, die so leicht und schnell geliebt hatte, ging nun ungeduldig dem Tod entgegen, ihre Leidenschaft schien ihr Grund genug.

Es haben sich schon Menschen für weniger umgebracht.

Vielleicht bringen sie sich nur für weniger um.

Nicht einmal Würmer lebten hier. Die Staubkörnchen und die Farbtropfen simulierten Leben zwischen den Muschelsplittern, rührten sich leise wie ich in den flachen Kuhlen des Meeresbodens. Wußten sie, daß unter den aufgewühlten Wellen das Licht zu Staub und Dunkelheit zerrieben wird?

Wir werden's ihnen zeigen.

Und sie zeigten mir, daß ich diesen Tod um meines blinden Verrats willen verdient hatte. Sie flüsterten aufgeregt, voller Pläne, sie setzten die Segel. Kurz darauf kreuzten sie auf die offene See hinaus. Im Schlagen der Wellen waren sie still, und die Reise war vorüber, bevor sie es erwarteten – zu bald. Schon holte er das Segel ein, warf den Treibanker, und während sie wild in ihrem kleinen Boot auf und nieder tanzten, tröstete er sie und dehnte die Zeit.

Laß uns warten, bis es dunkel wird.

Dann kann ich dich nicht sehen. Ich will dich in meinen Armen halten. Wird es weh tun?

Nicht, wenn du immer weiter Wasser schluckst.

Ich hab Angst. Ich will, daß wir es tun, aber ich hab Angst. Hilf mir. Ich liebe dich.

Ja, ja.

Was ist?

Ich hab grade an Maude gedacht.

Armes Schwesterchen.

Sie tun mir alle leid.

Eine Bö lief über das Meer, eine Welle hob das Boot, schaukelte es, daß die Leinen an den Mast schlugen. Die Uferlinie, leicht an den Horizont gezeichnet, war unerheblich. Weder Himmel noch Erde zählten. Und so küßten sie einander, die Füße schon im Wasser.

Es ist kalt!

Nur langsam.

Sie glitten in das Fenster dieses großen, stillen Palastes und waren wieder glücklich, wie sie da aufrecht und unbeholfen

herumpaddelten, bis sie müde wurden und sich nach hinten lehnten. Schluckend tauchten sie hinab und begannen erst zu kämpfen, als es zu spät war. Sie gaben auf, ihre Arme und Beine bewegten sich nicht mehr.
Sie sanken langsam, ineinander verschränkt, wie eine harmlose Spinne an einem Faden winziger Blasen. Obwohl ich auf meinem Weg nach oben dicht an ihnen vorbeischwamm – ihr Sterben hatte mich erlöst –, sahen sie mich mit ihren weißen Augen nicht. Kein Blick, kein Wort mehr. Sie waren unter mir, nur noch schemenhaft, ein sinkender Lichtkreis. In dem Augenblick, als sie verschwanden, durchbrach ich die Oberfläche.

31 *Vernissage*

New York, ein nasser Novemberabend. Am Museum sah ich die Plakate, zwei Quadratmeter große Ausgaben meiner *South Yarmouth Madonna*, das friedliche Bild von Mutter und Kind. Es trug in großen Lettern die Aufschrift:

MAUDE PRATT
RETROSPEKTIVE
FÜNFZIG JAHRE

Ich war nicht mehr gewohnt, meinen Namen großgeschrieben zu sehen. Es stoppte mich. Andere Passanten verlangsamten ihre Schritte, um sich die Plakate näher anzusehen. Es machte mir Spaß, ihnen in meiner Anonymität über die Schultern zu sehen und ihr Gemurmel mitanzuhören. Einige Angeber brüsteten sich vor ihren Freundinnen damit, daß sie meine Arbeiten kannten. Ich stand lange genug herum, um einige geladene Gäste beim Hineingehen zu beobachten, elegant gekleidet, Tierfelle um die Schultern, Diamanten um den Hals, Gold an den Handgelenken – sie trugen ihren Reichtum zur Schau wie Kannibalen ihre Trophäen. Und sie waren erwartungsvoll, hoffnungsfroh, sie hatten den frisch gewaschenen Ausdruck aller Partybesucher. Und sie konzentrierten sich so sehr darauf, möglichst eindrucksvoll einzutreten, daß sie mich auf dem Bürgersteig im Licht des Museumseingangs nicht bemerkten.

Ich schlich mich zum Seiteneingang hinein, damit ich nicht gesehen wurde; es sah mich auch keiner.
Die eigentliche Party fand auf einer Empore im Treppenhaus im zweiten Stock statt. Wobei das Wort Empore dem nicht gerecht wird. Es war eine riesige Plattform, die zur Treppenhausseite hin von einem langen Steingeländer begrenzt war und auf der anderen Seite an eine gewaltige Glaswand stieß, die den Blick in den Innenhof freigab, wo Scheinwerfer große Mobiles und Skulpturen beschienen. Die Treppe, die zu der Empore führte, war voller Leute, die so taten, als wären sie hier zu Hause. »Ich bin durchaus in der Lage, allein dort hinzufinden«, hatte ich Frank gesagt, als er mich eine Woche vor der Vernissage anrief. Ich hielt Ausschau nach ihm – wir hatten verabredet, uns am Eingang der Ausstellung zu treffen –, aber wenn er dort war, so sah ich ihn jedenfalls nicht. Ich nahm an, daß er sich in der Menschenmenge verirrt hatte.
Das Plakat – das von draußen – wiederholte sich auf den Innenwänden, mein Name dick und fett auf jedem, das Bild so groß und so vielfach wiederholt, daß es nicht mehr meines war. Dies war ein großer Tag für jemand anderen.
»Sie haben es geschafft, zu kommen, wie schön! Sind Sie nicht begeistert?« rief eine Frau mit Fell auf dem Kopf. Weil ich dachte, daß sie vielleicht mich meinte, lächelte ich. Aber sie ging an mir vorbei.
»Dies ist Kunst«, sagte sie zu einem strahlenden Zwerg, »künstlerische Fotos.«
»Wo ist Maude?« sagte der Zwerg und sah mir direkt ins Gesicht. Die Frau wußte es auch nicht. Sie sprachen weiter von meinen Kunstwerken.
Ich war darauf vorbereitet gewesen, daß sie auf mich zustürzen und sagen würden: »Wo haben Sie denn gesteckt?« Aber das tat keiner, und ich wollte mich nicht selbst vorstellen. Ich hatte eigentlich nichts dagegen, hier drinnen genauso anonym zu sein wie draußen. Ich konnte lässig umherschlendern, Gespräche belauschen, Gesichter und Reaktionen beobachten und brauchte selbst keinen Ton zu sagen. Anerkennung kann nur mit Demut oder Dank beantwortet werden, und ich fühlte mich weder bescheiden noch dankbar.
Ich war hier eine Fremde. Es war das gleiche Beerdigungsgefühl wie bei meiner Rückkehr aus London im Frühsommer. Doch dies war ein fröhlicher Anlaß mit Maude-dies- und Maude-

das-Gerede in jeder Ecke. Ich hatte allen Grund, zu glauben, daß ich den Tod durch Ertrinken erlitten und überlebt hatte. Der Tod hatte mir gezeigt, wer ich war und was ich getan hatte: Es war schon ganz gut, daß mich niemand erkannte.
Da ich das Museum so unauffällig durch den Nebeneingang betreten hatte, mußte ich mich jetzt die Treppe hinaufkämpfen, auf der Menschentrauben standen, die sich lebhaft unterhielten und viel tranken. Ich hatte damit gerechnet, Frank auf der Empore zu treffen, und ich verzog schon das Gesicht in der Erwartung, ihn »Hier kommt der Star des Abends!« oder etwas ähnlich Dämliches rufen zu hören. Ich kämpfte mich zum Eingang der Ausstellung vor, denn die Party fand außerhalb der eigentlichen Galerieräume statt. *Eintritt hier* stand auf einem Schild, aber der Haufen, von dem ich angenommen hatte, daß er sich dort angestellt hatte, um hineinzukommen, stand nur als dicker Pfropfen vor dem Eingang.
Meine Ungeduld machte mich müde. Nach fünfzehn Minuten war ich erschöpft und sehnte mich nach einem Stuhl oder wenigstens nach jemandem – wo war der Schwachkopf? –, der mich rettete. Einige Leute starrten mich an, und ich grinste zurück, da ich annahm, daß sie mich erkannt hatten. Sie schauten weg. Ich konnte es mir nicht erklären, aber andererseits erkannte ich auch keinen von ihnen.
Noch vor ein paar Jahren hätte ein Anlaß wie dieser Dutzende von mir bekannten Gesichtern zusammengebracht – Imogen, Minor, Ed Weston, Walker, Weegee –, und ich suchte ihre Gesichter einen Augenblick lang in der Menge, bis mir einfiel, daß sie alle tot waren wie Mrs. Cameron. In diesem Raum war eine neue Generation von Fotografen und Kunstmäzenen. Ich hatte keine Schwierigkeiten, die Fotografen zu orten: Die langbeinige Blonde da mit ihrem Umhang und das lächerliche Geschöpf mit der Sonnenbrille auf der Frisur dort, ein schwarzes, weinerliches Homopärchen und noch ein Neger, der mit langen Zähnen gefährlich in die Runde blickte, als wollte er uns jeden Moment auf Suaheli anschreien. Die meisten Fotografen waren Typen in Lederjacken, Kampfstiefeln und kratzigen Hemden. Das sollte heißen, daß sie harte Männer waren, Draufgänger. Sogar die Mädchen sahen aus wie Waldläufer. Dem wahnsinnigen Konkurrenzdruck in einer Zunft, die ohnedies Neurotiker magisch anzog, versuchten sie als hartleibige Zyniker, als Freibeuter ihres Berufs zu begegnen. Sie trugen

alle Belichtungsmesser als Anhänger um den Hals. Wenn das eine Kunst war, dann die einzige, in der der Künstler etwas am Körper trug, was ihn als Kunstausübenden kenntlich machte.
Und es gab noch andere dort, Paare, die nicht recht zusammenpaßten, die ich für Fotografen mit ihren Opfern hielt. Das magere Mädchen und ihr Freund, dessen Gesicht ich vom Umschlag eines Taschenbuchs aus dem Kaufhaus kannte – war sie nicht offensichtlich darauf aus, unter seinem Foto kleingedruckt genannt zu werden? Der adrette kleine Mann mit der kurzatmigen alten Schachtel da: Das konnte nur ein Verhältnis sein, das mit einer Sitzung im Studio begonnen hatte (»Schaun Sie mir in die Augen, meine Liebe, und vergessen Sie einen Moment lang Ihre Hände ...«); der Boogie-Mann und die Blondine mit dem kalten Blick – man mußte nicht viel Phantasie haben, um sich auszumalen, daß sie ihre Romanze mit Hilfe der Kamera begonnen hatten und sie nach menschlichem Ermessen auf dieselbe Weise immer noch über Wasser hielten (seine brutal-ehrlichen Reportagen des Gettolebens; ihre an Opferbereitschaft grenzende Mitarbeit). Der bärtige Klotz da und die Kindfrau; die Virago und ihre Seelengefährtin, ganz und gar in der, wie sie es ausdrücken würden, neuen Frauengeschichte. Die Durchschnittsgeister waren über ihre immer gleichen Klischees zu orten: Die Einfachheitsapostel mit ihrem Konsumverzicht, die Ganz-Ernsthaften, Engagierten, die Wirklich-und-Endgültig-Ausgestiegenen, die Freaks, die Ausgeflippten, die Ausschließlich auf Ihrem Trip waren, die Echten Außenseiter, die Kompromißlose Avantgarde und die Schönen. Sie suchten den Erfolg mit dem Hunger von Kannibalen. Aber was zum Teufel – sie amüsierten sich. Die Fotografie war unwichtig – sie hatten ja einander. Darin lag der ganze Zweck des Bildermachens – man machte sich Freunde, man wurde berühmt und kam an die frische Luft. »Ich arbeite an einem neuen Konzept«, sagte der bärtige Klotz, und ich wußte, wenn er nicht zufällig Fotograf von Jack Guggenheims Gnaden gewesen wäre, hätte er wahrscheinlich längst zwanzig Jahre wegen Unzucht mit Minderjährigen kassiert. Die Arbeit war ein Vorwand; der eigentliche Sinn war, Leute kennenzulernen, und das wiederum brachte die Fotografie in Verruf.
Meine Anonymität machte mich zynisch. Vielleicht war ich nicht ganz fair. Vielleicht hatten sie Bilder gemacht und waren

genau wie ich irgendwann später darin ertrunken und wußten um den Schrecken dessen, was sie taten.
»Er ist zur Zeit in einer ziemlich aufregenden Sache drin.«
»Er hat seit Jahren keine Ausstellung mehr gemacht.«
»Meiner Meinung nach ist dies ein echtes Ereignis. Er lebt sonst sehr zurückgezogen.«
»Angeblich soll er hier irgendwo sein.«
Dieses »er«, das ich immer wieder hörte, bezog sich sicher nicht auf mich. Ich hatte keine Lust mehr, in dieser Menge herumzulaufen. Meine Müdigkeit wurde zu Gleichgültigkeit und dann zu Panik. Ich hatte mich nicht vorgestellt, also übersah man mich. Sie könnten sogar denken, daß ich sie bewußt heimlich belauschen wollte. Sie würden mich umringen und sagen: »Sie hätten ja zumindest sagen können, wer Sie sind.«
Aber niemand in dem überfüllten Raum sagte irgendwas zu mir.
»Das ist er doch, oder?«
Darüber hinaus (»Entschuldigung, meine Dame«, sagte ein Mann und fegte ein Tablett mit Drinks aus meiner Reichweite) bemerkte ich eine deutliche Gereiztheit in den Gesichtern, wenn mein Blick sich zufällig mit dem eines dieser großäugigen Redner traf, ganz so, als wäre ich uneingeladen hier eingedrungen und hätte kein Recht, ihnen zuzuhören. Es hätte mir nichts ausgemacht, wenn ich nur ignoriert worden wäre, aber ich wurde deutlich gemieden, und das ging über meine Kräfte. Ich war im Weg! Es gab jedesmal eine große Drängelei, wenn wirkliche Berühmtheiten auftauchten, verschiedene Leute, die ich bei Talk-Shows im Fernsehen gesehen hatte, meistens grauenvoll schlechte Schriftsteller, die freimütige autobiographische Romane über ihre unnatürlichen Akte geschrieben hatten.
»Gehn Sie doch mal 'n Stück beiseite!« Das war einer von unseren Fotografenfreunden mit einem teuren Klotz von einer Kamera in den Pfoten, einer Rollei mit Motorwinder, die auf mein Ohr zielte.
Irgendein berühmter Typ war gerade hereingekommen. Wer das war, konnte ich nicht feststellen. Alles kam in Bewegung, es grenzte an Panik, die Leute kämpften sich mit den Ellbogen an mir vorbei.
»Entschuldigen Sie.«
Eine Männerhand legte sich auf meine Schulter. Wurde auch langsam Zeit. Ich drehte mich um und lächelte.

»Sind Sie vielleicht Lillian Hellman?« Der Mann neigte den Kopf um meine Antwort zu hören.
»Tut mir leid, mein Junge. Ich bin ihre Mutter.«
Aber obwohl ich wütend war, daß man mich mit Lily verwechselt hatte (gibt es irgendeine alte Dame auf der Welt, die es freut, wenn sie mit einer anderen alten Dame verwechselt wird?), hoffte ich doch, daß der Mann lange genug blieb, um ihm zu sagen, wer ich war. Aber er schlug sich beleidigt seitwärts in die Menge.
Ich hatte hier wirklich nichts zu suchen. Die Leute hatten aufgehört, von mir zu sprechen, sie waren beim dritten oder vierten Drink angelangt und feierten einfach nur noch. Die Plakate mit meinem Namen spielten keine Rolle mehr.
»Er hat es als Multimedia-Show aufgezogen. Ich geh rein, sobald dieser Wein hier alle ist.«
Es war ein Spektakel von der Art, die ich dreißig Jahre lang gemieden hatte. Es gab keinen Grund, warum irgend jemand mein Gesicht kennen sollte – schließlich hatte ich in professioneller Hinsicht kein Gesicht. Für die meisten war ich nichts als ein Name und die Fotografin von *Zweiundzwanzig weiße Pferde* und außerdem berühmt, weil ich eine Zeitlang blind gewesen war und trotzdem *Feuerteufel* gemacht hatte. Die einen identifizierten mich mit den Kuba-Bildern, die anderen mit der Schweinedinner-Serie; die Schwarzen schätzten mich wegen meiner *Boogie-Männer,* Neu-Engländer wegen der *South Yarmouth Madonna,* die Kalifornier kannten nur meine Hollywood-Fotos, die Briten wußten von meiner Londoner Phase und sonst von nichts, die literarisch Interessierten kannten meine *Gesichter des Romans,* und für ein paar Fotofans und Eingeweihte war ich das junge Mädchen, das Stieglitz mit seinem eigenen Kasten geschossen hatte. Berühmt sein heißt fixiert sein – man ist ein Bild, ein Datum, ein Ereignis, eine bestimmte, einzigartige Leistung. Fixiert sein heißt tot sein, und deshalb ist Ruhm nur eine Version von Unbekanntheit. Man tauchte auf seiner eigenen Party nur noch als Gespenst auf. Wenn Frank dagewesen wäre, hätte er mich durch die Menge bugsiert und mich auf die übliche Weise vorgestellt, sich als Verwalter meines Ruhms in Szene gesetzt. Aber ich sah ihn nirgends.
Ich sah auch die Ausstellung noch nicht. Der Eingang war immer noch von Leuten blockiert, und es waren dieselben, die

ich vorhin schon dort gesehen hatte, nur ein bißchen lauter und betrunkener. Sie hatten ein gutes Plätzchen gefunden und beachteten die Ausstellung überhaupt nicht, dazu war immer noch Zeit, wenn es nichts mehr zu trinken gab. Schließlich waren sie zu einer Party gekommen. Ich ärgerte mich maßlos darüber, daß sie nur da zu sein schienen, um sich zu treffen, und daß sie in ihrer Blindheit meinen Bildern nicht die geringste Aufmerksamkeit schenkten.
Ich überlegte, ob ich eine Szene machen sollte – sie mit erhobenen Armen anschreien, sie mit einem hysterischen Monolog über die Bedeutung der Kunst in Verlegenheit bringen oder etwas Schockierendes sagen sollte, etwas, wovon sie noch Jahre später sprechen würden.
Wums.
»Tut mir furchtbar leid.« Der Dussel, der mich mit Lillian Hellman verwechselt hatte, rempelte mich an und stürzte weiter. Die Party begann, sich zu wiederholen, die Episoden des Anfangs wurden in einer alkoholisierten Parodie neu aufgelegt.
Mehrere Leute, die mich in meinem schwarzen Kleid für die Bedienung hielten, verlangten Drinks von mir. Sie lachten auf, wenn sie ihren Fehler bemerkten, aber ich ließ mich inspirieren. Ich schnappte mir ein Tablett und machte die Runde, gab Drinks aus, deutete einen Knicks an, wenn ich Bestellungen aufnahm, sagte »Sir« und »Madam« und: »Ich tu, was ich kann.«
Die Fotografen, die ich noch gekannt hatte – tot. Die Leute, die ich porträtiert hatte: Slaughter, Huxley, Eliot, Teets, R.G. Perdew, Lawrence, Marilyn, Harvey und Hornette – tot. Orlando und Phoebe: Ich wußte jetzt, daß ich sie ins Meer getrieben hatte. Ich hatte sie mit einem Foto umgebracht. Ich verdiente diese Mißachtung, verdiente es, daß die Leute mich mieden oder mich wie eine Kellnerin behandelten; ich verdiente Schlimmeres – ich war eine Verbrecherin, die ihren Bruder und ihre Schwester in den Tod gehetzt hatte. Ich setzte das Tablett ab und drückte mich in der Menge herum wie die Mörderin, die ich war.
Ich trat auf etwas und bückte mich, um es aufzuheben, obwohl mein erster Gedanke war, es liegen zu lassen, damit einer dieser Partylöwen darüber stolpern und sich den Hals brechen würde. Es war ein Katalog, ein dickes Handbuch, vorne drauf mein

Name, gleich über dem von Frank, und mit einem anderen Bild (*Neger, auf ein Floß zuschwimmend* – wobei »Neger« durch »Person« ersetzt war, was den Sinn des Bildes zerstörte).
Ich hatte es schließlich doch abgelehnt, die persönliche Erklärung zu schreiben, um die Frank gebeten hatte, und ich hatte auch gesagt, daß ich mit dem Katalog nichts zu tun haben wollte. Ich hätte noch weitergehen und sagen sollen, daß ich nicht auf die Vernissageparty kommen wollte. Ich kam mir lächerlich vor – schuldbewußt und dumm, ich schämte mich, daß ich durch Bluff und Angabe so weit gekommen war. Ich gehörte hinter Gitter. Ich hatte aus der Anonymität eine Tugend gemacht. Ich hatte mich immer daran gehalten, und warum auch nicht? Die Anonymität hatte für mich das getan, wofür andere Fotografen eine lebenslange Selbstpromotion gebraucht hatten. Jetzt war es zu spät, mich zu offenbaren. Es war besser, anonym weiterzumachen und schließlich in Stille zu verschwinden. Ich hatte mein ganzes Leben in dem Schatten verbracht, der mich nun auch bei dieser Party versteckte. Ich hatte den Raum als eine Fremde betreten, und als Fremde wollte ich auch wieder gehen. Wenn es nicht so furchtbar voll gewesen wäre, hätte ich das sofort getan.

Danksagungen las ich auf der ersten Seite des Katalogs. Es war eine Liste von Geldmaschinen, nicht nur die John-Simon-Guggenheim-Stiftung, sondern auch die Nationale Kunststiftung und fünf weitere einschließlich des *Melvin Shohat Photographic Trust.*
Sollte Frank mit seinem Kuratorjob beim Museum nicht landen können, dann war für ein Finanzgenie wie ihn sicherlich im internationalen Geldgeschäft immer ein Plätzchen frei.
Meine Karriere, die ein einziger Kampf gegen die Patronage gewesen war, endete damit, daß die Geldmaschinen für meine Retrospektive die Rechnung zahlten.
Aber ich hatte das Recht auf Einspruch verspielt. Ich war tot. Sie tanzten auf meinem Grab.
Maude Pratt, so begann Franks Einleitung, *ist wahrscheinlich eine der größten amerikanischen Fotografinnen unserer Zeit.*
»Wahrscheinlich?« »Eine der?« »Unserer Zeit?«. Das waren harte Schläge. Aber recht so: Ich hatte Blut an den Händen, ich hatte es nicht anders verdient.

Zu meiner Überraschung enthielt der Katalog doch eine Botschaft von mir. Titel: *Erklärung der Künstlerin.*

Die Bibel sagt: »Am Anfang war das Wort.« Die Bibel irrt. Am Anfang war das Bild. Das Auge sah, bevor der Mund eine Silbe sprach. Denken ist bildlich.

Fotografische Wahrhaftigkeit, die für mich das majestätische Echo des Bildes ist, nahm ihren Anfang in dem magischen Raum, der unter dem Namen *Camera obscura* in die Geschichte einging. Die *Camera obscura* ließ die Welt durch ein Nadelöhr ein. Der Mensch lernte, das Bild zu fixieren, das war der Urknall der Fotografie. Die Malerei hat sich von diesem Schlag nie erholt. Sie begann, die Wahrhaftigkeit herabzusetzen, verfälschte den Augenschein und wurde destruktiv.

Ein schlechtes Bild ist leicht zu erkennen. Schlechte Bilder kann man nur ansehen, weiter nichts. Gute Bilder sind eine Erkundungreise, in den besten ertrinken wir und bleiben unter der Oberfläche, bis wir glauben, nie wieder zurückzukehren. Aber man kehrt zurück. Ich habe diese Erfahrung selbst gemacht.

Die Fotografie beschäftigt sich ausschließlich mit dem, was ist. *Was bin ich?* mögen Sie fragen. Diese Frage kann ich beantworten. Sie sind ein »Pratt«.

Falls Sie an Persönlicherem interessiert sind: Ich wurde im Jahre 1906 in Massachusetts geboren.

Das war Franks Arbeit, diese Katalogkurzschrift, die mein Leben im Dunkel und mein Verbrechen unerwähnt ließ.

»Da ist er ja«, sagte der Mann neben mir zu seiner Freundin. Sie hätten mich fast umgerannt, als sie an mir vorbeischossen.

Ich schloß mich ihnen an. Im Zentrum der größten Menschentraube fand ich ihn schließlich, ich sah sein sorgenvolles, weißes Gesicht, die Glasperlen und eine neue kunstvoll-wirre Frisur.

Er trug ein zerrissenes Jeanshemd und darunter ein T-Shirt mit der Aufschrift *It's Only Rock and Roll,* giftgrüne Jeans und mit Sicherheit – ich konnte sie nicht sehen – seine Cowboystiefel. Es war ein langer Weg bis hierher von damals, als er in seinem klettengrünen Dreiteiler bei mir am Kap aufgetaucht war: »Ich wäre Ihnen sehr dankbar, wenn Sie mir erlauben würden, Ihr

Archiv durchzusehen.« Und ich hatte ihm meinen Bildpalast geöffnet.

Ich drängte mich näher heran und bekam ein bißchen von dem Geschnatter mit. Die Leute, die Frank umringten, sprachen mit gedämpfter, ernster Stimme, um ihrem Geheuchel Gewicht zu geben.

»Es ist einfach wundervoll, Frank, phantastisch. Es hat Dichte, es hat Leben, und es ist ohne Zweifel das Aufregendste, was ich seit Jahren zu Gesicht bekommen habe.« Das war ein vor Wohlgefallen schnurrender Spießer im Nadelstreifenanzug, der ganz offensichtlich von einer der Stiftungen war.

Frank sagte: »Ohne Ihre Unterstützung hätte ich es nicht geschafft. Es war ein hartes Stück Arbeit, aber ich glaube sagen zu können, daß Ihr Geld gut angelegt worden ist.«

»Das ganze Komitee ist heute abend hier, um Ihnen für die Ausstellung alles Gute zu wünschen.«

»Es war natürlich ein Risiko, aber meiner Ansicht nach ...« Frank winkte lässig mit der freien Hand. »Hallo, Tom. Wie geht's, Charly? George. Schön, dich zu sehen, Norman. Grüß dich, Susan, freut mich, daß du kommen konntest ... ein Risiko, das man einfach auf sich nehmen mußte.«

In seinem verkniffenen Gesicht lag ein vorsichtig zurückgehaltener Stolz. Er trug ein enges Lächeln zur Schau, als lutschte er ein Hustenbonbon. Seine Augen waren leer vor Eigenliebe.

»Das muß ein bemerkenswerter Sommer gewesen sein da oben am Kap.«

»Ziemlich unglaublich«, sagte der Schwachkopf. »Aber ich habe das Gefühl, wir haben so etwas wie Pionierarbeit geleistet.«

»Für das Museum ist es mit Sicherheit ein Coup.«

Frank sagte: »Die Arbeiten schrien förmlich danach, ausgestellt zu werden. Maude selbst hatte ja keinen Schimmer ...«

»Die Präsentation ...«

»Präsentation ist das A und O«, sagte Frank. »In dem Augenblick, als ich die Bilder sah, wußte ich, daß ich da etwas Wichtiges und Aufregendes in der Hand hatte.« Er spielte an seinen Glasperlen und machte dann unvermittelt einen Tangoschritt nach vorn, um einer Bewunderin einen Begrüßungskuß auf die Wange zu drücken.

»Frank ist erstaunlich«, sagte ein junger Mann rechts neben mir.

»Das hab ich schon immer gesagt«, sagte ich.
»Der macht 'n Vermögen aus dieser Sache, man muß schon sagen, er weiß, wo's längsgeht.«
»Und ob.«
»Und von wegen harte Arbeit! Hat sich den ganzen Sommer von Dingsda, wie war noch der Name, verwöhnen lassen.«
»Jack Guggenheim?«
»Nee, von der, die die Bilder hier gemacht hat, em, Pratt.«
»Sei'n Sie nicht albern«, sagte ich. »Die Bilder hat doch Frank gemacht!«
»Aber sicher!«
Die Party ging zu Ende. Der Rest der Leute driftete auf die Gruppe um Frank herum zu, in der ich verloren herumstand. Zwei der Fotografen, die ich geortet hatte, knipsten herum, und Franks Gesicht leuchtete einen Moment lang im Blitz auf, während er sagte: »Ich hoffe nun nur, daß die Leute die Bedeutung dieser Ausstellung auch begreifen.« Er genoß jede Minute dieser Schau und schien so vertieft darin, daß ich ganz überrascht war, als er sagte: »He, hat jemand eigentlich Maude gesehen?«
»Nein«, sagte ich, und ich meinte das ehrlich. Niemand achtete auf mich – die anderen sagten ebenfalls nein. Ich ging langsam quer über die Empore zum Eingang der Ausstellung.

32 *Retrospektive*

Da war ich auch nicht. Das Ding war leer, kein Mensch zu sehen, ein Vorraum mit Katalogstapeln. Plakate an den Wänden. Von dort führte ein Durchgang wie in einer Geisterbahn in die Ausstellungsräume, aus denen einladende Töne herüberklangen: Musik der zwanziger, Brandung, Möwen, Verkehrslärm. Und der scharfe Geruch von starkem Scheinwerferlicht auf frischer Farbe.
Der erste Raum enthielt meine frühen Sachen. Die Stellwände waren aufgefächert wie die Seiten eines Albums. Da gab es Familienszenen von ganz früher, das Boot, den Strand, das Haus – Aufnahmen voller Staunen, hier wirkten sie in ihrer Unschuld unbeholfen und rührend. Ich war jedenfalls nicht darin.

Eine Straßenbahnglocke bimmelte im nächsten Raum; der Lärm einer großen Stadt, vom Verkehr übertönte Stimmen. *New York 1923*, hieß es auf Franks Schild, und da waren *Lawrence beim Rückzug, Mott Street, Die Battery, Broadway, Chinesische Gemüsehandlung, Pelze Wolfpits* und meine *Grand-Central*-Serie.

Die Brandung, die ich schon beim Eintritt in die Ausstellung gehört hatte, war nun so laut, daß sie gegen die Wand nebenan zu schlagen schien. Ich ging hinein, darauf gefaßt, von der Strömung mitgerissen zu werden, aber ich fand nur eine Nachempfindung meiner Provincetown-Ausstellung – *Mrs. Conklin; Muschelsucher: Wellfleet; O'Neill in Peaked Hill* – und die ungefähr fünfzig Negativabzüge, die *Boogie-Männer*: Teets, Doolum, Pigga, Frenise und andere.

Das Meeresrauschen überflutete mich. Ich fühlte mich abgeschnitten. Ich hörte nichts mehr von den Partyresten auf der Empore. Ich war in meine eigene Welt zurückgekehrt, aber ich fühlte mich in ihr wie ein Gespenst – *Stieglitz, Pensionsgäste, Alligatorenringkampf, Donner über Boca Grande* waren mir fremd geworden. Ein ganzer Art-Déco-Raum war dem Schweinedinner gewidmet. Da waren Papa und Mr. Carney, Harvey und Hornette, Mrs. Fritts, Mr. Biker, »Klaue« Taft und Glory. Die Bilder waren leicht rauchig und schemenhaft wie in meiner Erinnerung, und doch waren sie weniger intensiv, als ich erwartet hatte. Die Gesichter waren wie die gefangener Tiere. Ihre Nacktheit rührte mich. Und ich wußte, was jetzt kam.

Eine blinde Wand, nichts daran, und dann *Feuerteufel*. Ich hielt Abstand, mir graute davon, in eines dieser Bilder einzutreten und sie erneut durchleiden zu müssen. Ich spazierte umher, ohne ihnen nahe zu kommen, und sah *Frost*, die Hollywoodbilder von Huxley und Mann und dem weinenden Alan Ladd, die unheimliche Pietá von Ray und Cissy Chandler, die anderen weinenden Schauspieler. Leichen.

Die *Wessen Zimmer?*-Fotos hatte Frank in *Londoner Interieurs* umbenannt und damit die Pointe vermasselt. Aber was für eine Gaunerkartei das war! Erst die Räume und dann die Gesichter: Eliot, Ackerley, Waugh, Forster und weiter hinten Patton, Gertrude Stein, Cocteau, Maugham, Picasso. Sie sahen mich nicht an – kein Wunder: Die Leute, die porträtiert werden, sehen nicht den Fotografen an, sondern ihr drittes Auge, das Objektiv.

Ich war nicht hier, nicht da, ich war nirgends, und doch wußte ich, daß ich den Bildpalast meiner Erinnerung betreten hatte. Schade, daß ich nicht darin war, aber erstaunlich, was sonst alles da war – all die vergessenen Bilder, die Frank mir nicht gezeigt hatte: *Apfelverkäufer, Das Niesen, Trödelladen, Phil Rizzuto, Briefträgerschuhe, Orthodox-Jüdische Knaben*, die *Glamour-Girl*-Serie, Dutzende von Blinden und das Bild, zu dem mich ein Comic Strip angeregt hatte: *Mann, der seine Erbsen mit dem Messer ißt.* Hervorragendes Zeug, aber wo war ich? Sicher nicht in den Gruppenbildern – *Abschlußfeier: Woonsocket High School*, das über eine ganze Wand vergrößert war, der riesige *John Hancock* auf der nächsten – und auch nicht in *Tanzpartner, Erlösung, »Rassenintegration«, Flüchtlinge, Metzgerschürze, Macht, daß ihr weiterkommt!* oder in den zwölf Bildern von vietnamesischen Flüchtlingen, die zur Tür hinauslaufen. Ich suchte nach mehr Bildern und sah die Leuchtschrift *Ausgang.*
Aber ich wollte noch nicht gehen. Ich sah mir die Ausstellung noch einmal an, und mir wurde klar, wieviel fehlte. Obgleich es dem oberflächlichen Betrachter so vorkommen mochte, als ob dies vollständig wäre, ein ganzes Leben – ich wußte, daß da Lücken waren, viele Jahre, die ganz fehlten. Frank hatte meine sechs erotischen Fotos weggelassen, den *Aal in der Toilette,* die von meiner Familie, die ich am besten kannte (sehr lebendig in meinem Gedächtnis, weil es Schnappschüsse waren, die ich von vornherein als Erinnerungen geplant hatte). Wollte Frank mir eine Blamage ersparen, weil er sie für amateurhaft hielt, oder wollte er seine Fähigkeiten als Aussteller demonstrieren, indem er sie für vulgär erklärte?
Und das mörderische Bild von Orlando und Phoebe, nackt in der Windmühle – das einzige, was von fünfzig Jahren Arbeit wirklich zählte –, unterdrückt! Typisch für diesen Onanisten, das schamhaft zu verstecken, was ihm als Bildvorlage diente. »Welche Retrospektive?« sagte ich laut. Wenn man diese Ausstellung betrachtete, mußte man denken, mein Leben sei voll und glücklich gewesen, fünfzig Jahre Reisen, interessante Ereignisse und Erfolge. Keine Fehlschläge, keine Tränen. Das war die Lüge der Perfektion, die nur unzulänglich verdeckte, daß mein Leben und meine Arbeit zum größten Teil ein Fehlschlag waren, ein großes Versagen. Da war es kaum überraschend, daß niemand auf der Party mich erkannt hatte.

Ich war in keinem meiner Bilder, und sie alle zusammen waren nicht mein Leben. Ich ging zurück in den Raum, der meine Provincetown-Ausstellung enthielt. Frank hatte hinter einer Wand einen Projektor aufgebaut, und während die Möwen klagend schrien und die Wellen gegen die Kaimauer schlugen (war da nicht sogar ein Hauch Salzwassergeruch in der Luft?), wechselten die Bilder: *Dünen, Muschelsucher, Cummings, Pigga, Sonntagshäubchen, Hurrikanschaden.* Aber es waren nicht mehr meine Bilder – sie gehörten der Welt und jedem, der beim Betrachten etwas erfuhr. Kein Leben war so geordnet wie diese Ausstellung.
Schritte im Vorraum. Ich hörte genau hin – ein Paar Cowboystiefel.
»Maude!«
Ich drehte mich um und versuchte zu lächeln.
»Hier hast du dich also versteckt. Ich hab dich überall ge ...«
»Halt den Mund«, sagte ich.
Und doch wollte ich ihn gleichzeitig beruhigen, ihn umarmen und ihm sagen: *Frank, mach dir keine Sorgen, es gehört alles dir, du kannst es gerne haben!*
Dann aber sah ich sein selbstzufriedenes, herablassendes Gesicht, die Grimasse der Patronage. Er machte seinen Lutschmund, und ich hatte das Gefühl, daß er mir einen Kuß geben wollte.
»Ich möchte allein sein«, sagte ich.
»Du hast wieder getrunken.«
Um ihn zu schockieren, rülpste ich tief. Dann, zufrieden mit dieser Darbietung, wollte ich nach Hause.
»Komm noch mal rüber und zeig dich den Leuten«, sagte er.
»Nein, es wird Zeit, daß ich nach Haus komm.«
Er wirkte deutlich erleichtert. Er räusperte sich. »Sag, wie findest du denn deine Ausstellung?«
»Sehr nett, aber meine ist das nicht. Außerdem fehlt ein Bild.«
Er wurde rot und faßte sich an die Wange, so hart, daß eine kreideweiße Druckstelle zurückblieb. Seine Augen wurden glasig vor Scham. Er sagte: »Gib's her, und ich bau es noch ein.«
»Leck mich am Arsch, Frank«, sagte ich, und dann mußte ich lachen. Ich machte mich auf den Weg, und meine Gedanken liefen mir voraus; ich war schon zu Hause in meinem Zimmer,

im Nachthemd, und trank und dachte: Wenn es jetzt seine Bilder sind, dann ist es auch seine Schuld, und ich bin endlich frei.
»Welches meinst du denn?« fragte er, aber er wollte es gar nicht hören.
»Du würdest es nie erraten«, sagte ich. »Außerdem hab ich's noch gar nicht gemacht.«
Ich beschloß, durch die Ausstellung hinauszugehen. Und mir fiel auf, daß die Bilder, die hier hingen, mehr über Frank aussagten als über mich, denn eine Geisteshaltung äußert sich in der Art, wie sie die Dinge darstellt, welche sie unterdrückt und für welches Zerrbild der Wirklichkeit sie sich entscheidet, welche Verkleidung sie bevorzugt. Dies ist buchstäblich zu nehmen: Der Mann in seiner Verkleidung sprach Bände, während die Frau mit der Kamera nur wenige Geheimnisse zu haben schien. Ich war nur eine Zuschauerin, die nach Chemikalien roch. Die Leute glaubten nicht, daß es mich gab. Ich war auch einfach unglaublich. Es war Zeit, daß ich ein Selbstporträt machte.

Amerikanische Erzähler

Joseph Heller
Catch 22
Roman. Band 1112

William Carlos Williams
Eine Nacht im Juni
Arztgeschichten. Band 5895

Bobbie Ann Mason
Shilow und andere Geschichten
Erzählungen. Band 5460

Jayne Ann Phillips
Maschinenträume
Roman. Band 9199

Robert M. Pirsig
Zen und die Kunst, ein Motorrad zu warten
Roman. Band 2020

Anne Tyler
Die Reisen des Mr. Leary
Roman. Band 8294

Fischer Taschenbuch Verlag

fi 541/3

Anne Tyler

Nur nicht stehenbleiben
Roman. Band 5154

Eines Tages reicht es Charlotte endgültig. Sie hat ihre Ehe mit Saul, einem spätberufenen Gottesmann und Prediger von Profession, und ihr eintöniges Kleinstadtdasein herzlich satt und beschließt, getreu der Devise: *Nur nicht stehenbleiben* endlich zu tun, wovon sie bald dreißig Jahre träumt: Die große Reise in die weite Welt anzutreten.

Dinner im Heimweh-Restaurant
Roman. Band 8254

Pearl Tull ist zierlich und zäh, reizbar und oft schwierig im Umgang; und sie kämpft immerzu gegen irgendwelche Komplikationen an. Für die ist meist Ehemann Beck zuständig. Erst verordnet dieser ambitionierte Reisende für Landwirtschaftsgeräte Frau und Kindern zahlreiche Umzüge, dann beschließt er eines schönen Tages, doch lieber allein weiterzuziehen. Pearl, soeben fünfzig geworden, nimmt eine Stelle als Kassiererin im Supermarkt an, rackert sich ab für die Kinder und ist im übrigen fest entschlossen, die Fiktion von der heilen Familie aufrechtzuerhalten.

Caleb oder Das Glück aus den Karten
Roman. Band 8255

»Caleb oder Das Glück aus den Karten« ist das Muster eines intelligenten, witzigen und klugen Familienromans. Er amüsiert mit den Geschichten der eigenwilligen und wunderbar altmodischen Pecks aus Baltimore, die allesamt so etwas wie schwarze Schafe sind. Ihr Roman handelt auch vom Glück, von der Ausdauer, der Zuversicht und einer fast schon verloren geglaubten Freundlichkeit.

Fischer Taschenbuch Verlag

fi 707/1

Jayne Anne Phillips

Das himmlische Tier

Short-Stories, 255 Seiten, geb. und Fischer Taschenbuch Band 5169

»Jayne Anne Phillips' Sprachgebrauch ist äußerst sinnlich. Bei ihr wird die Gassensprache zur Poesie, an der Grenze zum Surrealismus schwebend …
Ob sie ein Kind beschreibt, das dem Wind zuhört oder Liebende, die im Drogenrausch gemeinsam baden, immer hat sie die Fähigkeit, uns zur tiefsten körperlichen Empfindung zu bringen. Sie kann schreiben: mit der größten Schlichtheit und mit metaphorischer Könnerschaft.
Diese Prosa geht unter die Haut.«

Times Literary Supplement

Maschinenträume

Roman. 504 Seiten, geb. und Fischer Taschenbuch Band 9199

Ein Familienroman von großer Intensität, der den Einfluß zweier Kriege, des Zweiten Weltkrieges und des Vietnamkrieges, auf das Leben in einer amerikanischen Kleinstadt wiedergibt.

Überholspur

Short-Stories, 192 Seiten, geb.

Mit der Erzählungssammlung *Black Tickets* wurde Jayne Anne Phillips in den USA berühmt. Die Literaturkritik bescheinigte ihr bereits bei diesem Debüt, eine Meisterin dieser amerikanischsten aller Kunstformen zu sein: der Short-Story.

S. Fischer · Fischer Taschenbuch Verlag

fi 135/4